**Do lobby às relações
governamentais:
a profissionalização
da representação
de interesse no Brasil**

O selo DIALÓGICA da Editora InterSaberes faz referência às publicações que privilegiam uma linguagem na qual o autor dialoga com o leitor por meio de recursos textuais e visuais, o que torna o conteúdo muito mais dinâmico. São livros que criam um ambiente de interação com o leitor – seu universo cultural, social e de elaboração de conhecimentos –, possibilitando um real processo de interlocução para que a comunicação se efetive.

Do lobby às relações governamentais: a profissionalização da representação de interesse no Brasil

Audren Marlei Azolin

EDITORA
intersaberes

EDITORA intersaberes

Rua Clara Vendramin, 58 . Mossunguê . CEP 81200-170 . Curitiba . PR . Brasil
Fone: (41) 2106-4170 . www.intersaberes.com . editora@editorainstersaberes.com.br

Conselho editorial
   Dr. Ivo José Both (presidente)
   Dr.ª Elena Godoy
   Dr. Neri dos Santos
   Dr. Ulf Gregor Baranow
Editora-chefe
   Lindsay Azambuja
Gerente editorial
   Ariadne Nunes Wenger
Preparação de originais
   Larissa Carolina de Andrade
Edição de texto
   Fábia Mariela de Biasi

Capa
   Débora Gipiela (*design*)
   Art Furnace/Shutterstock
   (imagem)
Projeto gráfico
   Bruno de Oliveira
Diagramação
   Débora Gipiela
Equipe de design
   Débora Gipiela
Iconografia
   Regina Claudia Cruz Prestes

Dados Internacionais de Catalogação na Publicação (CIP)
(Câmara Brasileira do Livro, SP, Brasil)

Azolin, Audren Marlei
   Do lobby às relações governamentais: a profissionalização da representação de interesse no Brasil/Audren Marlei Azolin. 1. ed. Curitiba: InterSaberes, 2020.

   Bibliografia.
   ISBN 978-65-5517-649-0

   1. Comunicação empresarial 2. Lobby 3. Lobby – Brasil 4. Negócios 5. Relações públicas I. Título.

20-37035   CDD-659.2

Índices para catálogo sistemático:
1. Relações governamentais e lobby: Relações públicas: Comunicação empresarial   659.2

Maria Alice Ferreira – Bibliotecária – CRB-8/7964

1ª edição, 2020.

Foi feito o depósito legal.

Informamos que é de inteira responsabilidade da autora a emissão de conceitos.

Nenhuma parte desta publicação poderá ser reproduzida por qualquer meio ou forma sem a prévia autorização da Editora InterSaberes.

A violação dos direitos autorais é crime estabelecido na Lei n. 9.610/1998 e punido pelo art. 184 do Código Penal.

Sumário

11 *Apresentação*
15 *Como aproveitar ao máximo este livro*
19 *Introdução*

Capítulo 1
25 **A representação de interesse no Brasil**

(1.1)
27 As duas dimensões da representação

(1.2)
48 A profissionalização da representação de interesse do empresariado industrial brasileiro: dialogando com os autores

(1.3)
74 As espécies de representação de interesse

Capítulo 2

103 **Ruptura de ordenamento político
e profissionalização da representação de interesse
do empresariado industrial brasileiro**

(2.1)
105 Abordagem e estratégia metodológica

(2.2)
123 O Estado nacional-desenvolvimentista
e o sistema de representação de interesse durante
os Governos de Getúlio Vargas – 1930 a 1945

(2.3)
135 O Estado nacional-desenvolvimentista e o
sistema de representação de interesse durante
a República Populista – 1946 a 1964

(2.4)
145 O Estado desenvolvimentista e o sistema de representação
de interesse durante o regime militar – 1964 a 1985

(2.5)
152 Crise do Estado desenvolvimentista e redemocratização:
início da complexidade do funcionamento
do processo de decisão política

(2.6)
167 Ruptura de ordenamento político e a emergência
de uma nova institucionalidade: a complexidade da dinâmica
do funcionamento do processo de decisão política

(2.7)
180 O interregno do Estado desenvolvimentista nos governos da década de 1990 no Brasil: a inflexão liberal

(2.8)
201 O retorno ao Estado desenvolvimentista e o aumento da complexidade do processo de tomada de decisão

(2.9)
218 Aumento da complexidade do funcionamento do processo de decisão política no Governo Dilma Rousseff

Capítulo 3
241 **Ética, transparência, profissionalização e interesse público: a construção da identidade do profissional de relações governamentais na segunda década do século XXI**

(3.1)
243 Ética da transparência como atributo da construção da identidade do profissional de relações governamentais

(3.2)
267 Ética da profissionalização como atributo da construção da identidade do profissional de relações governamentais

(3.3)
277 Relações governamentais e o dilema do interesse público

Capítulo 4
299 Profissionalização da representação de interesse diante dos profissionais de relações governamentais: a questão da competitividade

(4.1)
301 Risco político e competitividade

(4.2)
328 Profissionalização para competitividade: especialização em políticas públicas e governo

(4.3)
341 Profissionalização para competividade: o setor de relações governamentais

(4.4)
359 As competências exigidas pelo mercado de representação de interesse

Capítulo 5
385 A importância da inteligência política para o setor de relações governamentais

(5.1)
387 Inteligência política e a formação de equipe de relações governamentais

(5.2)
397 Inteligência política e monitoramento legislativo

(5.3)
408 Monitoramento político e inteligência política

(5.4)
422 Ciência política e inteligência política

Capítulo 6
439 **Limites e possibilidades legais da atividade de representação de interesse no Brasil**

(6.1)
441 A regulamentação da representação de interesse no Brasil: a perspectiva do profissional de relações governamentais

(6.2)
454 As bases legais da representação de interesse no Brasil

(6.3)
462 Limites legais à atuação do profissional de relações governamentais no Brasil

(6.4)
468 A proposta de regulamentação da representação de interesse no Brasil: do lobby às relações governamentais

489 *Considerações finais*
495 *Lista de siglas*
497 *Referências*
523 *Respostas*
547 *Sobre a autora*

Apresentação

Nesta obra, reunimos um conjunto de pesquisas e estudos teórico-empíricos que nos auxiliam na compreensão daquilo que é aqui nosso fio condutor: investigar qual foi a motivação do processo de profissionalização das atividades referentes à representação de interesse no Brasil, que se consolidou na segunda década do século XXI e que ainda está em curso. A clareza desse processo de profissionalização é importante para quem deseja ingressar e permanecer no mercado de representação de interesse – processo marcado pela mudança da nomenclatura *lobby* para *relações governamentais*. Duas hipóteses, não excludentes, podem explicar essa modificação: a primeira é de que a alteração de nome foi adotada para atenuar a conotação negativa da expressão *lobby*, intimamente relacionada à corrupção e/ou tráfico de influência. Aqui há, portanto, uma estratégia semântica. A segunda repousa sobre o entendimento de que as atividades de relações governamentais ultrapassam a atividade de lobbying, o que caracteriza uma estratégia mais substancial, envolvendo atividades, técnicas, processos e mecanismos profissionais de atuação. Nesse sentido, percebemos que, durante esse período, veio à tona uma ideia enfática de profissionalização da representação de interesse.

Assim, nosso objetivo está centrado na segunda hipótese, a qual debatemos com base em estudos e pesquisas já realizadas que podem auxiliar na compreensão do fato ora analisado, qual seja: o processo de profissionalização da representação de interesse na segunda década do século XXI. A motivação para a elaboração desta obra reside no levantamento de pesquisas recentes que tratam a profissionalização da representação de interesse como um fenômeno em curso. Os temas desses estudos giram em torno do perfil do profissional de representação de interesse e de seu mercado de trabalho no Brasil. Tais investigações visam identificar e analisar as formações acadêmicas, atividades, habilidades e competências, quantidade de profissionais inseridos no mercado, aspectos legais da atividade, bem como sua ética e transparência. Em seu conjunto, essas pesquisas, sobretudo acadêmicas, de forma direta ou indireta, permitem-nos refletir sobre as atividades, as habilidades e as competências dos profissionais, bem como sobre o mercado de trabalho. Vale ressaltar que os órgãos governamentais também realizaram estudos no tocante à representação de interesses, o que torna claro que o tema entrou, de fato, na agenda governamental.

Desse modo, o estudo sobre a representação de interesse e, de forma particular, sobre a temática da profissionalização, institucionalizou-se nos órgãos do governo. Do ponto de vista da luta política pela regulamentação das atividades do profissional de representação de interesse, na segunda década do século XXI, avanços consideráveis foram alcançados, resultando na redação do Substitutivo ao Projeto de Lei n.1.202/2007 da então deputada federal Cristine Brasil, ainda em tramitação. A importância deste livro caracteriza-se por apresentar ao leitor os condicionantes que motivaram o processo de profissionalização da representação de interesse no Brasil na segunda década deste século, além de evidenciar os condicionantes para ingressar no mercado de trabalho quanto às atividades, às competências e às habilidades solicitadas.

Entendemos que, de forma especial, este estudo interessa aos profissionais com formação acadêmica em Direito, Ciência Política, Administração, Comunicação e Relações Internacionais, uma vez que são as formações mais procuradas no mercado de representação de interesse.

Como aproveitar ao máximo este livro

Empregamos nesta obra recursos que visam enriquecer seu aprendizado, facilitar a compreensão dos conteúdos e tornar a leitura mais dinâmica. Conheça a seguir cada uma dessas ferramentas e saiba como elas estão distribuídas no decorrer deste livro para bem aproveitá-las.

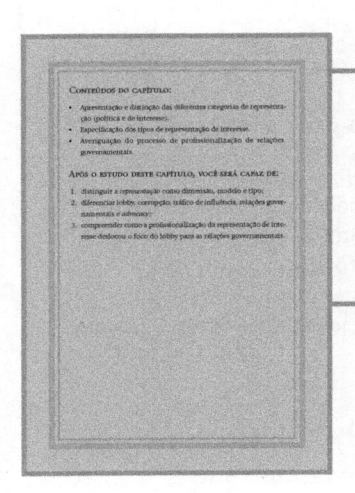

Conteúdos do capítulo:

Logo na abertura do capítulo, relacionamos os conteúdos que nele serão abordados.

Após o estudo deste capítulo, você será capaz de:

Antes de iniciarmos nossa abordagem, listamos as habilidades trabalhadas no capítulo e os conhecimentos que você assimilará no decorrer do texto.

Síntese

Ao final de cada capítulo, relacionamos as principais informações nele abordadas a fim de que você avalie as conclusões a que chegou, confirmando-as ou redefinindo-as.

Para saber mais

Sugerimos a leitura de diferentes conteúdos digitais e impressos para que você aprofunde sua aprendizagem e siga buscando conhecimento.

Questões para revisão

Ao realizar estas atividades, você poderá rever os principais conceitos analisados. Ao final do livro, disponibilizamos as respostas às questões para a verificação de sua aprendizagem.

Questões para reflexão

Ao propor estas questões, pretendemos estimular sua reflexão crítica sobre temas que ampliam a discussão dos conteúdos tratados no capítulo, contemplando ideias e experiências que podem ser compartilhadas com seus pares.

Consultando a legislação

Listamos e comentamos nesta seção os documentos legais que fundamentam a área de conhecimento, o campo profissional ou os temas tratados no capítulo para você consultar a legislação e se atualizar.

Preste atenção!

Apresentamos informações complementares a respeito do assunto que está sendo tratado.

Audren Marlei Azolin

Curiosidade

Nestes boxes, apresentamos informações complementares e interessantes relacionadas aos assuntos expostos no capítulo.

Introdução

O Brasil ingressou no século XXI com escândalos envolvendo a política, de forma mais ampla, bem como políticos e partidos importantes no cenário nacional, em âmbito particular. O primeiro escândalo foi a compra de votos de parlamentares nos anos de 2005 e 2006, denominado de *mensalão*. O segundo esteve ligado ao chamado *petrolão*, um esquema de corrupção de desvio de recursos da Petrobras, via superfaturamento de contratos, para financiar campanhas eleitorais e compra de votos de parlamentares.

O petrolão, podemos assim entender, teve seu desdobramento na versão política[1] do que se denominou *Operação Lava Jato*, que teve início em 2014. A versão política dessa operação envolvia políticos e executivos da Petrobrás e de empreiteiras em um esquema de desvio de recursos da Petrobrás, operado por doleiros na lavagem de dinheiro. O escândalo político propriamente dito ocorreu por meio do financiamento de campanhas eleitorais e destinação de recursos para benefício pessoal de políticos. O esquema assentava-se no desvio

---

[1] *Inicialmente, a Operação Lava Jato foi montada para investigar esquema de lavagem de dinheiro para organizações criminosas em uma rede de postos de gasolina e lava-jatos de automóveis.*

de verbas de contratos superfaturados junto à Petrobrás. No centro da operação de desvio de recursos públicos, os agentes dessas atividades ilegais foram rotulados de *lobistas* pelo Ministério Público, magistrados e pela mídia. Dessa forma, o lobby ocupou o centro do debate público, e a relação entre lobby e corrupção e/ou tráfico de influência foi naturalizada e reproduzida tanto pela mídia quanto por agentes públicos. No entanto, atrelado ao lobby, outras expressões são usadas: *relações governamentais* e *advocacy*, o que confere ao estudo aqui apresentado mais complexidade de análise. De forma especial, criou-se um imaginário que, semanticamente, naturaliza como sinônimos de lobby as relações governamentais, a corrupção e o tráfico de influência.

O evento da Operação Lava Jato também serviu de janela de oportunidade para os profissionais que atuam na representação de interesse. Estes empreenderam esforços para colocar na agenda governamental o reconhecimento da profissão e a regulamentação das atividades de representação de interesse. Com esse propósito, uniram-se a eles empresas e respectivas entidades representativas, associações patronais e empresas de consultoria política, a fim de levar o tema da profissionalização à agenda governamental, sob a seguinte alegação: é importante a profissionalização da relação entre Estado e sociedade civil no sentido de melhor qualificar a tomada de decisão política. Nesse particular, o processo de profissionalização da representação de interesse, de cunho gerencial, restrito, portanto, a questões de ordem mais técnico-especializada, aproxima-se de aspectos políticos de ordem democrática, como, por exemplo, a melhoria da qualidade na tomada de decisão política para formulação de políticas públicas. Os agentes privados argumentam que seus conhecimentos técnicos e especializados, em diversas áreas em que atuam, são importantes pois levam informações qualificadas aos tomadores de decisão política.

Assim, a abordagem central deste estudo consiste em esclarecer o acentuado processo de profissionalização da representação de interesse verificado na segunda década do século XXI no Brasil. Para tanto, o livro está dividido em seis capítulos, fora a introdução e as considerações finais.

No Capítulo 1, tentamos preencher uma lacuna na atual literatura brasileira que trata dos temas *lobby* e *relações governamentais*, pois as pesquisas não abordam a temática da representação. Entendemos que essa ausência deixa de fora vários elementos importantes para o estudo dessa relação, uma vez que ambos os temas inserem-se na temática da representação.

No Capítulo 2, apresentamos um dos argumentos centrais de nossa busca, qual seja: na segunda década do século XXI ocorre, mesmo sem mudança de ordenamento político, o aprofundamento significativo da complexidade de funcionamento do processo de decisão política no Brasil, o que, por sua vez, determinou o acelerado aumento da profissionalização da representação de interesse da indústria.

No Capítulo 3, discorremos sobre a construção dos princípios éticos da identidade do profissional de representação de interesse no Brasil. De forma especial, investigamos como a expressão *relações governamentais* torna-se a identidade do profissional de representação de interesse na segunda década do século XXI, em detrimento da identidade de *lobista*.

No Capítulo 4, constam dados quantitativos (secundários) sobre o mercado de relações governamentais no Brasil. Aqui, o levantamento estatístico permite-nos argumentar em defesa de que, na segunda década do século XXI, está, de fato, ocorrendo a aceleração do processo de profissionalização da representação de interesse no Brasil. Ainda, analisamos diversas questões referentes ao mercado de relações governamentais no Brasil, buscando identificar se ocorreu, no Brasil, a institucionalização e a qualificação das relações governamentais. Por *institucionalização* entendemos a criação, dentro de empresas, de setores especializados em representação de interesse; por *qualificação*, o desenvolvimento de competências específicas do profissional que atua na área.

O Capítulo 5 complementa o capítulo anterior. Nele, apresentamos os cargos/funções que compõem o setor de relações governamentais das empresas, destacando suas principais competências, bem como as aptidões mais importantes de cada cargo/função.

Por fim, no Capítulo 6, tratamos das possibilidades e dos limites legais da atividade do profissional de representação de interesse no Brasil. Embora não exista uma regulamentação própria para essa atividade profissional no país, existem dispositivos constitucionais e infraconstitucionais que estabelecem possibilidades e limites na relação entre o público e o privado, *locus* onde opera esse profissional. Cabe explicar por que as bases legais das atividades do profissional de representação de interesse figuram no final e não no início deste livro: está em tramitação, na Câmara dos Deputados, o Substitutivo ao Projeto de Lei n. 1.202/2007, que visa regulamentar as atividades dos profissionais de representação de interesse. Nesse sentido, este estudo apresenta o impacto do deslocamento do lobby em direção às relações governamentais no Substitutivo ainda em tramitação – esse é, portanto, o debate último de nossa discussão.

Capítulo 1
A representação
de interesse no Brasil

Conteúdos do capítulo:

- Apresentação e distinção das diferentes categorias de representação (política e de interesse).
- Especificação dos tipos de representação de interesse.
- Averiguação do processo de profissionalização de relações governamentais.

Após o estudo deste capítulo, você será capaz de:

1. distinguir a *representação* como dimensão, modelo e tipo;
2. diferenciar lobby, corrupção, tráfico de influência, relações governamentais e *advocacy*;
3. compreender como a profissionalização da representação de interesse deslocou o foco do lobby para as relações governamentais.

A literatura dedicada ao estudo do lobby no Brasil tem contribuído muito para elucidar a evolução desse fenômeno no país. Uma das grandes contribuições é a desmistificação do lobby como atividade ilícita relacionada à corrupção e ao tráfico de influência. A literatura tem revelado que o lobby é uma atividade legal, especializada, técnica e profissional, o que o torna, nessa perspectiva, uma atividade lícita e de impacto na democracia.

No entanto, a literatura tem dado pouca, ou nenhuma, atenção às diferentes formas de analisar a representação como fenômeno mais amplo. Os estudos que tratam do lobby e das relações governamentais, concebidos como representação de interesse, carecem de uma reflexão sobre o que seja representação, deixando de fora aspectos importantes para que se possa entender a profissionalização dessa atividade no Brasil. Neste capítulo, resgatamos autores que tratam dessa temática a fim de entendermos esse fenômeno e a sua profissionalização.

(1.1)
As duas dimensões da representação

A noção de representação é central nas democracias eleitorais. Muito se fala, atualmente, sobre crise da representação política como um fenômeno das democracias ocidentais (Miguel, 2003), contudo, ainda não se encontrou nada mais viável para a efetivação da democracia moderna, no contexto do Estado-nação. Considerado o pai da democracia moderna, como ensinou Norberto Bobbio, Rousseau desferiu críticas basilares à representação política ao afirmar que "a soberania não pode ser representada" (Bobbio, 2000, p. 53). A crise da representação política pode ser entendida como crise da própria democracia, o que abre espaço para a legitimação de outros regimes, em especial a ditadura. Nesse contexto (de crise da representação política), passou-se a debater a respeito do aprofundamento da democracia ou democratização da democracia, como destacou Bobbio (2000, p. 53), "exprime-se como exigência de que a democracia representativa seja ladeada ou mesmo substituída pela democracia direta".

No século XX, a democracia foi alvo de diversas análises que apontaram inúmeros problemas, ela parece sempre estar em crise.

Na Introdução da obra *Democratizar a democracia: os caminhos para democracia participativa*, de autoria de Boaventura de Souza Santos e Leonardo Avritzer, são apresentadas as experiências participativas em diversos países. Os autores fizeram um balanço das principais questões teóricas a respeito da democracia no século XX e advertem:

> *a expansão global da democracia liberal coincidiu com uma grave crise desta nos países centrais onde mais se tinha consolidado, uma crise que ficou conhecida como a dupla patologia: a patologia da participação, sobretudo em vista do aumento dramático do abstencionismo; e a patologia da representação, o fato de os cidadãos se considerarem cada vez menos representados por aqueles que elegeram.* (Santos, 2002, p. 42)

Embora a patologia da representação signifique uma crise de representação política, a questão é: pelo o que substituir? Qual objeto seria viável para o aprofundamento da democracia? Essa questão ainda não foi equacionada. A democracia direta, nos moldes da democracia ateniense clássica, no contexto do Estado-nação (grande número de cidadãos em extensas dimensões territoriais), mostra-se inviável. Assim, outros mecanismos institucionais, complementares à representação política[1], foram elaborados para levar demandas da sociedade aos tomadores de decisão política. Servem de exemplos,

---

1 *Representantes eleitos democraticamente pela via eleitoral.*

orçamento participativo e as audiências públicas[2]. Ao lado dos estudos sobre representação política, estuda-se também a participação política, que, na democracia representativa, acontece de forma indireta[3], no processo de decisão política. Embora haja experiências de participação direta no orçamento público, as democracias ocidentais são majoritária e hegemonicamente representativas.

Complementar à representação política (representantes eleitos) encontra-se a representação de interesse. Assim, pesquisas sobre grupos de pressão (ou grupos de interesse) ganham especial atenção. Estudos seminais como de Arthur Bentley (presentes na obra *The process of government*) e de David Truman (em *The governamental process*) inauguraram a teoria dos grupos de pressão. Gianfranco Pasquino, tratando das obras de Bentley e Truman, assim esclarece:

> muitos capítulos são dedicados especificamente, e não por acaso, aos grupos de interesse. Tudo somado, é inteiramente justificável esta referência, uma vez que Bentley procurava, exatamente com sua exposição polêmica, chamar a atenção e o interesse dos politólogos das instituições jurídico-formais para as atividades informais desenvolvidas por vários grupos da sociedade. (Pasquino, 2000, p. 562)

É importante colocar em destaque a expressão *grupo de interesse* (ou *representação de interesse*). Pasquino problematizou a (in)definição dos termos *grupo de pressão*, *grupo de interesse* e *lobby* (representação de interesse). Destaca-se, por ora, a crítica do autor à expressão *interesse* na definição de Truman e outros autores. A crítica que particularmente nos importa é aquela em que a noção de interesse é muito

---

2 Para aprofundamento do tema, ver: Uma introdução à teoria da democracia, *de Pedro Medeiros (2016)*.
3 *Via representantes eleitos.*

genérica: "os vários autores que a usam terminam por fazer de cada erva um feixe, tornando muito genérica a noção de interesse, e por isso analiticamente inservível, de tal modo que, praticamente, cada grupo crescente numa sociedade se torna um grupo de interesse" (Pasquino, 2000, p. 564). O entendimento do que vem a ser *interesse* é importante para nosso estudo, contudo sem a pretensão de esgotar teoricamente o assunto, mas, sim, conseguir diferenciar *representação política* de *representação de interesse*, visto que o interesse permeia essas duas formas de representação.

De início, buscamos entendimento em consulta ao *Dicionário de política*, mais especificamente no verbete "Representação Política" (Cotta, 2000). Semanticamente, a palavra **representar** significa, para os propósitos deste estudo, apresentar-se no lugar de alguém, suprir a ausência de alguém ou em substituição a alguém. Por *alguém* entende-se os indivíduos, grupos, organizações, setores, segmentos, eleitores, entre outros.

> *É portanto oportuno examinar sucintamente quais são as indicações de significado que podem deduzir-se das várias acepções da palavra que se encontram tanto na esfera do direito como na da política (os diplomatas são "representantes", o chefe de Estado "representa" a unidade nacional, etc), e também em experiências bem mais distantes, como a experiência artística figurativa ou a dramática. Substituir, agir no lugar de ou em nome de alguém ou de alguma coisa; evocar simbolicamente alguém ou alguma coisa; personificar: estes são os principais significados.* (Cotta, 2000, p. 1.102)

Chamam atenção as palavras *agir* e *personificar* se pensarmos em duas dimensões importantes da representação, a seguir destacadas por Cotta:

> Na prática, podem dividir-se em: a) significados que se referem a uma dimensão da ação, — o representar é uma ação segundo determinados cânones de comportamento; b) significados que levam a uma dimensão de reprodução de prioridades ou peculiaridades existenciais; representar é possuir certas características que espelham ou evocam as dos sujeitos ou objetos representados. Esta distinção é importante enquanto põe à luz as duas polaridades entre as quais se pode mover a própria Representação política segundo as situações e sua colocação no sistema político. (Cotta, 2000, p. 1.102, grifo do original)

Representar é uma *ação*, isto é, o representante age, fala e toma decisões em nome do representado. Por sua vez, a *reprodução* significa assumir as características estéticas, simbólicas e de personalidade (psicológica) do representado. Além das dimensões, a representação é analisada como modelos: por delegação, confiança e representatividade sociológica (ou espelho) (Cotta, 2000).

No primeiro modelo (por delegação), o representante é privado de qualquer autonomia de iniciativa e de tomada de decisão (dimensão da ação). Suas ações e seus posicionamentos reproduzem fielmente os desejos (interesses) dos representados. "Em linhas gerais, [...] o representante recebe um mandato imperativo, que o vincula a exercer ou manifestar de modo exato a vontade do representado" (Archanjo, 2011, p. 66). Há uma vinculação formal-legal constante (e não periódica) entre os interesses do representado e do representante. Há uma limitação legal à dimensão da ação.

O segundo modelo inverte a lógica do primeiro. No modelo de confiança, o representado dá "carta branca" ao representante para agir em seu nome. O mandato é legalmente livre. O representante tem autonomia total. De acordo com Cotta (2000, p. 1.102), "atribui ao representante uma posição de autonomia e supõe que a única orientação para sua ação seja o interesse dos representados como foi por ele [representante] percebido". Nesse modelo o representante tem autonomia tanto na dimensão da reprodução quanto na dimensão da ação, porque há um vínculo formal periódico (não constante) que se estabelece apenas no momento da eleição. Segundo Castro e Ramos (2009, p. 58), "esses vínculos formais e periódicos [...] podem, muitas vezes, superar seu aspecto necessário e [...] assim transformar as distâncias da representação em verdadeiros abismos". No Brasil, a relação representado-representante está sob o modelo de mandato por confiança. Ao votar em determinado candidato, o eleitor confia que o representante eleito agirá em seu interesse. O distanciamento (abismo) real ou percebido pelo representado é a fonte da crise da representação política.

Por fim, a representação, no terceiro modelo, consiste na identificação com determinado grupo social, o qual ele espelha, pois desdobra a ideia de representação em *representatividade*, no sentido de "semelhança ou de proporcionalidade da parte com o todo [...]. Seria a representação 'por espelho', ou representação 'descritiva mimética'" (Castro; Ramos, 2009, p. 58). Essa representação mimética consiste na capacidade do representante de personificar, evocar o representado; é a *dimensão da reprodução* da representação a que se referiu Cotta (2000), sendo a reprodução fiel da imagem e semelhança do representado. Segundo Irlys Barreira, tratando da representação de movimentos sociais,

> Uma certa colagem entre líder e grupo de referência faz com que representar signifique, em muitas das situações, personificar, pertencer a um grupo. A ideia de uma representação-espelho responde a exigências de ordem simbólica e psicológica atinentes a grupos que se sentem marginalizados no plano das decisões políticas. (Barreira, 1992)

Notadamente, no modelo de mandato por representatividade sociológica, busca-se limitar a autonomia na dimensão da reprodução e da ação, ou seja, o representante espelha a imagem e a personalidade do representado. Por sua vez, na dimensão da ação, esse representante espelha os interesses do representado. Embora não seja um mandato por delegação, no modelo de representatividade sociológica é importante que o representante consulte o grupo ao qual pertence (representado), antes de avançar em uma iniciativa e/ou tomada de decisão. Isso porque, na dimensão da ação, o representante deve espelhar os reais interesses do grupo (representado), a fim de evitar o distanciamento entre representado e representante.

Mas, afinal, qual a diferença entre o modelo de mandato por delegação e por representatividade sociológica? Sucintamente, responderíamos que, no modelo de **mandato por delegação**, há uma formalização legal da vinculação entre os interesses do representante e do representado. Não existe nenhuma autonomia por parte do representante. O mandato é imperativo, portanto. No modelo de **mandato por representatividade sociológica**, por outro lado, há total liberdade formal-legal do representante em relação ao representado. Contudo, em tese, o representante espelha fielmente as duas dimensões da representação – ação e reprodução (personificação) – pois, ao representar seus próprios interesses, também traz à tona os interesses do grupo, uma vez que o representante não deixa de pertencer a ele (identidade de grupo). Trata-se, assim, de um círculo virtuoso.

Então, será a representatividade sociológica um tipo de limbo que se localiza entre o modelo de mandato por delegação e o modelo de mandato por confiança? A resposta é não. No modelo de mandato por representatividade sociológica, a liberdade é relativa, visto que ainda há vínculos sociais dentro do grupo ao qual pertence o representante.

Em outras palavras, do ponto de vista da representação fiel dos interesses, os vínculos são sociais e não formais aos moldes do mandato por delegação. Para compreensão do que seja, na prática, a representatividade sociológica, Daniela Archanjo exemplifica:

> *Contemporaneamente, a prática de exigência de cotas de mulheres nas instituições públicas, incluído aí o Parlamento, segue essa linha de entendimento, garantindo, por meio da reserva de vagas, a participação política das mulheres, assim como de outros grupos tradicionalmente excluídos do poder. A identidade entre representante e representados é apontada como um meio de suscitar a participação ativa e inclusiva do eleitorado no debate político, mantendo conectados sociedade civil e esferas públicas.*
> (Archanjo, 2011, p. 80)

Dessa forma, o vínculo social entre representante e representado acontece pela identidade do grupo, lugar da personificação e da vivência de uma perspectiva (visão de mundo) compartilhada entre representante e representado.

Exploramos, até o momento, o que é representação. Vimos que pode ser analisada por meio de duas dimensões, da ação e da reprodução, bem como por modelos, delegação, confiança e representatividade sociológica (ou espelho). Quanto às dimensões, parece que são duas dimensões estanques, que não dialogam e não têm nenhuma relação entre si. Entendemos, na esteira de Miguel (2011), que o interesse é uma categoria analítica que permite relacionar essas duas dimensões da representação. Antes, porém, de adentramos no entendimento dessa relação, aprofundaremos um pouco mais o caráter distintivo entre essas dimensões, para, na sequência, construirmos a relação entre as dimensões. Com esse fim, Miguel (2011), ao analisar a literatura, ajuda-nos a aprofundar melhor a relação entre as duas dimensões da representação (ação e reprodução). Nesse particular, torna-se importante distinguir interesse de perspectiva, para que possamos melhor qualificar a distinção entre ação e reprodução. Para tanto, algumas reflexões desenvolvidas no artigo "Representação democrática: autonomia e interesse ou identidade e Advocacy", de autoria de Luís Felipe Miguel (2011), podem nos ajudar. Vale ressaltar que o uso desse texto em específico está pautado em sua reflexão a respeito dos termos *interesse* e *perspectiva*, e não exatamente sobre o tema central ali discutido ou sobre as linhas argumentativas desenvolvidas. Miguel (2011) fornece elementos para construirmos um entendimento de interesse que será muito importante para este estudo. Comecemos, então, por um questionamento: Qual a diferença entre *perspectiva* e *interesse*? Para o autor,

> *as perspectivas indicam a sensibilidade da experiência gerada pela posição de grupo, sem postular um conteúdo unificado – são um ponto de partida, não de chegada, ao contrário dos interesses. E as perspectivas não podem ser representadas por outros, uma vez que sensibilidade e experiência não se transferem.* (Miguel, 2011, p. 32)

A perspectiva é ponto de partida; o interesse é o ponto de chegada. Isso pode sugerir uma relação de causalidade. A perspectiva está ligada à experiência vivida por um grupo, sem unicidade de conteúdo e interesse, e se constrói com base na sensibilidade e experiência. Assim, a perspectiva definida por Miguel (2011) é a condição para a reprodução, conceito anteriormente tratado por Cotta (2000). A perspectiva, desse ponto de vista, é a condição necessária para a personificação, a criação da identidade e a construção de uma visão de mundo. De acordo com Miguel (2011, p. 33), ela "é um ponto de vista sobre o mundo, que não se desdobra necessariamente em interesses, abre-se espaço para uma leitura epistêmica da pluralidade de vozes nos locais de tomada de decisão". Ainda, como ensina Mannheim,

> fala a linguagem do seu grupo; pensa do modo que seu grupo pensa. Encontra à sua disposição somente certas palavras e seus significados. Estas não apenas determinam em um sentido amplo os caminhos de abordagem do mundo que o envolve, mas igualmente mostram, e ao mesmo tempo que ângulo e em que contexto de atividade os objetos foram anteriormente perceptíveis e acessíveis ao grupo ou ao indivíduo. (Mannheim, 1968, p. 30)

Na dimensão da **reprodução**, a perspectiva é um elemento importante para a representação, logo, para a personificação; no âmbito do jogo político, poderíamos traduzir a noção de perspectiva pela capacidade de levar um ponto de vista, uma visão de mundo, uma experiência vivida até o centro de discussão política. Isto é, trata-se de dar voz a essa perspectiva de grupo (empresários, evangélicos, negros, mulheres, LGBTs, pessoa com deficiência etc.). Para efeito deste estudo, vale dizer que o conceito de ideologia[4] também está sendo traduzido como perspectiva e visão de mundo.

Não se deve confundir a representação na condição de perspectiva (dimensão da reprodução) com defesa de interesse (reprodução da ação). Miguel (2011, p. 35) chamou atenção para outro aspecto que diferencia perspectiva de interesse: no primeiro não está pressente o *conflito*, já que o "Conflito é, no final das contas, conflito de interesses". O interesse e o conflito estão na **ação** como dimensão da representação. Em termos práticos, o que significa essa diferença

---

4   A ideologia pode ser interpretada como inversão da realidade, como na perspectiva marxista. Neste livro, no entanto, adotamos o conceito de ideologia como visão de mundo. Para aprofundar o conceito de ideologia, ver: Althusser, 1980.

entre perspectiva e interesse? O homem, no tocante à dimensão da reprodução/perspectiva, não pode representar/personificar a mulher. Na condição de homem, não vivenciou a experiência de ser mulher. Ele não tem a perspectiva feminina. Ele não tem a sensibilidade[5] da experiência feminina. Ele não é a personificação da mulher, logo, ele não reproduz sua representação.

É, portanto, na dimensão da reprodução que se sustenta a assertiva feminista de que somente a mulher deve falar *sobre* e *pela* mulher. Por outro lado, a mulher, representando a perspectiva daquela que integra um grupo social, não se traduz automaticamente em ação de defesa dos interesses das mulheres, podendo até ocorrer um efeito inverso: quando a mulher, na ação como representação, vai de encontro aos interesses majoritários das mulheres. Nesse sentido, Young (2006, citado por Archanjo, 2011, p. 80), fala em ruído na representação, que diz respeito às "dificuldades da relação identitária, uma vez que os indivíduos podem identificar-se em relação a alguns aspectos e, entretanto, divergir em relação a outros, o que corresponderia a ruídos na representação".

Ainda tomando como exemplo a questão da mulher, por que, afinal, ocorrem ruídos na representação? Se considerarmos a mulher como um grupo social coeso, os ruídos não fazem sentido. Entretanto, se consideramos que existem mulheres ricas e pobres, brancas e negras, trabalhadoras e empresárias, feministas e não feministas, conservadoras e progressistas, os ruídos despontam com força de sentido. Na verdade, há subgrupos que mesmo dotados de uma perspectiva de mulher, podem jogar com interesses potencialmente contraditórios. Assim, a dimensão do interesse pode apresentar mais ruídos do que a da representação.

---

5 *Sensibilidade, aqui, não significa sensível, mas a capacidade de perceber o mundo.*

De forma mais concisa, apontamos a distinção entre as duas dimensões da representação – ação e reprodução – e, com base nas reflexões de Miguel (2011), torna-se imperativo que identifiquemos, por um lado, uma relação entre ação e representação de interesse, envolvendo o conflito; por outro, entre a reprodução e perspectiva, que dependerá intrinsicamente da vivência e da visão de mundo. Nas palavras do autor,

> Meu objetivo, ao discutir algumas teorias recentes da representação política, é pontuar a necessidade de recolocar a noção de interesse no centro da nossa compreensão da representação política, bem como de restabelecer o entendimento que a atividade representativa é uma forma de exercício de poder. (Miguel, 2011, p. 26, grifo do original)

Em seu artigo, Miguel (2011) não estava tratando de qualquer tipo de representação, mas da representação política, no sentido de trazer o conflito como categoria fundamental dessa representação. De que maneira ele realizou esse movimento? Quando trouxe para o centro de sua compreensão o interesse, que está na base do conflito (conflito de interesse). O autor mostrou-se inquieto com relação à literatura especializada quando esta, ao distinguir perspectiva de interesse, retira, da primeira, o conflito. Ele acaba encontrando uma solução analítica interessante: "As perspectivas, por sua vez, se mostram ferramentas úteis para pensar a produção social dos interesses. As vivências associadas a determinadas posições na sociedade geram pontos de vista que estão na raiz dos interesses sociais" (Miguel, 2011, p. 38).

Ao recolocar a noção de interesse como central para representação política, o autor não elimina a diferença entre perspectiva e interesse, mas estabelece uma relação de causa (perspectiva) e efeito (ação que leva ao conflito de interesse). Assim, a perspectiva é um fator importante para a definição do interesse, que na esfera política, é gerador de conflitos e consensos. O que se denota, com base na leitura do artigo (Miguel, 2011) e ao analisar a representação na esfera política, é a impossibilidade de distinguir as duas dimensões. Isso porque, para o autor, a política se traduz como conflito de interesses; fazem parte dela as disputas e os conflitos de interesses. É uma esfera de tomada decisão, que é, por consequência, geradora de conflito. Nesse contexto, quando visões de mundo (perspectivas) ingressam na política, adentram, na verdade, em um mundo de interesses, de disputas, de conflito de interesses. Na política, não há como separar a dimensão da reprodução da dimensão da ação, pois ambas caminham juntas. E é inevitável que as diferentes perspectivas (visões de mundo) entrem em conflito. Foi assim que o autor recolocou no centro da representação política a noção de interesse.

Dessa maneira, não se deve separar, na análise política, a dimensão da ação e da reprodução, uma vez que elas não se comportam como dimensões estanques. Concordamos com Miguel (2011) sobre a importância do interesse para representação, logo, reconhecemos a necessidade de conflito. O interesse, entendido como gerador de conflito, apresenta-se como palavra-chave quando se trata de participação e representação política. Miguel, embora trate da representação democrática com foco no interesse como categoria analítica, em nenhum momento faz uso da expressão representação de interesse[6]. Isso revela um critério conceitual que distingue claramente representação política de representação de interesse, questão que traremos ainda neste capítulo.

---

6 A *expressão usada pelo autor foi* representação política.

No artigo, "Política de Interesses, Política do Desvelo: Representação e 'Singularidade Feminina'", Miguel (2001) fez uso da expressão *política de interesse*, o que nos leva a crer que há uma política desinteressada, apontando para uma possível contradição do autor. No entanto, não podemos entender como contradição, uma vez que os artigos são datados de décadas passadas, o primeiro de 2001 e o segundo de 2011. Assim, no avanço de seus estudos, o autor talvez tivesse chegado a outras conclusões e preferido empregar outra nomeação. Contudo, se há contradição, ela não se entranha no plano argumentativo, pois os artigos aqui analisados não revelam uma mudança de opinião. Vejamos: ao estudar a participação feminina na política institucional, Miguel (2001, p. 262) afirmou o seguinte: "A mulher é vista como agente de uma 'política de desvelo' oposta à 'política de interesses' porque é característica sua preocupar-se mais com aqueles que a cercam do que consigo própria". O autor, ao opor política de desvelo à política de interesse, demonstra que esta última apresenta conotação de representação política autointeressada.

Nesse sentido, adverte Miguel (2001, p. 260) que "A presença feminina possibilitaria a superação da 'política de interesse', egoísta e masculina, colocando em seu lugar o desprendimento". Há uma visão de representação política de interesse que assume conotação egoísta, autointeressada, logo, negativa. Entretanto, um questionamento resta em aberto: Política de interesse (autointeressada) de grupos socialmente vulneráveis é entendida como egoísta com conotação negativa? Para Miguel (2001, p. 261), "Muito mais do que esterilizar as esferas decisórias da contaminação por uma 'política de interesse', o problema que se coloca para as democracias representativas é permitir a expressão de interesses sociais". A representação política que não representa os interesses de grupos socialmente vulneráveis e interesses mais gerais, como meio ambiente, por exemplo, parece estar sob a denominação de *egoísta*. Assim, a representação política que representa os interesses de grupos socialmente vulneráveis é vista como a expressão de interesses políticos, de bem comum, de interesses relativos à cidadania, à inclusão social, que podemos aqui denominar de *interesse positivo*. Considerando as reflexões de Miguel (2011), podemos identificar duas categorias de interesse: negativo e positivo.

É importante notar que em nenhum momento o interesse deixou de ser uma categoria analítica importante quando se trata de representação política. A diferença está no tipo de interesse representado: representação autointeressada, logo, egoísta e particularista, ou representação de interesses sociais, amplo e difuso. Seria correto dizer, então, que os interesses sociais eliminariam o conflito? Não. Mesmo dentro de grupos sociais há diversos subgrupos, que apresentam perspectivas distintas. Serve de exemplo a classe trabalhadora, que, no Brasil, tem duas grandes centrais[7] (dotadas de visões diferentes): a Central Única dos Trabalhadores (CUT) e a Força Sindical. De acordo com Mario Henrique Guedes Ladosky:

> No campo sindical, a CUT passou a ter corrente oponente de peso, com a criação da Força Sindical, fundada em março de 1991 sob a concepção de "sindicalismo de resultado". É, segundo algumas interpretações, visão afeita ao neoliberalismo para fazer a disputa com a CUT. (Ladosky, 2009, p. 26)

Assim, entendemos que o conflito centra-se em perspectivas ideológicas distintas e antagônicas, uma vez que a Central Única dos Trabalhadores (CUT) localiza-se no espectro político da esquerda (antiliberalismo econômico), e a Força Sindical, no espetro da direita. Também poderíamos pensar na distinção entre esquerda e direita

---

[7] Existem outras centrais sindicais. Destacamos, aqui, as duas maiores, que competem entre si e que marcam forte presença na política institucional.

no Brasil e seus diversos partidos políticos, cada qual dentro de um espectro ideológico. São inúmeros os exemplos de diferentes visões de mundo no interior de grupos socialmente distintos, e o motivo é a justamente a existência de ruídos geradores de conflito (Archanjo, 2011).

Até o momento, as análises sobre as dimensões da representação centraram-se na representação política, e a causa está nos estudos já realizados, que versam principalmente sobre as dimensões da representação voltadas para o tipo de representação política. No entanto, as dimensões da representação são aplicáveis também à representação de interesse.

Mas, afinal, qual a diferença entre representação política e representação de interesse? Quando se trata de **representação política**, estamos diante de representantes eleitos, por exemplo, os deputados federais. Estes se organizam no interior da Câmara dos Deputados em bancadas[8], como bancada da bala, bancada dos empresários, bancada ruralista, bancada evangélica, a fim de representar interesses específicos. Os diversos grupos de pressão que defendem interesses de outros grupos socialmente vulneráveis, normalmente contrários às posições dessas bancadas, podem advogar aquilo que os move são interesses egoístas e autointeressados, porém não podem advogar que a representação desses interesses é ilegal, uma vez que foram eleitos. A **representação de interesse** refere-se à representação realizada por entidades privadas e públicas não estatais (organizações não governamentais): representante de interesse do empresariado industrial, do empresariado do comércio, da pessoa com deficiência, dos consumidores, entre outros.

A representação política é alvo de inúmeras críticas, desde a ideia de que não representa os interesses da sociedade até acusações de

---

8   *Grupos de parlamentares que se unem em torno de interesses específicos.*

corrupção e tráfico de influência. Essas acusações são destinadas à relação entre representação política e representação de interesse, isto é, na relação entre o público e o privado. Quando a representação de interesse egoísta e autointeressada é representada aos tomadores de decisão política (representação política) por organizações da sociedade civil (representação de interesse), muitas vezes, tal representação torna-se suspeita. Não somente os interesses são questionados, mas também a aproximação com os tomadores de decisão é entendida como corrupção e/ou tráfico de influência.

Há duas formas de representação. A primeira, pela própria classe política, e a segunda, pelos grupos de interesse (formais e não formais). Em contextos democráticos, diversos interesses são representados, desde os relativos aos diretos humanos até os interesses econômicos de grandes corporações. A representação de interesse que assume conotação negativa (egoísta e autointeressada) é logo rotulada (naturalizada) no senso comum como *lobby*. Nesse sentido, advertiu Oliveira:

> Se o lobbying é realizado por um grupo de pressão do setor financeiro, é um lobby do mal e, portanto, ilegítimo. Porém, se o lobbying é realizado por um grupo de pressão que congrega os interesses de trabalhadores ou de uma ONG ambientalista, então o lobbying realizado é considerado do bem e, portanto, louvável. (Oliveira, 2005, p. 33)

A representação de interesse (lobby) do setor privado é automaticamente entendida como ilegítima, como *interesse negativo*. Para Oliveira, "ele [lobbying – representação de interesse do setor privado] é rapidamente relacionado ao abuso de poder econômico e à defesa de interesses egoísticos ou particularistas" (Oliveira, 2005, p. 33).

Assim, há duas percepções naturalizadas da representação de interesse. A lícita, quando se trata de grupos socialmente vulneráveis (interesses positivos), e a ilícita quando a representação de interesse se relaciona ao setor empresarial (interesses negativos). Porém, a classificação do interesse em positivo e negativo não nos parece adequada, pois existe uma naturalização do interesse como positivo e negativo, executada pelo ator da representação de interesse. O interesse deve ser classificado segundo análise do caso concreto, o que obviamente não faremos aqui.

Contudo, Kingdon (2007, p. 228) oferece um exemplo interessante sobre o qual podemos refletir: "a falta de transporte público adequado a pessoas portadoras de deficiências pode ser classificada como um problema de transporte ou como um problema de direitos civis, e o tratamento do problema será drasticamente afetado por essa classificação". A situação poderia ser tratada de duas formas: na primeira, consideraríamos como uma questão econômica, isto é, as empresas de transporte público poderiam não ter recursos suficientes para adaptar os veículos às necessidades das pessoas com deficiência. A solução, nesse sentido, seria o aumento das tarifas, afetando, assim, os demais usuários. A segunda forma seria tratar o assunto como uma questão de cidadania, de inclusão social, incluso no direito de ir e vir. Nesse caso, o Poder Público reduziria os impostos sobre as tarifas ou criaria subsídios, justificado pela questão cidadã. Se uma demanda dessa natureza chegasse aos tomadores de decisão política, a partir do conflito entre a representação de interesse do setor de transporte público e grupos organizados da pessoa com deficiência, os interesses não poderiam ser tratados como positivos e negativos. A representação de interesse do setor de transporte público poderia argumentar que a destinação de recursos para adaptação dos veículos às pessoas com deficiência resultaria na inviabilidade do sistema de transporte, que, por sua vez, afetaria o direito (de ir e vir) do conjunto da sociedade (uma questão de cidadania), isto é, afetaria o interesse público. Assim, classificar o interesse como positivo ou negativo seria submetê-lo a uma análise discursiva, isto é, analisar os argumentos de persuasão/convencimento, bem como questões de ordem técnica utilizadas na base do processo argumentativo, como, por exemplo: ordenação argumentativa, dados levantados, relatórios, análises técnicas e etc. Os dados, mais especificamente, funcionam como fonte de persuasão/convencimento.

Outrossim, para que não se naturalize toda representação de interesse do empresariado como interesse negativo, é importante pensar em outra classificação. Mas qual alternativa seria possível? A solução encontra-se na tese de doutorado de Manoel Santos, segundo ele:

> *É importante registrar que aqui utiliza-se indistintamente os termos* grupos de interesse; grupos de pressão *e* interesses organizados. *Sabe-se que a literatura em geral faz distinções entre eles, o problema é que não há consenso entre os especialistas (Baumgartner e Leech, 2003). Com relação aos termos mais comuns, a generalização um pouco menos controversa é a distinção entre* grupos de interesse econômico *(que teriam como característica representar os interesses econômicos de seus membros ou de causas particulares. Ex. sindicatos e organizações setoriais);* e grupos de interesses promocionais *(considerados como engajados na defesa desprendida de uma causa promovida no interesse de todos. Ex. grupos ambientais).* (Santos, 2011, p. 17, grifo do original)

Santos revelou certa imprecisão quanto à expressão grupo de interesse. Para efeito da análise aqui empreendida, é importante estabelecermos, mesmo que de certa forma discricionária, alguma distinção. A representação de interesse do empresariado denomina-se, como dito por Santos (2011), *representação de interesse econômico*. Contudo, é necessário distinguir a *defesa de causas sociais* da *representação de interesses promocionais*. O que não ficou claro é se a representação de interesse de causas sociais, como étnico-racial, feminina, da pessoa com deficiência, da pessoa em situação de rua, de refugiados, entre outras, pode ser classificada como representação de interesses promocionais (interesses gerais), visto que pode ser interpretada, por muitos, como interesses particulares de grupos socialmente vulneráveis, diferentes, ainda, de interesses difusos, como meio ambiente e defesa do consumidor, que afetam toda a sociedade.

Neste trabalho, entendemos que a inclusão de mulheres, negros e pessoas com deficiência, por exemplo, é de interesse geral, de toda a sociedade. Assim, não são interesses particularistas, mas sim específicos[9]. Logo, o que permanece oculto, na verdade, são os interesses público. Aqui há um complicador, já que "a noção de interesse público é problemática. Talvez se trate mais de um imperativo moral ou político do que de algo suscetível a uma definição analítica exata" (Graziano, 1997). A intenção é a de construir uma definição que possa auxiliar a análise, portanto, não funciona como pano de fundo qualquer imperativo de ordem moral.

Para tanto, é importante distinguir representação de interesse econômico de representação de interesse de causas sociais, entendida como causa de inclusão social de vulneráveis. A **representação de interesse de causas sociais** precisa de mais explicações. A noção de causa está relacionada à noção clássica de cidadania identificada por Marshall (1967), dividida em direitos civis, direitos sociais e direitos políticos. Assim, a representação de interesse de causa está relacionada à luta por inclusão em um rol de direitos, por exemplo, de liberdade de expressão, de reunião, de associação, de acesso à justiça, de acesso

---

9   Adotamos uma distinção de sentido entre particular e específico. O particular é egoísta, auto interessado. O específico, por sua vez, corresponde ao interesse de um grupo em específico, porém não deixando de ser do interesse de todos, tendo em vista o sentido de cidadania, de inclusão social de vulneráveis.

à educação, à saúde, à habitação, ao trabalho, à previdência, à participação política, como o direito de votar e ser votado, participar de plebiscito e referendo. Na representação de interesse de causas sociais, luta-se pela inclusão social de grupos socialmente vulneráveis (mulheres, LGBTs, étnico-racial, pessoa com deficiência, refugiados etc.), o que passa pela noção de direitos humanos. Como advertiu Leandro Karnal (2005, p. 144), "Admitir o conceito de cidadania como um processo de inclusão total é uma leitura contemporânea".

A representação de interesse relacionada à cidadania (à inclusão social de grupos específicos) e de interesse da coletividade (direitos difusos) é denominada de *representação de interesse de causas sociais*, que pode ser específica ou difusa. Por sua vez, a **representação de interesse econômico** refere-se aos interesses relacionados ao empresariado[10]. Para este estudo, considera-se que faz parte da representação de interesse de causas sociais os chamados *direitos difusos*, isto é, um conjunto de direitos que atinge a coletividade, como, por exemplo, defesa do meio ambiente e do consumidor. Para Gabriela Maciel Lamounier (2018, p. 181), "O direito ao meio ambiente é um direito de terceira geração ou dimensão, dimensão cujos direitos estão ligados à solidariedade. São direitos difusos ou metaindividuais, cujo titular é a coletividade".

Tratamos, até aqui, do entendimento do que seja representação, de forma mais ampla, e da representação política, em particular. Esta última ocorre por meio de representantes democraticamente eleitos. Também destacamos o que é interesse: o efeito da relação entre a dimensão da reprodução (perspectiva) e da ação (em defesa

---

10 *É importante atentar que Santos (2011) não esclareceu se a representação de interesse sindical, ligada aos trabalhadores, também se insere como representação de interesse econômico. Vale lembrar que o sindicato dos trabalhadores faz parte do sistema corporativo.*

de interesses conflituosos). As dimensões da representação tanto se aplicam à representação política quanto à representação de interesse. A representação política, selecionada no processo eleitoral, dá ao representante o mandato, diferentemente da representação de interesse econômico, que se formaliza por contrato[11]. A representação de interesse visa defender os interesses do representado junto aos tomadores de decisão política, isto é, junto aos representantes eleitos (representação política). Os dois tipos de representação não são excludentes, mas complementares. Na situação de complementaridade, a representação de interesse parece constituir-se em uma possibilidade de atenuar a crise de representação política.

A literatura que trata do lobby (da representação de interesse) no Brasil está atenta à profissionalização da representação de interesse, de forma especial à profissionalização da representação do empresário industrial brasileiro. Esse é o tema da próxima seção.

(1.2)
A PROFISSIONALIZAÇÃO DA REPRESENTAÇÃO DE INTERESSE DO EMPRESARIADO INDUSTRIAL BRASILEIRO: DIALOGANDO COM OS AUTORES

É importante destacar a importância de estudos sobre os grupos de interesse que tratam de causas sociais. Contudo, neste livro, dedicamo-nos à representação de interesse econômico, mais especificamente do empresariado industrial brasileiro. Adotamos essa opção porque o processo de profissionalização ocorre com maior vigor na

---

11 *Contrato, aqui, em seu sentido amplo, que significa acordo, trato, compromisso, e contrato formal, aquele registrado em cartório. No caso do interesse econômico, o contrato é formal, por exemplo, a contratação de um profissional de representação de interesse para trabalhar no setor de relações governamentais de uma organização, contrato de consultoria.*

representação de interesse econômico, em razão do grande volume de recursos disponível no setor empresarial para investir no processo de profissionalização. Afinal, o custo do processo de profissionalização da representação de interesse é alto.

Nesta seção, estabelecemos um diálogo com autores que pesquisam a representação de interesse do empresariado industrial brasileiro. A intenção é investigar, diante dos resultados das pesquisas, elementos relativos à profissionalização da representação de interesse do empresariado industrial. Isso quer dizer que não buscamos as teses, as hipóteses ou as problematizações desenvolvidas por esses autores, visto que levantamos nosso próprio questionamento, que, de forma ampla, consiste no seguinte: O que podemos depreender a respeito da profissionalização da representação de interesse do empresariado industrial nacional?

A fim de perseguir alguma possível resposta, foram utilizados três critérios de seleção dos autores. O primeiro critério foi o nível da pesquisa, isto é, buscou-se por autores com teses[12] de doutorado que tratem da representação de interesse do empresariado industrial no Brasil e que, de alguma forma, abordem a questão da profissionalização. O segundo critério foi que a tese de doutorado, na parte ou no todo, aborde a representação de interesse do empresariado industrial nacional no século XXI. Por fim, o último critério foi ter produzido trabalhos acadêmicos e/ou científicos na segunda década

---

12 *O fato de termos selecionados autores doutores não significa que analisamos suas teses. A tese funcionou apenas como critério de seleção. Para o desenvolvimento desta seção, foi necessária a leitura, de fato, de duas teses: de Manoel Leonardo Santos (2011) e de Andréa Cristina Jesus de Oliveira (2004). Hoje, ela assina como Andréa Cristina de Oliveira Gozetto. A leitura das teses de Santos e de Oliveira, diga-se, foi aproveitada com afinco para a elaboração desta seção. Também foi preciso ler parte da tese de Wagner Pralon Mancuso (2004), publicada em artigo.*

do século XXI. Tendo utilizado esses critérios como filtro, dialogamos com três autores que se destacam atualmente no cenário nacional brasileiro na temática da profissionalização da representação de interesse do empresariado industrial: Andréa Cristina Oliveira Gozetto[13], Wagner Pralon Mancuso e Manoel Leonardo Santos.

Começamos a análise pela tese de doutorado de Andréa Cristina Jesus de Oliveira: *Lobby e representação de interesse: lobistas e seu impacto sobre a representação de interesses no Brasil* (2004). Na tese buscamos entender como Oliveira (2004) abordou a **representação de interesse**. Esta expressão assume um caráter amplo e complexo, pois, ao tratar de representação de interesse econômico, a autora fez referências às entidades (de representação de interesse), à área de atuação (da representação de interesse), às atividades (de representação de interesse) e à representação de interesse como instrumento democrático. Na década de 1980, segundo levantamento realizado por ela, dois aspectos trouxeram bastante complexidade para a representação de interesse no Brasil: o processo de redemocratização e o fortalecimento do Congresso Nacional. Contudo, esses dois aspectos são insuficientes para abarcar toda a realidade da representação de interesses, que é consequência do período da redemocratização (Oliveira, 2004). Mas, resta saber: Por que se tornou mais complexa a representação de interesse a partir da década de 1980?

Na tentativa de buscar algum esclarecimento, temos de retroceder à década de 1970. De acordo com Oliveira (2004, p. 2), "Como o processo de tomada de decisões e as informações que subsidiariam essas decisões eram muito centralizados, o lobbying que surgiu em meados da década de 70 era aquele em que bastava conhecer a figura

---

13 *Destaca-se, por sua tese e seus artigos, que tratam, em grande medida, sobre a profissionalização da representação de interesse classista.*

do 'amigo do Rei'". A representação de interesse acontecia pela proximidade informal entre os agentes de representação e membros do Poder Executivo. Nas palavras de Oliveira (2004, p. 2), "Conhecer ministros influentes ou militares em cargos estratégicos era essencial para o sucesso do lobista". No entanto, na década de 1980,

> com a redemocratização do país, a ação dos grupos de pressão, que se concentrava sobre algumas figuras-chave do Poder Executivo, cedeu lugar a um trabalho especializado de persuasão, mediante dados, relatórios, visitas e trocas de opiniões. Nascia o lobbying enquanto saber especializado e representação técnica. (Borin citado por Oliveira, 2004, p. 2)

Notamos que, para Oliveira, o contexto da **redemocratização** foi um momento de inflexão para o processo de profissionalização da representação de interesse. Esse dado, diga-se, é importante para nossa análise. A redemocratização, ao fortalecer o Congresso Nacional, transformou-o em arena de inúmeros representantes de interesse. Segundo a autora, "A democracia trouxe os grupos de pressão ao Congresso Nacional. Em 1977, havia 6 entidades da sociedade civil credenciadas; em 1983/84 havia 24 entidades e em 1991/92 havia 31. No processo constituinte, foi possível identificar 383 grupos e entidades atuantes na defesa de interesses" (Oliveira, 2004, p. 40). Além de um ambiente político-institucional complexo, mostrava-se também um ambiente de muita competição para a entrada de determinados interesses na agenda governamental. O processo de redemocratização resultou, portanto, em um número crescente de entidades de representação de interesse, impulsionando o mercado de representação e criando um conjunto de atividades específicas de representação de interesse.

Esse ambiente político-institucional complexo e altamente competitivo, provocado pela redemocratização, trouxe para a representação de interesse o elemento da **profissionalização**, que, para Oliveira (2004, p. 60), assumia conotação de qualificação e de especialização: "De nosso ponto de vista, a crescente procura por cursos de pós-graduação latu e strictu sensu denota uma clara tendência de profissionalização da atividade. Além disso, a criação do curso de Assessoria Parlamentar foi um reflexo do processo de redemocratização brasileiro". É importante destacar que o elemento profissionalização não apareceu quando analisamos a representação política[14]. A representação de interesse econômico é uma representação técnica e especializada, que, concordando com Oliveira (2004), tem uma função relevante para democracia.

Reiteradamente, o *lobbying* (representação de interesse) é entendido, em tese, como um saber especializado e representação técnica. Para melhor compreender a profissionalização da representação de interesse econômico, é necessário fazer a distinção entre *saber especializado* e *representação técnica*. Ainda debruçados sobre a tese de Oliveira, um trecho lança luz sobre o assunto, dizendo o seguinte:

> Em uma sociedade democrática, os tomadores de decisão são confrontados com uma complexa rede de interesses e se valem das ideais e opiniões dos grupos de pressão para subsidiarem suas decisões. Os grupos de pressão fornecem informações confiáveis e comprováveis aos tomadores de decisão e os mesmos transformam esses grupos em interlocutores, convidando-os a emitir sua opinião quando necessário. (Oliveira, 2004, p. 1)

Poderíamos, neste momento, nos perguntar: Ideias e opiniões sobre o quê? Subsidiar decisões sobre o quê? Fornecem informações confiáveis sobre o quê? Afinal, a que exatamente a autora está se

---

14 Há estudos sobre a profissionalização da política (político profissional). Aqui nos referimos à qualificação/formação para atuar na representação de interesse.

referindo? Oliveira (2004, p. 2) deixa claro que essas ideias e opiniões que visam persuadir os tomadores de decisão são embasadas em "um trabalho especializado de persuasão, mediante dados, relatórios, visitas e trocas de opiniões". Percebemos, assim, que as ideias e opiniões são qualificadas, dependentes de um saber especializado gerador de dados e relatórios. Mas um saber especializado sobre o quê, afinal? Na próxima passagem, a autora lança luz sobre esse *o quê* enigmático:

> *A atividade inclui a coleta de informações, propostas políticas, estratégias apropriadas para dar suporte a tais demandas, confecção de pesquisas [...].*
>
> *O lobbying proporciona a troca de informações e de ideias entre governo e partes privadas, capazes de infundir nas políticas públicas conhecimento de causa e realismo consciente.* (Oliveira, 2004, p. 13)

A representação de interesse econômico responsabiliza-se por levar aos tomadores de decisão ideias, informações, dados e resultados de pesquisas sobre suas demandas, que são temas de seus interesses. A intenção é que, munidos de tais informações, aqueles que decidem possam transformar o interesse em **políticas públicas**. Eis aqui a importância do saber especializado. Esse saber depende, para sua eficácia, de profissionais com *expertise* em diversas áreas. Se a matéria-alvo de decisão política estiver concentrada na questão tributária, chama-se um especialista da área da economia e/ou direito tributário, se for afeito à temática segurança pública, chama-se um profissional que tenha *expertise* nessa área e assim por diante.

Faltou compreender, ainda, o que é **representação técnica**. O saber especializado é o conteúdo da matéria-alvo de decisão política. A representação técnica é a forma como se leva o saber especializado aos tomadores de decisão, assim, a forma (representação técnica) carrega o conteúdo (saber especializado). A representação técnica depende, para sua eficácia, do saber especializado, como nos esclareceu Oliveira (2004, p. 201): "atividades que não se utilizem de uma representação técnica, pautada pelo oferecimento de informações imparciais e confiáveis e que propiciem uma abertura de canais de comunicação com o governo, não podem ser caracterizadas como lobbying". A abertura de canais, que consiste na forma de representação técnica, somente será possível se o tomador de decisão política confiar que o representante de interesse esteja trazendo informações precisas (saber especializado). Assim, estudos confiáveis (saber especializado) são fundamentais para abertura de canais (representação técnica).

Podemos depreender que há outras formas de representação de interesse, a corrupção e o tráfico de influência, definidos, por Oliveira, como crimes, e, o mais importante, como forma de não representação técnica. Para a autora, formas de abertura de canais pelo contato pessoal, tão e simplesmente, não se caracterizam como representação técnica. Isso porque

> É muito interessante observar a centralidade dada aos contatos (conhecer anfitriões, frequentar festas, pagar almoços) e as informações dos bastidores. O lobby proposto a partir dessas quatro instruções vitais é o que alguns lobistas chamam de lobby de badalação ou o lobby de colunistas sociais, o que não apresenta similaridade com a representação técnica feita por alguns escritórios de consultoria e lobbying hoje em dia. (Oliveira, 2004, p. 202)

Contudo, a representação técnica não se limita à abertura de canais junto aos tomadores de decisão política, visto que

> podemos afirmar que uma sólida formação acadêmica continua sendo pressuposto para a atividade e isso denota inclusive a profissionalização

do lobbying no Brasil. A complexidade da atividade, a necessidade de possuir bons contatos e poder de comunicação ainda são uma realidade. A credibilidade e a importância de conhecer o processo legislativo continuam norteando a atividade. (Oliveira, 2004, p. 75)

Vemos que a autora está tratando da forma (representação técnica), pois faz referência à abertura de canais, porém, vale reiterar, que a credibilidade e o conhecimento do processo legislativo ainda norteiam a atividade. As atividades de monitoramento da produção legislativa – monitoramentos legislativo e político – fazem parte do processo da representação técnica. A formação acadêmica que qualifica profissionais para abertura de canais é, de fato, Relações Públicas. Entretanto, ao perscrutar os profissionais que atuam na representação de interesse econômico, Oliveira (2004) se deparou com diversas formações acadêmicas com potencial de qualificação para representação técnica: Direito, Ciência Política e, evidentemente, Relações Públicas. Assim, outras formações são buscadas por profissionais de representação de interesse a fim de capacitá-los para a representação técnica:

> Apesar de haver lobistas, como a lobista E, que optaram por cursos de pós-graduação strictu sensu, a maioria dos que cursaram uma pós-graduação preferiram o curso de especialização em Assessoria Parlamentar e em Ciência Política e Políticas Públicas, da UNB. Há casos em que o lobista possui as duas especializações. (Oliveira, 2004, p. 59)

Essas qualificações não fazem parte do saber especializado que trata do *conteúdo* de políticas públicas, mas de uma qualificação voltada para questões essencialmente políticas. Tais qualificações capacitam o sujeito em sua qualidade de entendimento das regras do jogo e da dinâmica da política institucional (relação Executivo-Legislativo, identificação da elite parlamentar, assimetrias de poder, processo de decisão política, situação e oposição etc.). O saber especializado e a representação técnica são partes constitutivas do lobby. Graziano (citado por Oliveira, 2004, p. 1) oferece uma definição sucinta do que seja lobby, considerando o saber especializado e a representação técnica: "podemos conceber o lobbying como saber especializado e representação técnica, pois enquanto representam interesses especiais, os lobistas são o sustentáculo da informação de um especialista técnico-político". A expressão *técnico-político* nos remete a profissionais que entendem a política em âmbito técnico e científico. Portanto, se trata de um especialista em política, e não, necessariamente, em conteúdo de políticas públicas, que variam entre saúde, educação, meio ambiente, tributo etc.

A afirmação de que o lobby é um saber especializado e uma representação técnica sugere outra distinção entre representação política e representação de interesse: de que a representação política não é especializada. Inicialmente, não nos parece um enunciado correto, visto que determinado parlamentar pode ter *expertise* em dada área. Assim, ele seria um especialista, dotado de um saber especializado. Contudo,

> *os lobistas e suas organizações são portadores de um conhecimento especializado em suas áreas particulares de atuação. Nenhum congressista, ou qualquer de seus assessores, tem, por exemplo, conhecimento do sistema de tributação pertinente à educação superior comparável ao do especialista em assuntos fiscais contratado pelas sociedades científicas.* (Graziano citado por Oliveira, 2004, p. 14)

Embora um parlamentar possa ter *expertise* em determinada área, ele tomará decisões sobre diversas temáticas relativas às inúmeras áreas que fogem ao seu conhecimento. Podemos concluir, então, que a representação política é uma representação não especializada, mas a representação de interesse econômico constitui-se como representação técnica e especializada.

Um aspecto ainda pendente é a relação entre representação de interesse econômico e democracia. Oliveira (2004), mesmo que tenha apontado, em sua tese, para essa relação, não chega a mencionar a expressão *participação política*. No entanto, não podemos afirmar que, para a autora, a representação de interesse econômico não seja participação política, sendo facultado, neste expediente, somente o direito de levantar hipóteses de que talvez não seja. Essa relação entre representação de interesse e democracia apresenta outra expressão: "Lobbying é o processo pelo qual os grupos de pressão buscam participar do processo estatal de tomada de decisões, contribuindo para a elaboração das políticas públicas de cada país" (Oliveira, 2004, p. 1).

Para Oliveira (2004), a representação de interesse econômico, na qualidade de saber especializado, torna-se uma representação técnica valiosa para democracia, por trazer informações confiáveis e precisas e oferecer grande contribuição para a qualidade da tomada de decisão política, logo, para a posterior inserção e funcionamento das políticas públicas. Na relação entre representação de interesse econômico e democracia, a expressão-chave não é participação política, mas sim *contribuição*. Em nosso entendimento, a pesquisadora não fez uso da expressão *participação política* porque estava tratando de um grupo (empresariado) privilegiado em relação ao acesso ao processo de decisão política.

Gozetto, no artigo "Relações Governamentais como fator de competitividade" (2018), apresenta uma diferença significativa em relação ao entendimento de lobby, não mais orientada por Graziano, que dizia:

Há um último aspecto a ser observado. Fazer lobby não é apenas exercer pressão. A pressão é o último estágio de um processo multifacetado que inclui reunir informações, preparar projetos de política e uma estratégia adequada para a defesa desses projetos, procurar aliados e outras providências. (Graziano, 1997)

Nesse contexto, para Graziano, o lobby é um processo que envolve diversas atividades, entre elas a ação direta sobre os tomadores decisão. Vejamos o que diz Oliveira (2004, p. 12), em sua tese de doutorado, ao fazer referência ao lobbying dos grupos de pressão:

> os grupos de pressão utilizam-se de uma cadeia multifacetada de atividades que incluem coleta de informações, propostas políticas, estratégias apropriadas para dar suporte a tais demandas, confecção de pesquisas e a procura por aliados. A pressão é seu último estágio e geralmente requer uma presença organizada no centro de decisões de cada país.

Lobby seria, portanto, saber especializado aliado à representação técnica. O entendimento de lobby, até aqui, ia ao encontro do que pensava Graziano (1997). Por sua vez, ocorre uma mudança de perspectiva, quando se passa a utilizar, no lugar de lobby, a expressão **relações governamentais** para se referir a um conjunto de atividades multifacetadas. O lobby perde, assim, seu *status* e é encerrado na última etapa de um processo mais amplo:

> há uma série de ações prévias que devem ser realizadas para que lobby e advocacy alcancem resultados. Para influenciar o processo decisório, cada vez mais complexo e abrangente, é necessário agir de forma planejada e organizada. O contato direto com o tomador de decisão – pressão ou corpo-a-corpo – é o último estágio de uma estratégia de relações governamentais. Anteriormente, foi preciso coletar informações, analisar propostas políticas, elaborar estratégias apropriadas para dar suporte as demandas

da organização, confeccionar estudos e pesquisas científicas e procurar por aliados. Principalmente no que se refere ao lobby, contatos pessoais continuam sendo importantes, porém não são mais suficientes para garantir o sucesso de uma ação de defesa de interesses. (Gozetto, 2018, p. 42)

O lobby surge no artigo de Gozetto (2018) como sendo apenas o último estágio, o da ação direta sobre os tomadores de decisão com o intuito de influenciá-los. O lobby é, por excelência, a própria dimensão da ação da representação. Não faz mais parte dele as atividades multifacetadas, pois passaram a integrar algo mais abrangente: as relações governamentais. O lobby torna-se, assim, um integrante dessas atividades multifacetadas, constituindo-se em etapa final das relações governamentais. Daí decorre o fato de as relações governamentais serem compostas do saber especializado e da representação técnica, antes parte integrante do lobby.

As relações governamentais congregam, portanto, as atividades multifacetadas, e essa é uma mudança significativa, visto que assume um significado mais profundo do que parece haver na representação de interesse, pois entre o empresariado e o Estado é instaurado um *relacionamento* (relações governamentais), não somente uma representação de interesse. Esse relacionamento não é entendido como uma forma de participação política, mas de *contribuição* para o processo de decisão política, o que significa melhoria na qualidade da democracia. Gozetto (2018, p. 48), autora responsável por essa diferenciação, declara que seu objetivo está em "desmistificar as relações entre público e privado no Brasil, assim como promover uma cultura de colaboração entre Estado e Mercado, com o objetivo de construir um ambiente de negócios favorável e assim incrementar o desenvolvimento do país". Ao realizar uma leitura das relações institucionais e governamentais no Brasil contemporâneo, Gozetto (2018) faz com que a ideia de participação e da própria representação seja substituída por relacionamento e contribuição entre mercado e Estado. Desse modo, a representação de interesse torna-se uma etapa do relacionamento, sendo a última a dimensão da ação da representação, isto é, o lobby propriamente dito (Gozetto, 2018).

Conceber as relações governamentais como um dos fatores importantes de competitividade significa dizer que a relação do setor empresarial com o Estado é importante para as estratégias de negócio. A competitividade é fundamental para as estratégias de negócio, sobretudo em um mundo globalizado; configura, pois, uma questão de sobrevivência em mercados competitivos globalizados. A busca pela competitividade depende do processo interno de decisão das empresas ao traçarem as estratégias de negócio. Em outras palavras: são estratégias sob o domínio das empresas. Segundo Gozetto (2018, p. 36), faz parte das estratégias de negócio, sob o processo de decisão das empresas, o "domínio de tecnologia específica, capacidade de produção singular, competência mercadológica e operacional de seus recursos humanos, a capacidade de atender os requisitos de qualidade, os desejos dos clientes e a articulação bem-sucedida de toda a cadeia de valores". Quando uma empresa traça sua estratégia de negócio, essas necessidades são fundamentalmente consideradas pelas equipes especializadas. Gozetto destaca também outras questões importantes para a estratégia de negócio, mas que estão de forma parcial sob o domínio das empresas, ou seja, não se encontram totalmente submetidas ao processo de decisão interno:

características gerais dos mercados consumidores [distribuição geográfica, faixas de renda, grau de sofisticação, acesso ao mercado externo e custos de comercialização], a configuração geral da indústria na qual a empresa atua [grau de concentração, escalas de operação, qualidade dos insumos empregados, relacionamento com fornecedores, clientes e concorrentes, grau de verticalização e diversificação setorial, e condições da evolução tecnológica] e o modelo de concorrência [o sistema fiscal-tributário, a regulamentação das práticas de importação e exportação, e a propriedade intelectual e dos meios de produção]. (Gozetto, 2018, p. 36-37)

As grandes organizações contratam empresas de consultoria para traçar, participar e até avaliar suas estratégias de negócio. Contudo, todos esses esforços e custos empreendidos nas tomadas de decisões que estão sob a ordem de competitividade da empresa podem ser frustrados por ações governamentais. Como afirma Gozetto,

nem sempre as empresas consideram o forte impacto que as decisões governamentais possuem sobre a competitividade de seus negócios, desprivilegiando o quão decisivo pode ser acompanhar e, principalmente, incidir direta ou indiretamente sobre o processo decisório que envolve a elaboração de políticas públicas. (Gozetto, 2018, p. 36)

Perante a necessidade de influenciar os tomadores de decisão política, empresas, em particular, e diversas entidades de representação de interesse econômico criaram em suas estruturas organizacionais setores especializados em relações governamentais, os quais são fundamentais para o desenvolvimento das estratégias de negócios setoriais. Neste início do século XXI, profissionais qualificados em relações governamentais são valorizados pelas empresas e suas entidades de representação de interesse, visto que, tradicionalmente, os profissionais contratados para traçar as estratégias de negócio não eram qualificados para atuar no campo político-institucional, isto é, na análise de políticas públicas e de governo, bem como junto aos tomadores de decisão política.

Entretanto, os profissionais qualificados para traçar as estratégias de negócios (sob o total e parcial domínio do processo interno de tomada de decisão das empresas) são dotados de competências e habilidades importantes (saber especializado) para os setores de relações governamentais. No entanto, não são dotados de habilidades e competências necessárias para atuar junto aos tomadores de decisão política diante da representação técnica. Assim, o setor de relações governamentais é complementar aos setores estratégicos das empresas e das respectivas entidades de representação de interesse. O setor de relações governamentais, ao elaborar as estratégias de negócio, é parte integrante do processo interno de decisão das empresas. Serve como exemplo do impacto de ações governamentais sobre a competitividade, em especial no tocante à inserção de empresas brasileiras no mercado internacional, a política tributária.

O impacto dessas políticas públicas é tão grande que a participação da carga tributária em relação ao PIB (Produto Interno Bruto), cresceu 6% entre 1995 e 2011. E, esses valores continuam aumentando. Entre 2016 e 2017, o aumento foi de 0,34% e, atualmente a carga tributária em relação ao PIB corresponde a 33,63%. (Gozetto, 2018, p. 37)

O setor de relações governamentais assume o fundamental papel de evitar e/ou atenuar riscos políticos (no exemplo citado, tributário) para os negócios da empresa. Por isso, o setor de relações governamentais passou a ser entendido como um fator de competitividade. No entanto, há algumas questões que o empresariado deve considerar antes de criar uma estrutura de relações governamentais (contratação de profissionais, investimento em tecnologia, qualificação profissional etc.): Realmente há necessidade de investir na criação de toda uma estrutura e implantar os respectivos procedimentos para atuar junto aos tomadores de decisão política? O setor de relações governamentais será investimento ou custo? Gozetto nos ajuda a responder a essas questões:

> *Nos últimos 25 anos foram editadas mais de 4,7 milhões de normas que regem a vida dos cidadãos e empresas brasileiras. Houve 15 reformas tributárias e como consequência foram editadas aproximadamente 300 mil normas. Todos os anos, são iniciados mais de 2.000 projetos de lei na Câmara dos Deputados e, diariamente, o governo federal edita uma média de 764 normas, portarias, leis e instruções.* (Gozetto, 2018, p. 37)

Como vemos, há uma intensa atividade política que impacta positiva e negativamente o ambiente de negócio. Para evitar e/ou atenuar os riscos políticos, é necessária a presença de profissionais altamente qualificados na relação com o governo, o que passa a ser um imperativo. O setor de relações governamentais precisa ser constituído por profissionais dotados de um saber especializado e de capacidade para realizar a representação técnica caso o objetivo seja consolidar-se na condição de fator de competitividade.

A partir da década de 1990, o setor industrial brasileiro adotou a competitividade como prioridade em razão das políticas de estabilização econômica dos governos Fernando Collor de Mello (1990-1992) e Fernando Henrique Cardoso (1995-2002). Naquela década, ocorreu uma inflexão liberal (Mancuso, 2004). Para entender como surgiu e se disseminou a competitividade como prioridade da representação de interesse do empresário industrial brasileiro, recorremos a Mancuso (2004) e suas explicações sobre o conceito de Custo Brasil. Este foi um conceito difundido na sociedade e aponta seis fatores que inviabilizam a competitividade das empresas brasileiras: (1) infraestrutura material insuficiente; (2) infraestrutura social deficiente; (3) excesso e má qualidade da regulação da atividade econômica; (4) legislação trabalhista inadequada; (5) sistema tributário que onera a produção; e

(6) elevado custo de financiamento da atividade produtiva. Mancuso revelou quando e como a representação de interesse do empresariado levou o conceito de Custo Brasil aos tomadores de decisão política:

> *Em maio de 1995, industriais de todo o país reuniram-se com deputados federais e senadores filiados a partidos políticos de diversas tendências ideológicas na sede da Confederação Nacional da Indústria – CNI, em Brasília, para participar do seminário Custo Brasil – Diálogo com o Congresso Nacional. Desde então, e até hoje, reduzir o* custo Brasil *tornou-se a expressão que resume a principal demanda dirigida pelo empresariado industrial ao poder público para favorecer o crescimento econômico do país, em geral, e o fortalecimento da indústria, em particular.*
> (Mancuso, 2004, p. 505)

Esse conceito chega até os dias de hoje como grande mote que orienta a representação de interesse do empresariado industrial junto aos tomadores de decisão. O conceito Custo Brasil e suas medidas para promover a competitividade é um dos grandes exemplos da profissionalização da representação do empresariado industrial brasileiro. Quem elaborou esse conceito? Ele é o resultado de diversos estudos promovidos pelo Instituto de Estudo para o Desenvolvimento Industrial (IEDI), entre os anos de 1990 e 1994, que tratavam especificamente da competitividade do setor industrial. Desse estudo derivaram propostas para a criação de uma política nacional de desenvolvimento industrial. O IEDI, na década de 1990, era uma organização do empresariado brasileiro responsável pelo saber especializado. Já a Confederação Nacional das Indústrias (CNI) era responsável pela representação técnica. A CNI fazia (e ainda faz) a representação de defesa de interesse aos tomadores de decisão política (Oliveira, 2004).

A prioridade na competitividade, que o empresariado industrial brasileiro hoje tanto persegue, é fruto do saber especializado da representação de interesse do empresariado industrial brasileiro na década de 1990. O artigo de Mancuso, aqui mencionado, é de 2004, mesmo ano da tese de Oliveira; se atentarmos para o contexto, talvez possamos identificar em que medida os autores compartilhavam o mesmo entendimento a respeito da profissionalização da representação de interesse do empresariado industrial. Mancuso (2004) revelou descritivamente as etapas do processo de representação de interesse executadas pela CNI e acabou deixando uma grande contribuição para a profissionalização ao apresentar o método desenvolvido, que visava avaliar o sucesso e o insucesso da representação de interesse do empresariado em atuação direta com os decisores. Por esse ângulo, pode-se lançar um olhar de complementaridade entre as duas pesquisas, mas também ao considerar como a profissionalização da representação de interesse (Oliveira, 2004) concretiza-se em sucesso (impacto) da representação do empresariado em atuação direta com os tomadores de decisão política (Mancuso, 2004).

Embora Mancuso (2004) focalize o impacto da representação de interesse do empresariado industrial no tocante aos tomadores de decisão política, o autor tem clareza de todo o processo multifacetado que revela a profissionalização da representação de interesse do empresariado industrial brasileiro: "A indústria realiza intensa ação política durante a tramitação das propostas que figuram nas *Agendas Legislativas*. As atividades realizadas pela indústria podem ser classificadas em cinco categorias: acompanhamento, análise, tomada de posição, orientação e pressão" (Mancuso, 2004, p. 516). No artigo do autor, vemos dois aspectos da profissionalização da representação de interesse, também apontadas por Oliveira: saber especializado e representação técnica. Com relação ao primeiro, *a indústria* analisa *detalhadamente cada uma das proposições legislativas. O processo de análise é contínuo, ou seja, o objeto da análise não são apenas as proposições originais. Cada vez que uma alteração é introduzida durante a tramitação do projeto que está sob foco – o que ocorre quando são apresentados substitutivos ou emendas, em comissões ou em plenário –, a indústria prepara nova análise, destacando o significado da alteração introduzida à luz dos interesses do setor. As análises são elaboradas por técnicos [...] que focalizam as proposições de acordo com sua especialização.* (Mancuso, 2004, p. 516, grifo do original)

As análises a que se refere Mancuso são claramente realizadas por especialistas (*expertise*) e se traduzem em uma clara alusão ao saber especializado (conteúdo das matérias). Por sua vez, quanto à representação técnica,

Quando uma proposição está tramitando na Câmara dos Deputados, no Senado Federal ou no Congresso Nacional, a estratégia de pressão adotada pela indústria é determinada pelas regras do regimento interno dessas instituições, que organizam o trabalho legislativo e que designam os parlamentares que irão desempenhar papéis-chave no processo de negociação em torno da proposição. (Mancuso, 2004, p. 517)

A representação técnica é conduzida por profissionais que entendem do processo legislativo e do processo decisório, pois o que importa conhecer são as regras impressas no regimento interno e a dinâmica do jogo político-institucional, elementos valiosos para a representação de interesse ao lado dos interlocutores[15] no Parlamento, os quais ocupam postos de decisão na estrutura formal de poder das Casas Legislativas. Eis aqui uma clara alusão à representação técnica (forma).

---

15   *Deputados e senadores.*

Assim como Mancuso (2004), Oliveira (2004) também apresentou as etapas estratégicas, que revelam igualmente a necessidade de profissionalização da representação de interesse, de acordo com as seguintes estratégias de atuação:

> *a) identificação do problema e do objetivo pretendido pelo cliente; b) construção e compreensão do cenário político brasileiro atual; c) monitoramento legislativo ou* tracking; *d) análise do monitoramento legislativo; e) monitoramento político; f) criação da estratégia de ação, que consiste em identificar como resolver o problema do cliente [...] e g) execução do corpo-a-corpo, estágio em que o lobista e seu cliente devem procurar os aliados e inimigos de seu interesse.* (Oliveira, 2004, p. 87)

Ambos os autores destacaram a profissionalização como um elemento importante da representação de interesse, portanto.

A tese de doutorado de Manoel Leonardo Santos, *O parlamento sob influência: o lobby da indústria na Câmara dos Deputados* (2011), também lança luz sobre a profissionalização da representação de interesse do empresariado industrial brasileiro. Quanto ao entendimento de Santos sobre representação de interesse econômico, destacamos o seguinte:

> Com relação à escolha dos interlocutores na Câmara dos Deputados, entrevistas mostraram que a atividade de um modo geral na Câmara é feita através de deputados com algum tipo de ligação com a indústria. É dizer, os interlocutores da CNI são, em geral, aqueles deputados que têm sua trajetória ligada ao setor produtivo, ou são eles mesmos da base. Uma importante proxy *para identificar esses deputados é o seu* background *e a participação de bancadas suprapartidárias. Isso confirma a tese de que no Brasil o lobby na Câmara dos Deputados é um mix entre atividade profissional corporativa (de interlocutores profissionalizados), e também*

de representantes cuja relação de representação está fundada em termos mais duradouros, relacionados especialmente à trajetória deste mesmo representante. (Santos, 2011, p. 104-105)

A representação de interesse do empresariado acontece pela interlocução com parlamentares selecionados, cujo critério de seleção é a ligação com o setor produtivo. A estratégia de ação, que exige uma representação profissionalizada, escolhe criteriosamente seus interlocutores com base na afinidade. No entanto, esse esquema é suficiente para determinar a profissionalização da representação de interesse do empresariado industrial? Somente identificar parlamentares afeitos ao setor produtivo seria resumir as atividades profissionais da representação do empresariado industrial ao lobby, a última etapa das relações governamentais. Entretanto, a CNI não se limita à ação direta junto aos tomadores de decisão política; as estratégias de representação são multifacetadas e complexas, além disso estão ancoradas no tripé: monitorar, informa e influenciar (Santos, 2011).

Na primeira etapa, a CNI monitora a produção legislativa da Câmara dos Deputados e do Senado para identificar e acompanhar proposições legislativas que possam impactar os interesses da indústria. Depois, a Confederação informa, às federações das indústrias[16], sobre as proposições legislativas identificadas. O objetivo é que as federações opinem apresentando seus posicionamentos (favoráveis ou contrários) diante de cada proposição legislativa. Nessa etapa, "Paralelamente, as áreas técnicas e os Conselhos Temáticos da CNI oferecem pareceres jurídicos e de mérito, que orientam o posicionamento do setor e as estratégias para ação legislativa" (Santos, 2011, p. 104). Ainda, cabe informar aos parlamentares os posicionamentos do segmento

---

16 A CNI é uma entidade nacional. Em cada estado da federação há federações das indústrias, por exemplo, em São Paulo a FIESP, no Paraná a FIEP, no Rio de Janeiro a FIRJAN.

industrial com relação a cada proposição legislativa que, no entendimento do empresariado industrial, impactará o desempenho do setor produtivo. Na última etapa, "De posse dessas informações, articuladores externos vão periodicamente ao Congresso Nacional sabendo: *o que fazer, como fazer e com quem falar*" (Santos, 2011, p. 104). Compete a essa última etapa a feição de lobby propriamente dito.

Os articuladores externos fazem parte do quadro da CNI e são assim chamados porque se tornaram responsáveis pelo contato direto com os tomadores de decisão política. Eles acompanham o dia a dia das atividades parlamentares. Esses articuladores são estratégicos na atuação junto aos tomadores de decisão.

> *Junto aos parlamentares os articuladores apresentam relatórios, participam de reuniões e audiências públicas, procuram indicar relatores mais favoráveis aos seus interesses, informam os parlamentares com notas técnicas e relatórios, todos contendo a posição da CNI e os fundamentos dos seus argumentos. Outra atividade de lobby é oferecer idéias para a atividade de emendamento por parte dos deputados. Procuram também interferir nas pautas de discussão das comissões, visando retardar o que não interessa e acelerar o tramite daquilo que interessa.* (Santos, 2011, p. 104)

Como podemos perceber, trata-se de atividades estratégicas que se iniciam pelo monitoramento legislativo, passando por outras etapas e chegando ao lobby propriamente dito. E esse último momento, responsável pela manutenção da influência, mostra-se igualmente complexo. Os diálogos dos gabinetes parlamentares não são passíveis de serem resumidos; nesse intento, os articuladores externos participam ativamente do processo de articulação política.

Santos, em 2011, usou a expressão *relações governamentais* para se referir às atividades de representação de interesse. Favorecendo a abertura dessas tarefas multifacetadas ao lobby,

> Aqui se tem efetivamente a natureza da atividade e de onde derivam todas as ações. O lobby é visto pela CNI como o uso estratégico da informação, com a finalidade de defender os interesses da indústria. E essas atividades se dividem em: monitorar, informar e influenciar. Essas atividades incluem acompanhar o processo legislativo levantando toda a informação necessária, inclui informar os parlamentares e os industriais sobre o seu andamento e, o mais importante, inclui a tentativa de influenciar as ações dos parlamentares. (Santos, 2011, p. 104)

As atividades descritas por Santos estão inseridas no saber especializado e na representação técnica. As análises centradas nos elementos técnicos da profissionalização da representação de interesse não afastam os elementos normativos relativos à democracia, mesmo que o lobby carregue uma conotação negativa. Conforme é sabido, o lobby é a etapa final das relações governamentais; ele é que estabelece, de forma concreta, a relação entre Estado e sociedade civil. Assim, para os profissionais que atuam na área, é imprescindível seu sustento em bases democráticas, a fim de garantir a legitimação do lobby. Nesse sentido, a profissionalização da representação de interesse parece emprestar um elemento de neutralidade à relação Estado e sociedade civil, em especial quando se trata da representação do interesse econômico. Ainda assim, o elemento normativo, regulador dessa relação, tem sido um dos grandes argumentos a favor do lobby.

Mancuso e Gozetto (2011), no artigo "Lobby: instrumento democrático de representação de interesses?", lograram defender a importância da representação de interesse profissionalizada para democracia:

Os tomadores de decisão são confrontados com uma grande variedade de questões sobre as quais precisam deliberar, mas em relação às quais possuem informações apenas incompletas. Muitas vezes as questões da agenda decisória são complexas, envolvendo múltiplos interesses legítimos, que precisam ser levados em conta simultaneamente em um processo decisório democrático. (Mancuso; Gozetto, 2011, p. 122)

A representação de interesse tem a função de complementaridade em relação à representação política, legitimando, assim, o lobby em bases democráticas: "O *lobby* lícito pode constituir-se em instrumento democrático de representação de interesses, ao trazer contribuições positivas para os tomadores de decisão, a opinião pública, os interesses representados e o sistema político como um todo" (Mancuso; Gozetto, 2011, p. 122).

Há um componente normativo em Mancuso e Gozetto também presente na literatura, em especial da ciência política. A esse respeito somos advertidos de que:

Em qualquer tema em ciência política é praticamente impossível, e indesejável também, evitar o componente normativo. No caso do estudo dos grupos interesse, mais ainda. Nesse campo, qualquer tentativa passa necessariamente por uma questão normativa porque a própria teoria está carregada de aspectos normativos. (Santos, 2011, p. 22)

Tomando como ponto de partida as relações causais, Santos (2011) trouxe da literatura o debate que relaciona representação de interesse e democracia. Para tanto, deteve-se em um ponto importante: o sistema de representação de interesse, porém colocou em suspeição a literatura no tocante à relação direta (causal) entre sistema de representação corporativista e instituições democráticas. Embora o movimento tenha sido colocar em suspeição, o autor ainda aborda a literatura quando trata da relação causal:

> *Como nos ensina a literatura comparada, o corporativismo pode ser visto tanto como variável independente quanto como variável dependente. Ao focar o corporativismo como resultado (variável dependente) do desenvolvimento econômico nas democracias ocidentais avançadas e de consenso, se vê sobretudo num dos estudos fundadores Lijphart (1991) empiricamente a validade dessa ideia.* (Santos, 2011, p. 67, grifo do original)

Santos (2011) recupera essa análise entre representação de interesse e ordenamento político porque tal relação causal tem potencial normativo para legitimar o lobby em bases democráticas. No entanto, vale ressaltar, não identificamos, nos autores estudados, o lobby lícito, seja em ausência ou em presença, como um fator determinante da democracia, mas sim como um elemento, entre vários, que reflete o grau de democracia.

Ainda, é importante chamar atenção para uma nova expressão inserida nesta seção: *sistemas de representação*. Vimos que Oliveira (2004) entendia representação de interesse de forma ampla: entidades, atividades, mercado. Por sua vez, Santos (2011) amplia esse escopo e entende a representação de interesse como sistema: "Para além dos Estados Unidos, Lijphart (1999), por exemplo, em sua já clássica obra *Modelos de democracia*, incluiu o sistema de representação de interesses entre as dez variáveis que considerou indispensáveis para o estudo das democracias em perspectiva comparada" (Santos, 2011, p. 18). O sistema de representação de interesse mostra-se uma variável importante para o estudo da democracia. Lijphart (1999, citado por Santos, 2011), no entanto, confere ao sistema de representação grande importância na avaliação do grau da democracia, o que valoriza ainda mais as pesquisas que relacionam lobby à democracia, dado a envergadura de um autor como Lijphart. Esse sistema também impacta no comportamento da representação do empresariado, uma vez que os industriais

> *atuaram num contexto de mudanças não apenas econômicas, mas de transformações políticas no qual o sistema de representação de interesses se insere. Diniz e Boschi (2004) argumentam que o empresariado teve que se adaptar à realidade da nova ordem constitucional alterando profundamente seu padrão de relação com o estado e sua forma de organização. Essas mudanças nada mais eram do que a adaptação racional para a convivência com um sistema de representação de interesses.* (Santos, 2011, p. 20)

A relação causal levantada por Santos (2011) coloca para este estudo um desafio: investigar se, no caso brasileiro, há vestígios da relação entre sistema político e sistema de representação de interesse – tema a ser explorado no Capítulo 2.

Por fim, os autores elencados deram especial destaque à profissionalização da representação de interesse do empresariado industrial brasileiro, entendida como uma variável que explica o desempenho da representação do empresariado industrial, no sentido de impactar o comportamento dos tomadores de decisão política. Notamos, também, a força que a expressão *lobby* ainda exerce como um conjunto de atividades multifacetadas, mostrando-se, portanto, como um conceito em disputa nas relações governamentais, na condição de um tipo de espécie que integra a representação de interesse, produto debatido na próxima seção.

(1.3)
AS ESPÉCIES DE REPRESENTAÇÃO DE INTERESSE

A expressão *representação de interesse* é bastante genérica, servindo para expressar ações lícitas e ilícitas, podendo ser entendida, portanto, como tautológica. Considerando as confusões abstratas e concretas do uso indiscriminado de expressões, identificamos cinco que assumem significado de representação de interesse: corrupção, tráfico de influência, lobby, relações governamentais e *advocacy*. Para facilitar o entendimento, a solução é analisar as diferentes expressões como *espécies* de representação de interesse. As cinco expressões pertencem à mesma "família", logo, é muito comum que, sem um mínimo de reflexão, sejam confundidas, mais especificamente lobby, corrupção e tráfico de influência. No entanto, resta-nos saber: O que distingue as expressões-espécies? É possível que alguma delas sejam reflexo do processo de profissionalização da representação de interesse em curso no Brasil?

A corrupção é uma das questões que mais ganhou visibilidade pública nesta segunda década do século XXI. Desde 1996, o Instituto Datafolha realiza a pesquisa intitulada "O que a população brasileira entende como os maiores problemas da nação?". As edições de 2015 e 2016 foram as únicas em que o tema corrupção apareceu como a maior preocupação da população brasileira, superando saúde, educação, desemprego, segurança pública, entre outros, de acordo com levantamento realizado por Medeiros e Rocha (2016). Segundo dados da Transparência Internacional, considerando-se o Índice de Percepção da Corrupção (IPC)[17]:

---

17 Mede desde 1995 a percepção de especialistas de 180 países a respeito da corrupção no setor público.

um alerta que já vem sendo feito pela Transparência Internacional. Os esforços notáveis do país contra a corrupção podem estar em risco e não foram suficientes para chegar à raiz do problema. Não tivemos nos últimos anos qualquer esboço de resposta às causas estruturais da corrupção no país. A Lava Jato foi crucial para romper com o histórico de impunidade da corrupção no Brasil – principalmente de réus poderosos. Mas para o país efetivamente avançar e mudar de patamar no controle da corrupção, são necessárias reformas legais e institucionais que verdadeiramente alterem as condições que perpetuam a corrupção sistêmica no Brasil. (Transparência Brasil, 2018)

No Brasil, há esforços no combate à corrupção, como é o caso da Estratégia Nacional de Combate à Corrupção e à Lavagem de Dinheiro (ENCCLA), que foi criada em 2003. A ENCCLA reúne os Poderes Executivo, Legislativo e Judiciário nas esferas federal e estadual. Há, ainda, três instrumentos internacionais de combate à corrupção dos quais o Brasil é signatário: (1) a Convenção Interamericana contra a Corrupção, de 1996, aprovada no âmbito da Organização dos Estados Americanos (OEA), ratificada pelo Decreto n. 4.410, de 7 de outubro de 2002; (2) a Convenção sobre o Combate da Corrupção de Funcionários Públicos Estrangeiros em Transações Comerciais Internacionais, de 1997, aprovada no âmbito da Organização para a Cooperação Econômica e Desenvolvimento (OCDE), que no Brasil foi recepcionada pelo Decreto n. 3.678, de 30 de novembro de 2000; e a (3) a Convenção das Nações Unidas contra a Corrupção (Convenção de Mérida), de 2003, promulgada no âmbito da ONU, ratificada pelo Decreto n. 5.687, de 31 de janeiro de 2006.

Quanto às pesquisas sobre corrupção, existem diversas abordagens analíticas e epistemológicas que tratam do fenômeno. Fernando Filgueiras (2009, p. 397) destaca algumas, sendo de ordens econômica, formais, institucionais, e propõe uma análise sociológica quando defende que "é fundamental pensar a corrupção em uma dimensão sistêmica que alie a moralidade política – pressuposta e que estabelece os significados da corrupção – com a prática social propriamente dita, na dimensão do cotidiano". Roberto Bonifácio e Mario Fuks (2017), por outro lado, usaram o método comparado para investigar a relação entre participação política e corrupção na América Latina. Rodrigo Cabral (2018) escolhe abordar a corrupção sob uma perspectiva filosófica, ou, dito em outras palavras, alavanca uma abordagem que se centralize na filosofia da linguagem.

Neste estudo, a corrupção será entendida como tipo penal, visto que a relação mais impositiva entre a corrupção e o lobby é de caráter ilícito, ou seja, percebida como atividade lobista ilegal. Para tanto e de início, buscaremos definições mais concisas. De acordo Miranda (2018), há três tipos de corrupção identificáveis em sociedades democráticas: a grande corrupção, a corrupção burocrática e a corrupção legislativa. A grande corrupção verifica-se quando membros da elite governante implementam políticas para auferirem benefícios econômicos, o que se caracteriza como ato lesivo à Administração Pública. Quando o ato lesivo à Administração Pública é cometido por servidores públicos de menor escalão, caracteriza-se como corrupção burocrática, que ocorre quando o servidor recebe propina do público ou de seus superiores em troca de serviço. Por fim, a corrupção legislativa

> *diz respeito a como o voto dos legisladores é influenciado. Os legisladores podem receber propina por um grupo de interesse para aprovar uma legislação que mude as rendas econômicas [...] e também para beneficiar seu partido e mantê-lo no poder [...]. Este tipo de corrupção inclui a compra de votos, onde o legislador tem o intuito de se reeleger ou onde*

funcionários públicos em seus cargos executivos "forçam" uma aprovação de lei. (Miranda, 2018, p. 259)

A corrupção é uma troca que se realiza por presentes, serviços ou dinheiro (propina). Normalmente, "a corrupção é uma espécie de facilitador das transações e relações entre quem detém poder econômico e quem detém poder decisório" (Miranda, 2018, p. 259). O autor, ao fazer essas considerações, elabora o seguinte conceito de corrupção: "Corrupção é o pagamento ilegal (financeiro ou não) para a obtenção, aceleração ou para que haja ausência de um serviço feito por um funcionário público ou privado. A motivação da corrupção pode ser pessoal ou política tanto para quem corrompe quanto para quem é corrompido" (Miranda, 2018, p. 256). No entanto, é necessário identificar algumas expressões-chave que definam *corrupção*. Em Filgueiras (2009, p. 387) identificamos "malversação de recursos públicos" e "uso indevido da máquina administrativa"; Juliana Ferrer Teixeira (2010, p. 13) "desvio da conduta do funcionário que incorre em abuso de autoridade para benefício particular"; "condutas criminosas dos funcionários públicos".

O Código Penal brasileiro divide a corrupção em passiva e ativa. A primeira está definida no artigo 317, em que se lê: "Solicitar ou receber, para si ou para outrem, direta ou indiretamente, ainda que fora da função ou antes de assumi-la, mas em razão dela, vantagem indevida, ou aceitar promessa de tal vantagem" (Brasil, 1940). A corrupção passiva diz respeito, então, ao ato ilícito cometido pelo servidor público. A corrupção ativa, por sua vez, vem disposta no artigo 333 do Código Penal: "Oferecer ou prometer vantagem indevida a funcionário público, para determiná-lo a praticar, omitir ou retardar ato de ofício" (Brasil, 1940). Esta se caracteriza pelo oferecimento de vantagem ao funcionário público. O tráfico de influência está previsto como crime no Código Penal brasileiro em seu artigo 332: "Solicitar, exigir, cobrar ou obter, para si ou para outrem, vantagem ou promessa de vantagem, a pretexto de influir em ato praticado por funcionário público no exercício da função" (Brasil, 1940). O tráfico de influência é o ato, como o nome já sugere, de traficar a influência por meio do prestígio de que goza ao lado de agentes públicos, que, dentro da estrutura política de poder, são influentes. Um exemplo de tráfico de influência é quando uma pessoa usa suas redes de amizades junto às autoridades públicas para obter vantagem.

Dois instrumentos internacionais tratam do tráfico de influência. Um deles é a Convenção das Nações Unidas contra a Corrupção e Convenção Criminal sobre a Corrupção do Conselho da Europa. Segundo Sofia Calado (2016, p. 16), "No artigo 18º da Convenção está previsto o crime de tráfico de influência e abrange tanto o tráfico de influência ativo como o passivo, podendo ser cometido por funcionários públicos ou particulares. A influência pode ser real ou suposta, desde que haja recebimento de vantagem". O outro é a Convenção das Nações Unidas contra a Corrupção, que foi ratificada pelo Brasil no Decreto n. 5.687, de 31 de janeiro de 2006. O tráfico de influência, no polo passivo e ativo, segue a mesma lógica da corrupção quanto aos seus agentes. Entretanto, essa Convenção enuncia uma nova expressão, a influência suposta:

> A influência traficada é meramente suposta quando o traficante, aquando da solicitação da vantagem junto do comprador da influência, invoca uma influência inexistente sobre uma entidade pública, ou seja, o traficante simula ou finge que tem influência sobre uma entidade pública quando na realidade não a tem, acreditando, contudo, o comprador que essa influência é real. (Noronha, 2013, p. 33)

O fato de ludibriar alegando ter influência já caracteriza o crime de tráfico de influência. Neste estudo, não pretendemos entrar em detalhes a respeito da tipificação dos crimes de corrupção e tráfico de influência; a intenção é, tão somente, esclarecer, em linhas gerais, com quais tipos de crimes o lobby é confundido.

Esclarecido minimamente o que é corrupção e tráfico de influência, façamos um exercício de reflexão a respeito do lobby como espécie da representação de interesse. No senso comum, lobby confunde-se com corrupção e tráfico de influência. No entanto, fala-se também em lobby do bem e lobby do mal para distinguir lobby lícito, aquele que ocorre dentro da legalidade e do jogo democrático, de lobby ilícito, aquele mediante corrupção ou tráfico de influência (Gozetto, 2018). Partindo do entendimento de que corrupção e tráfico de influência são lobby, este deixa de ser uma espécie da representação de interesse para ser a própria representação de interesse. Portanto, lobby é considerado sinônimo de representação de interesse. Isso porque, nessa concepção, corrupção e tráfico de influência são duas espécies do lobby (representação de interesse).

No entanto, Graziano (1997) e Oliveira (2004) distinguem lobby de corrupção e de tráfico de influência. De forma sumária, a diferença, para os autores, está no lobby como representação de interesse, realizada de forma profissionalizada e desvinculada da corrupção e do tráfico de influência, tornando-se, assim, uma das espécies de representação de interesse. Essa mudança de *status* acontece em resposta da profissionalização da representação de interesse atribuída ao lobby. Dessa forma, a profissionalização é que provoca uma mudança de *status*. Assim, a representação de interesse passou a manifestar três espécies: corrupção, tráfico de influência e lobby. As duas primeiras entendidas como espécies ilícitas de representação de interesse, e o lobby, por outro lado, como espécie lícita e profissionalizada.

A profissionalização foi um fator determinante para tornar o lobby uma das espécies da representação de interesse e legitimá-lo como atividade profissional e lícita.

Na segunda década do século XXI, a representação de interesse integrou outra espécie: as **relações governamentais**. O lobby, antes uma das espécies da representação de interesse, transformou-se em uma das etapas das relações governamentais (Gozetto, 2018; Patri, 2011; Abrig, 2017). Essas alterações de *status* sofridas pelo lobby resultaram no processo de profissionalização da representação de interesse em curso no Brasil na segunda década do século XXI. Como vimos, o lobby significa a ação direta da representação de interesse junto aos tomadores de decisão política no esforço de influenciá-los (Gozetto, 2018). Esse entendimento também tem fundamento na origem da palavra *lobby*[18], expressão de origem inglesa que se refere ao salão de entrada (saguão) de edifícios. A expressão, de base arquitetônica, passou a designar a ação (lobbying) de indivíduos que, sem acesso àqueles com poder de decisão, aguardavam "nos '*lobbies*' dos edifícios onde estes [pessoas dotadas de poder] se hospedavam ou trabalhavam, com o objetivo de abordá-los e apresentar-lhes seus pleitos" (Gozetto, 2018, p. 39).

O lobby, com o tempo, passou a ter uma conotação neutra, para além do maniqueísmo de lobby do bem e lobby do mal. E sua neutralidade é reforçada quando entendido como atividade profissional. Portanto, o lobby como atividade é neutro, pois se liga à técnica, a instrumentos e mecanismos, é uma forma, mas o objetivo não é neutro, é sempre interessado. Pode beneficiar um pequeno grupo e prejudicar uma coletividade O que não deve ser confundido é o lobby

---

18 *O termo lobby foi cunhado pelo presidente dos Estados Unidos, Ulysses S. Grant, que governou de 1864 a 1869.*

como atividade e o objetivo da atividade. Uma organização pode valer-se da atividade de lobbying (que é instrumental e tecnicamente neutra) para defender de forma legal e legítima seus interesses junto aos tomadores de decisão, fora de ações criminosas – corrupção e tráfico de influência. Contudo, caso seu interesse seja acolhido pelos tomadores de decisão, e, quando transformado em lei, o resultado venha a ser positivo para a organização, mas prejudicial ao conjunto da sociedade, a atividade de lobbying continuará sendo neutra, pois não se valeu de atividades criminosas.

Desse modo, o lobby não se caracteriza como lícito ou ilícito em razão de seus resultados, entretanto, essa concepção tem sido disseminada. O que se deve caracterizar como ilegal é a forma usada para conseguir convencer os tomadores de decisão política; somente dessa maneira a representação de interesse se caracterizaria como corrupção e tráfico de influência. Assim, "Por *lobby*, entende-se a defesa de interesses ao lado de membros do poder público que podem tomar decisões referentes às políticas públicas" (Gozetto, 2018, p. 39). Foi nessa perspectiva técnica e profissionalizada que o lobby se tornou uma das espécies da representação de interesse. Conforme vimos anteriormente, Graziano (1997) entendia lobby como um conjunto de atividades multifacetadas, não se resumindo à atividade de ação direta junto aos tomadores de decisão. No entanto, na segunda década do século XXI, esse entendimento perdeu força, e o lobby passou a ser entendido como uma das etapas das relações governamentais.

Analisamos, no decorrer das Seções 1.1 e 1.2, dois trabalhos que trazem entendimentos distintos quanto ao lobby e relações governamentais: em um deles, o lobby é concebido como uma atividade multifacetada (Oliveira, 2004); noutro, é percebido como uma das atividades de relações governamentais (Gozetto, 2018). A justificativa para a ocorrência dessa alteração está no fato de que a distinção entre relações governamentais e lobby, na primeira década do século XXI, mostrava-se confusa. A expressão *relações governamentais*, na época, já estava sendo gestada como possibilidade de substituição para o termo *lobby*, em razão da conotação pejorativa que incidia sobre este. Esse debate está pautado na tese de Oliveira, de 2004, ou seja, manifestou-se ainda na primeira década do século XXI.

A metodologia utilizada por Oliveira (2004) foi de base empírica e exploratória. Ao pesquisar uma atividade (lobbying) entendida, em sua plenitude[19], como clandestina, sob a suspeita de ilegalidade (corrupção e tráfico de influência), a autora deparou-se com muitas inconsistências advindas dos próprios profissionais quanto às expressões *lobby* e *relações governamentais*[20]. Além disso, também enfrentou questões que ainda seguem irresolvidas nesta segunda década do século XXI. Serve de exemplo, a diferença entre lobby, relações governamentais e *advocacy*. Como, à época, já estava em curso o debate sobre a substituição da nomenclatura *lobby* por *relações governamentais*, Oliveira (2004, p. 204) não achou a troca apropriada porque, "Segundo Mack (1997), o termo relações governamentais refere-se à aplicação de técnicas de comunicação por pessoas e instituições com o objetivo de afetar decisões de governo".

Aqui, parece que lobby e relações governamentais são correspondentes. Entretanto, as atividades de relações governamentais estão no nível de definição estratégico de comunicação, antes da ação direta

---

19 *Atualmente, há muitos estudos sobre o lobby, o que assevera sua legalidade e legitimidade democrática. O mesmo, porém, não se pode dizer da primeira década do século XXI. Embora o lobby ainda mantenha conotação negativa no senso comum, tem sido tema de debate por diversas entidades. Hoje se sabe mais sobre a divergência entre lobby, tráfico de influência e corrupção do que no período em que Oliveira realizou sua pesquisa. Por isso o emprego da expressão plenitude.*

20 *Essa divergência chegou até os dias de hoje. Contudo, de forma mais qualificada graças às pesquisas dedicadas ao tema.*

junto aos tomadores de decisão, ou seja, encontram-se no momento de planejamento da ação de comunicação. Segundo Oliveira (2004, p. 204), além de atividades de planejamento estratégico de comunicação, as relações governamentais também contemplam atividades jurídicas: "O termo pode ser visto também como gerenciamento de atividades legislativas e regulatórias [...] e inclui como uma de suas estratégias, o lobbying" (Oliveira, 2004, p. 204). Para autora, como vemos, o uso de técnicas de comunicação faz parte das atividades de relações governamentais, encerradas, porém, no nível do planejamento. Essa atividade é própria, por exemplo, dos profissionais da área de Comunicação. Outros tipos de atividades parecem pertencer aos profissionais do direito, como: gerenciamento de atividades legislativas (processo legislativo) e regulatórias (marco legal).

Há uma afirmação em Oliveira (2004) que merece esclarecimento: a de que o lobby se insere nas relações governamentais como uma de suas estratégias. Considerando o conjunto da tese, interpretamos que, para a autora, as atividades de lobbying e relações governamentais eram distintas mas complementares. Isto é, o lobby não integrava, em condição partitiva, as relações governamentais, não era, portanto, uma etapa das relações governamentais. Oliveira (2004, p. 204) nos autoriza lançar essa interpretação, quando afirma: "Já os termos relações governamentais e advocacy não são adequados para tal substituição, uma vez que descrevem outro tipo de atividade"; posteriormente, a autora descreve as atividades que competem às relações governamentais, quais sejam: "a) suporte às atividades dos clientes; b) formulação de informações, análises, e estratégias de ação no *timing* correto para a intervenção política e c) monitoramento das ações governamentais e dos diversos atores envolvidos no processo de tomada de decisões".

Não há como negar que essas atividades são processos gerenciais relativos à representação de interesse. Já a ação direta, ao lado dos tomadores de decisão política, não consta nessa relação. Notamos a diversidade de tarefas atribuídas ao profissional de relações governamentais e a tendência em relacionar relações governamentais com atividades típicas de profissionais formados em comunicação:

> Um dos lobistas entrevistados nos relatou um caso bastante interessante [...]. Segundo ele, sua empresa foi contratada para criar uma estratégia de comunicação e relações governamentais que visava dirimir a resistência da opinião pública e dos próprios parlamentares sobre a criação da ABIN (Agência Brasileira de Inteligência). (Oliveira, 2004, p. 82)

As relações governamentais aparecem, muitas vezes, como um cargo ou um setor na estrutura organizacional das grandes empresas, responsável por estabelecer estrategicamente um canal de diálogo permanente entre empresa e Estado. Esse canal de diálogo, de forma profissionalizada, data "do período de distensão da ditadura militar", ainda na década de 1970 (Oliveira, 2004, p. 87). Um dos maiores lobistas era, à época, Eduardo Carlos Ricardo, dono da Patri. Na perspectiva dele, relações governamentais e lobby eram distintos, posicionamento também evidente na fala de Oliveira (2004, p. 222): "enquanto o lobbying não for regulamentado, sua empresa se restringirá a atuar na área de relações governamentais". Por fim, a autora afirma que o lobby seria uma atividade estratégica de ação direta junto aos tomadores de decisão política. É importante destacar que esse foi o início de debate sobre um tema bastante atual: as relações governamentais como processos gerenciais. Vale dizer, ainda, que muitas das diferenças entre lobby e relações governamentais foram extraídas da visão dos entrevistados para a pesquisa em curso, o que não reflete, necessariamente, a percepção da própria autora. Há outro complicador para rastrear, na tese de Oliveira, e de maneira conclusiva, as diferenças e as similaridades existentes entre relações governamentais e lobby, uma vez que ela identificou quatro tipos de lobbying;

> Os quatro tipos de lobbying são representados pelos seguintes profissionais, entidades ou departamentos: a) assessorias de assuntos parlamentares ou Departamentos de Comunicação Social dos Ministérios *(lobbying público)*; b) executivos de relações governamentais, alocados em departamentos de assuntos corporativos/institucionais das empresas *(lobbying institucional)*; c) entidades classistas, como a CNI e o DIAP *(lobbying classista)* e d) escritórios de lobbying e consultoria *(lobbying privado)*.
> (Oliveira, 2004, p. 231, grifo do original)

Assim, a diversidade de tipos de lobby e das respectivas atividades tornou-se um complicador, pois dificulta a identificação de padrões. Na verdade, duas atividades tiveram mais relevo nas entrevistas realizadas por Oliveira (2004): a obtenção de informação e a atividade de comunicação (ou seja, levar informação aos tomadores de decisão). Percebe-se que ambas as atividades influenciaram a formação de opinião da autora sobre lobby. Tanto que, de acordo com ela, para o profissional de relações governamentais, "Informação antecipada é uma espécie de furo jornalístico, porém, sem toda a urgência que normalmente este envolve". Informação antecipada não significa, porém, informação privilegiada, mas sim informações obtidas e que estão disponíveis. Isto é, "antecipe tendências na atuação do governo e, em contato com pessoas alocadas em pontos estratégicos da administração federal, confirme essas tendências, que podem vir a se tornar ações ou não" (Oliveira, 2004, p. 97).

Embora houvesse diferentes visões sobre a atividade lobista, entendemos que, em sua tese, Oliveira esteve influenciada por Graziano (1997), para quem o lobby é constituído por atividades multifacetadas. Essa influência evidencia-se quando Oliveira (2004, p. vii), fazendo referência às atividades de lobby[21], afirma: "As estratégias de ação comuns aos quatro tipos de lobbying são: monitoramento legislativo e político, elaboração de estudos técnicos e pareceres que subsidiem a informação que fornecem aos tomadores de decisão, e o corpo-a-corpo, que consiste em argumentar para convencer". As duas atividades em relevância para Oliveira (informação e comunicação) parecem, na verdade, mais uma síntese de todas as atividades multifacetadas de que falava Graziano (1997). Isso nos permite fazer outra interpretação da tese da autora: de que as atividades de relações governamentais eram integrantes do lobby.

Em nosso entendimento, quatro fatores atuaram para que o lobby deixasse de ser traduzido como um conjunto multifacetado de atividades de representação de interesse. O primeiro é a própria origem da palavra *lobby*. O segundo é a conotação negativa da expressão associada à corrupção e ao tráfico de influência, associação ainda majoritária e hegemônica no senso comum. O terceiro fator é o entendimento de que a representação de interesse constitui-se em uma relação com o Estado, no sentido de contribuir para tomada de decisão política, bem como para democracia (Gozetto, 2018). Por fim, o quarto fator refere-se ao aprofundamento da complexidade do processo de decisão política, experimentado a partir da primeira década do século XXI e aprofundado na segunda década.

Esse aprofundamento do processo de decisão política passou a exigir dos profissionais que atuam na representação de interesse conhecimentos muito qualificados e específicos (teoria, metodologia,

---

21 A Confederação Nacional das Indústrias (CNI) e o Departamento Intersindical de Assessoria Parlamentar (Diap). Essa entidade é responsável pelas atividades de representação de interesse dos sindicatos de trabalhadores.

métodos e técnicas), a fim de que avaliassem governos e políticas públicas. Aqui ocorreu um deslocamento do foco das duas atividades, da informação e da comunicação para avaliação de políticas públicas e governo. O conhecimento específico e as inúmeras atividades transcenderam a própria definição de lobby como ação de representação direta junto aos tomadores de decisão. Esse momento de inflexão, quanto às atividades e processos de trabalho do profissional de representação de interesse, está amplamente registrado em diversas pesquisas (Oliveira, 2004; Gozetto, 2018; Santos; Resende; Galvão, 2017; Galvão et al., 2018; Patri, 2011, Mancuso, 2004; Irelgov, 2020a).

Vale ressaltar que as pesquisas acadêmicas, entre outros levantamentos realizados por organizações que representam os profissionais ou estão ligadas às relações governamentais, estão dando muita ênfase para as atividades do profissional de representação de interesse. A afirmação de que as ocupações do profissional de representação de interesse transcenderam as atividades multifacetadas atribuídas ao lobby encontra respaldo empírico no resultado de uma pesquisa realizada por Santos, Resende e Galvão (2017, p. 16), que apontam que as atividades desse profissional não se limitam mais à "representação" e às "atividades de aconselhamento jurídico".

Nesse contexto de expansão das atividades, associado ao fato de o lobby ser entendido como a última etapa das atividades de representação de interesse, uma nova nomenclatura passou a ser exigida, vista a nova realidade. A expressão *relações governamentais* foi a mais apropriada à nova percepção de estabelecimento de uma **relação** com o Estado[22], no sentido de contribuir para a qualidade na tomada de decisão política em um ambiente democrático. Essa espécie de representação de interesse trouxe o lobby para seu interior, como uma de suas atividades. Para Eduardo Galvão, essa situação estava bem clara:

> Ele [Eduardo Galvão] diferencia o lobby como a defesa de interesses feita de maneira pessoal e direta ante o tomador de decisões, enquanto relações governamentais "abrange muito mais técnicas e ferramentas como monitoramento do legislativo, o conhecimento de políticas públicas e a inteligência sobre os decisores e demais agentes ou grupos sociais envolvidos. Portanto, é uma atividade muito mais sofisticada do que o lobby".
> (Abrig, 2017, p. 13a)

O lobby passou a fazer parte dos processos gerenciais das relações governamentais. Notadamente, as atividades atribuídas à nova espécie de representação de interesses exigem conhecimentos específicos para analisar governos e políticas públicas. Patri (2011, p. 140), assim como Galvão, entendeu que "Relações governamentais é o processo

---

22 É comum o uso das expressões Estado e Governo como se fossem uma mesma coisa, mas, de fato, são bem distintos. Para efeito deste estudo, a fim de compreender a distinção aqui tratada, é importante diferenciar política de Estado de política de Governo, que se insere na discriminação entre as dimensões da política (polity, politics e policy). No Brasil, de forma especial no momento pós-Constituição de 1988, as atividades de relações governamentais estiveram ao sabor dos governos. Isto é, funcionavam como política pública concreta (policy), as atividades de relações governamentais foram mais estreitas entre Estado e sociedade civil e, em determinados períodos, mais restritiva. Até em um mesmo governo, de acordo com o tema em debate, as relações também se caracterizaram como mais estreitas e mais restritivas. Nesse sentido, o Projeto de Lei n. 1.202/2007 e seu Substitutivo se concretizam em propostas legislativas que visam transformar as atividades de relações governamentais em política de Estado (polity), conforme discussão a ser feita no Capítulo 6. Assim, entendemos que as políticas de Estado são mais perenes, estruturais; ao passo que as políticas de governo são transitórias, conjunturais.

de gerenciamento das diversas etapas e ferramentas de trabalho para a defesa de interesses". No intuito de definir concisamente o conjunto de atividades das relações governamentais, recorrermos a Mota et. al (2013, p. XIII, grifo do original):

> *O trabalho empreendido nas* **Relações Governamentais** *consiste na ação estratégica, inteligente e qualificada, promovida por instituições públicas ou privadas, buscando interagir técnica e institucionalmente com os poderes constituídos, contribuindo efetivamente para o aprimoramento do processo legislativo ou da tomada de decisões executivas. Neste sentido, antecipa cenários, produz estudos comparados, indica caminhos políticos alternativos, minimiza impactos e utiliza-se do diálogo e das ferramentas de comunicação para ter seus pleitos considerados.*

Na definição dos autores, as atividades de relações governamentais correspondem ao saber especializado e à representação técnica, tendo destaque a ideia de contribuição. Esses são elementos primordiais para entendermos relações governamentais como espécie de representação de interesse que se mostra altamente profissionalizada. Os aspectos técnico e instrumental, que oferece ao lobby a neutralidade, também estão destacados, bem como as expressões *estratégia*, *inteligência* e *qualificação*. No entanto, o lobby não perde sua importância. De todas as atividades de relações governamentais, ele ainda tem seu lugar de destaque.

Em abstrato, não é a definição de relações governamentais que está em disputa com a definição de *advocacy*, mas sim a de lobby. Essa disputa entre as expressões resgata a conotação pejorativa de lobby como atividade criminosa de corrupção e tráfico de influência. De acordo com Gozetto, tratando da literatura que aborda o tema,

Ainda sem tradução para o português, no Brasil, foi apropriado pelas ONGs e movimentos sociais para definir suas ações de defesa de causas, [...] o advocacy é um tipo de ação política realizada preponderantemente por organizações da sociedade civil com vistas a promover o bem público, ao vocalizar grandes causas sociais (direitos humanos, meio ambiente, erradicação do trabalho escravo e infantil etc.). (Gozetto, 2018, p. 40)

O foco do debate que rivaliza lobby e *advocacy* não se resume à discussão se o lobby é lícito ou ilícito, pois esse seria um debate jurídico que pode ser superado na análise de casos concretos. Em muitas situações, o debate é de cunho moral. O lobby não seria essencialmente ilegal, mas sim essencialmente ilegítimo do ponto de vista da inclusão social e dos direitos difusos. A definição de lobby, do ponto de vista moral, estaria atrelada à representação de interesses particularistas, e egoístas, que podem ir de encontro, até mesmo, às causas públicas.

Por outro lado, a caracterização como *advocacy* prescinde de dois elementos essenciais: o *ator da ação* e o *tipo de interesse representado*. Quanto ao ator, corresponde às organizações que expressam a diversidade existente (Breláz, 2007), são, assim, organizações do terceiro setor, organizações sem fins lucrativos. Essas organizações são "autorizadas" a realizar *advocacy*, que, de acordo com Breláz, (2007, p. 1), consiste no "ato de identificar, adotar e promover uma causa. É um esforço para moldar a percepção pública ou conseguir alguma mudança seja através de mudanças na lei, mas não necessariamente". Por sua vez, o tipo de interesse representado tem que ser caracterizado como causas sociais, causas relativas à inclusão social ou causas que afetam à coletividade (por exemplo, o meio ambiente). O *advocacy* é uma atividade cujo objetivo é de difundir, propagar, uma causa pública. No entanto, podemos levantar o seguinte questionamento: *Advocacy* é uma espécie de representação de interesse? De acordo com Gozetto,

> *por* advocacy, *entende-se um tipo de ação política organizada e planejada, realizada tipicamente por organizações da sociedade civil, independentemente de mandato político, que engajam e mobilizam a opinião pública em torno de uma causa para influenciar os tomadores de decisão a considerar demandas legítimas e relevantes acerca de políticas públicas em curso, em elaboração ou em implementação.* (Gozetto, 2018, p. 41)

A noção de *advocacy* apresentada reflete o entendimento do conceito no Brasil. Respondendo à questão levantada, *advocacy* pode, sim, ser caracterizado como uma espécie de representação de interesse, porém com uma característica especial: é uma forma indireta de representação de interesse ao lado dos tomadores de decisão política. Essa é a característica que difere lobby e *advocacy* profundamente, pois este destina-se à mobilização da opinião pública, como forma, por exemplo, de pressionar os tomadores de decisão.

Na literatura internacional, segundo Gozetto (2018), o *advocacy* pode ser uma atividade aplicada por empresas. Nesse particular, ele perde seu viés de cunho moral, podendo ser entendido como um conjunto de atividades técnicas[23] para difundir, propagar e mobilizar a opinião pública. Para tanto, assim como ocorre com o lobby, o *advocacy* teria de ser apresentado como uma atividade neutra, fora de seu sentido maniqueísta, que rivaliza: de um lado, lobby é do mal, e de outro, *advocacy* é do bem. Pois,

---

23 As redes sociais são espaços apropriados para *o uso de técnicas de comunicação de massa, bem como outros espaços midiáticos, como jornais, emissoras de rádio e televisão, entre outras.*

é preciso trazer maior rigor a esse debate. A literatura internacional especializada define advocacy como um tipo de ação política dirigida aos tomadores de decisão com o objetivo de influenciar o processo de formulação de políticas públicas. Frequentemente equiparado ao lobby, o advocacy é, de fato, um termo mais abrangente, designando toda forma de ativismo organizado acerca de um conjunto específico de temas. Sob essa perspectiva, lobby é a prática de influenciar o processo decisório através de uma comunicação direta com os legisladores. Assim, ONG´s, movimentos sociais, associações setoriais, sindicatos, empresas privadas, universidades, municípios, conselhos gestores, fundações e etc. estão aptos a fazer advocacy. (Gozetto, 2018, p. 40-41)

Ao passo que as atividades de relações governamentais são restritas a um setor da estrutura interna das organizações, para na última etapa realizar o lobbying, o *advocacy* transcende essa estrutura, mobilizando a opinião pública, podendo chegar ao lobbying ou não. A literatura internacional ajuda a qualificar de maneira mais assertiva a posição de *advocacy* como uma das espécies da representação de interesse. Todavia, as relações governamentais, assim como atraíram para seu interior o lobby, parecem estar atraindo o *advocacy* também. Entendemos que esse é um processo ainda em construção, já que persiste no Brasil a relação intrínseca entre *advocacy* e a defesa de causas públicas. Esse movimento de atração foi percebido por Gozetto (2018, p. 35) quando autora mostra compreender lobby e *advocacy* como "dois elementos chave das relações governamentais".

De acordo com Gozetto (2018, p. 38), as entidades de representação de interesse econômico (entidades classistas do sistema corporativista e pluralista) atuam de forma direta (lobby), junto aos tomadores de decisão política, mas também de forma indireta (*advocacy*).

Considerando essa perspectiva, podemos ponderar que o *advocacy* deixaria de ser uma espécie de representação de interesse e passaria a integrar as relações governamentais, baseado em uma racionalidade técnica e profissionalizada. A questão que se levanta é: como a representação do interesse econômico, tida como representação de interesse particularista e egoísta, poderia defender causas sociais, em seu significado de representação de interesses de causas sociais (*advocacy*)? Gozetto traz um argumento difundido atualmente pelo empresariado brasileiro:

> *acompanhar a dinâmica do cenário regulatório brasileiro é um grande desafio para aqueles que desejam contribuir para construir um ambiente de negócios favoráveis. Essa construção não beneficia apenas as empresas, pois ao garantir a sustentabilidade de seus negócios, essas empresas estão gerando crescimento econômico e, por conseguinte, desenvolvimento.*
> (Gozetto, 2018, p. 37)

O argumento da autora está pautado em uma causa de desenvolvimento que interessa a toda a coletividade. São intrínsecas a esse argumento as políticas públicas de geração de emprego e renda, de aumento do consumo das famílias, de redução da pobreza etc. O *advocacy*, no âmbito empresarial, não perdeu seu caráter valorativo, porém vem associado à ideia de profissionalização, passando a integrar o processo vigoroso de profissionalização da representação de interesse. Assim, o *advocacy* seria concebido como uma técnica, assumindo um caráter de neutralidade. O *advocacy*, quando adotado pelo empresariado, apresenta esse caráter ambíguo (valorativo e neutro).

Para saber mais

RENNÓ, Lucio. **Qualidade da representação de interesses no Brasil**. Rio de Janeiro: Comissão Econômica para a América Latina e o Caribe (Cepal) / Instituto de Pesquisa Econômica Aplicada (Ipea), 2010. Disponível em: <https://repositorio. cepal.org/bitstream/handle/11362/28164/1/S2010956_pt.pdf>. Acesso em: 7 jun. 2020.

Texto para discussão elaborado no âmbito do Cepal e do Ipea, trata de um debate crítico sobre o desempenho da democracia representativa, que, cada vez mais, demanda por participação dos diferentes setores da sociedade civil.

ESPARCIA, Antonio Castillo. Novos cenários de participação política: análise das estratégias de comunicação dos grupos de pressão (lobbies). São Paulo, **Organicom**, ano 8, n. 14, p. 64-86, 1º semestre de 2011. Disponível em: <http://www.revistas.usp. br/organicom/article/view/139085/134434>. Acesso em: 7 jun. 2020.

Artigo que apresenta o lobby como instrumento de comunicação, indo de encontro ao entendimento do lobby como corrupção e/ou tráfico de influência. Na qualidade de instrumento de comunicação, o lobby é apresentado como atividade, técnica e estratégia.

Consultando a legislação

1. Convenção Interamericana contra a Corrupção, de 1996, aprovada no âmbito da Organização dos Estados Americanos (OEA), ratificada pelo Decreto n. 4.410, de 7 de outubro de 2002. Acesse: http://www.planalto.gov.br/ccivil_03/decreto/2002/D4410.htm.

2. Convenção sobre o Combate da Corrupção de Funcionários Públicos Estrangeiros em Transações Comerciais Internacionais, de 1997, aprovada no âmbito da Organização para a Cooperação Econômica e Desenvolvimento (OCDE), que no Brasil foi recepcionado pelo Decreto n. 3.678, de 30 de novembro de 2000. Acesse: http://www.planalto.gov.br/ccivil_03/decreto/D3678.htm.
3. Convenção das Nações Unidas contra a Corrupção (Convenção de Mérida), de 2003, promulgada no âmbito da ONU, ratificada pelo Decreto n. 5.687, de 31 de janeiro de 2006. Acesse: http://www.planalto.gov.br/ccivil_03/_ato2004-2006/2006/decreto/d5687.htm.
4. Decreto-Lei n. 2.848, de 7 de dezembro de 1940 (Código Penal brasileiro). Acesse: http://www.planalto.gov.br/ccivil_03/decreto-lei/del2848compilado.htm.
5. Convenção das Nações Unidas contra a Corrupção, ratificada pelo Brasil no Decreto n. 5.687, de 31 de janeiro de 2006. Acesse: http://www.planalto.gov.br/ccivil_03/_ato2004-2006/2006/decreto/d5687.htm.
6. Convenção Penal sobre a Corrupção do Conselho da Europa. Acesse: http://gddc.ministeriopublico.pt/sites/default/files/documentos/instrumentos/convencao_penal_sobre_corrucao.pdf.

Síntese

Neste capítulo, apresentamos três formas de analisar a representação. A primeira como *dimensão*, que se desdobra na dimensão de reprodução e da ação. A segunda forma de análise parte da representação como *modelo*: por delegação, por confiança e por representatividade sociológica. A terceira é tomada como *tipo de representação*: representação política e representação de interesse.

Para efeito deste estudo, importa-nos o tipo representação de interesse, que se abre em três espécies: corrupção, tráfico de influência e relações governamentais – considerando que a espécie relações governamentais absorveu o lobby e o *advocacy*. Sobre esse último ponto, a questão permanece propositalmente aberta.

Ainda, cabe destacar a importância que assume a profissionalização, quando se trata de representação de interesse. Isso porque, além de ser um tema em voga tanto na literatura quanto na prática do profissional de relações governamentais, a profissionalização é um elemento capaz de alterar o *status* de espécies de representação de interesse.

Questões para revisão

1. Nosso estudo aponta que a literatura que trata do lobby no Brasil não tem dado muita atenção às diferentes formas de analisar a representação como fenômeno mais amplo.
   Ainda destacamos neste capítulo que os

   > *estudos que tratam do lobby e das relações governamentais, concebidos como representação de interesse, carecem de uma reflexão sobre o que seja representação, deixando de fora aspectos importantes para que se possa entender a profissionalização dessa atividade no Brasil.*

   Assim, uma das questões relevantes tratadas neste capítulo trabalha a ideia de dimensões da representação. Explique cada dimensão da representação.

2. Qual ou quais diferenças podemos traçar entre representação política e representação de interesse?

3. Nosso estudo trata, de forma geral, da representação, e, de forma particular, do interesse. Assim, leia o trecho seguinte, apresentado no ínicio deste capítulo:

> O homem, no tocante à dimensão da reprodução/perspectiva, não pode representar/personificar a mulher. Na condição de homem, não vivenciou a experiência de ser mulher. Ele não tem a perspectiva feminina. Ele não tem a sensibilidade da experiência feminina. Ele não é a personificação da mulher, logo, ele não reproduz sua representação.

Agora, assinale a alternativa que expressa/exemplifica corretamente as reflexões trazidas no enunciado da questão.

a) O homem não tem condições de representar o interesse feminino.
b) O homem não tem a perspectiva feminina.
c) Interesse e perspectiva são conceitos que não se distinguem.
d) Somente a mulher representa a perspectiva da mulher como grupo social, o que pode se traduzir automaticamente em ação de defesa dos interesses das mulheres.
e) Ao homem falta a sensibilidade, característica eminentemente feminina.

4. Destacamos no nosso estudo a distinção entre representação política e representação de interesse. Dito isso, analise os exemplos e assinale a alternativa que se relaciona à representação de interesse:

a) Representação por meio das bancadas: bancada dos empresários, bancada ruralista, bancada evangélica.
b) Representação realizada por deputados federais e senadores, de parlamentares eleitos em geral.

c) Representação feita por membros do Poder Executivo, como prefeitos, governadores e presidente.
d) Representação realizada por meio de entidades que representam determinados segmentos, como o empresariado industrial, empresariado do comércio, a pessoa com deficiência.
e) Representação mediante criação de associações de parlamentares de vários partidos para debater sobre determinado tema de interesse da sociedade.

5. A expressão *representação de interesse* pode ser considerada bastante genérica, servindo para expressar tanto as ações lícitas quanto as ilícitas. A corrupção e o tráfico de influência são exemplos de ações ilícitas em sede de representação de interesses. Sobre o tema, analise e julgue as assertivas:

I) Pode-se entender a corrupção como uma espécie de facilitador de transações e relações entre quem detém o poder econômico e quem detém o poder decisório.

II) Na corrupção, um dos elementos é o prestígio que se goza ao lado do agente público, que, dentro da estrutura política de poder, é influente.

III) A corrupção ativa implica solicitar ou receber, para si ou para outrem, direta ou indiretamente, ainda que fora da função ou antes de assumi-la, mas em razão dela, vantagem indevida ou aceitar promessa de tal vantagem.

Assinale a alternativa correta:

a) Somente as assertivas I e III estão corretas.
b) Somente as assertivas I e II estão corretas.
c) Somente as assertivas II e III estão corretas.
d) Somente a assertiva I está correta.
e) Todas as assertivas estão corretas.

6. Uma das preocupações do livro é distinguir as espécies de representação de interesse, que são: corrupção, tráfico de influência, relações governamentais, lobby e *advocacy*. As alternativas apresentam a distinção entre lobby e relações governamentais. Assinale a alternativa correta com relação ao entendimento atual dessa distinção.

    a) O lobby é multifacetado uma vez que há inúmeras etapas; por sua vez, relações governamentais trata apenas do ato de comunicar aos tomadores de decisão política os interesses do representado.
    b) As relações governamentais tratam apenas do ato de comunicar os interesses do representado aos tomadores de decisão política; por sua vez, o lobby é uma atividade multifacetada da qual as relações governamentais fazem parte.
    c) Atualmente, o lobby é entendido, de forma exclusiva, como o momento de representação de interesse junto aos tomadores de decisão política; por sua vez, a atividade de relações governamentais é composta de diversas etapas, entre as quais o lobby.

d) O trabalho de relações governamentais sempre foi entendido como um conjunto de etapas, entre as quais o lobby, que é caracterizado como a etapa inicial de todo processo de relações governamentais.

e) Lobby é uma expressão sinônima de relações governamentais, assim, quando falamos em relações governamentais, estamos diante da forma pela qual o lobby foi incorporado à nossa língua.

Questões para reflexão

1. A crise da representação é um dos temas centrais em debate atualmente. O livro não trata dessa temática, no entanto cabe uma reflexão complementar a esse respeito. Nesse sentido, o artigo "Representação política em 3-D: elementos para uma teoria ampliada da representação política", de autoria de Luiz Felipe Miguel, traz uma reflexão importante. De acordo com o autor,

> É possível detectar uma crise do sentimento de estar representado, que compromete os laços que idealmente deveriam ligar os eleitores a parlamentares, candidatos, partidos e, de forma mais genérica, aos poderes constitucionais. O fenômeno ocorre por toda a parte, de maneira menos ou mais acentuada, atingindo novas e velhas democracias eleitorais.
>
> [...]
>
> Nos Estados Unidos, os surveys do National Opinion Research Center mostram, de 1973 a 1993, uma queda acentuada na confiança popular no poder executivo (de 29% para 12%) e, ainda maior, no Congresso (de 24% para 7%). No caso do Brasil e dos outros países

redemocratizados da América do Sul, as pesquisas adotam, muitas vezes, pressupostos bastante normativos, associando a desconfiança nas instituições representativas à adesão a valores autoritários. O quadro geral sustenta a mesma impressão da Europa e dos Estados Unidos: uma crise disseminada do sentimento de estar representado no governo e no legislativo, com repercussões na legitimidade das instituições.
(Miguel, 2003, p. 125)

Você concebe que estamos vivendo uma crise de representação política ou uma crise da democracia representativa? Disserte.

Capítulo 2
Ruptura de ordenamento
político e profissionalização
da representação de
interesse do empresariado
industrial brasileiro

Conteúdos do capítulo:

- A ruptura de ordenamento político.
- A profissionalização da representação de interesse do empresariado industrial brasileiro.
- A complexidade do funcionamento do processo de decisão política no Brasil.
- Os diferentes ordenamentos políticos brasileiros.
- Os diversos sistemas de representação de interesse (corporativista, pluralista e híbrido).

Após o estudo deste capítulo, você será capaz de:

1. analisar o processo de profissionalização da representação de interesse no Brasil;
2. compreender o aumento da complexidade do processo de decisão política no Brasil;
3. contextualizar os diferentes ordenamentos políticos brasileiros em uma perspectiva histórica.

O objetivo deste capítulo é apresentar as relações entre o processo de decisão política e a profissionalização da representação de interesse. Para esse fim, analisamos os diferentes períodos históricos em que ocorreram mudanças de ordenamento político, desde o primeiro governo de Getúlio Vargas (1930) ao final do regime militar (década de 1980). Portanto, o propósito é averiguar se, diante de momentos de profundas transformações no processo de decisão política, há aumento da profissionalização da representação de interesse do empresariado industrial. Por fim, a análise prossegue até a segunda década do século XXI, quando investigamos se ocorreu o aprofundamento da complexidade do processo de decisão política, sem mudança de ordenamento político

(2.1)
Abordagem e estratégia metodológica

Nesta seção, analisamos a definição do objeto, o problema, a hipótese, a metodologia e a abordagem relativa quanto à representação de interesse que orienta os estudos deste capítulo, de forma particular, e do estudo deste livro, de forma mais geral. Inicialmente, apresentamos o problema, as hipóteses e as estratégias metodológicas. Depois, investigamos momentos de ruptura de ordenamento político, no qual apontamos as duas dimensões da representação: reprodução e ação. As rupturas de ordenamento político podem vir acompanhadas de mudança de visão de mundo da representação política[1] e da representação de interesse.

---

1 *A representação política não necessariamente selecionada pela via eleitoral. No caso brasileiro, podemos exemplificar com o presidente Getúlio Vargas e os presidentes do regime militar. Entretanto, há de se questionar se esses políticos realmente representaram os interesses da sociedade brasileira. Todavia, assumiram posições de expressão da representação. Não entraremos, neste estudo, mais afundo nessas questões; assumiremos, discricionariamente, que mesmo nos regimes de exceção existiram representantes políticos.*

Portanto, este capítulo é central para o entendimento do conteúdo deste livro. De forma sumária, para maior entendimento do que está aqui posto, retomemos o objeto de estudo desta obra: a profissionalização da representação de interesse econômico no Brasil na segunda década do século XXI. Como o recorte é justamente a análise da representação de interesse econômico, isso poderia levar o leitor a entender que se trata da análise do empresariado, na condição de ator político. Contudo, esta não é nossa intenção. A escolha pela análise da representação de interesse econômico justifica-se porque é nesse tipo de representação que vigora o processo de profissionalização. E esse processo exige alto investimento por parte do empresariado. As organizações não governamentais, salvo alguns casos, não dispõem de recursos financeiros para (a) custear o desenvolvimento de inteligência artificial sofisticada; (b) criar um banco de dados que processe grande volume de dados (Big Date); (c) custear a análise desses dados, a fim de tomar uma decisão orientada por eles (Date Science); (d) contratar profissionais altamente qualificados e experientes, que são muito valorizados e escassos no mercado; e (e) criar uma estrutura de representação de interesse em Brasília.

Posto isso, apresentamos o problema que move este capítulo, bem como a obra em si: O que motivou a aceleração da profissionalização da representação de interesse na segunda década do século XXI no Brasil? Em busca de possíveis caminhos, partimos da seguinte hipótese de trabalho, que vai ao encontro do problema levantado: na segunda década do século XXI, está ocorrendo um aprofundamento da complexidade do funcionamento do processo de decisão política, o que impacta a profissionalização da representação de interesse no Brasil, acelerando, assim, o processo de profissionalização, já iniciado na segunda metade da década de 1980. A defesa dessa hipótese está ancorada em pesquisadores que, no século XXI, colocam em relevância a profissionalização da representação de interesse (Gozetto, 2018; Mancuso, 2004; Santos, 2011; Santos et al., 2017). Isto é, a profissionalização se tem apresentado como uma variável que explica o sucesso do lobby da indústria no Congresso Nacional (Mancuso, 2004). Esse entendimento rivaliza, porém, com a tese da debilidade da representação do empresariado industrial brasileiro. De acordo com Lucas Massimo (2013, p. 137), "a fragmentação do empresariado explica a desarticulação da política industrial, enquanto outra tese sugere que a profissionalização da representação de interesses explica o sucesso do lobby dos industriais no Congresso Nacional. [...] Ele é fragmentado ou ele é bem articulado?".

Como vemos, a profissionalização tem potencial explicativo a respeito do desempenho da representação de interesse do empresariado industrial brasileiro, sendo assim, tornou-se um fenômeno que tem ocupado as análises sobre lobby no Brasil. Entretanto, falta trazer elementos propiciadores de análises que procurem nas instituições políticas explicações (causalidade) para a aceleração do processo de profissionalização da representação de interesse na segunda década do século XXI no Brasil. Nossa busca por essa causalidade inicia-se com a tese de doutorado de Oliveira (2004, p. 7), especificamente pela seguinte afirmação: "O pleno desenvolvimento do lobbying no Brasil só foi possível com o fortalecimento do poder Legislativo, resultante do processo de redemocratização do país". Dado o momento de inflexão do ordenamento político brasileiro na década de 1980, Oliveira percebeu alteração no padrão da representação de interesse do empresariado brasileiro. Eli Diniz e Renato Boschi também colocaram em relevância esse nexo causal:

Diniz e Boschi (2004) argumentam que o empresariado teve que se adaptar à realidade da nova ordem constitucional alterando profundamente seu padrão de relação com o estado e sua forma de organização. Essas mudanças nada mais eram do que a adaptação racional para a convivência com um sistema de representação de interesses. (Diniz; Boschi citados por Santos, 2011, p. 20)

Portanto, é o mesmo momento de inflexão de que tratava Oliveira (2004), que, vale dizer, também não deixou de ser um momento de transformação no sistema de representação de interesse, indo do sistema corporativista para o sistema híbrido.

Segundo Borin (1988), com a redemocratização do país, a ação dos grupos de pressão, que se concentrava sobre algumas figuras-chave do Poder Executivo, cedeu lugar a um trabalho especializado de persuasão, mediante dados, relatórios, visitas e trocas de opiniões. Nascia o lobbying enquanto saber especializado e representação técnica e a "clandestinidade" parecia ter chegado ao fim. (Borin, 1988, citado por Oliveira, 2004, p. 13)

Notamos, assim, que o momento de mudança de ordenamento político gera impacto em uma questão específica da representação de interesse, a saber, sua profissionalização. Murilo de Aragão também percebeu esse nexo causal. Segundo o autor, "A profissionalização dos esforços de defesa de interesses no Congresso Nacional é fenômeno recente, ocorrido com maior vigor após a derrubada do regime militar em 1985" (Aragão, 1992, citado por Oliveira, 2004, p. 50). Oliveira (2004, p. 134) também percebeu o impacto da mudança do ordenamento político na Confederação Nacional das Indústrias (CNI): "Com as mudanças no sistema político brasileiro, foi necessário à CNI descobrir novas maneiras de atuar e influenciar a tomada de decisões. A modernização e profissionalização de sua forma de atuação atende a requisitos institucionais". Do mesmo modo, Santos et. al (2017, p. 21), ao analisarem a literatura no texto para discussão do Ipea, intitulado "Lobbying no Brasil: profissionalização, estratégia e influência", chamaram igualmente atenção para a relação causal entre a mudança de ordenamento político e a profissionalização da representação de interesse: "Pelo menos três referências já apontaram para a tendência de aumento na profissionalização da atividade no país, tanto no período da Assembleia Nacional Constituinte (ANC) quanto no pós-1988".

O que depreendemos, até o momento, é que a mudança de ordenamento político provoca alterações na representação de interesse, impactando de forma especial a profissionalização da representação de interesse. Havíamos tomado essa relação como válida até Diniz e Boschi, citados por Santos (2011, p. 67), chamarem atenção para o seguinte aspecto: "a organização de interesses responde de perto às características do processo decisório, independente da natureza do regime político". Os autores não estabelecem uma relação causal direta entre ordenamento político e representação de interesse, isso porque a leitura implicada é que a mudança de ordenamento político não se traduz automaticamente em mudança no processo decisório. Assim, entendemos que, se a mudança de ordenamento político não vier acompanhada de uma mudança do funcionamento do processo de decisão política, a representação de interesse não será impactada, menos ainda sua profissionalização.

Para o estudo deste livro e a fim de tornar válida nossa hipótese de trabalho, admitimos que a profissionalização da representação de interesses responde de perto às características do processo decisório, independente da natureza do regime político. Isso significa dizer que mudança de ordenamento político não impacta diretamente a profissionalização da representação de interesse. Dito de outra forma, um sistema político ditatorial, ao se transformar em um sistema político democrático, não implica automaticamente mudanças profundas do processo de decisão política. Se essa assertiva for verdadeira, o nexo causal entre o ordenamento político e a profissionalização da representação de interesse ainda será válido, porém o processo de decisão política torna-se uma variável interveniente que impacta a profissionalização da representação de interesse. A identificação de variáveis intervenientes necessita que a variável que se supõe interveniente seja isolada (prática realizada em laboratórios de química, genética e outros), o que cria, de saída, inconvenientes para as pesquisas em ciências sociais. Logo, uma das possibilidades é analisar a trajetória histórica do ordenamento político no Brasil, em especial em seus momentos de ruptura[2]. Para que o processo de decisão política se confirme como variável interveniente, três situações devem ser verificadas:

1. Quando houver ruptura de ordenamento político acompanhada de profundas transformações do processo de decisão política, resultando em avanço ou retrocesso da profissionalização da representação de interesse do empresariado industrial brasileiro.
2. Quando houver ruptura de ordenamento político não acompanhada de profundas transformações do processo de decisão política, não resultando em avanço ou retrocesso da profissionalização da representação de interesse do empresariado industrial brasileiro.

---

2   *Assim, poderemos investigar se, em momentos de ruptura do ordenamento político, mediante alteração ou não do grau de complexidade do funcionamento do processo de decisão política, haverá impacto sobre a profissionalização da representação de interesse. Como nas ciências sociais não podemos isolar fatos, intenção e/ou a ausência/presença de determinados elementos, recorremos a um tipo de "isolamento" não controlado da variável, buscando identificar a possível presença ou falta.*

3. Quando não houver ruptura de ordenamento político, mas forem constatadas profundas transformações do processo de decisão política, resultando em avanço ou retrocesso da profissionalização da representação de interesse do empresariado industrial brasileiro.

Elencamos, ainda, outras três situações que, se observadas de perto, não correspondem ao nexo causal aqui estabelecido, entretanto, também não significa sua refutação absoluta (ordenamento político, processo de decisão política e profissionalização da representação):

4. Quando não houver ruptura de ordenamento político e, sem profundas transformações do processo de decisão política, resultar em avanço ou retrocesso da profissionalização da representação de interesse do empresariado industrial brasileiro.
5. Quando houver ruptura de ordenamento político e, sem profundas transformações do processo de decisão política, resultar em avanço ou retrocesso da profissionalização da representação de interesse do empresariado industrial brasileiro.
6. Quando houver ruptura de ordenamento político, acompanhada de profundas transformações do processo de decisão política, mas não resultar em avanço ou retrocesso da profissionalização da representação de interesse.

Essas três últimas situações (4, 5 e 6) podem ocorrer porque há outra variável importante que resulta no avanço e retrocesso da profissionalização da representação de interesse, a saber: o alto custo da profissionalização coloca em evidência uma variável de cunho econômico, isto é, a disponibilidade de recursos. Para que o peso dessa variável não influencie nosso estudo, optamos por analisar a representação do interesse econômico do empresariado industrial. A representação de interesse do empresariado poderia investir na profissionalização, mesmo quando não houvesse necessidade, isso explicaria as situações 4 e 5. Por sua vez, uma organização não governamental que, no momento de transformações profundas no processo de decisão política, não profissionalizasse sua representação de interesse por falta de recursos financeiros seria expressiva da situação 6[3].

O nexo causal entre ordenamento político e representação de interesse está consagrado na literatura, como vimos. Assim, este estudo não visa refutar ou confirmar essa causalidade; o que se pretende aqui é investigar se o funcionamento do processo de decisão política impactou a profissionalização da representação de interesse no Brasil no contexto da segunda década do século XXI. É importante, para isso, deixar bem claro quais características do ordenamento político têm de refletir no processo de decisão política, visto que quanto mais complexo o funcionamento do processo de decisão política, maior a profissionalização da representação de interesse. Entendemos por maior complexidade: (a) maior número de partidos políticos envolvidos no processo de decisão política (fragmentação partidária); (b) maior quantidade de partidos políticos com capacidade de influenciar o processo de decisão (partidos efetivos); (c) certo equilíbrio de força entre o Executivo e Legislativo no processo de decisão política; e, por fim, (d) abertura do sistema político à participação da sociedade civil, cuja complexidade ocorre pela inserção, no sistema político, de diversas visões de mundo.

Feita essa explanação, podemos acrescentar um novo elemento à nossa hipótese de trabalho: na segunda década do século XXI há

---

3   Na situação 6, propositalmente, não fizemos referência à representação de interesse do empresariado. Isso porque as entidades representativas desse segmento dispõem de recursos suficientes. Assim, entendemos que a situação 6 não se aplica ao empresariado.

uma crescente complexidade do modo de funcionamento do processo de decisão política, sem que haja, porém, mudança de ordenamento político, o que impacta a profissionalização da representação de interesse no Brasil, acelerando, assim, o processo de profissionalização, que se iniciou na segunda metade da década de 1980. A busca por essa hipótese ocorreu por estratégias metodológicas de cunho teórico e empírico com base em dados secundários. Nesse sentido, considerando o objeto, a problematização e a hipótese de trabalho, o estudo aqui empreendido depende de uma estratégia metodológica institucionalista. Essa estratégia metodológica parte da seguinte pergunta, formulada por Hall e Taylor (2003, p. 197), "como as instituições afetam o comportamento dos indivíduos? Afinal, é, em última análise, por intermédio das ações de indivíduos que as instituições exercem influência sobre as situações políticas".

Na hipótese lançada por nós, a profissionalização da representação de interesse, também entendida como um comportamento do indivíduo, é afetada pela dimensão institucional política (*politics*). Parte-se do "postulado da autonomia relativa do sistema político", uma vez que servia como "justificativa à introdução de um repertório específico de técnicas de análise que superasse a tendência então dominante de interpretar a vida política como subproduto das constrições ligadas à estrutura socioeconômica" (Keinert; Silva, 2010, p. 87). A estratégia institucionalista, na visão deste estudo, visa aumentar o repertório de análises sobre fenômenos políticos; não se trata, portanto, de superar explicações do tipo sociológica (Massimo, 2013). A abordagem analítica aqui proposta se diferencia das outras, que não são por isso menos importantes. De acordo com Segatto (2010, p. 594),

Ao contrário de algumas análises marxistas e pluralistas, as quais viam o Estado como reflexo da sociedade, para Schwartzman, o Estado é um ator que se relaciona com a sociedade e, assim, com os grupos empresariais. O Estado se torna, portanto, um agente do desenvolvimento econômico (REIS, 2009). Diniz e Boschi (1986) apontam que a Ciência Política era dominada por estudos que acreditavam que o Estado era determinado tão somente pela correlação de forças da sociedade. Para eles, Schwartzman faz parte de uma segunda vertente, na qual o Estado também intervém e molda a sociedade.

Segatto esclarece a estratégica metodológica institucionalista: colocar o Estado, logo, a política, como variável explicativa. Com base nesse entendimento, construímos a hipótese de que a aceleração da profissionalização é resultado do aumento da complexidade do funcionamento do processo de decisão política (*politics*). Para melhor qualificar a análise de cunho institucionalista, é importante considerarmos as três dimensões da política: *polity*; *politics*; *policy*. Couto (2001, p. 34) resume o impacto e os limites entre as três dimensões da seguinte maneira:

É a estrutura constitucional do Estado, a polity, *que define as condições do jogo político propriamente dito (a* politics*). A constituição compreende o conjunto das regras do jogo, mas não define em princípio os resultados do jogo, as decisões políticas tomadas (as* policies*). Estas decorrem do desfecho de conflitos, negociações e acordos, travados entre os participantes dos diversos âmbitos decisórios da* polity.

Em outras palavras, *polity* refere-se ao Estado e às suas instituições, *politics* concentra-se nos processos de tomadas de decisão governamental (formulação de políticas públicas), e *policy* está ligado à execução de políticas públicas concretas (Frey, 2000). Neste particular,

Polity, politics e policies *correspondem, portanto, a diferentes níveis da vida estatal. O primeiro, à sua estrutura; o segundo, ao seu funcionamento; o terceiro, aos seus produtos. A estrutura diz respeito às regras de relacionamento entre os atores e às organizações em que eles atuam – ou às instituições propriamente ditas. O funcionamento tem a ver com a atividade política, que se desenrolaria de uma forma ou de outra, fossem quais fossem as instituições vigentes, muito embora as condições desse desenrolar variassem consideravelmente, dependendo do tipo de arranjo constitucional em vigor. Os produtos são aquilo que o Estado gera, seja para se autogerir e manter-se, seja para responder às demandas sociais existentes – filtradas e interpretadas de acordo com as condições em que se desenrola a* politics. (Couto, 2001, p. 34-35)

Assim, sabemos que *polity* são as regras constitucionais que fundam o Estado, determinam seu regime e sua forma de governo, é ela quem define como serão tomadas as decisões políticas, a regra do jogo decisório, ou seja, que determina os limites do Estado sobre seus cidadãos. A *polity* é, portanto, estática, rígida, além de regulada por regras do processo legislativo. *Politics*, por sua vez, consiste no jogo jogado, nas disputas entre os diferentes tomadores de decisão, é o espaço do conflito, do dissenso e consenso. É onde ocorre a formulação de políticas públicas, tornando-se evidente a própria dinâmica da política. *Politics* é conjuntural e flexível, também é o lugar onde acontecem as coalizões, nessa dimensão, distingue-se a situação da oposição, por consequência, também configura-se como o lugar de tomada de decisão. É na dimensão *politics* que ocorre o processo decisório, funciona, assim, como o *locus* do lobby propriamente dito. A dimensão *policy* corresponde às políticas públicas, isto é, tudo aquilo que o governo faz ou deixa de fazer. É o resultado político. É onde ocorre a implementação e avaliação de políticas públicas. Esse espaço é aquele que mais impacta a vida dos cidadãos e das cidadãs. É na dimensão *policy* que se concretiza, por exemplo, as políticas públicas de saúde, de segurança pública, de meio ambiente etc. *Policy* é, desse modo, o espaço da execução de políticas públicas. Nesse sentido, não seria demais admitir que a representação de interesses acontece em um mundo de incertezas, riscos e oportunidades. Segundo Couto,

> Numa poliarquia, portanto, o arcabouço constitucional tende a ser muito mais estável do que o jogo político e do que a produção de políticas, uma vez que apenas define a forma como a politics *ocorrerá; esta, por seu turno, é que definirá como se produzirão* policies. *Num sistema competitivo é mesmo* desejável *para os atores a estabilidade do arcabouço constitucional, pois regras estáveis reduzem o grau de incerteza em relação ao desenrolar do jogo, reduzindo assim a incerteza que cerca a produção de políticas.*
> (Couto, 2001, p. 35, grifo do original)

A questão premente aqui é: Como as dimensões da política impactam a representação de interesse que pertence à esfera privada? A decisão de profissionalizar a representação de interesse é uma decisão de cunho privado, portanto, fora das dimensões estatais. Embora a representação de interesse seja da esfera privada, ao representar interesse junto aos tomadores de decisão política, há o ingresso na órbita do Estado, submetendo-se, dessa forma, às dimensões da política, com a finalidade de obtenção de sucesso na representação. Entre as três dimensões da política, a que mais impacta a profissionalização da representação de interesse é a *politics*, visto que ela ocorre no jogo dinâmico e conflituoso da política, que é conjuntural e incerto do ponto de vista da produção de políticas públicas (*policy*).

Com o advento da Constituição de 1988, ocorreu no Brasil uma mudança no ordenamento político brasileiro, isto é, na dimensão *polity*, que, por sua vez, impactou profundamente o funcionamento do processo de decisão política, que se traduz por uma transformação profunda na dimensão *politics*. Se, na segunda década do século XXI, estamos experimentando uma aceleração do processo de profissionalização da representação de interesse no Brasil, sem haver uma mudança no ordenamento político brasileiro, nossa hipótese é que estamos experimentando também um aumento significativo da complexidade na dimensão *politics*. A representação de interesse, ao entrar na órbita do Estado, submete-se à dimensão *polity* (regras do jogo) e à *politics* (dinâmica do jogo político), *locus*, por excelência, da representação de interesse. Assim, mudanças institucionais na política, responsáveis por provocar profundas alterações no funcionamento da dinâmica do jogo político, impacta a profissionalização da representação de interesse.

Esclarecidos o objeto, os problemas, a hipótese e a estratégia metodológica, passamos à análise das dimensões da representação. No Capítulo 1, agregamos, às duas dimensões, as definições de perspectiva e interesse (Miguel, 2011). Nesta seção, agregaremos a definição de pragmatismo (Massimo, 2013). Mas como ajuntar as explicações pragmáticas às dimensões da representação? Comecemos pela caraterística predominante do pragmatismo: a rejeição categórica de conceitos teóricos. Massimo (2013, p. 141) apresentou como exemplo de explicações pragmáticas os argumentos neoliberais contra a intervenção do Estado na economia: "a pretensão de pragmatismo da explicação afasta qualquer contraditório de matiz conceitual. O que importa é verificar se a intervenção do Estado na economia funciona ou não". Nas explicações pragmáticas, a reflexão teórica perde valor. As análises pragmáticas ocorrem "a partir de um ponto de vista prático" (Weiszflog, citado por Kinouchi, 2007, p. 215). Assim, "um indivíduo pragmático é aquele que não se prende de antemão a princípios ideológicos ou fundamentações metafísicas, mas sim lida com as questões tendo em vista suas consequências práticas" (Kinouchi, 2007, p. 215). As análises perdem a profundidade conceitual, resumindo-se às investigações dos sucessos e fracassos, perdendo de vista a natureza do problema investigado. Isso revela, para Massimo (2013, p. 141), "o caráter pragmático da explicação: ela urge por soluções práticas, concretas e eficazes".

Em suma, o pragmatismo contrapõe-se às análises teóricas e conceituais que são importantes para identificar as visões de mundo (ideológicas) por trás das ações pragmáticas. Isso sugere que as explicações pragmáticas não consideram a perspectiva, a visão de mundo e a ideologia. Assim, a dimensão da reprodução não é objeto das explicações pragmáticas. Por sua vez, as explicações pragmáticas sobrevalorizam as medidas adotadas e não adotadas, as práticas em sua concretude, a eficiência, logo, a ação. Isso coloca como objeto das explicações pragmáticas, portanto, a dimensão da ação. Contudo, temos alguns questionamentos: Para os problemas que o Brasil enfrenta, qual a importância dos conceitos? Qual o peso, para as soluções de nossos problemas, do debate de conceitos, geradores de outros conceitos, adentrando em um racionalismo[4] sem fim? Não seria mais útil, diante da necessidade de enfrentamento de problemas, encerrar o debate em soluções práticas (pragmatismo)? Possivelmente, Massimo refletiu a respeito disso quando aponta que,

> Diante de tal quadro, não faz sentido munir-se de conceitos teóricos para enfrentar seja a natureza da crise, seja o significado político das soluções possíveis [...] O problema dessa explicação é que seu caráter pragmático impede que ela analise em profundidade o significado político da sua proposição central – em uma palavra: quem vai dirigir o aparelho de Estado, e com que propósitos? E quem será contrariado, e através de quais mecanismos? Esse tipo de pergunta invariavelmente remete a explicação para os porquês

---

4 Racionalismo está sendo empregado com o sentido de raciocínio, exercício mental e intelectual.

do neoliberalismo, e esse, ao que parece, é o limite de uma formulação tão genérica como a explicação pragmática. (Massimo, 2013, p. 142)

As questões que são rejeitadas pelo pragmatismo requerem, para respondê-las, um debate conceitual mais profundo, uma reflexão sobre a essência do problema, daquilo, como o nome mesmo já diz, que é essencial. O que se depreende do debate sobre o pragmatismo é que soluções pragmáticas terão dificuldades para alcançar os problemas essenciais. Isso resulta em soluções que não se sustentam no tempo, entrando em um ciclo vicioso de constantes ações pragmáticas sem se chegar, porém, à essência do problema. A busca por soluções não pode prescindir, portanto, do debate conceitual. Analisar a representação com base em suas dimensões é um importante instrumental analítico para os propósitos deste capítulo. Contudo, é importante agregarmos, às dimensões da representação, outros elementos para apurar a análise. O Quadro 2.1 apresenta a lógica analítica empregada neste estudo.

Quadro 2.1 – Dimensões da representação

Representação (política ou de interesse)		
Especificação	Dimensão	
	Reprodução	Ação
Objetivos de análise	Personificação; Evocação; Identidade; Perspectiva; Visão de Mundo (Ideologia); Valores; Crenças; Princípios; Fundamentos.	Interesses; Conflitos; Medidas adotadas; Medidas não adotadas; Solução; Fracasso; Sucesso; Eficiência; Verbalização.
Tipo de explicação	Conceitual	Pragmática

Há uma relação causal entre reprodução e ação, visto que, na política, a ação pragmática não opera em um vazio conceitual. Há, assim, uma operação lógica entre reprodução e ação. Analisar a dimensão da reprodução nos permitirá identificar quais são a visão de mundo, a ideologia, o valor, a perspectiva em funcionamento relativamente ao ordenamento político. Desse modo, estaremos instrumentalizados para avaliar mudanças de perspectiva nos momentos de ruptura de ordenamento político. A abordagem institucionalista também nos permite apurar os momentos de ruptura de ordenamento político. Para melhor entender a análise institucionalista, é preciso explicá-la pela comparação entre essa abordagem e outras. Dessa forma, apresentamos três tipos de explicações concorrentes, esmiuçadas por Massimo (2013): **sociológica, pragmática** e **institucional**.

As explicações sociológicas (sociologia política) mobilizam variáveis exógenas à política institucional. No caso da representação de interesse do empresariado industrial, as explicações dividem-se em duas teses: uma explica a implantação das reformas com base na fragmentação e na heterogeneidade da representação política dos interesses industriais, e a outra as explica com base em sua unidade em torno de uma bandeira (a redução do "custo-brasil") e da coerência obtida com a profissionalização da representação dos interesses da indústria pela Confederação Nacional da Indústria (CNI), com o decorrente incremento da eficácia do lobby empresarial no Congresso Nacional. A análise centrada na representação do empresariado, sua debilidade (fragmentação e heterogeneidade) na representação de interesse, ou sua força mediante representação profissional, mostra que o objeto da análise está fora das instituições políticas, ou seja, movimenta uma variável sociológica. Por sua vez, as explicações institucionalistas mobilizam variáveis endógenas à política institucional – as regras do jogo político (*polity*) e as estratégias da dinâmica política (politics) dos atores políticos-institucionais (por exemplo: presidente da República e parlamentares) – para imposição de suas agendas. Nas palavras de Massimo (2013, p. 142):

> *A terceira família de argumentos reúne duas explicações institucionalistas, vale dizer, análises que procuram nas instituições políticas brasileiras as causas para implantação das reformas orientadas para o mercado na década de 1990. O núcleo dessa explicação afirma que ou as estratégias dos atores ou as regras que definem o seu ambiente institucional explicam a implantação das reformas no Brasil.*

Análises centradas no processo de decisão política, considerando, por exemplo, a relação entre o Executivo e o Legislativo, mobilizam variáveis que se posicionam no interior das instituições políticas, logo, mobilizam variáveis político-institucionais (ou somente institucionais). A distinção apresentada por Massimo permite que nos orientemos por meio das explicações lógicas, que se pautam por explicações institucionais. Quando discorremos, na introdução deste capítulo, sobre nossa abordagem, dissemos que este estudo está orientado pela abordagem institucionalista. Para investigarmos os momentos de ruptura, é imperativo a análise das visões de mundo. Nesse tipo de abordagem, o institucionalismo que adotamos considera o seguinte:

> *a representação de interesses é moldada por atores coletivos e institucionais que carregam traços de suas histórias. As Constituições e instituições políticas, as estruturas estatais, as relações de grupos de interesse estatais e as redes de políticas estruturam o processo político. [...]. Na verdade, as economias políticas–assim como os sistemas políticos – são estruturadas por profundas interações entre atores econômicos, sociais e políticos, que trabalham de acordo com lógicas diferentes e em contextos diferentes.*
> (Immergut, 2007, p. 172)

A escolha pela abordagem institucionalista não engessa este estudo em um tipo de institucionalismo[5], e esse esclarecimento é de suma importância para nossa análise, haja vista o lugar central que este capítulo ocupa na obra. Embora o cerne de nossa busca seja a profissionalização da representação de interesse no Brasil, de forma especial a profissionalização da representação do empresariado, a abordagem eleita não é de base sociológica, uma vez que a investigação está centrada na resposta que o empresariado tem dado às transformações institucionais, mais especificamente quanto ao processo de decisão político-institucional. Assim, a investigação inverte a operação lógica de como a sociedade impacta o Estado (explicações sociológicas), para outra operação: como o Estado afeta a sociedade, mais especificamente um segmento da sociedade civil, o empresariado, que visa influenciar o Estado por meio do sistema de representação de interesse.

O leitor poderá questionar o seguinte: A análise feita com base na dimensão da reprodução, que, conforme se sabe, influencia a ação, não seria uma abordagem analítica exógena à política institucional, estando, assim, fora do espectro do neoinstitucionalismo? Essa é uma dúvida pertinente. No entanto, nossa análise salienta a ideologia, a visão de mundo das elites estatais e também da ideologia impressa na dimensão *polity*, isto é, na estrutura estatal.

---

5   *O neoinstitucionalismo, embora não seja consenso, tem três versões: a escolha racional, sociológica e histórica.*

(2.2)
O Estado nacional-desenvolvimentista e o sistema de representação de interesse durante os Governos de Getúlio Vargas – 1930 a 1945

Nesta seção, estudaremos os primórdios do sistema corporativista no Brasil, inaugurado na década de 1930 durante o Governo Getúlio Vargas. Esse sistema foi implantado em situação especial: o mundo vivenciava o contexto da Crise de 1929 (a Grande Depressão)[6], resultado de uma retração da economia mundial, afetando as exportações e importações de todos os países. No Brasil, o impacto da Crise de 1929 foi agravado em razão da Crise do Café[7], que impactou seu principal produto de exportação.

O Brasil, nesse contexto de retração, realizou uma mudança no modelo econômico: a transição do modelo agroexportador[8] para o de

---

6   A Crise de 1929, como o nome mesmo já diz, teve início no final da década de 1920, chegando ao seu término no final da década de 1930, dado o advento da Segunda Guerra Mundial. Foi marcada por uma profunda recessão econômica internacional, abalando os alicerces do capitalismo liberal (liberalismo econômico). A crise ensejou a drástica desvalorização das ações. Investidores chegaram a perder tudo que haviam investido.
7   O produto brasileiro agroexportador de maior expressão no início do século XX era o café. A Crise do Café, deflagrada no início na década de 1920, foi agravada pela retração da economia mundial, em especial porque afetou os Estados Unidos, maior comprador do café brasileiro.
8   Em definição, o modelo agroexportador é um modelo econômico que depende essencialmente da exportação da produção de matérias-primas agrícolas. No caso brasileiro, as poucas indústrias existentes no Brasil, antes de 1929, dependiam da exploração de matérias-primas agrícolas para exportação, isto é, não eram destinadas ao mercado interno, e sim, principalmente, para o mercado norte-americano. Nesse modelo, a economia brasileira dependia do cenário econômico internacional.

industrialização por substituição das importações[9] (Santos, 2011). Assim, o Brasil passou a fomentar a produção nacional de bens de consumo em detrimento das importações. Esse modelo econômico foi sustentado pelo que se convencionou chamar de *desenvolvimentismo*, que no Brasil adquiriu caráter nacionalista, sendo denominado de *nacional-desenvolvimentismo*. O nacional-desenvolvimentismo é uma **ideologia estatizante**, na qual o Estado é entendido como uma estrutura capaz de superar os interesses conflitivos entre capital e trabalho, bem como é dotado de capacidade para superar o subdesenvolvimento. O Estado tem, portanto, um papel central na indução do desenvolvimento. O teor nacionalista, no caso de Vargas, foi o de defender a economia nacional com base em um projeto nacional de desenvolvimento industrial, alicerçado no modelo econômico de substituição de importações. O surgimento do Estado nacional-desenvolvimentista insere-se em um contexto histórico de profunda transformação internacional.

O desenvolvimentismo, na condição de ideologia, é marcado pela intervenção direta do Estado no domínio econômico. E contrasta com o liberalismo, gestado no século XVIII pela Escola Clássica, tendo como grandes expoentes Adam Smith, David Ricardo, Thomas Robert Malthus, para citar alguns exemplos. Ideologia essa que prega a separação entre o público e o privado. Na concepção liberal de economia, o mercado teria sua própria lógica de funcionamento (a mão invisível do mercado). O Estado, por sua natureza própria, não interviria na economia, uma vez que tal intervenção contraria a lógica natural das coisas. Assim, "Cabia a este [Estado] apenas definir os contornos

---

9 *O modelo de industrialização por substituição de importações consiste em um processo econômico que visa ao aumento da industrialização de um país com a finalidade de atingir um crescimento significativo da produção nacional, bem como reduzir de maneira drástica as importações.*

do direito à liberdade e à propriedade, uma patente demonstração da incompatibilidade entre a esfera pública e privada" (Almeida, 2011, p. 21). Essa ideologia liberal perdeu força na crise estrutural do capitalismo, a Crise de 1929. Rompeu-se, assim, com a ideia predominante de mercado autorregulado, concedendo lugar à ideia de Estado interventor e indutor do desenvolvimento.

Foi nesse cenário de profunda transformação que se implantou no Brasil o sistema de representação corporativista, no contexto da ditadura varguista, em 1938, durante a vigência do *Estado Novo*:

> *O padrão adotado durante o período autoritário de 1937 a 1945, quando Vargas não precisou levar em conta as necessidades eleitorais de seus aliados políticos, foi marcado pelo fechamento do Congresso, a extinção dos partidos e a supressão de direitos fundamentais. Esse período, conhecido como Estado Novo, permitiu a Getúlio controlar totalmente a máquina administrativa e iniciar com grande ênfase as reformas administrativas. [...] Vargas governou com uma política de relação direta com as massas.*
> (Santos, 2011, p. 71)

O projeto de poder de Getúlio Vargas, tanto durante o governo provisório (1930-1937) quanto na ditadura (1937-1945), visou à superação da antiga ordem da Primeira República. Esse projeto de poder varguista dependia da centralização do poder político nas mãos do presidente da República. Foi diante desse contexto que ocorreu a implantação do sistema de representação corporativista no Brasil. Skidmore (2010, p. 66) ensina que, durante a ditadura,

> *a predominância administrativa federal se ampliou: a atividade federal em novas áreas. Os anos Vargas testemunharam o repúdio no Brasil da "teoria gendarme" que afirmava que o Estado deveria ser um policial, não um participante. A crescente intervenção federal na economia exigiu*

> a criação de novas agências federais que, por sua vez, enfraqueceram ainda o poder relativo dos estados e municípios. O domínio federal de indústrias como ferrovias e navegação, e empresas mistas público-privadas – técnicas preferidas para estimular investimentos em indústrias básicas depois de 1938 – respondia às ordens políticas do Rio de Janeiro. Nesse sistema, influências regionais só poderiam ser exercidas dos canais do governo nacional.

A ideologia estatizante baseava-se no aumento das prerrogativas do governo federal, criando um Estado intervencionista em diversos setores da vida social, de forma especial na economia. O modelo de Estado forjado foi além de interventor, ele era produtor. Nesse sentido, aumentou e centralizou a burocracia estatal. A rejeição à teoria gendarme indicava a ideologia estatizante do governo Vargas. A dimensão da reprodução é de fácil verificação. Esse novo modelo de Estado, com poder de intervir e atuar nos domínios do mercado, foi constitucionalmente definido. De acordo com Lucila de Almeida (2011, p. 29),

> A Constituição Federal de 1934 representou o pioneiro molde constitucional dessa nova organização econômica de comando, instituindo que a ordem econômica deve ser organizada conforme os princípios da justiça e as necessidades da vida social (art. 115) e que a União pode monopolizar indústria e atividade econômica, desde que por motivo de interesse público (art. 116).

O indefinido e impreciso significado de *interesse público* permitia que o Estado, aquele que define o que é interesse público, interviesse planejando toda economia nacional. No Estado Novo, Vargas ampliou o poder de intervenção estatal na economia, imprimindo essa ampliação na Constituição de 1937. O novo texto constitucional deu prerrogativas ao Estado de intervir de forma "mediata e imediata, revestindo a forma do controle, do estímulo ou da gestão direta (art. 135)" (Almeida, 2011, p. 29). A Constituição de 1937 ampliou o poder do Estado não somente para intervir no domínio econômico, mas também para atuar nesse domínio. Criaram-se as condições legais para o surgimento de empresas estatais, ainda na vigência do Estado Novo. O projeto nacional de industrialização passou a contar com um novo e estranho, para o ideário liberal, ator na economia: o Estado, de forma especial nas indústrias de base (indústria pesada):

> Em 9 de abril de 1941, o decreto-lei no 3.002 criou a Companhia Siderúrgica Nacional – CSN como uma sociedade de economia mista, sendo a primeira empresa estatal de inúmeras outras constituídas durante o Estado Novo. Depois dela, fundou-se a Companhia Vale do Rio Doce, em 1942; a Fábrica Nacional de Motores e a Companhia Nacional de Álcalis, em 1943; a Acesita, em 1944; e, finalmente, a Chesf, em 1945. (Almeida, 2011, p. 30)

O Estado brasileiro entrou no domínio econômico, criando, naquele período, sobretudo indústrias de base, as quais não se destinavam a produzir para o consumidor final, mas a oferecer bens de produção[10] às indústrias. Talvez as estatais tenham sido a maior expressão do Estado nacional-desenvolvimentista brasileiro.

Ainda no "espírito" intervencionista, o Estado modelou também todo sistema de representação de interesse econômico. O sistema corporativista atendia aos desígnios de um projeto político-administrativo de centralização do poder estatal, condizente a uma ditadura em um país de grande extensão territorial. O projeto centralizador deu

---

10 Bens que servem para outras indústrias produzirem seus produtos para o consumo final. Por exemplo, a produção de ação. Bens de produção são insumos, matéria-prima.

a Vargas a capacidade de governar um projeto nacional de viés nacionalista econômico[11]. O que Vargas buscava na realidade era aumentar sua capacidade de governabilidade sem depender dos estados e das oligarquias locais do antigo ordenamento político da Primeira República. Para isso, o governo federal passou a dominar a distribuição de cargos na crescente Administração Pública, empréstimos a juros baixos, via Banco do Brasil, para obras públicas, exportações etc. O controle centralizado da Administração Pública e de recursos deu a Vargas plenas condições para articulação de alianças políticas em nível nacional (Skidmore, 2010), diferentemente do contexto da Primeira República.

A crescente burocracia estatal criada por Vargas teve sua institucionalização por meio do Departamento Administrativo do Serviço Público (DASP). Segundo Skidmore (2010), o DASP tinha duas funções: melhoria da qualidade da Administração Pública e domínio pessoal de Vargas e seus sucessores sobre ela. Vargas centralizou o planejamento, a implementação e o controle da atividade política, administrativa e econômica. Foi nesse cenário ditatorial de grande controle estatal, mediante supressão de direitos fundamentais, que se implantou o sistema de representação de interesse corporativista. Assim, o sistema implantado no Brasil difere de outros países, pois, nestes, a implantação aconteceu em momentos democráticos. Para Santos (2011, p. 68),

> *depois da revolução de 30, o Brasil iniciou seu processo de industrialização que, obviamente, estimulou também um processo de modernização que começou a produzir profundas transformações na natureza e no papel dos grupos de interesse na política. As mudanças e a emergência de entidades*

---

11 Nacionalismo econômico que parte dos princípios de que o capital estrangeiro é incompatível com os interesses nacionais desenvolvimento da industrialização do Brasil.

representativas novas começam a se configurar, e já em 1938 é criada a estrutura corporativista da Indústria, com a criação da sua entidade de cúpula, a CNI.

A Confederação Nacional da Indústria (CNI) não surgiu durante o Governo Vargas como uma entidade dotada de um saber especializado e representação técnica para representar os interesses do empresariado industrial brasileiro ao lado dos tomadores de decisão política. A entidade tinha outra natureza (Oliveira, 2004). Para Santos (2011), a transformação econômica conjugada com a transformação do ordenamento político brasileiro, forjou um ambiente propício à instauração, no Brasil, do sistema de representação de interesse corporativista. A questão é: Como se caracterizava o sistema corporativista?

O sistema corporativista foi marcado, naquele período, por mecanismos legais e institucionais de controle do Estado sobre a representação do empresariado e dos trabalhadores. O Estado tinha o poder de intervir nas entidades sindicais, controlando as atividades diárias e, até mesmo, as eleições para a estrutura diretiva dos sindicatos (tanto patronais quanto de trabalhadores). Essas estruturas organizacionais não surgiram da vontade espontânea dos representados; não surgiram da vontade de entidades e pessoas, mas se caracterizavam como braços do Estado, ou seja, foram criadas sob uma dinâmica verticalizada. Como destacou Santos (2011, p. 68): "A consequência disto [...] foi que tanto os setores empresariais quanto os trabalhadores urbanos definiram-se como atores políticos pela via do Estado". De forma mais ampla,

> *O que se observou foi a associação entre o fortalecimento do Estado e o esvaziamento do sistema representativo, configurando-se um arcabouço de molde corporativo caracterizado por uma fraca articulação entre a instância dos partidos e a dos interesses organizados. [...] a modernização capitalista*

que conduziu à industrialização por substituição de importações, entre os anos 30 e 50, fez-se paralelamente a uma ampla reforma político-institucional que culminou com o fortalecimento dos mecanismos de centralização do Estado, com o enfraquecimento da instância parlamentar-partidária e a montagem da estrutura corporativa de articulação Estado-sociedade.
(Diniz citado por Santos, 2011, p. 69, grifo do original)

O governo ditatorial de Vargas anulou o sistema de representação de interesse via partidos políticos, o que é próprio das ditaduras. O sistema corporativista, na condição de braço do Estado, criou uma relação direta com o presidente da República. Tanto a representação corporativa dos trabalhadores quanto a do empresariado não tinham os partidos como mediadores, mas o próprio sistema corporativista. Assim, a Administração Pública e a representação de interesse foram mecanismos de fortalecimento da centralização do poder em Vargas, logo, do processo decisório. O Poder Legislativo não tinha motivos para existir. O processo de decisão política não apresentava os elementos de complexidade para fomentar a profissionalização.

De forma mais concisa, o resultado desse sistema de representação de interesse foi uma estrutura hierarquizada, sob o controle estatal desde suas atividades cotidianas até às eleições para a ocupação de cargos de comando (Santos, 2011), e, sobretudo, financiada compulsoriamente por determinação legal do Estado. O corporativismo se caracterizou mais como um tipo de representação burocratizada junto ao Estado. A representação de interesse foi, dessa feita, engessada.

O sistema corporativista atuava, na verdade, como um braço do Estado. José Murilo de Carvalho (2004) questionou se, de fato, chegou a ser um sistema de representação. Para ele, tratava-se de órgãos de cooperação entre as duas classes (operária e patrões) e o Estado. Assim, podemos depreender que o sistema de representação corporativista foi, no mínimo, um órgão técnico e consultivo, altamente controlado pelo Estado:

> A ligação dos sindicatos com o governo ia além de órgãos consultivos e técnicos. O governo mantinha delegados seus dentro dos sindicatos. Os delegados assistiam às reuniões, examinavam a situação financeira e enviavam relatórios trimestrais ao governo. Os sindicatos funcionavam sob estrita vigilância, podendo o governo intervir caso suspeitasse de alguma irregularidade. (Carvalho, 2004, p. 115)

O sistema corporativista transformou-se também em "balcão de negócios" para práticas privadas e setorizadas. De acordo com Santos (2011, p. 69),

> Outras consequências da implantação, pelo governo, de uma estrutura corporativista foram as negociações privadas e as práticas clientelistas que daí surgiram e que até hoje persistem no sistema político brasileiro. Sem legitimidade para representar interesses coletivos e sem capacidade de reunir seus representados em torno de uma agenda voltada para a produção de bens coletivos, prevaleciam os acordos setoriais em troca de incentivos seletivos.

Não havia, por parte do empresariado, a construção de uma agenda nacional de desenvolvimento que unisse os empresários, em seu lugar vigoravam acordos que privilegiavam ganhos setoriais particularizados. O sistema corporativista fragmentou os interesses setoriais, fragmentou a representação do interesse do empresariado industrial brasileiro. Aqui esteja, talvez, a origem da debilidade da representação do empresariado. Esse modelo de representação de interesse não fomentava a representação técnica ao lado de um único tomador de decisão, que, naquele período, resumia-se ao Poder Executivo. O Estado foi o único autor e ator do projeto de desenvolvimento nacional. Foram implantadas agências estatais que eram, na verdade, um grande balcão de financiamento dos interesses privados, setorialmente definidos, em detrimento de interesses coletivos (Santos, 2011), que ficavam a cargo das interpretações do Estado. A balcanização transformou o sistema de representação corporativista, limitando o empresariado aos interesses estritamente privados.

O Estado estava interessado em controlar os conflitos sociais, em especial na relação capital-trabalho. Entretanto, de acordo com Santos (2011, p. 70), "a conformação de um processo de negociação bipartite, onde apenas o estado e as elites empresariais faziam parte do cálculo político. Assim, suprimindo os trabalhadores, o corporativismo que nascia no Brasil era flagrantemente incompleto e excludente". A representação dos trabalhadores não se sentava à mesa para definir, mesmo que de forma subserviente, o projeto de industrialização. A representação corporativista dos trabalhadores encontrava-se afastada das grandes decisões nacionais. Por sua vez, a representação do empresariado setorizada (fragmentada) acontecia via clientelismo[12]. Nesse particular, Santos (2011, p. 70) ensina que "A negociação setorial teve também impacto na incapacidade de a elite empresarial conduzir coletivamente um projeto nacional em parceria com o estado. Cuidando apenas de seus interesses".

No período varguista vislumbrava-se a relação entre ordenamento político e profissionalização da representação de interesse, aspecto para o qual Santos (2011) e Oliveira (2004) chamaram a atenção. Notadamente, esse tipo de estrutura de representação de interesse, no contexto da ditadura varguista, não necessitou de profissionais

---

12 *O clientelismo, em termos políticos, consiste no favorecimento de certas pessoas ou grupos que recebem favores (benefícios) em troca de apoio político. Para aprofundamento do assunto, consulte o artigo "Mandonismo, coronelismo, clientelismo: uma discussão conceitual", de José Murilo Carvalho (1997).*

qualificados detentores de um saber especializado para representação técnica. À época, não se apresentava a complexidade da tomada de decisão na relação entre o Executivo e o Legislativo, nem a complexidade da pluralidade de interesses sociais e econômicos junto aos tomadores de decisão política. A representação de interesse acontecia, em regimes de exceção, pela proximidade aos "amigos do rei".

A representação técnica, como alerta Oliveira (2004), transcende a relação puramente pessoal na representação de interesse. Na verdade, a definição de representação técnica rejeita a representação de interesse mediada exclusivamente por relações pessoais. A profissionalização da representação de interesse depende da conjugação do saber especializado e representação técnica. Esta última foi anulada no corporativismo do período varguista, pois os canais de comunicação com o Estado eram institucionalizados e seletivos, garantindo somente a certos grupos o acesso privilegiado aos tomadores de decisão política. Podemos até questionar se a expressão *representação de interesse* é de fato a mais acertada. O sistema de representação corporativista no período varguista seria melhor traduzido por *adesão compulsória aos interesses* de um Estado ditatorial, centralizador e limitador de conflitos de interesses junto ao processo de tomada de decisão política.

O período em que Getúlio Vargas governou pautava-se, do ponto de vista da dimensão da reprodução da "representação", em uma ideologia estatizante, economicamente nacionalista. O processo de decisão política ocorria em um governo centralizador do poder político e administrativo. As decisões tomadas eram impostas por medidas ditatoriais para construção de um Estado nacional desenvolvimentista. Contudo, podemos questionar: Tratava-se de uma ideologia estatizante ou de uma medida pragmática inexorável frente à Crise de 1929? Ainda: O nacional-desenvolvimentismo respondia à ideologia estatizante ou pautou-se em um projeto nacional de industrialização, diante dos graves problemas da economia nacional brasileira? Em suma, do ponto de vista pragmático, a única solução foi um Estado forte, interventor, produtor e indutor do desenvolvimento.

Durante o período Vargas há elementos que corroboram para uma ideologia estatizante. Isso se revela quando investigamos esse período para além do sistema corporativista. Em 1932, foram criadas as Comissões e Juntas de Conciliação e Julgamento, órgão que precedeu o Ministério do Trabalho e atuava na conciliação arbitral de contencioso trabalhista. Carvalho (2004, p. 112), afirma que "As Comissões reconheciam as convenções coletivas de trabalho. Quebrando a tradição jurídica liberal de só admitir contratos individuais". De acordo com o autor,

> na Primeira República a ortodoxia liberal não admitia a ação do Estado na área trabalhista e a limitava na área social. Havia, no entanto, um grupo influente que destoava do liberalismo dominante e propunha a adoção de uma legislação social. Por sua influência na legislação da década de 1930, ele merece atenção. Tratava-se dos positivistas. (Carvalho, 2004, p. 110)

A elite estatal durante o governo Vargas foi composta por positivistas. A atuação do Estado na área social revelava-se de forma especial em prol dos trabalhadores[13]. Mas o que difere a promoção social do governo Vargas, especialmente com relação ao trabalhador, da vertente socialista? Conforme Carvalho (2004, p. 111), o Rio Grande do Sul, local de origem de Getúlio Vargas, foi o estado mais influenciado pelo positivismo ortodoxo; a diferença consistia no fato de que "O

---

13 Não em prol da representação corporativista dos trabalhadores, mas sim da visão de mundo positivistas da elite estatal, muitos benefícios trabalhistas e previdenciários foram concedidos pelo Estado.

positivismo afastava-se das correntes socialistas ao enfatizar a cooperação entre trabalhadores e patrões e ao buscar a solução pacífica dos conflitos". O positivismo, diferentemente das correntes socialistas da época, não pregava a revolução, o conflito entre patrões e empregados, antes, ele rejeitava ao mesmo tempo o liberalismo e o socialismo. Isso nada tem a ver com o pragmatismo, mas com ideologia, conceitos, teorias. Tanto que Carvalho (2004, p. 111) afirmou que "Os positivistas ortodoxos brasileiros seguiram ao pé da letra essa orientação [harmonia entre patrões e trabalhadores]".

Analisando os argumentos apresentados por Massimo (2013), nada nos autoriza dizer que, para o autor, o pragmatismo não se orienta por uma visão de mundo; o que ele realizou foi uma análise da "estrutura lógica dos argumentos" (2013, p. 134). Em suma, o que estamos afirmando é que toda ação política pragmática está orientada por uma visão de mundo que, por sua vez, encontra embasamento teórico, mesmo que não consciente por parte do ator da ação. Voltando ao debate desta seção, questionamos: O período pós-ditadura Vargas e a mudança no ordenamento político resultaram na profissionalização da representação de interesse do empresariado nacional? Vejamos.

(2.3)
O Estado nacional-desenvolvimentista e o sistema de representação de interesse durante a República Populista – 1946 a 1964

A *Quarta República*, também conhecida como *República Populista*, teve início em 1946 e terminou no Movimento de 1964, que culminou no regime militar. Esse período foi marcado pela saída de Vargas do poder em 1945[14], quando deposto pelo Comando do Exército, capitaneado pelo general Góes Monteiro (Skidmore, 2010). O que representou, politicamente, a deposição de Vargas do poder? No lugar de Vargas assumiu interinamente o Presidente do Supremo Tribunal Federal (STF) José Linhares, cujo objetivo foi convocar eleições, fundando, assim, um período democrático no Brasil. Dessa forma,

> o afastamento de Vargas do poder significou a criação de uma nova estrutura legal para acompanhar a nova era de democracia. Os brasileiros precisavam de uma Constituição para substituir o autoritário documento de 1937 de autoria de Francisco Campos. Os partidos políticos – o mais importante veículo da democracia moderna–teriam de ser fundados e alimentados. [...] o retorno à política democrática oferecia maiores oportunidades para expressar diferenças e conflitos. A classe média urbana e os grupos trabalhistas concentrados em regiões mais desenvolvidas se beneficiariam, pois passariam a representar importante bloco eleitoral em qualquer eleição nacional em que o voto fosse restrito aos alfabetizados (como ocorreu na Constituição de 1946). (Skidmore, 2010, p. 88)

Ocorreu uma transformação profunda no ordenamento político brasileiro em direção à democracia. Mas essa transformação profunda no ordenamento político significou o fim do Estado nacional-desenvolvimentista? De acordo com Almeida (2011, p. 30),

> Com a queda do Estado Novo no final de 1945, o movimento de redemocratização, embora mais inerte à atuação do Estado na industrialização nacional, não criou óbice aos projetos das empresas estatais constituídas durante o Estado Novo. Inclusive, na Constituição Federal de 1946,

---

14 No período democrático, Getúlio Vargas foi eleito Presidente da República em 1951. Quando passaria por outro processo de deposição, Vargas cometeu suicídio em 24 de agosto de 1954.

foram reiterados os dispositivos normativos sobre a intervenção estatal no domínio econômico e a possibilidade da União monopolizar determinada indústria ou atividade (art. 146).

O Estado brasileiro estava ampliando seu papel no processo de industrialização, instituindo constitucionalmente o monopólio estatal em determinados setores industriais. O resultado disso foi a criação em 1953 da estatal Petróleo Brasileiro S.A. (Petrobras). Nesse período populista, como destacou Almeida (2011, p. 31), houve "uma extraordinária expansão entre 1956 e 1961" de investimentos das estatais no processo de industrialização brasileiro. A ideologia estatizante ainda estava muito presente.

Durante o Governo Juscelino Kubitschek, avolumaram-se os investimentos estatais no processo de industrialização brasileiro, vigorando, ainda naquele período, o modelo de substituição de importações. Dessa vez, no Plano de Metas, priorizava-se quatro setores: energia, transporte, alimentação e indústria de base (Almeida, 2011). O Plano de Metas foi financiado pelo orçamento público, pelo Banco do Brasil e pelo Banco Nacional de Desenvolvimento Econômico (BNDE)[15]. Notamos, assim, que, durante o Governo Juscelino Kubitschek, o Estado nacional-desenvolvimentista não estava apenas em vigor, mas também foi ampliado. A ideologia estatizante ainda imperava no Brasil. A grande mudança ocorreu, contudo, no campo da política, com a implantação da democracia, o que significou mudança no ordenamento político. Se Oliveira (2004) e Santos (2011) estiverem certos, essa transformação impactou, naquele período, o grau de profissionalização da representação de interesse.

---

15 *Atualmente, chama-se Banco Nacional de Desenvolvimento Social (BNDES).*

No período analisado ocorreram de fato eleições (proporcionais), ascensão dos partidos (multipartidarismo), funcionamento do Congresso Nacional. As condições institucionais verificadas proporcionariam, em tese, um ambiente complexo para o processo de decisão política. Verificou-se também um crescimento pujante da sociedade urbana, resultado do surto de desenvolvimento que foi efeito da modernização industrial (Santos, 2011), promovido, em especial, a partir de 1956, no governo Juscelino Kubitschek[16]. Nesse contexto, como destacou Santos (2011, p. 72), surgiram os primeiros sinais de abalo do sistema corporativista puro: "o padrão *dual* que combina a representação estatal (corporativa) dos interesses e as formas alternativas (livres e plurais) de associação[17] já se faz presente". O pluralismo de interesse foi um fator que impulsionou a pluralidade na representação política e partidária.

Havia surgido de forma paralela, porém ainda tímida, ao sistema corporativista, associações setoriais voluntárias de representação do empresariado. Essas associações, diferentemente do sistema corporativista, foram criadas de livre e espontânea vontade por empresários de diversos setores da economia, fora das amarras do Estado. A esse sistema que conjuga representação corporativista e representação pluralista denomina-se *sistema dual* ou *híbrido*. É relevante frisar que, no período aqui analisado, ainda predominava o sistema corporativista. Quando consideramos o retorno dos partidos (fragmentação

---

16 Diferentemente do período varguista, no governo Juscelino Kubitschek o nacional-desenvolvimentismo pautava-se no tripé: *capital estrangeiro, capital nacional e Estado*.

17 São associações que, do ponto de vista formal-legal, operavam fora do sistema corporativista de interesse. Isso não significa que não atuassem junto à representação corporativista na representação de interesse. Contudo, vale lembrar que essas associações aumentavam ainda mais a fragmentação da representação de interesse do empresariado, o que testemunhava a debilidade do empresariado industrial nacional.

partidária) como atores políticos, as eleições livres (proporcionais) e a pluralidade de associações representativas, o contexto mostra-se altamente propício à profissionalização da representação de interesse do empresariado.

O cenário apresentado indicava uma sociedade democrática, revelando uma profunda transformação no ordenamento político em relação ao período varguista. Contudo, adverte Skidmore (2010, p. 88) a respeito do legado de Vargas: "apesar de a figura central da história recente do país retirar-se de cena[18], a sombra de sua personalidade continuaria a dominar a política brasileira durante anos". O que Skidmore chamou de *sombra da personalidade*, que denota característica de um indivíduo, traduzimos como algo que transcende ao indivíduo: a ideologia, a perspectiva, a visão de mundo compartilhada com outros indivíduos. Assim, o legado de Vargas foi a ideologia estatizante do Estado nacional-desenvolvimentista. Mas o que exatamente significa essa advertência do autor em termos efetivos? De acordo com Santos, o sistema corporativista manteve-se vigente no período populista:

> *as relações entre o Executivo e os interesses organizados, mostra uma espécie de sinergia entre o estado e o empresariado. Relação definida pela presença do estado como financiador das estratégias de desenvolvimento, e os grupos de interesse (tomados separada e setorialmente) como parceiros desse projeto.* (Santos, 2011, p. 72)

A manutenção do sistema corporativista significou a manutenção do Estado nacional-desenvolvimentista, herança ideológica da Era Vargas. O segundo elemento dessa ideologia estatizante se

---

18 *Vargas retornou ao poder no período populista. Ele foi eleito por voto popular, governando o Brasil de 1951 a 1954. Vargas cometeu suicídio em 24 de agosto de 1954.*

caracterizou pela Administração Pública centralizada. Essas foram medidas pragmáticas orientadas pela ideologia estatizante do Estado nacional-desenvolvimentista. Uma dúvida, porém, permanece aberta: como o Estado nacional-desenvolvimentista sobreviveu ao regime democrático verificado no período populista? O Estado nacional-desenvolvimentista, pelo menos no Brasil, a *priori*, parece depender de que o Estado autoritário o sustente. De acordo com Santos,

> *Períodos autoritários tendem, por excelência, a inibir o pluralismo e a multiplicidade da representação organizada interesses. Portanto, em momentos de fechamento, em geral o estado busca soluções centralizadas na maneira como tratar esses interesses. Insular a burocracia minimizando os efeitos da pressão e impedir a participação da representação de interesses via partidos políticos é uma fórmula quase padrão.* (Santos, 2011, p. 67)

Para o Estado nacional-desenvolvimentista manter-se vivo em regimes democráticos é necessário combinar "dois elementos: partidos fracos e administração centralizada" (Santos, 2011, p. 72). Embora fosse notória a ascensão dos partidos políticos no período populista, estes eram fracos nacionalmente, em razão das regras eleitorais e partidárias que resultava em canalizar apenas demandas locais. Para Skidmore (2011, p. 72), os partidos "não poderiam ser vistos jamais como um canal institucional das demandas sociais". Os partidos políticos retornaram ao cenário político reproduzindo o padrão regionalizado da Primeira República[19]. A combinação de Administração Pública centralizada e partidos fracos manteve o Poder Executivo federal como protagonista da política nacional. Mesmo

---

19 *Padrão não está sendo entendido como aquele pertencente às velhas alianças estaduais, que tem por finalidade garantir a governabilidade no âmbito federal, mas, sim, como um padrão de atendimento às demandas locais.*

com a ascensão dos partidos, o Congresso Nacional era cooperativo, fortalecendo o protagonismo do Poder Executivo federal:

> Em suma, os partidos políticos que eram meramente arranjos locais não tinham papel relevante no processo de conversão das demandas difusas da sociedade em políticas públicas, pelo simples fato de não canalizarem os interesses da sociedade. Mesmo os partidos que surgiram com o declínio dos partidos maiores, como o PSP e o PR. Nesse contexto, a estratégia dos presidentes é a política de massas, ou seja, a comunicação direta entre o governo e as massas (com os eleitores), via opinião pública para implementar sua agenda e fazer o Congresso "cooperar". (Santos, 2011, p. 73)

Assim, a sombra da personalidade de Vargas manteve-se na política brasileira, bem como sua grande obra: o Estado nacional-desenvolvimentista, ainda que em um contexto democrático.

O fato de os partidos não canalizarem as demandas sociais para a agenda governamental, não significava necessariamente que estavam afastados do processo de decisão política. A sombra varguista assumiu outra roupagem. Havia estratégia para alijar o Congresso Nacional do processo de tomada de decisão de temas fundamentais, garantindo o que ficou conhecido como *insulamento burocrático*:

> investiram pesadamente na criação de agências burocráticas insuladas de pressões partidárias e que se orientavam exclusivamente por diretrizes presidenciais. Essas agências, apelidadas de 'bolsões de eficiência', deram aos presidentes grande autonomia na formulação e implementação de políticas industriais e constituíram uma ponte direta entre o Executivo e os grupos de interesse beneficiados pela industrialização. (Neto citado por Santos, 2011, p. 72)

O insulamento burocrático consistiu em uma estratégia para tomada de decisão, sustentada por questões técnicas e promessa de eficiência, que afastou do processo de decisão de assuntos fundamentais os interesses político-partidários e de diversos grupos de pressão. Isso significou que, mesmo se encaminhando para um sistema híbrido (corporativista e pluralista), ainda embrionário, o Poder Executivo blindava o processo de decisão política a respeito de assuntos fundamentais, sob a égide de decisões supostamente técnicas, neutras, não clientelistas. A tomada de decisão era de responsabilidade dos tecnocratas[20]. As agências governamentais, espaço por excelência dos tecnocratas, eram onde se tomavam decisões, servem de exemplo: BNDE, Banco do Brasil e o Conselho de Política Aduaneira. Santos revela a estratégia utilizada pelo Poder Executivo para alijar os diversos atores, incluindo os parlamentares democraticamente eleitos, do processo de decisão política:

> *A estratégia utilizada no período foi, então, criar uma administração paralela. Composta tanto por órgãos já existentes no período anterior [...] como por novos órgãos [...]. Esses órgãos ficaram responsáveis pelo projeto desenvolvimentista e foi para lá que o governo deslocou os melhores quadros da administração pública, além de contratar por livre recrutamento outros especialistas.* (Santos, 2011, p. 73)

A centralização burocrática iniciada por Vargas propiciou a constituição do insulamento burocrático como estratégia dos governos do período populista. A "sombra" de Vargas se fazia presente ainda que em um período democrático, e mais uma vez a burocracia se sobressaía em detrimento dos partidos políticos. Os partidos políticos, além de não conseguirem canalizar demandas sociais de interesse

---

20 *O tecnocrata é aquele dotado de conhecimento técnico-especializado que ocupa um cargo no governo, de carreira ou não, e, empossados de poder de decisão, tomam decisões a respeito de políticas públicas.*

nacional, estavam alijados do processo de decisão política que tratava de temas políticos fundamentais, mesmo em um ordenamento político democrático.

Aqui podemos colocar em suspeição se o ordenamento político impacta diretamente na profissionalização da representação de interesse. Com base na tese de Oliveira (2004), a CNI somente se profissionalizou nas décadas de 1980 e 1990. Isso revela que a mudança de ordenamento político não impacta diretamente a profissionalização da representação de interesse do empresariado. Entendemos que não houve mudanças profundas que deixassem o processo de decisão política tão complexo em relação ao ordenamento político anterior.

Os governos populistas, mesmo diante de eleições democráticas e funcionamento do Congresso Nacional, não criaram um ambiente propício à representação técnica de interesse. Naquele período, o processo de tomada de decisão estava fechado, os partidos enfraquecidos e politicamente ceifados do processo de decisão que versava sobre assuntos fundamentais. No lugar do Congresso Nacional, as deliberações eram tomadas por tecnocratas de agências governamentais. O ambiente político não se revelou propício à representação de interesse por meio de um saber especializado e representação técnica. O período populista brasileiro, quando analisado, revelou não existir, portanto, relação direta entre o ordenamento político e a profissionalização da representação de interesse.

Obviamente que o ambiente democrático apresenta as condições necessárias à profissionalização da representação de interesse. Contudo, não é suficiente para garantir a profissionalização, como revelou o período populista. Para efetiva profissionalização, é preciso aprofundar a democracia no sentido de abrir o sistema político para representação plural de interesse junto aos tomadores de decisão política, associado a partidos fortes pelo menos na arena legislativa.

A elite estatal do período da República Populista apresentava uma perspectiva que se sustentava na ideologia estatizante de um Estado nacional-desenvolvimentista, indutor do desenvolvimento. Um Estado produtor e prestador de serviços. Mesmo em um ambiente democrático, a ideologia estatizante manteve-se viva. As explicações pragmáticas não considerariam essa nossa assertiva. No entanto, a ideologia estatizante foi uma perspectiva (sombra varguista) herdada do período varguista.

Mesmo que as explicações pragmáticas não considerem os conceitos, a força ideológica está viva nas estruturas estatais; o fato de as explicações pragmáticas não considerarem as teorias, os conceitos, as ideologias, não faz com que as ações pragmáticas não estejam sendo orientadas ideologicamente. O modelo econômico adotado (substituição de importações) associado ao sistema corporativista, ambos inseridos em um projeto nacional de industrialização, mostrava-se, do ponto de vista pragmático, como medida inexorável para o desenvolvimento nacional. Por outro lado, do ponto de vista mais abstrato, esse modelo econômico orientava-se pela ideologia estatizante do Estado nacional-desenvolvimentista.

O que marcou o fim da República Populista foi o movimento de 1964, que levou ao regime militar. Os problemas que se levantam são: O regime militar alterou o ambiente político favorável à ideologia estatizante? Durante o regime militar havia um ambiente político favorável à profissionalização da representação de interesse? Sigamos na procura por respostas.

(2.4)
O Estado desenvolvimentista e o sistema de representação de interesse durante o regime militar – 1964 a 1985

O regime militar vigorou de 1964 a 1985. Teve início com a chegada dos militares ao poder político, pelo movimento de 31 de março de 1964, quando assumiram diretamente a presidência da República. Skidmore (2010, p. 354) esclareceu a justificativa dada pelos militares para que eles assumissem a presidência da República:

> Os militares extremistas, logo chamados de linha-dura, estavam ansiosos para assumir o controle da política brasileira. Em sua opinião, as repetidas intervenções dos militares desde 1945 nada tinham resolvido. Agora estavam decididos a evitar o erro de entregar o poder a outro subgrupo da elite política, que poderiam conduzir o Brasil ao beco sem saída da "corrupção" e da "subversão".

Esse período foi marcado, de um lado, por um surto de desenvolvimento econômico (1968-1973), em um avanço significativo do processo de industrialização, e, de outro lado, por um retrocesso no campo político. No tocante ao processo de industrialização, o regime militar estava submetido à perspectiva estatizante do Estado nacional-desenvolvimentista? Para responder, temos de analisar a função que as estatais assumiram no regime militar, visto que tiveram papel preponderante no processo de industrialização no período populista.

O regime militar recebeu do período anterior enormes problemas econômicos, como a estagnação da economia e um grande descontrole da inflação. A fim de solucioná-los, o regime implementou reformas institucionais. Para este estudo, interessa-nos as reformas propostas no Decreto n. 200/1967, que determinou, de acordo com Almeida (2011, p. 34),

> *a descentralização da administração pública e a imposição de uma gestão privada às empresas estatais, ensejou, implicitamente, na concessão de uma autonomia de gestão para as sociedades de economia mista e as empresas públicas. Ou seja, o vínculo das empresas estatais aos ministérios restringiu-se a um controle de resultados, inexistindo qualquer relação de subordinação quanto aos atos de gestão.*

Nos governos populistas, as estatais não eram lucrativas e apresentavam enormes custos operacionais. O regime militar, mediante o Decreto n. 200/1967, deu autonomia administrativa e financeira às empresas estatais. Conforme Almeida (2011, p. 35), "Cada empresa estatal adquiriu autossuficiência para elaborar seus próprios planos estratégicos de crescimento, os quais desembocaram na escolha de investimentos mais rentáveis para sustentar fortalecimento da organização empresarial". Outra medida adotada foi a de descentralizar os vínculos das estatais, afastando-as da relação direta com a presidência da República e deixando-as a cargo dos ministérios. Os governos militares ensejavam que as empresas estatais se comportassem como empresas privadas, tanto na gestão quanto na busca pela lucratividade. Isto é, gostariam de implementar um modelo de gestão de administração privada.

Com relação à ideologia nacional-desenvolvimentista que imperava no Brasil desde Vargas, o regime militar fez uma alteração significativa quando "o Estado deixou de fomentar um desenvolvimento baseado na organização capitalista nacionalista e passou a estimular um capitalismo associado, no qual ocorreu a associação do ente estatal com a iniciativa privada" (Almeida, 2011, p. 35). O antigo desenvolvimentismo perdeu, durante o regime militar, seu caráter nacionalista.

Formou-se uma nova aliança entre Estado, capital privado nacional e o capital estrangeiro. Segundo Almeida (2011), o Estado, durante os governos populistas, apostava nas estatais como organizações centrais do desenvolvimento capitalista brasileiro. Entretanto, durante os governos militares, as estatais foram instrumentos de apoio (associado) ao desenvolvimento da industrialização, com a finalidade de estimular o capital privado nacional, conforme garantido nos textos constitucionais de 1967 e 1969. O foco da política governamental de industrialização estava sob o desenvolvimento do capital nacional privado. As estatais assumiram função suplementar ao capital privado. Almeida definiu da seguinte maneira essa nova função:

> Ambas as Constituições Federais, 1967 e 1969, asseguraram às empresas privadas a competência para organizar e explorar as atividades econômicas com o apoio e o estímulo do Estado (art. 163, caput). Complementarmente, no mesmo artigo, previu-se que a intervenção direta do Estado na atividade econômica se limitaria a um caráter suplementar da iniciativa privada (art. 163, § 1º). Ou seja, as empresas estatais poderiam atuar na atividade econômica apenas para auxiliar ou complementar a atuação dos agentes privados, excetuando os monopólios legais e os monopólios naturais (art. 157, § 8º). (Almeida, 2011, p. 36)

O Estado nacional-desenvolvimentista deu lugar ao Estado desenvolvimentista. Este entendia o papel do Estado no desenvolvimento industrial como acessório ao capital nacional privado, por isso suplementar. Embora diferente do nacional-desenvolvimentismo, entendemos que o Estado ainda mantinha sua ideologia estatizante e intervencionista, porque acreditava na necessidade das empresas estatais como indutoras do desenvolvimento do capital nacional privado. Isto é, o Estado não abandonou seu papel de indutor do desenvolvimento, já que "os governos militares não abriram mão de manter o planejamento da economia sobre os olhos ávidos do Estado" (Almeida, 2011, p. 35). Portanto, a ideologia estatizante e intervencionista ainda imperava, mas sob uma nova roupagem. Essa ideologia estatizante verificava-se na própria atuação das estatais; o desenvolvimentismo revelava-se, por exemplo, por meio dos diversos planos econômicos governamentais na condução da economia nacional:

> *Em 1964, foi editado o PAEG – Programa de Ação Econômica do Governo –, que vigorou entre os anos de 1964 a 1966. No governo seguinte, o ministro do Planejamento Helio Brandão apresentou o PED – Plano Estratégico de Desenvolvimento – para os anos de 1968 a 1970. Na sequência, três Planos Nacionais de Desenvolvimento – PNDs – foram moldados: o I Plano Nacional de desenvolvimento, de 1972-1974; o II Plano Nacional de Desenvolvimento, de 1975-1979; e o III Plano Nacional de Desenvolvimento, de 1980-1985. Em diversas passagens dos planejamentos econômicos, empresas estatais são citadas como instrumentos jurídicos para a concretização de políticas públicas.* (Almeida, 2011, p. 36)

O caráter desenvolvimentista do Estado era evidente tanto do ponto de vista pragmático quanto ideológico. Entrando na esfera do campo político-institucional, este foi marcado por retrocesso, em especial no equilíbrio de força entre Poder Executivo e Poder Legislativo. Esse retrocesso acontece pelo aumento das prerrogativas institucionais do Poder Executivo e anulação do Congresso Nacional, traços característicos da política brasileira.

A primeira ação para enfraquecer o Congresso Nacional passou pelo enfraquecimento dos partidos dando fim ao pluripartidarismo que vigorou no Brasil desde 1945, com o fim da ditadura Vargas. Em seu lugar, foi imposto em 1965, por meio do Ato Institucional n. 2, regulamentado pelo Ato Complementar n. 4, que versava sobre o bipartidarismo. Assim, os partidos foram extintos e, em 1966, criou-se duas legendas partidárias, a Aliança Renovadora Nacional (Arena), partido de apoio ao Governo, e o Movimento Democrático Brasileiro (MDB), que acomodou parlamentares de partidos da oposição. A criação da Arena fortaleceu o Poder Executivo no Congresso Nacional, embora tenha tido funções muito restritas. Mesmo mantendo o Congresso Nacional aberto na maior parte do tempo, em alguns momentos ele foi fechado, e seu papel praticamente resumia-se a chancelar as decisões do governo.

Quanto ao fortalecimento das prerrogativas legislativas do Poder Executivo: (a) o presidente tinha o poder de emitir decretos, que, caso não fossem apreciados pelo Congresso Nacional dentro do prazo estipulado, seriam transformados automaticamente em norma jurídica (lei), por decurso de prazo; (b) a prerrogativa de iniciativa de proposições legislativas financeiras era do presidente da República; e (c) suas proposições legislativas tramitavam em condições especiais de urgência, isto é, a tramitação de suas matérias era de curto prazo (Boschi; Diniz citados por Santos, 2011).

A ampliação das prerrogativas legislativas do Poder Executivo veio acompanhada de um maior enfraquecimento do Parlamento em relação ao período anterior. Havia um distanciamento do Poder Executivo em relação ao Poder Legislativo. Esse distanciamento implicava também distanciar o Poder Legislativo do processo decisório. Assim, "a distância do Congresso, *vis-à-vis* o processo decisório, torna o apoio dos partidos à presidência menos importante do que era no período anterior a 1964" (Boschi; Diniz; Santos citados por Santos, 2011, p. 75). Ocorreu, assim, um profundo deslocamento do processo de decisão política em direção ao Poder Executivo.

O enfraquecimento do Poder Legislativo não se limitou ao processo de decisão política, pois seu papel de escola de socialização política também foi afetado. O Poder Executivo não formava seu quadro de ministros por parlamentares. Os ministérios eram constituídos por pessoas "sem vínculos com o mundo da representação político-partidária", o Parlamento deixou de ser "rota obrigatória de passagem" (Boschi; Diniz; Santos, citados por Santos, 2011, p. 75). O processo de decisão política sobre assuntos considerados fundamentais pelo regime militar estava restrito à burocracia, mantendo o Congresso Nacional alijado desse processo. A representação de interesse ocorria por meio dos chamados *anéis burocráticos*, isto é, vínculos entre setores da burocracia e setores do empresariado. Quanto ao sistema de representação de interesse, houve uma "evolução para um sistema híbrido, caracterizado pela coexistência de antigas e novas configurações organizacionais e institucionais" (Diniz; Boschi citados por Santos, 2011, p. 75). O sistema híbrido[21] de representação evoluía graças aos períodos de surtos econômicos e aos processos vigorosos de industrialização.

É importante destacar que a representação de interesse econômico via anéis burocráticos era temporária[22]. O que podemos depreender é que a relação mais eficaz entre representação de interesse econômico e a burocracia (tecnocracia) consistia em contatos pessoais, os "amigos do rei" cujo objetivo era o de auferir vantagens setoriais junto ao Estado:

> *durante os anos de autoritarismo, o empresário percebeu que era mais rápido e eficaz ativar uma autoridade superior ou "amigo do rei", recorrendo ao sistema hierárquico, de cima para baixo, do que trabalhar o setor legislativo ou as autoridades de baixo para cima.* (Lodi citado por Oliveira, 2004, p. 35)

---

21 *No período populista (Quarta República), o sistema híbrido ainda estava dando os primeiros passos.*

22 *Não era institucionalizada.*

O processo de decisão durante o regime militar não estimulava a profissionalização da representação de interesse, mesmo diante de certa evolução de associações voluntárias de representação de interesse (sistema pluralista). Isso em razão de dois padrões, segundo Santos (2011, p. 75-76),

> *O primeiro é o padrão dual da representação dos empresários, sempre combinando pragmaticamente a participação via aparato estatal burocrático e, também, via organizações representativas e seus interesses. A outra regularidade é a fraqueza dos partidos políticos. Pela baixa institucionalização os partidos nunca conseguiram ser canais de representação de interesses da sociedade.*

A representação do interesse do empresariado nacional centrava-se na burocracia estatal, e não no Congresso Nacional via partidos políticos. Esses dois padrões centravam a representação nas relações pessoais com integrantes da tecnocracia estatal. Mesmo diante de um quadro político que não favorecia a profissionalização da representação de interesse, a CNI criou, no ano de 1967, em sua estrutura organizacional, o Grupo de Assuntos Legislativos (GAL) (Oliveira, 2004). Esse grupo era responsável por acompanhar o Congresso Nacional e emitir memoriais e pareceres técnico-jurídicos encaminhados aos presidentes da Câmara dos Deputados e do Senado. Mas, afinal, qual a justificativa de criação do GAL durante um período em que o Congresso Nacional se encontrava enfraquecido, o empresariado recorria à burocracia via anéis burocráticos e, ao que tudo indica, o que sobrepesava eram as relações pessoais? Para Oliveira (2004, p. 108),

> *A criação do GAL decorreu da percepção do empresariado industrial brasileiro sobre a importância que o Congresso ainda representava,*

independentemente de suas prerrogativas terem sido diminuídas devido ao período de repressão que se vivia. Sem dúvida, era um local importante de discussão de políticas, onde o empresariado industrial não deveria deixar de levar suas opiniões.

O GAL foi criado em razão de uma percepção (e não como causa de um fato) do empresariado a respeito de uma suposta importância do Congresso Nacional. Ele era um grupo dotado de competência jurídica mais do que política, já que se resumia a emitir pareceres jurídicos, bem como levá-los ao conhecimento da elite parlamentar (presidentes da Câmara e do Senado). O GAL não era detentor de um saber especializado em diversas áreas do conhecimento e de representação técnica, na verdade, constituíra-se como algo similar a um departamento ou assessoria jurídica sobre assuntos legislativos. A partir disso, podemos dizer que como o processo decisório não atendia aos elementos de complexidade, não houve estímulo à profissionalização da representação de interesse.

(2.5) Crise do Estado desenvolvimentista e redemocratização: início da complexidade do funcionamento do processo de decisão política

A CNI começou a se profissionalizar ainda no regime militar, porém, durante o processo de redemocratização, esse movimento foi intensificado, quando a decisão política alterou-se de forma radical em direção à democracia, mediante a abertura do sistema político, o processo de fortalecimento do Congresso Nacional e o retorno ao pluripartidarismo, que se traduziu no ingresso de uma pluralidade de atores, logo, de representação de interesses no sistema político. Santos (2011, p. 76) assim sintetizou o contexto político dos anos de 1980:

> Nos anos 80 inicia-se o processo de abertura política, com a reforma partidária, em 1985 as eleições para governador logo depois a campanha pelas diretas e em seguida a Assembléia Nacional Constituinte, em 1987/1988. Nesse momento a sociedade civil participou fortemente em defesa de suas liberdades políticas e da garantia de direitos sociais. A ampla participação da sociedade civil na Constituinte já dava sinais de que as organizações mudariam. Já nesse momento surgiam novos partidos e os industriais e a sociedade civil como um todo também aí tiveram um papel importante.

Analisando o início da década de 1980, o que corresponde ao período do processo de redemocratização, Oliveira (2004, p. 108) ensina que:

> Com a criação das Comissões Técnicas da CNI, em 1980, foi implementada a Comissão de Assuntos Legislativos, integrada por membros da diretoria da CNI e representantes das Federações de Indústria. O GAL fornecia suporte técnico-administrativo à Comissão de Assuntos Legislativos, mas em 1981 é incorporado a Unidade de Assuntos Legislativos e transferido para Brasília.

As pesquisas de Santos (2011) e de Oliveira (2004) corroboram para validar a relação entre processo decisório e profissionalização da representação de interesse. A CNI, durante aquele contexto, quando o processo de decisão política tornou-se mais complexo e plural do ponto de vista da representação de interesse[23], teve de lidar com interesses setoriais do empresariado, bem como com os diversos

---

23 Grande quantidade de grupos de interesse da sociedade civil não se limitavam à representação dos interesses econômicos.

grupos sociais, que começaram a se representar no processo de decisão política e também lutavam por direitos sociais. A essa luta se integrou a representação corporativa dos trabalhadores, antes segregada do processo de decisão no sistema corporativista. Assim, com o processo de decisão política cada vez mais complexo e plural[24], a representação de interesse elevou-se a um patamar mais alto de conflito (logo, bastante competitivo), passando a exigir a profissionalização da representação de interesse (saber especializado e representação técnica).

No período da redemocratização, a complexidade do processo de decisão política impulsionou a profissionalização da representação de interesse do empresariado industrial brasileiro. Todavia, entendemos que outro elemento foi importante para profissionalização: a perda da legitimidade da ideologia estatizante. O profissional de representação de interesse que tiver competência para fazer a leitura correta da realidade política em que vive, identificando a perspectiva da elite política e possíveis rupturas, consegue antever cenários políticos.

Quanto à importância da análise conceitual sobre a ideologia (visão de mundo) para equipes que atuam na representação de interesse, não temos ainda investigações empíricas que a comprove. No entanto, buscamos, como possível evidência, a equipe da Coordenadoria de Assuntos Legislativos (Coal)[25], composta por profissionais formados em Economia, Administração, Direito, Educação Física e Filosofia. Chama atenção a presença do filósofo na equipe, importantíssimo para análises abstratas e conceituais acerca dos posicionamentos ideológicos assumidos. Quando Oliveira (2004, p. 57)

---

24 Aqui não se faz referência ao sistema de representação pluralista, mas, sim, aos diversos grupos, sejam eles do empresariado, movimentos sociais, organizações sem fins lucrativos, associação de pessoas em geral.

25 Oliveira (2004) identificou 24 profissionais na equipe da Coal.

analisou o perfil do lobista de uma forma geral, também identificou diversas formações acadêmicas: "A mesma diversidade encontrada com relação à formação acadêmica dos lobistas foi observada em suas equipes de apoio. Encontramos profissionais de educação física, relações públicas, relações internacionais, filósofos, jornalistas, matemáticos e cientistas políticos compondo essas equipes".

O cientista político é igualmente dotado dessa capacidade crítica, que envolve a análise de visões de mundo, em especial se considerados os conhecimentos relativos à teoria política. Em vista da importância assumida, na nossa concepção, às análises a respeito da dimensão da reprodução da representação (política e de interesse)[26], esta seção também volta o pensamento nesse sentido, tendo como contexto a década de 1980.

No início da década de 1980, a representação de interesse do empresariado industrial começou a deslocar sua atenção para o Congresso Nacional. Segundo declaração do lobista José Pereira Graça Couto, citado por (Oliveira, p. 31), "'Conhecer os ministros é bom, mas já não resolve tudo. O apoio de um parlamentar é muito importante'". Esse deslocamento foi resultado da complexidade do processo de decisão em razão da entrada de novos atores no Parlamento. De acordo com Oliveira,

> Em 1982, os grupos de pressão possuíam maior visibilidade no Congresso Nacional, principalmente os grupos empresariais, pois, com a vitória do PMDB nas eleições para a Câmara do Deputados e nas vitórias oposicionistas no Rio de Janeiro, São Paulo e Minas Gerais, o empresariado temia a ascensão das oposições ao poder. (Oliveira, 2004, p. 31)

---

26 Vale destacar a diferença entre representação política e representação de interesse. A primeira diz respeito aos que ocupam cargos eletivos e não eletivos. A segunda constitui-se em representação de interesse dos diversos grupos da sociedade civil.

Já no período da redemocratização, o processo de decisão política tornava-se competitivo e conflituoso. A profissionalização começou a ser um imperativo, o que pode ser constatado na declaração do lobista Alexandre Paes dos Santos, citado por Oliveira (2004, p. 31): "'Há 20 anos, não há lobby no Congresso. Agora, como a oposição fortaleceu-se, o lobby começou a tornar-se importante. E os amadores estão perdendo terreno'". A redemocratização revelou, assim, a força do nexo causal entre processo de decisão política e profissionalização da representação de interesse. Ainda no regime militar, isto é, em um mesmo ordenamento político, a complexidade do processo de decisão se foi constituindo paulatinamente e, paralelo a ela, o processo de profissionalização da representação de interesse do empresariado brasileiro.

Na década de 1980, a mudança de ordenamento político veio acompanhada da transição da ideologia estatizante do desenvolvimentismo em direção a uma perspectiva privatista, sustentada pela ortodoxia convencional (liberalismo/neoliberalismo). Esse deslocamento ocorreu pela falta de sustentação financeira e perda da legitimidade ideológica estatizante, que sustentava o Estado nacional-desenvolvimentista e o Estado desenvolvimentista. O Brasil entrou na década de 1980 com a renda *per capita* estagnada e a inflação galopante. Essa é uma combinação economicamente explosiva. Os preços aumentavam e a renda não acompanhava o aumento. O país vivenciava profunda recessão econômica. De acordo com Gelsom Almeida (2009, p. 50), "Pela primeira vez após a 2ª Guerra Mundial o PIB teve um declínio real de – 4,3%".

O país apresentava quatro crises, que se constituíram no que se denominou de *crise de Estado* (Bresser-Pereira, 2001), na verdade, uma crise do Estado desenvolvimentista. A primeira foi a **crise fiscal**, que se verificava na perda de crédito público acompanhada de poupança pública negativa, o que significou que o Estado desenvolvimentista perdeu sua capacidade de financiar o desenvolvimento, logo não apresentava mais condições de sustentação econômica.

A segunda foi a **crise do modelo de intervenção** do Estado na economia e na sociedade, a qual afetou a capacidade do Estado de manter o modelo econômico de industrialização por substituição de importações (intervenção na economia), assim como promover o Estado de bem-estar social (intervenção na sociedade).

A terceira foi a **crise da eficiência administrativa** do Estado, que, nas palavras de Bresser-Pereira (2001, p. 5),

> *É a crise do aparelho estatal, que já sofria cronicamente do clientelismo e da profissionalização incompleta, mas que a partir da Constituição de 1988 vai sofrer do mal oposto: do enrijecimento burocrático extremo. A consequência dos dois males é a ineficiência e a má qualidade da administração pública central e dos serviços sociais do Estado.*

Essa crise em específico afetou o aparato burocrático que sustentava o Estado desenvolvimentista, acusado de ineficiente para sustentação econômica e do bem-estar da sociedade.

A quarta foi a **crise política**, que se constituiu no rompimento do pacto que referendava o regime militar, isto é, "A crise do regime autoritário, instalado no país em 1964. Esse regime e o pacto político correspondente – um pacto burocrático-capitalista – começam a entrar em crise a partir de meados dos anos 70, quando o empresariado inicia o rompimento de sua aliança política com os militares" (Bresser-Pereira, 2001, p. 5). Tanto o Estado nacional-desenvolvimentista quanto o Estado desenvolvimentista contaram com uma aliança entre a elite industrial e a elite política brasileira. Era essa aliança que sustentava o Estado e que levou ao desenvolvimento da industrialização brasileira; o rompimento dela significou, por consequência, o rompimento com a ideologia estatizante.

Essas quatro crises provocaram o momento de inflexão de ordenamento político nas décadas de 1980 e 1990, que rompeu com o Estado desenvolvimentista. O grande divisor de águas foi a Constituição de 1988, porque, com seu advento, o sistema corporativista que sustentava a representação de interesse do empresariado industrial sofreu fortes abalos. Na segunda década dos anos de 1980, também estava ruindo o modelo econômico de industrialização por substituição de importações, responsável por manter o sistema de representação corporativista, pois suprimiu mecanismos importantes desse sistema:

> *os mecanismos que, ao longo do período anterior, permitiram que o governo federal exercesse controle direto sobre o sistema corporativista, como a exigência de autorização prévia para a fundação de sindicatos, o poder de intervir nas eleições para postos de liderança e a faculdade de interferir no funcionamento cotidiano das entidades.* (Mancuso citado por Santos, 2011, p. 76)

Contudo, a Constituição de 1988 não desmontou o sistema corporativista. Manteve-se a unicidade sindical[27] e a contribuição sindical compulsória[28], mesmo ofertando autonomia às entidades patronais e de trabalhadores do sistema corporativista. O sistema corporativista

---

27 *O princípio da unicidade sindical significa a possibilidade de existência de apenas um sindicato por categoria em cada base territorial, assim, não é permitido a criação de mais de uma organização sindical na mesma base. Essa exigência vem disposta no inciso II do art. 8º da Constituição Federal de 1988.*

28 *A contribuição sindical compulsória correspondia a um dia de trabalho para os empregados e era calculada sobre o capital da empresa, para os empregadores, sendo fixa para os autônomos. Era uma contribuição obrigatória, tendo assim natureza tributária. A reforma trabalhista de 2017 a transformou em facultativa.*

sobreviveu ao momento de inflexão do ordenamento político experimentado na década de 1980.

Na década de 1980 e em parte da década de 1990, o Brasil passava por uma forte crise econômica e fiscal (enorme desiquilíbrio nas contas públicas – déficit público). O Estado desenvolvimentista, e seu modelo econômico de substituição de importações, perdeu a capacidade de induzir o desenvolvimento nacional:

> *a crise econômica que vinha desde os anos 80, colocava em xeque o modelo de industrialização por substituição de importação, e isso teve um impacto forte sobretudo no que diz respeito ao papel do Estado como promotor do desenvolvimento. A resposta para essa ruptura era difícil e a redemocratização veio acompanhada desse contexto econômico pouco favorável.*
> (Santos, 2011, p. 77)

O contexto das duas últimas décadas do século XX foi de intensa inflexão na história brasileira. E, ao se questionar a capacidade do Estado como indutor do desenvolvimento, abriu-se caminho para políticas mais liberalizantes. No campo político, com o abalo do regime militar, houve forte efervescência social, o que significou, para o período, uma maior organização de diversos segmentos da sociedade brasileira, no sentido de representar seus interesses juntos aos tomadores de decisão política. Isso resultou em pressão sobre o sistema político, instaurando um ambiente competitivo, que, por sua vez, passou a conceber como imperioso a profissionalização da representação de interesse econômico. Para termos a dimensão da efervescência social, Santos (2011, p. 77) demonstra que,

> *Ao mesmo tempo, para além da clivagem capital x trabalho, iniciava-se ali a formação de uma vigorosa sociedade civil organizada, que diante da estrutura de oportunidades e dos direitos de livre organização recuperados, passou*

a se organizar em uma escala sem precedentes no Brasil. Organizações Não-governamentais (ONG's), associações de classe e organizações representativas de pequenas coletividades explodiram por todo o País.

Essa pluralidade de representação de interesse também exerceu efeito sobre a representação de interesse do empresariado industrial, ao fortalecer o sistema pluralista, que convivia paralelamente à estrutura do sistema corporativista (Diniz, 2016b, p. 135). Segundo Diniz e Boschi, "Em decorrência do avanço do capitalismo industrial no Brasil, instaurou-se um sistema híbrido de representação de interesses, através do qual a sociedade extravasou do estado, implodindo o antigo padrão de controle corporativo do estado sobre a sociedade." (Diniz; Boschi citados por Santos, 2011, p. 78). Com o advento da complexidade do funcionamento do processo de decisão política, fomentado pela Constituição de 1988, ocorreu um salto significativo da profissionalização da representação do interesse industrial no Brasil, aspecto identificado por Oliveira (2004, p. 108):

> *No início da década de 90, as Comissões Técnicas foram substituídas por Conselhos Permanentes que ampliaram a participação de empresários, permitindo a participação de representantes de entidades setoriais e assim fomentando uma maior integração entre as ações da CNI e os interesses dos setores industriais organizados em associações e que não pertenciam ao sistema sindical.*

Ampliava-se, ao mesmo tempo que se consolidava, a estrutura de representação de interesse da indústria no Brasil, em um sistema híbrido de representação de interesse, em resposta à nova realidade imposta não somente pelo sistema político democrático, mas, sobretudo, pelo novo modelo do processo decisório, mais aberto e plural. Logo, a profissionalização da representação de interesse não foi resultado simplesmente da vontade do empresariado, mas um imperativo do contexto intimamente relacionado às transformações do processo de decisão política.

A CNI criou a Coal, órgão que atuava na representação de interesse do setor que se subordinava ao Comitê de Coordenação Legislativa. Deste faziam parte o presidente e dois vice-presidentes da CNI (Oliveira, 2004). O setor responsável pela representação de interesse se revelava tão importante que se submetia diretamente à cúpula da CNI. Diferentemente de outros momentos da história política brasileira, a CNI mudou a ênfase da representação de interesse do Poder Executivo para o Poder Legislativo, *locus* por excelência do processo de decisão política do novo ordenamento político. Multiplicaram-se as atividades relativas à representação de interesse, conforme elencado por Cidade, citado por Oliveira (2004, p. 109), as atividades da Coal consistiam em

> *representar os interesses da indústria junto aos poderes Legislativo e Executivo; articular apoio para as ações de influência de interesse da indústria; acompanhar e monitorar as atividades de formulação e deliberação legislativa; participar na elaboração de estudos e projetos de interesse da indústria, visando promover a produção de novos atos legislativos; propor à entidade medidas e providências na defesa dos interesses da indústria quanto à proposições legislativas; gerar e disseminar informações sobre assuntos legislativos; assessorar a Diretoria e Conselhos da CNI.*

A CNI apresentava, já na década de 1990, uma representação de interesse profissionalizada, que se revelava como entidade de representação técnica. Sua estrutura de representação de interesse se mostrava bem diferente do GAL, criado em 1967, cuja única atividade era produzir análises jurídicas.

O empresariado industrial contava com o Instituto de Estudo para o Desenvolvimento Industrial (Iedi), que se apresentava como uma estrutura do empresariado industrial dedicada ao saber especializado, isto é, desenvolvia e participava de pesquisas no mundo acadêmico. Na década de 1990, o Iedi desenvolveu estudos para orientar a ação política do empresariado, sendo: em 1991, o estudo *Mudar para competir – carga fiscal, competitividade industrial e potencial de crescimento econômico*; em 1992, a pesquisa sobre *Modernização competitiva, democracia e justiça social*; também em 1992 deu início a publicação da revista com periodicidade trimestral; em 1993 saiu o *Estudo sobre a competitividade da indústria brasileira*; nos anos de 1992 e 1993 lançaram o *Estudo da competitividade da indústria brasileira – ECIB*; e, no ano de 1994, o estudo *A indústria e o governo Fernando Henrique – oportunidades e ameaças* (Nunes, 2016).

O que se denota, com base em Oliveira (2004) e Nunes (2016), é que a CNI era responsável pela representação técnica, e o Iedi era responsável pelo saber especializado. Contudo, isso não significava que eram atividades exclusivas de cada entidade[29]. Essas duas entidades revelavam o aumento da profissionalização da representação do interesse de empresariado industrial brasileiro. A profissionalização da CNI (representação técnica) e do Iedi (saber especializado) aconteceu em resposta à complexidade do novo processo de decisão política vivenciada a partir da década de 1980. Segundo Faucher (1998),

> Havia dez partidos políticos representados no Congresso que redigiu a Constituição de 1988. A heterogeneidade interna de cada partido, a ausência de identificação programática ou ideológica entre seus membros (com raras exceções) e as dificuldades de impor a disciplina partidária,

---

[29] *A CNI desenvolvia estudos, e o Iedi, durante o Governo Collor, também fez pressão política.*

dificultaram a construção de uma maioria estável e coerente. A aprovação de qualquer ato legislativo (este padrão se tornou norma desde a Assembleia Constituinte) exigia a formação de coalizões ad hoc *para forjar maiorias de momento. [...]. Durante o governo Collor, a formação de coalizões legislativas foi dificultada pela presença de vinte partidos no Congresso, nenhum deles com mais de 20% das cadeiras. Sem contar com uma maioria definida e estável, o governo frequentemente enfrentava uma oposição quase paralisante no Congresso nacional.*

A eficácia da representação de interesse depende, em grande medida, de sua capacidade para identificar a elite parlamentar (aqueles com poder de decisão e influência no processo de decisão política), prever o comportamento e os interesses da coalizão majoritária. Se, em ambiente político-institucional estável, a importância da representação de interesse profissional é uma necessidade, em ambiente político-institucional instável (para formação de coalizões estáveis) a profissionalização é um imperativo.

Sendo as décadas de 1980 e 1990 momentos de inflexão no ordenamento político, que resultou na complexidade do processo de decisão política brasileiro, tornaram-se, igualmente, momentos de inflexão do processo de profissionalização da representação de interesse no Brasil. Nesse sentido, esse período não registrou apenas uma inflexão no ordenamento político (do regime militar à democracia), mas também momentos de mudança radical nas dimensões da representação (reprodução e ação), representação política (representantes eleitos) e do empresariado, sobretudo do empresariado industrial no Brasil.

Dissemos anteriormente que no sistema corporativista do Estado nacional-desenvolvimentista e do Estado desenvolvimentista não havia uma representação de interesse do empresariado industrial, mas, sim, uma adesão desse empresariado ao modelo econômico do Estado.

Esse sistema anulou a dimensão da reprodução e da representação do empresariado, isto é, dissolveu sua perspectiva (personificação, visão de mundo) histórica[30]. Na dimensão da ação, o empresariado industrial agia em grande medida controlado pelo Estado. As entidades do sistema corporativista, entretanto, agiam segundo a imagem e semelhança do Estado, eram espelho, um braço do Estado. Assim, não poderíamos chamar de sistema de representação corporativista, mas de sistema de representação corporativista de Estado com adesão do empresariado industrial. Contudo, essa realidade foi alterada profundamente a partir das décadas de 1980 e 1990, conforme defendem Bresser-Pereira e Diniz (2009) e Boschi (2016).

A personificação (dimensão da reprodução) que vigorava no Brasil para sustentar o sistema de representação corporativista baseava-se em uma ideologia estatizante nacionalista. Assim definiu Diniz:

> *Efetivamente, a industrialização por substituição de importações, respaldada pelas formulações da Comissão Econômica para a América Latina (Cepal), foi conduzida por elites governamentais identificadas com o intervencionismo estatal, considerado a via mais adequada para a superação do atraso e a implementação de projetos de modernização. Esse modelo não só consagrou a presença do Estado como condutor do desenvolvimento, como exaltou sua eficácia na correção de distorções e atenuação de desigualdades. A ideologia estatista, por sua vez, legitimou essa via de desenvolvimento, projetando a imagem do Estado como garantidor*

---

30 A perspectiva histórica aqui faz referência aos ideais do liberalismo econômico. Vargas, contrariando ao entendimento de Adam Smith (século XVIII), submeteu a construção do capitalismo no Brasil a um projeto de Estado. No corporativismo varguista, o Estado organizava a economia nacional, o Estado foi bastante interventor na economia. A perspectiva liberal baseada em Adam Smith pregava a separação entre Estado e economia. A política de industrialização de Vargas também não se alicerçou nos ideais liberais da Revolução Industrial que ocorreu no século XVIII.

da subordinação do egoísmo privado ao interesse maior da coletividade.
(Diniz, 2016b, p. 133-134)

A ideologia estatizante nacionalista era a visão de mundo (dimensão da reprodução) hegemônica do processo de industrialização brasileiro, desde Vargas até o regime militar. Esse foi o ponto de vista que o Estado impôs à representação do sistema corporativista de interesse, conduzindo todo processo de industrialização naquele período. Sustentado nessa ideologia, o setor industrial aderiu ao sistema de representação de interesse corporativista. Desse modo, a representação de interesse corporativista agia (dimensão da ação) segundo os interesses do Estado. Tal visão de mundo se deteriorou nas décadas de 1980 e 1990 no Brasil, abalando também o projeto nacionalista, visto que "Um dos traços marcantes da ordem internacional que se reestrutura é a crescente interdependência econômica entre os diferentes países, abalando os pressupostos dos antigos esquemas nacionalistas, centrados na ideia de mercados isolados em fronteiras nacionais" (Diniz, 2016b, p. 133). Portanto, nas décadas de 1980 e 1990, encerrou-se o que se iniciara em 1930 em razão da Crise de 1929, evento que exigiu o fechamento dos mercados nacionais. Mais adiante, a crise do Estado brasileiro, ocorrida entre o período de 1980 e 1990, fragilizou a ideologia estatizante e abriu espaço para uma ideologia privatista, de matiz liberal.

O modelo estatizante, centrado no papel do Estado como indutor do desenvolvimento, ao entrar em crise, oferece lugar para uma visão de mundo em que a via do desenvolvimento é o mercado, logo, agora é o empresariado que figura como indutor, o que leva ao entendimento de esgotamento da capacidade estatizante, ou seja, esse modelo não oferece mais possibilidades de desenvolvimento e dinamização da economia. Segundo Diniz,

A procura de resposta aos desafios daí decorrentes levou à formulação de uma estratégia neoliberal, igualmente idealizada em seu potencial inovador. Essa nova via é crescentemente apresentada como solução para todos os males, simbolizando a luta da modernização contra o atraso, tal como o estatismo, ao longo das décadas de 1930, 1940 e 1950, representara o instrumento por excelência da renovação. (Diniz, 2016b, p. 134)

Livre das amarras do Estado, o empresariado industrial ficou sem seu alicerce, sem a reprodução da representação que o Estado lhe emprestara desde a Era Vargas. No lugar do nacionalismo baseado em um mercado fechado, a nova ordem econômica visava buscar novas soluções (pragmáticas) orientadas para esse mercado.

Partindo do pressuposto de que filósofos e cientistas políticos, integrantes das equipes profissionais de representação de interesse, analisam as visões de mundo dos governos, eles poderiam oferecer respostas às seguintes questões: Tem sido vivenciado algum momento de ruptura, isto é, está em curso um período que aponta para prováveis rupturas? Qual a visão de mundo da elite estatal? Quais entendimentos os grupos com potencial para chegar ao poder têm a respeito das funções do Estado (estatizante ou privatizante)? Essas são perguntas que antecipam os cenários políticos futuros, que serão estudados ao longo das próximas seções e capítulos.

(2.6)
Ruptura de ordenamento político e a emergência de uma nova institucionalidade: a complexidade da dinâmica do funcionamento do processo de decisão política

Iniciemos levantando alguns questionamentos: Do ponto de vista institucional, qual o impacto do momento de ruptura (redemocratização) no processo de decisão política? Quais são as regras do novo jogo político e o funcionamento das estratégias da dinâmica política?

Um dos legados da redemocratização, gerado pela Constituição de 1988, foi a constante busca pela governabilidade em novo molde, visto que a Constituição de 1988 reconstruiu o presidencialismo brasileiro sob outro modo de funcionamento da dinâmica do processo de decisão política; fala-se, por isso, em *presidencialismo de coalizão*. Nesse novo ambiente político-institucional, o Poder Executivo busca constantemente governabilidade na formação de uma ampla base de apoio parlamentar (coalizão). Entretanto, o novo ordenamento político estabeleceu certo equilíbrio de força entre o Poder Executivo e o Poder Legislativo. Desde então, a construção da governabilidade não é uma tarefa fácil. De acordo com Faucher (1998),

> *Outra característica da política brasileira, que ao mesmo tempo acentua a fragilidade da democracia e ajuda a explicar a instabilidade política que compromete a governabilidade no Brasil, é a "fluidez" de sua estrutura partidária. São três as características estruturais dessa "fluidez". Em primeiro lugar, o aparecimento e desaparecimento de partidos segundo a conveniência das ambições políticas de membros proeminentes da elite política. [...]. Em segundo, a mudança de filiação partidária não só é usual como depende das motivações oportunistas de certos atores políticos. [...].*

Em terceiro lugar, como o que está em jogo é o controle por mais recursos, seja por parte da oposição, seja da situação, não é raro que partidos da oposição se "transformem" em membros da coalizão governamental.

A fluidez dos partidos é um grande obstáculo à formação de uma base de apoio parlamentar ampla[31] e estável. Diferentemente do processo de decisão política ocorrido no Estado Novo, na Quarta República (República Populista) e no regime militar, o novo ordenamento político que surgiu no período da redemocratização ampliou os poderes do Poder Legislativo diante das tomadas de decisão. A ampliação desse poder associado à alta fluidez dos partidos levanta a seguinte questão: Como construir a governabilidade em um arranjo político que determina as regras para dirimir conflitos, mas que, na perspectiva de Faucher (1998), tem potencial para criar instabilidade política? De acordo com Abranches, responsável por cunhar a expressão *presidencialismo de coalizão*,

> *O conflito entre o Executivo e o Legislativo tem sido elemento historicamente crítico para a estabilidade democrática no Brasil, em grande medida por causa dos efeitos da fragmentação na composição das forças políticas representadas no Congresso e da agenda inflacionada de problemas e demandas imposta ao Executivo.* (Abranches, 1988, p. 8)

Assim, a fragmentação leva ao Congresso Nacional uma multiplicidade de interesses (demandas), o que sobrecarrega o Poder Executivo[32]. A "fragmentação na composição das forças políticas"

---

31 *Com quantidade significativa de partidos para aprovação de proposições legislativas, que necessita de maioria simples (50% mais 1 dos votos dos parlamentares) e qualificada (três quintos dos votos dos parlamentares na aprovação de emendas à Constituição).*

32 *A Constituição de 1988, denominada de Constituição Cidadã, constitucionalizou um rol de direitos sociais. Essa constitucionalização de direitos sobrecarregou o Estado de demandas, ampliando, assim, a representação de interesse e o conflito.*

(fragmentação partidária), que, no estudo realizado por Abranches, aparece como um importante elemento para profissionalização da representação de interesse, também é um fator potencial para gerar instabilidade política. Contudo, esta não é a única variável que explica a instabilidade política (ingovernabilidade), na medida em que estão em jogo outros elementos institucionais, como "o presidencialismo, o federalismo, o bicameralismo, o multipartidarismo e a representação proporcional. Seria ingênuo imaginar que este arranjo político-institucional se tenha firmado arbitrária ou fortuitamente ao longo de nossa história" (Abranches, 1988, p. 10).

A fragmentação identificada no Congresso Nacional (fragmentação das forças políticas) não foi arbitrariamente construída ou fruto do acaso; sua origem institucional reflete a fragmentação da nossa base social, "Na verdade, expressa necessidades e contradições, de natureza social, econômica, política e cultural, que identificam histórica e estruturalmente o processo de nossa formação social" (Abranches, 1988, p. 10). A explicação para a fragmentação das forças políticas no Congresso Nacional seria, desse ponto de vista, sociológica. Abranches destaca outros dois fatores que, diante da concepção adotada neste livro, são importantes para profissionalização da representação de interesse: o multipartidarismo e a representação proporcional (que, para existir, dependente do sistema eleitoral proporcional brasileiro).

Surge, assim, um dilema analítico: A fragmentação das forças políticas no Congresso Nacional origina-se na base social, cuja explicação é sociológica, ou no sistema partidário (multipartidarismo) e no sistema eleitoral (proporcional), cuja explicação é institucionalista (Massimo, 2013)? Não queremos dar conta da validade científica de cada explicação, mas apresentar nossa opção pela explicação institucionalista.

Afirmamos, até aqui, que, no período da redemocratização, o novo ordenamento político emergente trouxe grande complexidade ao processo de decisão política, o que, por sua vez, impactou a profissionalização da representação de interesse do empresariado industrial brasileiro. Porém, a complexidade desse processo não foi explorada até então; buscar por essa explicação é fundamental para esclarecer o nexo causal existente entre o processo de decisão política e a profissionalização da representação de interesse. Nesse sentido, de forma sucinta, abordaremos o que se tem dito a favor e contra o presidencialismo de coalizão.

Nunes (2018), em diálogo com Mainwaring, revela a existência de uma perspectiva pessimista do ordenamento político erigido pela Constituição de 1988, que se verifica em Faucher (1998). Essa perspectiva sustenta-se na combinação negativa entre presidencialismo, multipartidarismo e representação proporcional. Tal combinação deu vida ao que se convencionou chamar de *presidencialismo de coalizão*. Assim, considerando essa combinação, o Poder Executivo, para aprovar sua agenda, dependerá de uma base ampla de apoio parlamentar. O poder não se concentra no Poder Executivo, sendo compartilhado com o Poder Legislativo (Nunes, 2018). Dessa forma, no novo ordenamento político há certo equilíbrio de força entre os Poderes para a tomada de decisão política. Em uma perspectiva pessimista, a combinação do sistema multipartidário e sistema eleitoral proporcional de lista aberta é responsável pela grande quantidade de partidos no Congresso Nacional. Essa combinação tem como resultado a fragmentação partidária no Congresso, dificultando a coalizão para a formação da base de apoio do presidente da República.

> **Preste atenção!**
>
> O sistema eleitoral proporcional de lista aberta é entendido da seguinte maneira: durante a eleição é apresentada ao eleitor uma lista de nomes dos candidatos (lista aberta) aos cargos de deputado federal, deputado estadual e vereadores (cargos proporcionais). O eleitor votará no candidato de sua preferência. O cálculo para asseverar os vencedores do pleito segue a seguinte ordem: (1) identifica-se os partidos que conseguiram quantidade de votos suficientes para ocupar as cadeiras do Parlamento, que determinará, por meio de um coeficiente eleitoral, quantas cadeiras cada partido vencedor do pleito ocupará; (2) averigua-se os candidatos com o maior número de voto por partido para ocupar as cadeiras de cada partido. Por exemplo: os votos nos deputados do partido X deu o direito ao partido de ocupar 10 cadeiras no Parlamento. Assim, 10 candidatos mais votados do partido X serão eleitos. Notamos, aqui, que, para vencer o pleito, o candidato não precisou de 50% mais 1 dos votos, mas sim de uma votação proporcional. Na lista fechada, o eleitor vota no partido, e este é que define quem ocupará as cadeiras no parlamento. A regra é diferente, porém, para o Poder Executivo (presidente da República, governador e prefeito) e para senador, que são cargos majoritários, pois precisam de uma quantidade muito grande de votos a fim de se elegerem. Na eleição para ocupar o Poder Executivo é necessário 50% mais 1 dos votos válidos para vencer o pleito.

Esse modelo institucional agravaria a questão da instabilidade política, uma vez que chegariam ao Parlamento mais de um parlamentar por distrito. No presidencialismo, em comparação ao parlamentarismo, há um menor grau de comprometimento entre o governo e os parlamentares individualmente. Dessa forma, reduz-se a previsibilidade do comportamento parlamentar (Nunes, 2018). É importante dizer que esse tipo de análise é institucionalista, pois desconsidera variáveis sociológicas (Massimo, 2013).

Essa perspectiva pessimista a respeito do presidencialismo brasileiro levou à crença no fatalismo, que indubitavelmente levaria à ingovernabilidade. Nesse sentido, Nunes destaca que

> *a combinação entre presidencialismo, multipartidarismo e representação proporcional (com vários representantes por distrito) facilitaria o predomínio de forças centrífugas – o que aumentaria a instabilidade do sistema político como um todo e diminuiria as chances de sobrevivência do regime democrático.* (Nunes, 2018, p. 36)

O novo ordenamento político democrático, nessa perspectiva, traria em si um paradoxo: colocar em risco a própria democracia. Como destacou Nunes (2018, p. 35), o novo ordenamento político resgatou características da Quarta República (Período Populista) que vigoraram no Brasil de 1946 a 1964, "isto é, uma combinação entre forma republicana de governos, sistema presidencialista e arranjo partidário de coalizão".

Ainda, segundo o autor, durante o período de transição entre os regimes (mais especificamente no início da década de 1980), havia um debate sobre sobrevivência dos regimes democráticos nos países do Leste-Europeu e da América Latina. No caso dos países latino-americanos, a discussão girava em torno de países que adotaram o presidencialismo como sistema de governo. A conclusão dos estudos com relação aos países latino-americanos foi catastrófica: o sistema presidencialista não oferecia estabilidade para o regime democrático, colocando em risco a própria democracia, em especial quando adotados sistemas multipartidários e sistema de eleições proporcionais, como no caso brasileiro. O debate em torno do Brasil também esteve influenciado por estudos realizados em uma área da ciência política dedicada ao processo de transição política para regimes democráticos. Essa área, conduzida por brasilianistas[33], estava voltada para o caso brasileiro e, conforme ressalta Nunes (2018, p. 62, grifo do original), "durante as décadas que sucederam à promulgação do malfadado arranjo institucional inaugurado pela Constituição de 1988, o sistema político não ruiu nem colocou em risco o regime democrático – como anteviam algumas **daquelas interpretações**".

Junto com Nunes podemos colocar o seguinte questionamento: Por que o "malfadado arranjo institucional" não cumpriu com as expectativas, ou seja, por que não ruiu ou sequer colocou o regime democrático em risco? Estudos empíricos realizados por importantes cientistas políticos brasileiros, como Fernando Limongi, Angelina Figueiredo, Fabiano Santos, Amorim Neto e Jairo Nicolau, sobre o real funcionamento do processo de decisão política, mostraram que o presidencialismo de coalizão do sistema político brasileiro é igualmente governável às democracias parlamentaristas dos países europeus. Nunes (2018) ressalta que os estudos de Figueiredo e Limongi mostraram que o sistema político brasileiro, do ponto de vista da governabilidade, funcionava satisfatoriamente, isto é, não colocava em risco a democracia brasileira.

Aqui, no entanto, é importante destacar a diferença na abordagem analítica entre os brasilianistas e os cientistas políticos brasileiros. Os estudos empíricos dos cientistas estavam pautados, por um lado, na diferença entre estudar exclusivamente a estrutura institucional do ordenamento político e, por outro, na dinâmica política (o funcionamento) do processo de decisão. O primeiro dedica-se ao estudo

---

33 *Acadêmicos estadunidenses dedicados ao estudo sobre o Brasil.*

do modelo adotado, próprio dos estudos morfológicos. O segundo, ao considerar os modelos adotados, investiga as relações de poder, a dinâmica de funcionamento. As análises dos cientistas políticos brasileiros pautaram-se pela abordagem da dinâmica do funcionamento. Nunes (2018), baseando-se nos argumentos de Angelina Figueiredo e Fernando Limongi, coloca em relevo duas questões sobre os pressupostos advindos da perspectiva pessimista: (1) de que os partidos políticos serviriam de obstáculos à agenda do presidente e (2) a ação indisciplinada dos partidos. Embora essa perspectiva tenha disseminado tais pressupostos, cientificamente seria impossível chegar a essas conclusões apenas analisando o modelo institucional do ordenamento político, sem pesquisas empíricas a respeito do funcionamento do processo de decisão política. Logo, para garantir admissões desse tipo, seriam necessárias pesquisas empíricas sobre a dinâmica da política-institucional do novo ordenamento político.

Ainda, resta uma pergunta em aberto, pensemos: Se a Constituição de 1988 não inovou, do ponto de vista estrutural do arranjo institucional (presidencialismo, multipartidarismo e eleições proporcionais) em relação ao ordenamento político da Quarta República, por que não reproduziu igualmente as relações de poder quanto ao processo de decisão política? Nunes lança luz sobre o equívoco dos analistas pessimistas:

> os analistas que sustentaram esse argumento [da debilidade do presidencialismo de coalizão] se basearam nas semelhanças entre os dois arranjos institucionais, ou seja, considera-se que, mantendo-se a estrutura institucional, permanece também sua forma de funcionamento. Em termos mais claros: nessa perspectiva, a lógica de operação do regime democrático inaugurado em 1988 é deduzida com base na conservação da estrutura institucional instituída em 1946. Dessa forma, esses analistas não

observaram o real funcionamento do processo decisório no atual regime, mas deduziram que ele seria semelhante ao anterior, dada a conservação da estrutura institucional. (Nunes, 2018, p. 65)

Essa colocação de Nunes reforça a hipótese de nosso estudo: de que a profissionalização da representação de interesse não está relacionada diretamente ao modelo do ordenamento político adotado, mas às características do funcionamento do processo de decisão política. Quando o funcionamento é colocado no centro, estamos analisando a dinâmica, as estratégias adotadas (Massimo, 2013).

Porém, se há uma relação positiva entre o aumento da complexidade do processo de decisão e o aumento da profissionalização da representação de interesse, em quais aspectos o processo de decisão política do novo ordenamento político, erigido em 1988, difere-se do período da Quarta República (Período Populista)?

O novo ordenamento político conserva parte dos poderes legislativos do presidente erigidos no regime militar, mantendo o poder de agenda do Poder Executivo. Quanto ao Poder Legislativo, confere muita importância aos líderes partidários no processo de decisão política (Nunes, 2018), diferentemente do período da Quarta República, quando os partidos eram fracos na arena legislativa. No tocante aos poderes legislativos, manteve-se o regime de urgência de proposições legislativas de iniciativa do presidente, acelerando a tramitação destas quando de seu interesse. Durante o regime militar, a proposição legislativa, não sendo votada pelo Congresso Nacional, automaticamente se tornaria norma jurídica (lei). Contudo, no atual ordenamento político, o Congresso Nacional tem 45 dias para votar em proposições legislativas com medida de urgência. Caso isso não ocorra, a proposição entrará na ordem do dia automaticamente para ser votada. No novo ordenamento político, as proposições legislativas de inciativa do presidente com medida de urgência não se transformarão em norma jurídica por decurso de prazo[34].

Outro poder legislativo conferido ao presidente, que é uma herança do regime militar, é o poder de emitir medidas provisórias, que se assemelham aos decretos-lei daquele regime. A medida provisória, ao ser publicada no Diário Oficial da União, passa a ter força de lei durante 60 dias, caso não seja votada (aprovada, alterada ou rejeitada) no prazo, trava a pauta de votações do Parlamento, não se transformando automaticamente em norma jurídica. Outra inovação é que, diversamente do decreto-lei, o Parlamento pode modificar, via emenda parlamentar, a medida provisória pelo Congresso Nacional. Mais uma vez, o novo ordenamento político tornou o Congresso Nacional um ator político fundamental no processo de decisão política.

Quanto aos poderes do Poder Legislativo, é relevante destacar a importância dos partidos políticos no processo de decisão política. De acordo com Nunes (2018), nesse particular, a Constituição de 1988 tem menos relevância do que o Regimento Interno da Câmara dos Deputados. A figura do Colégio de Líderes é fundamental para a organização dos trabalhos legislativos onde está alocada a elite parlamentar. Fazem parte do Colégio de Líderes o presidente da Câmara dos Deputados, o líder da maioria e o da minoria, os líderes dos partidos e os dos blocos parlamentares. O Colégio tem competência legislativa para transformar o regime de proposições legislativas de ordinária para tramitação especial, isto é, colocar em tramitação de urgência. Isso significa que o Colégio de Líderes tem grande poder

---

34 No caso de o Parlamento não votar as proposições legislativa de iniciativa do Poder Executivo dentro do prazo, a pauta de votação do Parlamento ficará travada, ou seja, nada poderá ser votado antes de votarem a proposição de iniciativa do Poder Executivo que travou a pauta.

de agenda, acelerando ou desacelerando o processo de tramitação de proposições legislativas individualmente.

Nunes (2018) destaca também a importância dos líderes partidários. De acordo com o autor, o poder desses líderes não se resume à participação no Colégio de Líderes, uma vez que eles têm o poder de influenciar pedidos de destaques, requerimentos, apresentação de emendas e outros, o que os qualifica para orientar suas próprias bancadas[35]. De forma sucinta, nas palavras de Nunes (2018, p. 70): "nesses casos, a manifestação do líder é tomada como manifesta de sua bancada".

As conclusões de Figueiredo e Limongi (2001) destoam da conclusão de Faucher (1998), para quem o novo ordenamento político promoveria, na arena legislativa, coalizões frágeis e instáveis. Para eles, entretanto, os resultados

> questionam as conclusões e inferências encontradas na literatura comparada e nacional acerca do funcionamento do sistema político brasileiro. Não encontramos indisciplina partidária nem tampouco um Congresso que agisse como um veto player institucional. Os dados mostram, isto sim, forte e marcante preponderância do Executivo sobre um Congresso que se dispõe a cooperar e vota de maneira disciplinada. (Figueiredo; Limongi, 2001, p. 20)

---

[35] *É a prerrogativa dos líderes dos partidos fazer uso da palavra para orientar o posicionamento (como devem votar) dos parlamentares do partido, na apreciação de proposições legislativas e outras matérias. Em outras palavras, aos líderes partidários é oferecida a capacidade de controlar (disciplinar) os votos dos parlamentares membros do partido. Contudo, não há nada que impeça que esses parlamentares votem de acordo com seus interesses.*

Vejamos, então, a análise realizada por Angelina Figueiredo, Fernando Limongi e Ana Luiza Valente sobre os governos Fernando Henrique Cardoso (FHC):

> os partidos assumiram formalmente sua participação no governo. Essa participação aumentou o acesso a recursos, influência e, portanto, o interesse dos partidos no sucesso do governo; garantindo, por outro lado, o seu apoio às suas propostas legislativas. Este apoio, como veremos, foi forte e estável, mas proporcional à participação de cada partido no governo. Constituiu-se, portanto, um governo de coalizão majoritário de centro direita. (Figueiredo; Limongi; Valente, 1999, p. 50)

Os dados revelaram que os governos FHC organizaram um amplo e estável alicerce de apoio parlamentar de acordo com a amplitude de sua base e, ainda, que apresentavam grande poder de impor e aprovar sua agenda:

> toda a base institucional do sistema de representação política, mantida intacta pela Constituição de 1988 que, além disso, reforçou o federalismo, não impediram a aprovação de emendas constitucionais que compreendiam medidas altamente impopulares e impunham perdas a camadas consideráveis da população, assim como a grupos sociais altamente organizados. Da mesma forma, a despeito do alegado peso dos estados e municípios no Congresso, o governo conseguiu também a recomposição das receitas da União. Por fim, o controle inflacionário foi implementado por meio de uma política de ajuste que logrou efetuar cortes significativos de despesas [...] e [a aplicação] de medidas recessivas com perversos efeitos sociais, que passaram pela aprovação legislativa. (Figueiredo; Limongi; Valente, 1999, p. 51)

Embora as condições institucionais do novo ordenamento político fossem as mesmas da República Populista, o funcionamento da dinâmica do processo de decisão política é bem diferente. Essa nova dinâmica de funcionamento fortaleceu os partidos políticos na arena legislativa. Eis aqui um elemento (a dinâmica do funcionamento do processo de decisão) que confere ao processo de decisão política maior complexidade. Nas estratégias e na dinâmica do funcionamento do processo de decisão está a fórmula que garantirá a estabilidade política (a governabilidade).

Quanto à importância da profissionalização da representação de interesse, conhecer as regras do jogo e a dinâmica do funcionamento do processo de tomada de decisão política é fundamental para o profissional de representação de interesse. Portanto, deixou de ser suficiente o conhecimento tão somente das regras (por exemplo, do processo legislativo), sendo necessário, nesse momento, conhecer a dinâmica do funcionamento do processo de decisão. É preciso entender as forças políticas assimétricas[36], seus interesses (a dimensão da ação) e sua visão de mundo (dimensão da reprodução). Nesse sentido, para além do conhecimento das regras, estamos falando da capacidade de apreender os interesses e os comportamentos dos tomadores de decisão política.

A palavra-chave que assume maior importância para o profissional de representação de interesse, nesse contexto de grande complexidade do processo de decisão política, é *estratégia*. Esta é verificada nas explicações institucionalistas, como ressaltou Massimo (2013, p. 142):

---

36 *Assimetria de poder: o poder político é repartido de forma desigual. Assim, é importante identificar no Parlamento as forças políticas com maior capital político para impor sua vontade.*

A primeira explicação realizada no âmbito da família de argumentos institucionalistas destaca a estratégia perfilada pelos atores mais relevantes. Essa explicação é institucionalista porque não são quaisquer atores cujas estratégias possuem essa propriedade explicativa: são atores que estão, direta ou indiretamente, presentes nas instituições políticas. Isso fica bem claro quando Samuels (2003) analisa os êxitos e os fracassos das reformas macroeconômicas (e da reforma fiscal em particular) nos governos Fernando Henrique Cardoso, em uma trama que articula as metas perseguidas pela presidência aos interesses dos governadores estaduais.

Conhecer as regras e a dinâmica do funcionamento do processo de decisão, identificar as estratégias, os atores políticos com poder de decisão política (atores-chave), reconhecer seus interesses e sua visão de mundo, seu padrão de votações, a coalizão governamental e a oposição, tudo faz parte da representação técnica (conhecimento essencialmente político). Em outras palavras, essa competência significa ter profundo conhecimento sobre o governo, conhecimento que, atualmente, são desejados no mercado de representação de interesse (Santos; Resende; Galvão, 2017). Essa rede de complexidades foi que impulsionou, nas décadas de 1980 e 1990, a profissionalização da representação do empresariado industrial brasileiro.

(2.7)
O INTERREGNO DO ESTADO DESENVOLVIMENTISTA NOS GOVERNOS DA DÉCADA DE 1990 NO BRASIL: A INFLEXÃO LIBERAL

A ideologia estatizante perdeu sua legitimidade tanto do ponto de vista ideológico (dimensão da reprodução) quanto pragmático (dimensão da ação). O novo ordenamento político que emergiu na década de 1980 veio acompanhado de uma transformação da elite estatal na década seguinte; a mesma mudança se verificou na elite industrial brasileira. O Brasil entrou na década de 1990 com uma visão de mundo privatista, orientada para o mercado (ordem econômica) e, aos poucos, foi sendo inserido nessa nova ordem econômica. O desenvolvimento, que até então tinha o Estado como seu grande indutor, mudou de direção:

> *A reformulação da via de desenvolvimento numa direção neoliberal, deslocando a centralidade do Estado para o mercado, naturalmente colocou em destaque a questão dos atores primordiais desse processo de mudança. Entre estes sobressai o empresariado, sobretudo em sua fração industrial, tendo em vista o papel que lhe cabe desempenhar num modelo cuja eficácia depende do dinamismo do mercado.* (Diniz, 2016b, p. 134)

Entraram na agenda dos governos Collor (1990-1992), Itamar (1992-1994)[37] e Fernando Henrique Cardoso (1995-2002) temas como abertura da economia, estabilização econômica, desregulamentação do mercado, privatizações e outros assuntos liberalizantes. Esse novo ideário serviu de base para a consolidação, por exemplo, do conceito Custo Brasil[38], construído em um período em que o empresariado industrial perdeu seu antigo padrão de acumulação, fomentado pelo Estado nacional-desenvolvimentista e pelo Estado desenvolvimentista, alvo de crítica neoliberal, visto que o neoliberalismo se contrapunha à ideologia estatizante (Boschi, 2016).

---

37 *Itamar não era afeito ao neoliberalismo. Contudo, esses temas entraram em seu governo em razão da equipe econômica montada por Fernando Henrique Cardoso, quando Ministro da Fazendo de seu governo.*

38 *Dos temas citados, a abertura do mercado nacional não fez parte do Custo Brasil.*

Socializado no sistema de representação corporativista, de grande protecionismo, o empresariado industrial viu-se diante de uma economia que se abria paulatinamente[39] ao mercado internacional, alicerçado na teoria neoliberal. Esse empresariado já tinha passado por um forte abalo provocado pelo Plano Cruzado e Plano Collor e, para agravar sua situação, a política econômica privilegiava o setor financeiro (Boschi, 2016). O empresariado industrial nacional entrou na década de 1990 tendo de se reinventar caso quisesse tornar-se competitivo frente à abertura do mercado brasileiro à economia mundial; com isso, e por meio do conceito de Custo Brasil, aproximou-se dos ideais liberalizantes.

Os governos da década de 1990 tinham diante de si um grande desafio, superar a Crise do Estado, que, na leitura do liberalismo econômico, era de responsabilidade do modelo desenvolvimentista estatizante. Assim, a solução de cunho liberal econômico somente poderia ser viabilizada pela alternância da coalazação dominante no Brasil. De acordo com Bresser-Pereira e Diniz (2009), essa situação ocorreu em 1991, durante o governo Collor, pois, nesse ano, formou-se uma coalizão dominante composta por rentistas (grupo que vive de juros), industriais estrangeiros e setor financeiro.

Durante o governo FHC, o entendimento era que havia uma necessidade imperiosa de reformar o Estado brasileiro. Para Bresser-Pereira e Diniz (2009), a reforma só foi possível em virtude da mudança de visão de mundo (dimensão da reprodução) do empresariado, que se representava aos tomadores de decisão política. Argumentam os autores que,

---

39 Desde o Governo Fernando Collor de Mello.

> *desde os anos de 1930, os empresários industriais associados a segmentos da alta burocracia haviam dado suporte à estratégia da industrialização por substituição de importações, fazendo parte do núcleo dirigente no Brasil. [...]. Em contraste, nos anos de 1990, os diferentes setores do empresariado, aí incluindo os industriais, aderem à nova hegemonia neoliberal com suas implicações de teor cosmopolita. Assim, de certa forma os empresários industriais foram co-participes de sua perda de poder.*
> (Bresser-Pereira; Diniz, 2009, p. 86)

Nunes (2016) não compartilha da perspectiva de Bresser-Pereira e Diniz (2009); para o autor, o empresariado industrial defendia um projeto alternativo em relação ao projeto neoliberal proposto no Consenso de Washington.

O Consenso de Washington foi um documento elaborado, em 1989, pelos Estados Unidos, Fundo Monetário Internacional (FMI), Banco Internacional para Reconstrução e Desenvolvimento (BIRD), bem como por economistas e acadêmicos latino-americanos. Propugnava três medidas neoliberais: (1) redução drástica dos gastos públicos; (2) liberdade comercial e financeira, com o objetivo de atrair capital estrangeiro e garantir a inserção no mercado mundial; e (3) câmbio livre, ou seja, quando a flutuação (valorização e desvalorização) do câmbio não ocorre por intervenção[40] do Estado, valorizando ou desvalorizando a moeda (Nunes, 2016).

---

40 *Quando o Estado, por instrumentos legais, determina o valor de sua moeda em relação à outra moeda, como acontece, por exemplo, com o dólar.*

Curiosidade

O Consenso de Washington tem este nome porque em Washington, no ano de 1989, elaborou-se um conjunto de medidas neoliberais. Luiz Carlos Bresser-Pereira, na aula magna proferida em Brasília, no dia 4 de dezembro de 1990, e posteriormente publicada com o título *A crise da América Latina: Consenso de Washington ou crise fiscal?*, conta-nos que

> *O consenso de Washington formou-se a partir da crise do consenso keynesiano, conforme Hicks (1974) e Bleaney (1985), e da correspondente crise da teoria do desenvolvimento econômico elaborada nos anos 40 e 50, de acordo com Hirschman (1979) Por outro lado, essa perspectiva é influenciada pelo surgimento, e afirmação como tendência dominante, de uma nova direita, neoliberal, a partir das contribuições da escola austríaca (Hayek, Von Mises), dos monetaristas (Friedman, Phelps, Johnson), dos novos clássicos relacionados com as expectativas racionais (Lucas e Sargent) e da escola da escolha pública (Buchanan, Olson, Tullock, Niskanen). Essas visões teóricas, temperadas por um certo grau de pragmatismo, próprio dos economistas que trabalham nas grandes burocracias internacionais, é partilhada pelas agências multilaterais em Washington, o Tesouro, o FED e o Departamento de Estado dos Estados Unidos, os ministérios das finanças dos demais países do G-7 e os presidentes dos 20 maiores bancos internacionais constantemente ouvidos em Washington. Esta abordagem dominante em Washington exerce poderosa influência sobre os governos e as elites da América Latina.* (Bresser-Pereira, 1991, p. 5-6)

O Consenso, segundo Nunes, é dotado de três pilares, que consiste:

1. Na austeridade fiscal e na disciplina monetária (políticas macroeconômicas); a efetivação dessas duas políticas estão aliadas ao corte de gastos públicos nas áreas sociais e reforma administrativa[41], ou seja, trata-se de reformas compromissadas com os ajustes fiscais.
2. Na desregulamentação do mercado (políticas microeconômicas), que se traduz na redução da intervenção do Estado na economia, facilitando, assim, a abertura do mercado nacional ao comércio internacional. Isso significa o fim do protecionismo e subsídio. Dessa forma, "De acordo com os formuladores do "Consenso", para que as empresas dos países periféricos entrassem no "jogo global", o "único caminho" seria o aumento de sua competitividade que, por sua vez, seria conseguido expondo tais empresas "à competição internacional aberta" (Nunes, 2016, p. 73).
3. No desmantelamento total da política de industrialização dos países latino-americanos, isto é, aplica "uma mudança radical na estratégia nacional de desenvolvimento dos países atrasados" (Fiori citado por Nunes, 2016, p. 73).

De acordo com Nunes (2016), o empresariado industrial brasileiro se posicionou contra as medidas propostas pelo Consenso de Washington, apresentando uma proposta alternativa, qual seja: sem um projeto nacional de desenvolvimento, a política de competitividade seria de competência das empresas brasileiras. O empresariado

---

41 *Reduzir gastos com a máquina pública significa reduzir o funcionalismo público e a Administração Pública eficiente, o que se traduz como: uso da lógica da administração privada na Administração Pública, ou seja, redução de gasto com ganho de eficiência.*

industrial brasileiro defendia a ideia da necessidade de uma política nacional de desenvolvimento com vistas à competitividade:

> Em "Mudar para Competir – Carga fiscal, Competitividade Industrial e Potencial de Crescimento Econômico", estudo publicado pela entidade [IEDI] em 1991, no qual comparava a estrutura tributária do Brasil com a de outros países, a dimensão sistêmica da competitividade era apresentada como característica dos países desenvolvidos e consistia em entender a competitividade indo muito além dos limites da empresa, dependendo criticamente dos ambientes regulatório, fiscal, cambial, de infraestrutura, dentre outros. (Nunes, 2016, p. 74)

O empresariado defendia a tese de que a competitividade tinha que fazer parte de um projeto estratégico nacional de desenvolvimento, e não da política particular de cada empresa ou segmento empresarial. Para tanto, o Estado deveria assumir o papel de protagonista. Os estudos do Iedi destacavam a importância de políticas de controle da inflação e equilíbrio fiscal (equilíbrio das contas públicas); entretanto, posicionavam-se contra uma política de liberalização econômica radical sem um projeto nacional estratégico de desenvolvimento, visando ao aumento da competitividade das empresas brasileiras. Como proposta alternativa ao Consenso de Washington, o aumento da competitividade da indústria nacional resultou na "bandeira da 'competitividade sistêmica', um tema que mais tarde seria tratado sob o rótulo de 'Custo Brasil'" (Nunes, 2016, p. 74). Na década de 1990, o empresariado industrial nacional entendia como inevitável a liberalização comercial e financeira diante da globalização. Contudo, o Brasil não poderia furtar-se a um projeto nacional de industrialização que contemplasse políticas industriais, tecnológicas e comerciais modernas e considerasse também "políticas de produção e proteção social" (Nunes, 2016, p. 74).

Há um aspecto particularmente relevante para este estudo quando se trata das dimensões da representação. Nunes (2016) destacou que o **neoliberalismo**, isto é, a ortodoxia convencional[42], pode ser entendido como ideologia, que significa uma visão de mundo, uma perspectiva. Por esse viés, o neoliberalismo ocuparia a dimensão da reprodução. Contudo, por outro lado, também pode ser definido "como conjunto de políticas econômico-sociais adotadas por boa parte dos governos" (Filgueiras citado por Nunes, 2016, p. 72). Neste último, o neoliberalismo encontra-se na dimensão da ação, *locus* do interesse, do conflito, e que nos leva a uma visão pragmática. Quando pensamos que o neoliberalismo serviu de visão de mundo para a construção do Consenso de Washington, surgem, para este estudo, questões relevantes. Entre elas: Se o Custo Brasil se apresentava como uma proposta alternativa ao Consenso de Washington, então não estava orientado pela visão de mundo neoliberal? Ambas as propostas se centravam em perspectivas (visão de mundo) diferentes? Qual visão de mundo eleita pelo conceito Custo Brasil?

De saída, é preciso considerar que a divergência entre as medidas do Consenso de Washington e o Custo Brasil reside tão somente na dimensão da ação. No entanto, na dimensão da reprodução, ambas bebem da mesma fonte, compartilham a mesma visão de mundo. É importante esclarecer em que aspecto reside a diferença entre a proposta alternativa do empresariado brasileiro e a proposta do Consenso de Washington. O neoliberalismo apresenta duas dimensões: a nacional e a internacional. Assim ensina David Ibarra:

> *Na ordem nacional, o* desideratum *se finca em conseguir o funcionamento automático da economia e dos mercados, livres de toda distorção*

---

42   O *neoliberalismo é hegemônico nos países desenvolvidos de pensamento liberal.*

governamental ou de cidadãos organizados coletivamente. E, na ordem internacional, concebe-se a globalização como o processo capaz de instaurar a ordem cosmopolita (economicamente eficiente), além da política.
(Ibarra, 2011, p. 239)

As medidas (pragmáticas) propostas pelo Custo Brasil são liberalizantes e buscam combater os entraves à competitividade da indústria nacional. A adoção dessas medidas diz respeito: (a) ao excesso e à má qualidade da regulação da atividade econômica; (b) ao emprego da legislação trabalhista de maneira inadequada; e (c) à obediência a um sistema tributário que onera a produção (Mancuso, 2004). Isso significa, na prática, redução da regulamentação da atividade econômica, flexibilização da legislação trabalhista, quiçá sua extinção, e desoneração tributária da atividade produtiva. Portanto, trata-se de uma proposta que está em consonância com a ideia de Estado não interventor na economia.

Fica de fora do Custo Brasil a abertura da economia nacional aos mercados internacionais (globalização). Isso revela que a discordância em relação às propostas do Consenso de Washington se restringia à dimensão internacional do neoliberalismo, visto que as medidas do Consenso de Washington tratam de temas nacionais e internacionais (globalização). De forma genérica, podemos resumir as medidas do Consenso em três blocos, sendo: (1) desregulamentar a economia; (2) reduzir significativamente o tamanho do Estado; e (3) abrir a economia nacional ao mercado internacional (Portella Filho, 1994). Os seis fatores, obstáculos à competitividade que fazem parte do Custo Brasil, não alcançam o último bloco, pois dizem respeito exclusivamente ao conjunto de medidas do Consenso de Washington relativas aos blocos 1 e 2, os quais, por sua vez, não tratam de abertura do mercado nacional ao comércio internacional.

No entanto, o Custo Brasil (com seus seis fatores), ao rejeitar a abertura do mercado nacional ao internacional, não se insere, portanto, no último bloco de medidas do Consenso de Washington.

Agora, estamos aptos a entender os motivos que levaram Bresser-Pereira e Diniz (2009) a afirmar que o empresariado brasileiro aderiu ao projeto neoliberal na década de 1990. O primeiro está relacionado à dimensão da reprodução, no sentido de que a perspectiva (a visão de mundo) estava em consonância com os princípios do neoliberalismo. O segundo diz respeito ao empresariado industrial nacional, que propôs um neoliberalismo incompleto (sem a dimensão internacional).

A proposta do empresariado parece abrigar uma contradição: recuperar o Estado como protagonista. Essa aparente contradição se desfaz quando entendemos o objetivo do projeto nacional de competitividade sistêmica, conforme esclarece Nunes (2016, p. 75): "tão logo passou a realizar os estudos que julgava necessários à elaboração de um novo projeto nacional, o Iedi passou a defender a ideia da 'competitividade sistêmica' como sendo pedra fundamental de uma estratégia de inserção da economia nacional no mercado globalizado". Na proposta do Iedi, o Estado seria protagonista de sua própria diminuição (Estado mínimo), porém de forma gradual. Não retornaria à antiga ideologia estatizante, mas figuraria como protagonista de uma visão de mundo privatista.

Na verdade, a proposta não era contrária às medidas do Consenso de Washington. O que se esperava é que o Brasil se inserisse no mercado internacional globalizado por etapa. Primeiro, a indústria brasileira deveria tornar-se competitiva, o que dependia de um projeto nacional de competitividade sistêmica, para depois inserir-se no mercado internacional de forma competitiva. O Iedi entendia como inevitável e desejável a inserção do Brasil no mundo globalizado, "não só necessária como urgente, mais urgente ainda seria definir a grande estratégia da integração competitiva e a relação com os elementos estruturais da modernização econômica" (Iedi citado por Nunes, 2016, p. 75).

O Iedi defendia uma política de liberalização da economia com proteção de alguns setores da indústria, diferentemente do Consenso de Washington, e entendia que o modelo de substituição de importações foi fundamental para o processo de industrialização brasileiro. Isso não indica um desejo de retorno ao antigo modelo, mas a necessidade de proteger da competitividade internacional setores mais fragilizados da indústria nacional (protecionismo). A proposta do Iedi consistia em substituir o antigo modelo de substituição de importações por um projeto nacional de **competitividade sistêmica**. Os estudos por ele realizados mostraram que os países desenvolvidos e os que propunham o Consenso de Washington tinham uma política nacional de industrialização, ou seja, havia, nesses países, políticas de estímulo e de proteção à indústria, bem como políticas macroeconômicas alinhadas com a política industrial (Nunes, 2016).

Nesse sentido, resta saber: Qual a diferença entre o protagonismo de Estado proposto pelo Iedi e o protagonismo de Estado desenvolvimentista que vigorou no regime militar, já que ambos visavam estimular o capital privado nacional? A diferença está sob a perspectiva ideológica, pois a proposta do Iedi não é estatizante, já que o protagonismo do Estado não se apresenta pela via da intervenção no domínio econômico criando estatais. O Estado funciona como garantidor de um bom ambiente de negócio, pelo seu afastamento do domínio econômico e pela diminuição da regulação do mercado, retraindo sua intervenção na relação capital-trabalho.

O protagonismo do Estado, a fim de inserir as empresas brasileiras no mercado internacional de forma competitiva, reduzindo ou eliminando, por exemplo, as taxas de exportações, implementando leis para reduzir os custos de operação das empresas, é um protagonismo voltado para a manutenção do funcionamento do mercado. Nesse sentido, pode ser considerado um Estado forte, mas não máximo. A divergência, no Brasil, entre os que defendiam o Consenso de Washington e outros a proposta alternativa do empresariado brasileiro parece ter impactado o processo de decisão política na década de 1990. Tal impacto fez ressurgir um traço marcante da política brasileira: o **insulamento burocrático**[43]. As duas propostas exigiam uma reforma do Estado. Segundo Diniz (2016c), as decisões políticas referentes à reforma do Estado de viés liberalizante foram confinadas à tecnocracia estatal, mesmo a partir da reestruturação da ordem política democrática, em meados da década de 1980[44].

A elite estatal, sob o comando de FHC, quando Ministro da Fazenda do Governo Itamar Franco e Presidente da República[45], defendia políticas liberalizantes. É importante frisar que foi durante esse governo que o empresariado industrial levou ao Congresso Nacional as medidas orientadas pelo conceito Custo Brasil (Mancuso, 2004). Dessa forma, o governo FHC estava diante de duas propostas: a do Consenso de Washington e a proposta alternativa do empresariado industrial brasileiro.

---

43 *O insulamento burocrático não ocorreu somente em razão das posições contrárias do empresariado industrial ao posicionamento da elite estatal. Entretanto, o peso político que o empresariado industrial sempre teve no Brasil, apoiando o Estado nacional-desenvolvimentista e o estado desenvolvimentista, por exemplo, evidencia que esse segmento tem peso na política.*

44 *A análise de Diniz corresponde ao período 1985-1995.*

45 *Fernando Henrique Cardoso (FHC) foi presidente do Brasil por dois mandatos. O primeiro de 1995 a 1998 e o segundo mandato de 1999 a 2002.*

O governo Collor[46] tinha adotado as medidas do Consenso de Washington, as quais foram aprofundadas no governo FHC. Essa submissão ao Consenso se deve à grande crise da dívida externa e à hegemonia internacional da ideologia neoliberal. Isso resultou no abandono de políticas estratégicas de desenvolvimento industrial no Brasil (Bresser-Pereira; Diniz, 2009) e significou a não adoção da ideia de competitividade sistêmica.

Mesmo que, em dezembro de 1994, o Iedi tenha entregado o estudo *A indústria e o governo Fernando Henrique – oportunidades e ameaças* ao então Presidente eleito Fernando Henrique Cardoso, "a estratégia de desenvolvimento que veio a seguir (o Plano Real) não se baseou nesse 'programa alternativo', mas nas prescrições do 'Consenso de Washington'" (Nunes, 2016, p. 75). O empresariado, por meio do Iedi, contava com um saber especializado e, pela atuação do CNI, detinha a representação técnica.

A CNI mostrava-se, já na década de 1990, com potencial para influenciar o Congresso Nacional e o conjunto da sociedade civil. A questão é: Qual a estratégia adotada pelo governo FHC para conseguir rejeitar a proposta alternativa do empresariado? A resposta exige um rápido regaste contextual. FHC gozava de grande força política e social. Para compreender a origem dessa força política, é preciso regressar ao período que vai de 1985 a 1990, durante o Governo Sarney. Esse período foi marcado por alto grau de endividamento público e explosão do déficit público (desequilíbrio entre receita e despesas). Nesse cenário de caos econômico, o Brasil decretou a moratória, não honrando os pagamentos da dívida pública para com

---

46 *Fernando Collor foi Presidente da República de 1990 a 1992, quando seu mandato foi interrompido pelo impeachment, assumindo em seu lugar o Vice-Presidente Itamar Franco.*

o sistema financeiro internacional (Faucher, 1998). O resultado foi a perda de crédito internacional, ou seja, os bancos e as organizações, como o Fundo Monetário Internacional (FMI), não emprestariam dinheiro ao Brasil, então inadimplente. O período foi marcado também por altas taxas de inflação. O país entrou na década de 1990 com enormes problemas políticos envolvendo ingovernabilidade e corrupção, marcados pelo *impeachment* de Fernando Collor de Mello. Em virtude do *impeachment* de Collor, em 1992, assume o vice Itamar Franco, que nomeia FHC como Ministro da Fazenda de seu governo. Segundo Philippe Faucher (1998),

> *O governo de transição de Itamar Franco (1992-1994) mostrou-se mais produtivo do que se esperava. O programa de estabilização econômica lançado pelo então ministro da Fazenda, Fernando Henrique Cardoso, revelou-se eficiente: reduziu rapidamente a inflação e restaurou a confiança dos consumidores. No rastro da onda de popularidade criada por seu "golpe de mestre", Fernando Henrique Cardoso elegeu-se presidente da República em 1994, no primeiro turno, com uma maioria expressiva de votos. Durante seus primeiros dois anos de governo (1995-1996), Cardoso manteve a economia estável, não obstante os pequenos progressos obtidos no controle do déficit orçamentário, e o Congresso aprovou diversas emendas constitucionais, façanha aparentemente impossível na administração anterior.*

Diante de seu prestígio político e social, bem como de sua equipe, foi possível FHC rejeitar a proposta alternativa do empresariado industrial nacional. Porém, ainda que sua proposta tenha sido rejeitada pelo governo FHC, o Iedi mostrava-se ativo e como uma entidade dotada de um saber especializado com respaldo acadêmico. Segundo Nunes, o Iedi já era uma entidade de peso "em 1993, como atestam os trabalhos de Maria da Conceição Tavares, José Luís Fiori e o Estudo da Competitividade da Indústria Brasileira (que contou com uma perspectiva comparativa com países da OECD e do Leste Asiático)" (Nunes, 2016, p. 80).

Ainda na condição de uma entidade dotada de um saber especializado e no sentido de aumentar seu poder argumentativo estratégico contra a política econômica do governo FHC, o Iedi realizou, em 1997, um estudo comparativo, "com o objetivo de ampliar o conhecimento sobre a realidade internacional, [que se deu mediante] um trabalho de levantamento e análise comparativa de modelos de políticas industriais em 12 países: Estados Unidos, Japão, Alemanha, França, Itália, Espanha, Coréia do Sul, Índia, México, Malásia, Chile e Brasil" (Nunes, 2016, p. 79). Os estudos do Iedi, ancorados em uma abordagem comparada, buscavam exemplos internacionais que reforçavam o argumento de que o Estado deveria dar prioridade a uma política nacional de industrialização, em curso, por exemplo, nos países desenvolvidos. Uma vez que a ideologia (dimensão da reprodução) do empresariado não se diferenciava da proposta do governo FHC, o Iedi decidiu buscar exemplos pragmáticos (dimensão da ação) na experiência internacional. Assim, como já defendido neste trabalho, o pragmatismo não opera em um vazio conceitual.

A equipe de economistas escolhidos por FHC, que o acompanhou desde o Plano Real (em 1993) até o final de seu segundo mandato, em 2002, defendia a tese de que o déficit público era a causa da inflação e que, vencida a alta da inflação, o resultado seria a estabilização da moeda. Assim, a política de combate ao déficit público significava a necessidade de ajustes fiscais (Nunes, 2016). Em busca do ajuste fiscal, a equipe estatal de economistas entendia que o corte de gastos no orçamento público era fundamental, o que significava, também, cortes de subsídios a qualquer setor da indústria. Assim, o protecionismo proposto pela representação de interesse industrial foi rechaçado pela equipe estatal, já que, no entendimento desta, era extremamente prejudicial à estabilização econômica, logo, à saúde do Estado. Para que os objetivos da equipe estatal fossem implementados, era necessário que ocupassem os chamados *aparelhos econômicos do Estado*: Ministério da Fazenda, Banco do Brasil, Caixa Econômica Federal e Ministério do Planejamento. Outra medida, ainda, foi fixada no sentido de blindar a tecnocracia das interferências políticas e aquelas advindas de setores que apresentavam visões de mundo que destoassem da equipe estatal:

> *Pela Lei 9.069/95, o CMN ficou reduzido ao Presidente do Banco Central, o Ministro da Fazenda e o do Planejamento, criando-se assim um foro de coordenação macroeconômica, de deliberação sobre normas, supervisão bancária e autorizações e de uso de instrumentos financeiros e creditícios para fins fiscais (os contingenciamentos de crédito e limitações às dívidas de entidades públicas).* (Franco citado por Nunes, 2016, p. 83)

Assim, questões importantes sobre macroeconomia ficaram limitadas aos interesses da tecnocracia, que passaram a dominar o processo de decisão política usando instrumentos como instruções normativas, portarias, resoluções e decretos[47], não passando pelo crivo do Congresso Nacional. Outros ministérios foram excluídos do Conselho Monetário Nacional (CMN) porque não traziam contribuições para o ajuste fiscal (Nunes, 2016).

A manobra realizada tinha como objetivo "maximizar as condições de eficácia do Estado no enfrentamento da crise, adota-se a estratégia do insulamento e da concentração decisória no Executivo" (Diniz, 2016b, p. 58). Em suma, essa foi a estratégia que evitou que

---

47 Este é de competência específica do presidente da República.

a proposta do empresariado brasileiro, assim como outras possíveis alternativas, fossem aceitas como política de Estado[48].

Nesse particular, destacou Nunes (2016) que a equipe estatal compartilhava uma aversão ao jogo político dos parlamentares. Para essa equipe, os parlamentares não compreendiam a neutralidade técnica e científica da burocracia estatal (uma visão pragmática). Isso significou blindar a própria equipe estatal, composta de economistas de influência, do jogo político parlamentar. A esse modelo de gestão, conclui Diniz,

> *A interpretação da eficiência estatal em termos de insulamento burocrático acentuou a tendência histórica à constituição de um Executivo forte, que não só concentra o poder decisório, como relega o Legislativo a uma posição periférica do ponto de vista da formulação das políticas públicas relevantes. Predominou a visão tecnocrática da gestão econômica, conferindo-se todo o poder ao chamado núcleo duro do Estado, constituído por uma elite de especialistas, informados por uma subcultura marcada pela primazia da racionalidade técnica, em que a desqualificação da política e da atividade partidária são a tônica.* (Diniz, 2016a, p. 65)

Mesmo durante o período democrático, o governo FHC fez uso do insulamento burocrático. O que remontava um traço da política brasileira no tocante às questões econômicas fundamentais, como atesta Diniz:

> *A partir da instauração da Nova República, em 1985, a tentativa de conter a inflação se deu pelo privilegiamento de estratégias coercitivas, com sérias consequências para o aprimoramento das instituições democráticas. De forma similar, as principais decisões associadas à execução*

---

48 A expressão política de Estado *foi usada porque se realizava, naquele período, uma reforma de Estado.*

> *das reformas liberalizantes foram confinadas aos círculos técnicos no interior da burocracia, reiterando a tendência histórica ao alijamento do Legislativo. A busca de maior eficácia e rapidez na administração da crise foi recorrentemente interpretada mediante o recurso ao estilo tecnocrático de gestão e ao enclausuramento burocrático das decisões, reforçando a centralização regulatória do Estado e acentuando o divórcio entre o Executivo e o sistema de representação.* (Diniz, 2016a, p. 48-49)

O insulamento burocrático não se limitou às questões de ordem econômica. A tecnocracia decidia em primeira instância sobre temas referentes à estrutura do Estado (reforma do Estado). Contudo, é importante destacar que o Brasil já estava no contexto democrático. O Congresso Nacional estava alijado desses aparelhos econômicos do Estado. Muitas medidas[49] das áreas econômica e administrativa passaram pelo Congresso Nacional, como as privatizações e a reforma administrativa.

A elite estatal, conduzida por FHC, alcançou grandes avanços[50] na área econômica. Entretanto, a partir de 1997, o Brasil começou a apresentar problemas de instabilidade econômica, o que fragilizou o governo (Faucher, 1998). Além dos problemas econômicos, FHC teve de lidar também com a instabilidade política (ingovernabilidade), que estava, por sua vez, relacionada à instabilidade econômica. Para implementar a reforma do Estado, FHC necessitava de legitimidade política e social. Do ponto de vista político-institucional, foi necessário construir uma ampla base de apoio parlamentar com a finalidade

---

[49] *As vendas de estatais e reformas administrativas passaram pelo Congresso Nacional, já que havia a necessidade de alterar o texto constitucional. Contudo, muitas medidas liberalizantes foram instituídas por atos administrativos e, portanto, não passaram pelo crivo do Congresso Nacional.*

[50] *Estamos considerando os avanços obtidos desde o Governo Itamar Franco, quando FHC foi Ministro da Fazenda.*

de garantir a governabilidade, imposição essa advinda do novo arranjo institucional brasileiro, erigido pela Constituição de 1988, e que foi denominada de *presidencialismo de coalizão* (Nunes, 2018).

Estava posto para o governo FHC a necessidade de apresentação de soluções para a questão da ingovernabilidade (instabilidade política) e da instabilidade econômica. A relação entre instabilidade política e instabilidade econômica é a de um círculo vicioso (Faucher, 1998). Isto é, a ingovernabilidade provoca a instabilidade econômica, que, por sua vez, provoca a instabilidade política (ingovernabilidade), que retroalimenta a instabilidade econômica. Logo, era preciso romper com esse círculo vicioso[51].

Ficou explícita, para o governo FHC, a necessidade do desenvolvimento de um plano de estabilização econômica adotando, como já vimos anteriormente, as medidas do Consenso de Washington. Entretanto, a instabilidade política fundamentava-se também em outros fatores que não se restringiam ao econômico. A partir de 1997, o Governo FHC teve de enfrentar questões relativas à institucionalidade do novo ordenamento político erigido pela Constituição de 1988 e não conseguiu formar coalizões fortes e estáveis de apoio no Congresso Nacional. De acordo com Faucher (1998),

> *Embora o partido de Cardoso ocupasse apenas 62 cadeiras na Câmara dos Deputados e dez no Senado, sua aliança mais ampla (incluindo o PFL, o PTB e dois partidos menores, o Partido Popular – PP e o Partido Liberal – PL) contava com 45,2% dos votos no Legislativo. Somando-se a estes o apoio instável de alguns setores do PPR e do Partido do Movimento Democrático Brasileiro – PMDB, Fernando Henrique pôde contar com*

---

51 A instabilidade econômica também pode ser ponto de partida da instabilidade política. Iniciamos pela instabilidade política apenas para exemplificar a dinâmica de atuação do círculo vicioso.

os votos de quase 68% dos parlamentares brasileiros durante seu primeiro ano de mandato. Essa ampla aliança de centro proporcionou-lhe votos suficientes para aprovar as emendas constitucionais (que exigem uma maioria de três quintos) integrantes de sua agenda política.

Apenas o apoio de seu partido (Partido da Social Democracia Brasileira – PSDB) não garantia ao governo FHC condições de levar adiante sua agenda de estabilização da economia. Foi necessária uma coalizão para formar um amplo apoio ao governo. Já que sua agenda requeria uma reforma estrutural do Estado (alterar a Constituição), para aprovação eram necessários votos favoráveis de três quintos dos parlamentares de cada Casa Legislativa – Câmara dos Deputados e Senado. Todavia, esses apoios eram instáveis e frágeis, haja vista as eleições de 1996, analisada por Faucher (1998):

> na época das eleições municipais de outubro de 1996, o primeiro teste eleitoral do governo de Fernando Henrique Cardoso. O dissenso cresceu entre os membros dos partidos que compunham a coalizão parlamentar do governo, cada um tentando expandir sua vantagem eleitoral nos principais municípios do país, acarretando um crescente conflito nas relações entre o Executivo e o Congresso.

Mesmo FHC blindando a tecnocracia da instabilidade político-parlamentar, o novo ordenamento político erigido pela Constituição de 1988 tornou o Parlamento em ator e *locus* dos principais assuntos políticos. Esse novo ordenamento compartilhou o poder político, estabelecendo uma necessária relação de consenso e dissenso entre o Poder Executivo e o Poder Legislativo.

Ao comparar as análises de Faucher (1998) com as de Figueiredo, Limongi e Valente (1999), parece que estavam analisando governos diferentes. Para Figueiredo, Limongi e Valente a base parlamentar de apoio (coalizão) ao governo FHC foi forte e estável, contrariando as conclusões de Faucher. Então, qual é a análise mais acertada? Vejamos, Faucher analisou as dificuldades para se construir uma coalizão, por sua vez, Figueiredo, Limongi e Valente concentraram-se nos resultados da agenda governamental (desempenho político-institucional). Faucher mostrou-se pessimista quanto à construção da governabilidade, focando nos momentos de conflito entre o Poder Executivo e sua coalizão. Afinal, para obter sucesso na imposição de sua agenda, o Poder Executivo terá de formar uma ampla base de apoio, o que exigirá inúmeras estratégias, e foi a essa conclusão a que Faucher chegou. Por outro lado, Figueiredo, Limongi e Valente revelaram que FHC teve bom desempenho político-institucional na imposição de sua agenda. De todo esse debate, a corrente otimista mostrou sua validade: a democracia formal no Brasil não foi abalada.

Quanto à profissionalização da representação de interesse, Faucher (1998) evidenciou a complexidade, as incertezas quanto à formação da coalizão em um momento de inflexão liberal, visto que o empresariado industrial brasileiro teve muito trabalho para defender suas posições frente aos posicionamentos dos governos da década de 1990, o que exigiu avanços significativos na profissionalização da representação de interesse. Mancuso (2004), sob um outro viés, mostrou que durante os governos FHC, a representação de interesse da indústria obteve sucesso na ordem de 66,7%[52] na defesa de seus interesses. Portanto, podemos depreender que, de fato, o caminho que levava à decisão política mostrava-se, naquele período, bastante complexo, o que se revela nas estratégias usadas na dinâmica do funcionamento

---

52 *É importante lembrar que Mancuso não confirmou como sucesso. Entendemos que a expressão mais correta seja: alinhamento entre os interesses do empresariado industrial e os tomadores de decisão política.*

do processo de tomada de decisão política, as quais exigiam muito conhecimento sobre governo. Mesmo que o Poder Executivo tenha adotado como estratégia o insulamento burocrático, o processo de tomada de decisão ainda configurava complexidade, não sendo eliminada desse período a constante profissionalização da representação de interesse do empresariado industrial brasileiro.

Podemos notar que, nos governos da década de 1990, o discurso pragmático foi muito utilizado para solucionar os problemas econômicos brasileiros, no entanto, é flagrante que, por trás desse discurso, havia uma forte perspectiva ideológica liberalizante. O fim do segundo governo FHC, no ano de 2002, foi seguido pelo retorno às premissas do Estado desenvolvimentista, revelando que os governos iniciados na década de 1990, responsáveis por provocar uma inflexão liberal, foram relativamente substituídos por outra visão de mundo, o que mostra que a década de 1990 viveu um momento de interregno do Estado desenvolvimentista no Brasil.

(2.8)
O RETORNO AO ESTADO DESENVOLVIMENTISTA E O AUMENTO DA COMPLEXIDADE DO PROCESSO DE TOMADA DE DECISÃO

O Estado desenvolvimentista, expressão que, a partir de agora, usaremos com conotação mais ampla, teve início na década de 1930 e seus fundamentos teóricos e pragmáticos foram abalados nas décadas de 1980 e 1990. Contudo, com a chegada de Luís Inácio Lula da Silva à Presidência da República em 2003[53], o Estado desenvolvimentista

---

53 *Luiz Inácio Lula da Silva candidatou-se também à presidência da República nos anos de 1989, 1994 e 1998.*

foi retomado no decorrer de seu mandato, mostrando que as décadas de 1980 e 1990 viveram um momento de interregno. A chegada de Lula ao poder esteve marcada por outro momento de inflexão: o fim do insulamento burocrático. A questão que segue aberta é se esse momento foi, de fato, assinalado por uma mudança de perspectiva (de visão de mundo). Esse questionamento é importante se levarmos em conta que Lula chegou ao poder com o *status* de o maior líder da esquerda no Brasil. Dito de outra forma, a indagação que se faz é a seguinte: Ocorreu uma mudança na dimensão da reprodução da representação política do primeiro governo Lula em relação aos governos FHC?

Vamos ao primeiro ponto de inflexão: o fim do insulamento burocrático. Em substituição ao autoritarismo burocrático, de acordo com Sonia Fleury (2003), no primeiro governo Lula foi colocada em curso a ideia de **democracia concertada**. Para isso, havia a necessidade de construir espaços onde se formariam os consensos estratégicos, bem como definir seus partícipes, que contava com diversos atores sociais, entre eles aqueles que seriam afetados pelas próprias políticas públicas. Segundo Fleury (2013, p. 11), é importante que nesses espaços estejam representados "interesses altamente contraditórios".

Diante da opção por uma democracia concertada, no primeiro governo Lula criou-se o Conselho de Desenvolvimento Econômico e Social (CDES), "órgão de consulta da Presidência à sociedade civil, ao mesmo tempo em que um canal institucionalizado de negociação de pactos entre diferentes atores societários e o governo, em relação à agenda das reformas econômicas, políticas e sociais" (Fleury, 2003, p. 1). Assim, o CDES constituiu-se em um espaço institucionalizado para a apresentação de demandas e propostas. As decisões pactuadas no CDES não eram vinculantes, pois o Conselho era consultivo.

Contudo, é importante destacar que era um órgão consultado pela Presidência da República, que, segundo Fleury (2003, p. 11), possibilitaria "um processo de concertação social e novas bases para garantir a governabilidade". Diferentemente do governo FHC, no primeiro governo Lula figuravam mais atores (pluralidade e fragmentação) no processo de construção de consensos.

Os temas tratados no CDES, alvos de debates e, na concepção de Fleury (2003, p. 13), uma forma de missão, são as "políticas específicas quanto os fundamentos do desenvolvimento econômico e social". Da forma que coloca a autora, o CDES parecia comportar-se também como uma escola de socialização; e outra característica era o caráter não corporativista, dada sua composição. O Conselho era formado por representantes da elite estatal e da sociedade civil: da elite estatal seriam o presidente da República, o secretário especial, que era ligado à presidência da República, e 11 ministros; os representantes da sociedade civil estavam distribuídos entre 2 religiosos, 2 representantes da cultura, 3 entidades de classe, 7 representantes das regiões Norte e Nordeste, 10 personalidades, 11 movimentos sociais, 13 sindicatos e 41 empresários.

Para Fleury (2003), a criação do CDES consistiu em um novo pacto para forjar um novo bloco no poder e, assim, isolar do processo de consenso a aliança que envolvia os setores modernizantes da indústria, o capital especulativo e as oligarquias tradicionais que formavam o bloco dirigente no governo FHC. Embora o CDES fosse plural e uma forma institucionalizada para conduzir mudanças significativas, Fleury (2003, p. 15) adverte: "Creio que, além disso, houve uma sobrevalorização do empresariado industrial como ator político". Eis aqui o segundo ponto de inflexão: o CDES configurou mais um possível espaço para que a representação de interesse do empresariado industrial pudesse reapresentar, agora no Governo Lula, seu projeto alternativo, rejeitado pelo governo anterior.

Fleury (2003) resgata, de forma breve, o histórico da representação do empresariado industrial brasileiro no século XX. E, nesse resgate, recupera a tese da debilidade da representação de interesse do empresariado industrial:

> *A inserção de seus [do empresariado industrial] interesses na agenda pública foi alcançada por meio de inúmeros artifícios de participação, disputa por subsídios e articulação com a burocracia estatal, às custas de sua subordinação e disciplinamento pelo Estado. A organização setorial em inúmeras associações terminou por acarretar a fragmentação destas elites, incapacitadas de formular um projeto nacional de industrialização para o país.* (Fleury, 2003, p. 15)

Aqui, porém, discordamos da autora quanto à afirmação de que a representação de interesse do empresariado industrial não conseguiu formular um projeto nacional de industrialização. Conforme já estudado, as pesquisas do Iedi que resultaram na construção do conceito Custo Brasil, estiveram orientadas pela concepção de competitividade sistêmica. Com isso, entendemos que o projeto alternativo encontrou um ambiente político propício, o que não significa um ambiente ideal, nos Governos Lula, em particular, e na gestão do Partido dos Trabalhadores (PT), de maneira mais geral (o que inclui o primeiro Governo Dilma).

Em direção da confirmação de nossa hipótese, de que havia um ambiente político propício ao empresariado industrial nacional, três condições são necessárias:

1. que os Governos Lula desenvolvessem uma proposta nacional de desenvolvimento industrial;
2. que o projeto nacional de industrialização não fosse de ideologia estatizante do nacional desenvolvimentismo;
3. que o projeto se pautasse na ortodoxia convencional, mas rejeitasse a radicalização de sua dimensão internacional.

É importante ressaltar que o ambiente propício não estaria em consonância com um projeto de esquerda. Esse ambiente, porém, seria desconcertante para um governo conduzido por um presidente considerado o maior líder da esquerda brasileira. Contudo, de acordo com Rodrigo Castelo (2012, p. 614),

> A nova fase do desenvolvimento capitalista inaugurada nos governos do Partido dos Trabalhadores (PT) foi comemorada pelas classes dominantes. Em 2006, Olavo de Setúbal, dono do Itaú, fez rasgados elogios à política econômica do governo Lula, que então mantinha intacta a herança dos governos Fernando Henrique Cardoso do tripé defendido pelo Consenso de Washington (superávit primário, metas inflacionárias e câmbio flutuante).

O tripé referido por Castelo não implica uma abertura radical do mercado brasileiro ao mercado internacional. Isso pode ser uma evidência da influência do empresariado industrial brasileiro baseado no projeto alternativo apresentado aos governos FHC, que optou pela abertura do mercado nacional, sem uma proposta nacional de industrialização. O mesmo entusiasmo também foi verificado durante o Governo Dilma, em 2012, quando "o banqueiro Roberto de Setúbal, herdeiro de Olavo, declarou o seguinte a respeito da política econômica do governo: 'Gosto de tudo o que tenho visto'" (Castelo, 2012, p. 614). O entusiasmo destacado por Castelo fortalece a perspectiva neoliberal.

Pedro Fonseca, André Cunha e Juliana Bichara (2013) identificaram que a literatura que analisava os Governos Lula estava partida. Alguns defendiam que o Governo Lula apresentava uma perspectiva desenvolvimentista, para outros vigorava a perspectiva da ortodoxia convencional (neoliberalismo); em virtude desta última, o governo foi classificado como social-liberal. Conforme destacaram os autores, parte da literatura identificava no primeiro Governo Lula "mais continuidades que ruptura com relação ao governo anterior: um continuísmo neoliberal", visto que adotava medidas de políticas monetárias e cambiais segundo as orientações da ortodoxia convencional (Fonseca; Cunha; Bichara, 2013, p. 406). Por que, afinal, o Governo Lula assumiu tais medidas?

> *Segundo Mercadante os elementos centrais do novo desenvolvimentismo estariam previstos no documento "Um Outro Brasil é possível", elaborado por economistas do PT para a eleição de 2002. Os autores defenderam uma ruptura com o neoliberalismo por meio de políticas de inserção soberana no mercado mundial, de inclusão social e de crescimento econômico orientado pelo planejamento estatal. Em 2002, em plena campanha presidencial, os analistas do PT refizeram sua análise de conjuntura e chegaram à conclusão de que a correlação de forças era desfavorável a uma ruptura.*
> (Castelo, 2012, p. 626)

O primeiro governo Lula desistiu da ruptura e adotou um processo de transição. Dessa forma, aceitou "sem maiores contestações as políticas neoliberais e, a partir de 2007/08, teria voltado ao projeto original do novo desenvolvimentismo" (Castelo, 2012, p. 626). Essa situação também foi percebida por Diniz, ao analisar a agenda do governo:

> *Tal agenda está caracterizada pela coexistência de pontos de continuidade em relação à última década do século passado (sobretudo na esfera*

da política macroeconômica) e pontos de mudança (representados pela ênfase em políticas de teor desenvolvimentista), o que pode ser constatado principalmente a partir do segundo mandato do presidente Lula, quando se dá uma inflexão mais claramente pró-desenvolvimento. (Diniz, 2016a, p. 74)

Há uma diferença, pelo menos no nível da intenção, entre o primeiro e o segundo Governos Lula. Quanto à proposta alternativa do empresariado encontrar ambiente propício dentro desse governo, é importante destacar duas saídas apresentadas pelo PT no sentido de superar o Consenso de Washington, adotado pelo governo anterior: (1) inserção soberana no mercado internacional e (2) crescimento da economia mediante orientação estatal. Essas duas medidas são dependentes de um Estado que desenvolve uma proposta nacional de desenvolvimento industrial, não fundada no nacional-desenvolvimentismo, porque visa inserir empresas nacionais no mercado internacional globalizado. Isso constava no projeto alternativo do empresariado industrial na década de 1990. A questão é: Havia, nos Governos Lula, pelo menos algum estudo nesse sentido?

O Instituto de Pesquisa Econômica Aplicada (Ipea) desenvolvia estudos chamados de *Eixos estratégicos do desenvolvimento brasileiro*, que revelam o empenho do governo em inserir estrategicamente empresas brasileiras no mercado internacional:

> *Pelo lado das oportunidades, o Brasil vem conseguindo extrair dividendos econômicos e políticos associados: i) à redução de sua vulnerabilidade externa fruto do crescimento das exportações e da melhora dos termos de troca dos fluxos de comércio exterior, permitindo a acumulação de reservas internacionais, reduzindo as restrições externas ao crescimento e possibilitando a consecução de políticas públicas voltadas ao desenvolvimento econômico e social; ii) a uma inserção internacional mais ativa*

vinculada à maior participação relativa nas arenas de deliberações globais (G-20 comercial, G-20 financeiro, reformas das instituições multilaterais, regras e normas ambientais etc.); iii) a uma maior articulação comercial, produtiva e política com os países que compõem o novo eixo Sul – Sul do desenvolvimento mundial (Ásia, África e América do Sul); e iv) à ampliação da cooperação técnica para o desenvolvimento, sobretudo com os países latino-americanos e africanos. (Acioly; Cintra, 2010, p. 17)

Logo, a proposta alternativa do empresariado industrial brasileiro encontrou ambiente político propício porque os Governos Lula tomavam medidas e desenvolviam estudos para uma inserção no mercado internacional, na intenção de inserir empresas nacionais nesse mercado, sem a radicalização da abertura do mercado sem que fossem ofertadas algumas condições, mesmo que mínimas, para a inserção de empresas nacionais no mercado internacional globalizado.

Segundo os estudos do Ipea[54], os ganhos de dividendos, fruto dos aumentos das exportações, dependiam de o país ocupar politicamente, no cenário internacional, os espaços de deliberações. O Ipea registrava ganhos de dividendos econômicos e políticos advindos de políticas implementadas com vistas ao crescimento de mercados internacionais aos produtos brasileiros. Contudo, cabe ressaltar novamente: ambiente propício não significa ambiente ideal.

Mesmo diante do sucesso do Plano Real para a estabilização dos preços, em 1995 houve o que Meire Mathias (2012, p. 168) chamou de "estouro nas importações". Isso gerou desequilíbrio na balança comercial brasileira. Nesse cenário, o Governo FHC, para estabilizar

---

54 *Os estudos e as propostas políticas tinham como parâmetro os fracassos econômicos dos governos anteriores (década de 1990).*

a economia, elevou a taxa de juros[55] a fim de reduzir o consumo e também para desestimular as importações. A alta taxa de juros atraiu o capital estrangeiro e aumentou a dívida pública. A proposta alternativa do empresariado industrial de um projeto nacional de industrialização, para além de interesses protecionistas corporativistas, temia o que foi resultado da política orientada pela ortodoxia convencional. Segundo Mathias,

> *Estamos afirmando que, nos anos 90, em virtude do padrão de desenvolvimento industrial brasileiro, conexo ao modelo liberalizante, o contraponto do aumento de exportações de setores mais desenvolvidos, reporta à inibição de investimentos para expansão e complementação produtiva e tecnológica nacional. Aspecto este que ocasionou um período de desindustrialização, aumento das importações de bens de consumo e manufaturados, bem como favoreceu a desnacionalização de determinados setores tidos como menos produtivos – em termos de escala e tecnologia–ou "sensíveis" como também são conhecidos.* (Mathias, 2012, p. 170)

De acordo com o autora, ocorreu um intenso desmonte do parque industrial brasileiro em razão da abertura abrupta do mercado nacional ao mercado estrangeiro. Esse desmonte veio acompanhado da desnacionalização de empresas brasileiras (Castelo, 2012). Portanto, podemos dizer que, na década de 1990, faltou um projeto nacional de inserção das empresas brasileiras no mercado mundial globalizado.

A proposta alternativa do empresariado industrial precisava de um ambiente político que não rompesse totalmente com a perspectiva liberal, mas que também não seguisse as orientações do Consenso de Washington em sua dimensão internacional. Necessitava, assim, de

---

55 Aumenta-se a taxa de juros quando se entende que o aumento da inflação acontece pelo aumento da demanda (consumo).

um aspecto mais nacionalista, porém não estatizante, da perspectiva corporativista do desenvolvimentismo, que vigorou da década de 1930 a 1970. Os Governos Lula propiciaram justamente esse ambiente político, já que "A partir de 2003, sem promover uma ruptura com o modelo econômico, com a linha nacionalista alteram-se as estratégias para o desenvolvimento" (Mathias, 2012, p. 173).

Então, é possível admitir que os Governos Lula se orientaram pela ortodoxia convencional? Como, afinal, os Governos Lula conseguiram unir, em uma mesma política, aspectos liberalizantes e perspectiva nacionalista? Por que nos debates atuais[56] classificam os Governos Lula, em particular, e o PT, de forma mais geral, como de esquerda?

Para além do debate entre liberais e comunistas, a literatura aponta para uma ideologia desenvolvimentista. De acordo com Castelo (2012, p. 621), "A disputa entre liberais, desenvolvimentistas e marxistas foi intensa, e o nacional-desenvolvimentismo foi uma das ideologias mais proeminentes e merece ser aqui resgatada para uma posterior comparação com o novo desenvolvimentismo". É importante destacar que Castelo (2012) identificou três ideologias (visão de mundo): liberal, marxista e desenvolvimentista. Esta, no entanto, não é entendida como de centro, na tradicional distinção esquerda-direita, mas sim como uma terceira via (uma terceira visão de mundo). Com base nesse prisma, reduzir a dimensão da reprodução da representação, seja de representação política (representantes pela via eleitoral), seja representação de interesse, à perspectiva liberal, de direita ou de esquerda (comunista/socialista), é um grande equívoco. O desenvolvimentismo não assumiu, no Brasil, a perspectiva liberal no período

---

56 *Referimo-nos aos debates nas mídias e redes sociais nos anos de 2018 e 2019, bem como aos conflitos discursivos durante as eleições de 2018 que classificavam os Governos do PT de esquerdistas-comunistas. E também à aceitação da esquerda de que os Governos do PT foram de viés ideológico de esquerda. A literatura não é uníssona sobre isso.*

varguista, por exemplo, muito menos comunista. E vale considerar que ele tem suas variantes, visto que "O novo desenvolvimentismo surgiu no século XXI após o neoliberalismo experimentar sinais de esgotamento, e logo se apresentou como uma terceira via, tanto ao projeto liberal quanto do socialismo" (Castelo, 2012, p. 624).

O **novo desenvolvimentismo** não surgiu como alternativa ao nacional-desenvolvimentismo (ou ao desenvolvimentismo experimentando durante o regime militar), mas sim como alternativa ao neoliberalismo. De forma mais ampla, o novo desenvolvimentismo não coaduna com a ideia de Estado mínimo da ortodoxia convencional. De acordo com Castelo (2012, p. 624), "o novo desenvolvimentismo se diferenciaria do nacional-desenvolvimentismo em três pontos: maior abertura do comércio internacional; maior investimento privado na infraestrutura e maior preocupação com a estabilidade macroeconômica". Um dos grandes autores do novo desenvolvimentismo é Bresser-Pereira.

Com relação ao nacional-desenvolvimentismo, o novo desenvolvimentismo alterou o padrão de relacionamento Estado-mercado, que não ocorre mais pela ideologia estatizante. O Estado, diferentemente do nacional-desenvolvimentismo, não está pautado pelo modelo de substituição de importações. Segundo Bresser-Pereira (citado por Castelo, 2012, p. 624), "o mercado e o setor privado têm, hoje, um papel maior do que tiveram entre 1930 e 1980: a forma do planejamento deve ser menos sistemática e mais estratégica ou oportunista, visando permitir que as empresas nacionais compitam na economia globalizada".

Com a mudança na relação Estado-mercado, sobretudo em um sistema de representação de interesse híbrido, as empresas, para sobreviverem no mercado, têm de manter um alto padrão de profissionalização da representação de interesse. Logo, o incremento da profissionalização da representação de interesse passou a ser um imperativo no desenvolvimento de estudos sobre diversos temas, com a finalidade de identificar riscos e oportunidades nas propostas estatais (saber especializado), bem como garantir a alta capacidade de defesa dos interesses junto aos tomadores de decisão política (representação técnica). Em síntese, o novo desenvolvimentismo preocupa-se com questões macroeconômicas e, para tanto, instaura novo padrão de relacionamento entre Estado e mercado. Tendo sido iniciado dentro desse modelo desenvolvimentista, avançou para o que se convencionou chamar de *social-desenvolvimentismo*, que consiste, por sua vez,

> em uma estratégia de desenvolvimento que compatibilize altas taxas de crescimento econômico com a equidade social, tema que não foi levantado no texto seminal de Bresser Pereira. Para isto propõem medidas de políticas macroeconômicas associadas a programas sociais de promoção de igualdade de oportunidades e reformas nos sistemas financeiros, educacionais e de inovação tecnológica. (Castelo, 2012, p. 625)

O social-desenvolvimentismo recupera certas características intervencionistas do Estado de bem-estar social, porém dotado de políticas estratégicas de inserção na economia internacional, tendo como grande fundamento a prerrogativa de não se tornar um Estado deficitário. O social-desenvolvimentismo também foi creditado aos governos do PT por investimentos na área social:

> o Programa Bolsa-Família foi estendido a 11 milhões de famílias, quase triplicando sua abrangência. O salário mínimo cresceu 57%, em termos reais, entre 2002 e 2010, atingindo o maior patamar desde o começo dos anos 1970, quando do chamado "Milagre Brasileiro", o que significou um

acréscimo significativo da massa salarial e do consumo de bens-salário.
(Fonseca; Cunha; Bichara, 2013, p. 409)

Esse cunho social do desenvolvimentismo foi erroneamente entendido como um projeto de esquerda, em especial diante das medidas de inclusão socioeconômicas de grupos social e economicamente vulneráveis. Entretanto, medidas de bem-estar social estavam vinculadas ao ideário desenvolvimentista, como ensina Pochmann:

> *Até o final do século XIX, o predomínio do Estado mínimo, com funções exclusivas relacionadas às forças armadas, justiça, arrecadação tributária e emissão monetária, não implicava o seu financiamento em mais de 10% de carga tributária em relação ao PIB. No século XX, o fundo público cresceu acima de um terço do total do PIB, tendo em vista a passagem do Estado mínimo para o Estado social (bem-estar social, de providência, desenvolvimentista) no exercício de novas funções voltadas para universalização da educação, saúde, habitação, cultura, previdência e assistência social, entre outras.* (Pochmann, 2010, p. 14)

A relação entre desenvolvimentismo e políticas do Estado de bem-estar social é mais condizente com o social-desenvolvimentismo do que com uma política de viés de esquerda. Contudo, há uma grande indefinição no que diz respeito às visões de mundo dos governos do PT, muito associada ao novo desenvolvimentismo, o qual estabelece um novo padrão de relacionamento Estado-mercado, que pode ser exemplificado com o Programa de Aceleração do Crescimento (PAC), bem como com a retomada do protagonismo de Estado. De acordo com Fonseca, Cunha e Bichara (2013, p. 409), mesmo que com tímidos resultados, o Estado, ao dar primazia a setores e diagnosticar possibilidades para o crescimento de longo prazo, caminha em direção à assunção do papel de responsável (e indutor) pelo crescimento, atitude que se torna evidente na "previsão de previsão de investimentos, estatais ou privados, incentivos fiscais e crédito através de órgãos oficiais, como Banco Nacional de Desenvolvimento Econômico e Social (BNDES), Caixa Econômica Federal e Banco do Brasil".

Com relação à dimensão da reprodução, com base nas análises dos autores, os governos do PT assumiram (ou dialogaram) com duas variantes do desenvolvimentismo: o novo desenvolvimentismo e o social-desenvolvimentismo. A característica desenvolvimentista dos governos do PT encontrava-se no fato de resgatar o Estado como um indutor do desenvolvimento. Esse resgate aconteceu com o programa de desenvolvimento das empresas nacionais, incluindo, de forma especial, o setor industrial nacional. Eis aqui mais um elemento que indica o ambiente político propício à proposta alternativa do empresariado industrial. Tal resgate não se pautou pelo nacional-desenvolvimentismo, visto que as substituições de importações não ascenderam na condição de um programa do governo. Outro fato que apontou para um tratamento especial dos interesses do empresariado industrial foi o convite ao empresário José de Alencar para a assunção da vice-presidência.

O conjunto da literatura nos permite razoavelmente afirmar que as condições que favoreciam um ambiente político propício ao empresariado industrial brasileiro estavam presentes durante os governos do PT, quais sejam: proposta nacional de desenvolvimento industrial; proposta nacional de industrialização fora da ideologia estatizante do nacional-desenvolvimentismo; e proposta pautada na ortodoxia convencional rejeitando a radicalização de sua dimensão internacional. Essa difusão de perspectivas ideológicas presentes nos governos do PT talvez tenha sido a condição política para a diversificada base de apoio parlamentar de seus governos[57]. Essa base contava com partidos como o Partido Progressista (PP) e o Partido Liberal (PL), do então Vice-Presidente José de Alencar.

Há um intenso debate sobre se os Governos Lula, de forma particular, e do PT, de forma mais ampla (o que inclui os governos Dilma Rousseff), apresentavam visão de mundo (dimensão da reprodução) do social-liberalismo, do novo desenvolvimentismo ou do social-desenvolvimentismo. Esse estudo não entrará neste debate[58], já que extrapolaria o escopo proposto.

Essa indefinição encontra uma explicação simples a respeito de um tema complexo. Embora o novo desenvolvimentismo seja um projeto político que visa superar o neoliberalismo, são identificadas "a existência de similaridades entre as políticas econômicas neoliberais e neodesenvolvimentistas [do novo desenvolvimentismo], como a defesa do equilíbrio fiscal e o controle inflacionário" (Castelo, 2012, p. 625). O mesmo ocorre com o social-desenvolvimentismo, que, embora se oriente pelo Estado de bem-estar social, está submetido à lógica do ajuste fiscal, do controle da inflação e da inserção no mercado internacional. De acordo com Pochmann, analisando os Governos Lula,

> A identificação básica de que o Estado faz parte das soluções dos problemas existentes não implicou reproduzir os traços do velho modelo nacional-desenvolvimentista vigente entre as décadas de 1930 e 1970. Pelo contrário, assistiu-se à reafirmação da soberania nacional, com profunda reorientação na inserção internacional, seja pela passagem da condição brasileira de país devedor para a de credor de organismos

---

57 Não estamos considerando os momentos que levaram Dilma Rousseff ao impeachment.
58 Para entender mais sobre o tema, ver: "Um Estado novo-desenvolvimentista na América Latina?", de Luiz Carlos Bresser-Pereira e Daniela Theuer (2012).

multilaterais, como o Fundo Monetário Internacional, seja pela formação de significativas reservas externas, seja pelo redirecionamento do comércio externo e da cooperação técnica para o âmbito das relações Sul-Sul. (Pochmann, 2010, p. 41)

O Estado, no ideário do novo desenvolvimentismo e do social-desenvolvimentismo, não está pautado pelo modelo de substituição de importações, mas somente olha para seu interior. É um Estado que estrategicamente se insere política e economicamente no cenário internacional. Nesse sentido, não poderia dar totalmente as costas para o neoliberalismo. Nesse particular, a questão que surge é: Por que, então, resgatar o desenvolvimentismo[59]? Uma compreensão mais ampla do que seja o desenvolvimentismo, e que envolve o nacional-desenvolvimentismo, o novo desenvolvimentismo e o social-desenvolvimentismo, foi dada por Fonseca, Cunha e Bichara (2013, p. 412, grifo do original): "este se constituiria na razão de ser do próprio governo, a qual aponta para uma utopia a ser construída e permeada de valores de forte apelo, como igualdade, racionalidade, justiça social e soberania. Na ideologia desenvolvimentista, o desenvolvimento *justifica-se a si mesmo*".

Como podemos perceber, a ideia de desenvolvimentismo relaciona-se à capacidade estatal de ser indutor do desenvolvimento, isto é, ator fundamental em busca da igualdade, justiça social e soberania nacional. O desenvolvimentismo é uma visão de mundo em que ao Estado é reservado papel fundamental, seja em uma perspectiva estatizante, seja em uma perspectiva privatista. Nesta última, o Estado compartilha com o mercado a importância como forte ator do desenvolvimento. Na perspectiva desenvolvimentista do

---

59 *Aqui, assumimos um significado mais amplo de protagonismo de Estado.*

século XXI, o mercado não anula a importância do Estado, como se vê na ortodoxia convencional. Ele é tido como um parceiro importante do mercado.

Portanto, o que depreendemos do debate entre liberalismo/neoliberalismo, desenvolvimentismo, novo desenvolvimentismo e social-desenvolvimentismo é a dificuldade de identificar a visão de mundo (dimensão da reprodução) dos governos do PT, pois eles dialogaram com o neoliberalismo, o novo desenvolvimentismo, o social-desenvolvimentismo e o social-liberalismo, ao menos no entendimento de alguns autores. Isso confere complexidade ao processo de tomada de decisão política, exigindo que haja um especialista prostrado diante da análise do governo (Santos; Resende; Galvão, 2017).

Para além desse diálogo com diversas visões de mundo, os governos do PT ficaram marcados por escândalos de corrupção. Na segunda década do século XXI, durante os Governos Dilma Rousseff, com maior ênfase em seu segundo governo, a Operação Lava Jato levou aos tribunais políticos de grande expressão nacional, empresários de grandes corporações, bem como executivos. A operação revelou igualmente os operadores do sistema de corrupção, denominados de *lobistas*. Assim, a relação entre o público e o privado, *locus* da ação do profissional de representação de interesse, estava exposta à opinião pública. Além disso, os operadores do sistema de corrupção foram rotulados categoricamente de *lobistas*, o que parece ser um fator que imprimiria maior aceleração no processo de profissionalização da representação de interesse no Brasil.

(2.9)
AUMENTO DA COMPLEXIDADE DO FUNCIONAMENTO DO PROCESSO DE DECISÃO POLÍTICA NO GOVERNO DILMA ROUSSEFF

Tem sido natural que quase todo crédito da aceleração da profissionalização da representação de interesse do empresariado seja dado à Operação Lava Jato. O foco midiático na corrupção dos governos do PT colocou em relevância as tradicionais formas de relacionamentos ilícitos entre grupos de interesse e tomadores de decisão política, situação escancarada pela operação.

Na segunda década do século XXI, a Operação Lava Jato passou a figurar também como um fenômeno midiático, que, em certa medida, aparece como fator impulsionador da profissionalização da representação de interesse no Brasil. No *site* do Instituto de Relações Governamentais (Irelgov), na seção "Eventos", do dia 20 de setembro de 2017, que analisou as instabilidades políticas pelo mundo, lê-se:

> "No Brasil, o cenário é agravado pelas sucessivas crises políticas e pelos desdobramentos da Operação Lava Jato, que criam novos desafios no ambiente empresarial. Entender todos esses cenários e suas consequências são os novos desafios dos profissionais de relações governamentais". (Irelgov, 2017)

Portanto, é importante para os profissionais que atuam na representação de interesse compreender a corrupção como fator gerador de crise política. No entanto, seguindo essa linha de raciocínio, a profissionalização se pautaria por questões éticas e de transparência, o que se resumiria em uma mudança de conduta na ação direta junto aos tomadores de decisão política, isto é, no lobby propriamente dito.

No entanto, como vimos em Nunes (2018), as crises políticas são geradas, em grande medida, no interior da política institucional, dado o padrão de relacionamento advindos do novo ordenamento político, que, por sua vez, sustenta-se no presidencialismo de coalizão. Desse ponto de vista, o processo de profissionalização não seria determinado pela Operação Lava Jato. No *site* do *Universo Online* (*Uol*), na seção "Congresso em Foco", do dia 3 de fevereiro de 2015, lê-se o seguinte:

> "Se antes da vigência de lei de responsabilização da pessoa jurídica e da Operação Lava Jato a atividade de relações governamentais era uma necessidade, agora passou a ser um imperativo das empresas privadas" (Rapassi, 2015).

O *site* da *Revista Veja*, na seção "Veja Correspondente Paraná", de 23 de janeiro de 2019, informou:

> "Entidades de lobby tentam conseguir apoio da força-tarefa para projeto que regulamenta profissão" (Voitch, 2019).

A Operação Lava Jato é entendida como fator que vem fomentando nas empresas uma relação mais ética, transparente e profissionalizada junto aos tomadores de decisão política, isso é inquestionável. É certo, portanto, que a Operação tem sua importância no processo de profissionalização, contudo outros fatores atuam ativamente para induzir a profissionalização.

Dessa forma, a ênfase deste estudo recai apenas sobre um fator – o político-institucional, que se traduz no aumento da complexidade do sistema político brasileiro para a tomada de decisão política, o qual, de acordo com nossa hipótese, é o indutor da aceleração do processo de profissionalização da representação de interesse do empresariado na segunda década do século XXI. É importante chamar atenção para a diferença entre os dois fatores. A Operação Lava Jato comporta-se como um fator externo à política institucional. De outra forma, na nossa hipótese de trabalho, o fator é interno. A importância de chamar atenção para essa diferença é deixar clara nossa abordagem, que, de forma alguma, pretende reduzir a relevância dessa operação para a profissionalização da representação de interesse em curso no país.

Sendo fiel à nossa abordagem, a análise parte da seguinte hipótese: os governos brasileiros vêm experimentando, no século XXI (primeira e segunda décadas), um aprofundamento constante da complexidade do processo de decisão política, sem que haja ruptura no ordenamento político. A complexidade verifica-se na tendência crescente da fragmentação partidária e do aumento de partidos efetivos, que impõem ao Poder Executivo alto custo para formar e manter sua base de apoio parlamentar (coalizão).

Os partidos efetivos são aqueles relevantes no processo de decisão política, isto é, aqueles que, na arena legislativa, apresentam condições de influenciar o processo de decisão política em razão de seu bom desempenho eleitoral[60]. A quantidade de partidos efetivos em determinada legislatura é obtida por meio de um cálculo matemático[61]. Quanto mais fragmentada a representação partidária em uma legislatura, seguida de uma quantidade alta de partidos efetivos, mais complexo torna-se o processo de tomada de decisão política.

Nesse cenário político-institucional, o Poder Executivo, para formar sua base de apoio parlamentar (coalizão), terá de aumentar a quantidade de partidos em sua base, alavancando o custo da coalizão. Assim, o Poder Executivo será obrigado a distribuir mais cargos,

---

60 Quanto maior o desempenho eleitoral de um partido, mais cadeiras ocupará no Congresso Nacional.

61 Para obter mais informações a esse respeito, acesse o site: http://datapolitica.com.br/eleicao/metodologia.html.

emendas orçamentárias e possivelmente dialogar com diversos partidos de diferentes espectros políticos e ideologicamente distantes entre si, no sentido de alcançar a governabilidade. Em suma, dele é exigido maior esforço político-institucional para barganha política. Isso significa que quanto maior o número de partidos efetivos na legislatura, mais complexo será o processo de decisão política, logo a exigência do grau de profissionalização da representação de interesse também aumentará, de forma especial na avaliação dos governos.

Diante desse contexto, poderíamos perguntar: Qual a quantidade de partidos efetivos na Câmara dos Deputados no século XXI (até a segunda década)? Vale ressaltar que, para ser considerada moderada, a quantidade de partidos efetivos deve estar entre 3 e 5 partidos. Na Câmara dos Deputados, de acordo com Carreirão (2014, p. 267), "o número de partidos efetivos aumentou de 2,6 em 1982 para 10,6 em 2006". A evolução da quantidade de partidos efetivos foi quatro vezes. No último ano do primeiro Governo Lula, tínhamos quase 6 partidos acima da quantidade máxima classificada para um nível moderado. Tais valores chegam até 2006, não alcançando, assim, a segunda década deste século.

Para que a hipótese deste estudo seja considerada válida, torna-se necessário chegar à segunda década e apresentar uma escala evolutiva da fragmentação partidária e de partidos efetivos. Nesse particular, segundo Miguel e Assis (2016, p. 29),

> *Apurados os votos das eleições brasileiras de 2014, constatou-se que o número de partidos com representação na Câmara dos Deputados tinha batido um novo recorde. Nada menos que 28 diferentes legendas haviam conquistado cadeiras. A maior bancada, a do Partidos dos Trabalhadores, não ultrapassou 70 deputados, menos de 15% do total. Por outro lado, dez partidos ficaram com bancadas de cinco deputados ou menos. O fato*

fez reviver o velho diagnóstico de que o número excessivo de partidos é um dos problemas crônicos da democracia brasileira e um dos obstáculos centrais à chamada "governabilidade".

De acordo com os autores, nas eleições de 2014, a fragmentação partidária aumentou, seguida do aumento dos partidos efetivos na Câmara dos Deputados, registrando um recorde. Isso significa que aquele foi um momento singular que afetou, sobretudo, o processo de decisão política, deixando-o muito mais complexo. Miguel e Assis (2016) apresentaram esses dados em um *continuum* histórico, que vai das eleições de 1986 às eleições de 2014, no Brasil.

Tabela 2.1 – Evolução da fragmentação partidária na Câmara dos Deputados (1986-2014)

	1986	1990	1994	1998	2002	2006	2010	2014
Número de partidos	12	19	18	18	19	21	22	28
Maior bancada	260	108	107	105	31	89	88	70
Partidos para maioria simples	1	4	3	3	4	4	4	5
Fracionamento de RAE	0,647	0,885	0,877	0,860	0,882	0,892	0,904	0,924

Fonte: Miguel; Assis, 2016.

Nas eleições de 1986, antes da Constituição de 1988, ainda no período da Constituinte, havia na Câmara dos Deputados 12 partidos políticos. Do momento pós-Constituição de 1988 até o último mandato do segundo Governo Fernando Henrique Cardoso (2002), a quantidade de partidos chegou a 19, variando entre 18 e 19 naquele período. Durante os governos do PT, registrou-se extraordinária fragmentação partidária: de 21 partidos em 2006 para 28 partidos em 2014. Isso significou um aumento de 7 partidos políticos. Avaliando as duas eleições limites (1986 e 2014), o valor de amplitude registou um aumento de 16 partidos políticos e, ao considerar a diferença entre as eleições de 2010 e 2014, tivemos um aumento de 6 partidos na Câmara dos Deputados.

Outro dado importante mostrado nesse levantamento é a quantidade de parlamentares na *maior bancada*. Quanto menor a quantidade de deputados por bancada partidária, maior o número de partidos efetivos, o que indica maior complexidade no funcionamento do processo de decisão política. No período analisado (1986-2014), a maior bancada registou o menor número de parlamentares nas eleições de 2014. No século XXI, a bancada considerada a maior tinha abaixo de 100 parlamentares. Tomado como amplitude o limite das duas eleições (1986 e 2014), a diferença registrada entre a maior bancada nos anos de 1986 e 2014 é da ordem de 190 parlamentares na Câmara dos Deputados. Considerando a última eleição do século XX (1998) e a última eleição registrada na tabela (2014), a diferença é de 35 parlamentares na maior bancada.

Com isso, os dados apontam para a tendência de maior complexidade no funcionamento do processo de decisão política, sobretudo no século XXI, sendo acentuada na segunda década do mesmo século. É importante chamar atenção para mais um dado: quanto maior a fragmentação partidária, menor a quantidade de parlamentares na maior bancada. Essa é uma equação inversamente proporcional que revela a ampliação de partidos efetivos, logo, assevera o aumento da complexidade do funcionamento do processo de decisão política, conforme defendemos.

A Tabela 2.1 ainda revela outro dado muito importante para este estudo: o *fracionamento de Rae*.

> **Curiosidade**
>
> Segundo Jairo Nicolau, **Rae** refere-se a Douglas Rae, cientista político estadunidense e criador do índice. O índice Rae serve para mensurar a concentração/dispersão de votos em uma eleição ou das cadeiras no Legislativo. Para se aprofundar mais sobre o assunto, ver:
>
> NICOLAU, J. Partidos na república de 1946: uma réplica metodológica. **Dados**, Rio de Janeiro, v. 48, n. 3, p. 589-608, set. 2005. Disponível em: <http://www.scielo.br/scielo.php?script=sci_arttext&pid=S0011-52582005000300005&lng=en&nrm=iso>. Acesso em: 7 jun. 2020.

De acordo com Nascimento (2017, p. 47), "Em termos operacionais ele varia entre 0 e 1. Quanto mais próximo de 0, menos fragmentado é o sistema e quanto mais próximo de 1 mais fragmentado é o sistema partidário". Nas eleições realizadas no final do século XX (1986, 1990, 1994, 1998), o índice Rae apresentou pequenas oscilações, com exceção das eleições do período entre 1986 e 1990.

Todavia, o índice evolui diante das eleições ocorridas no século XXI. Conforme apresentado pela Tabela 2.2, a seguir.

Tabela 2.2 – Comparativo do índice Rae (2002-2014)

Período	Índice Rae
2002	0,882
2006	0,892
2010	0,904
2014	0,924

Conforme pode ser observado no quadro, o índice Rae está se aproximando de 1 (um), isto é, da fragmentação máxima. Foi na segunda década do século XXI que o índice passou da casa dos 0,900. De acordo com Miguel e Assis (2016, p. 34),

> *Os dados de 2002 a 2014 revelam um aumento contínuo tanto do número de partidos que elegem deputados quanto do índice de fracionamento de Rae, acompanhado pela redução contínua do tamanho da maior bancada. É possível especular – mas apenas especular – que isso é consequência da maior dificuldade de os governos petistas garantirem maiorias parlamentares, dado o relativo isolamento do partido durante seu período oposicionista e a necessidade sempre renovada de sustar a desconfiança que setores do capital ainda mantêm em relação a ele. Com isso, o governo teve de ceder mais na negociação com o Congresso, tornando atraente a barganha mesmo para quem controlava bancadas diminutas.*

Em suma, o processo de funcionamento de tomada de decisão política durante os governos petistas tornou-se mais complexo, exigindo, por sua vez, mais qualificação profissional dos que atuam no mercado de representação de interesse. No sentido de reforçar nosso entendimento de que, na segunda década do século XXI, está ocorrendo um aumento significativo da complexidade do funcionamento do processo de decisão política, recorremos ao NEP (número de partidos efetivos)[62].

---

[62] O NEP é uma fórmula matemática para se chegar à quantidade de partidos com poder de influência no Parlamento em determinada legislatura. A fórmula é a seguinte: divide-se 1 (um) pela soma do quadro das cadeiras obtidas pelos partidos no Parlamento.

Gráfico 2.1 – NEP na Câmara dos Deputados (1998-2014)

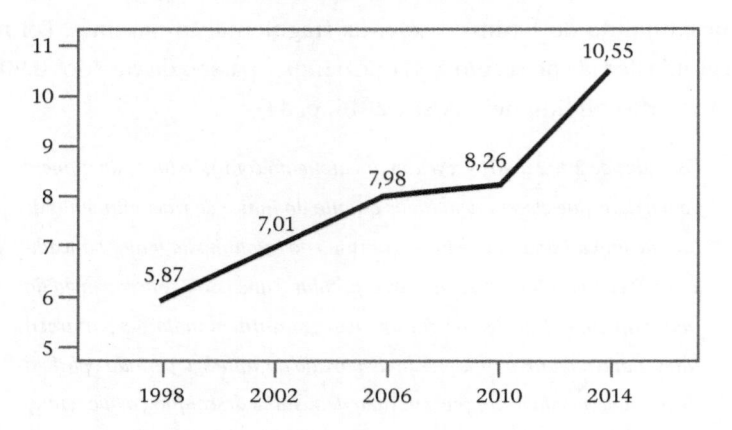

```
11 ┤                                           10,55
10 ┤
 9 ┤                              8,26
 8 ┤                    7,98
 7 ┤           7,01
 6 ┤  5,87
 5 ┤
    1998     2002     2006     2010     2014
```

Fonte: Nascimento, 2017.

Os dados do Gráfico 2.1 revelam o NEP na Câmara dos Deputados nas eleições de 1998 a 2014. A variação na amplitude entre as duas eleições limites (1998 e 2014) é de 4,68 pontos. A maior variação do NEP ocorreu entre as eleições de 2010 (NEP = 8,26) e 2014 (NEP = 10,55), registrando uma diferença na ordem de 2,29 pontos. O aumento significativo da fragmentação partidária no Brasil foi matéria da *BBC Brasil*, em 29 de junho de 2016, com o título "Brasil lidera índice internacional em número de partidos – o que isso significa para a crise?". De acordo com a matéria,

> *Há consenso de que esse número subiu ainda mais nos últimos anos no país. Segundo cálculo do cientista político Michael Gallagher, especialista no tema da Universidade Trinity, na Irlanda, a quantidade de partidos políticos efetivos no Brasil deu um salto na última eleição, tendo passado de 11 em 2010 para 14 em 2014.* (Schreiber, 2016)

Todos os dados aqui apresentados revelam aumento significativo da complexidade do funcionamento do processo de tomada de decisão política na segunda década do século XXI no Brasil. Outro dado importante que ilustra essa dinâmica pode ser coletado em Adriano Codato e Paulo Franz (2018). Os autores, ao analisar os governos do PT, deram relevo a um elemento que diz respeito à relação entre o Executivo e o Legislativo: a **coalescência**. De acordo com eles,

> *num contexto de muitos partidos efetivos, com o aumento da fragmentação partidária do Congresso Nacional, aumentam consequentemente os custos de coalizão necessários para a governabilidade [...]. Se a taxa de coalescência — a proporção entre o número de cadeiras dos partidos no parlamento e no gabinete ministerial — decresce, como ocorreu nos governos do PT (2003-14), [...] a vulnerabilidade do poder presidencial aumenta e crises políticas são potencializadas.* (Codato; Franz, 2018, p. 779)

Durante os governos do PT havia uma tendência ao desequilíbrio na taxa de coalescência. A queda nessa taxa revelou uma disparidade de forças no processo de decisão política, logo, apontando para problemas de governabilidade. O aumento da fragmentação partidária e da quantidade de partidos efetivos impôs ao Poder Executivo maior empenho (esforço institucional) para manter o equilíbrio entre cadeiras ocupadas pelos partidos no Congresso Nacional e distribuição de cargos ministeriais. Assim, a fragmentação partidária torna-se um grande desafio para manter equilibrada a taxa de coalescência. A fragmentação e a quantidade de partidos efetivos no Brasil revelam-se bastante alta e com forte tendência de crescimento. De acordo com Willber Nascimento (2017, p. 43), "De fato, estudos tem apontado que o número de partidos disputando eleições e o número de partidos efetivos no Brasil apontam para uma extrema fragmentação partidária".

Nesse sentido, para se fazer uma análise do governo, é importante relacionar taxa de coalescência e taxa de disciplina partidária[63]. Isso porque, em um partido que não tem disciplina partidária, seus membros individualmente podem posicionar-se nas votações contra os interesses do Poder Executivo e da coalizão. Assim, de nada adiantaria um partido da base do governo ter peso no Congresso Nacional se grande parte de seus membros, individualmente, não vota conforme a orientação do próprio partido.

Há diversos cruzamentos de dados que analisam os governos. Essas análises permitem que o profissional atuante na área de representação de interesse possa antecipar cenários, como, por exemplo: tendência à ingovernabilidade, mudanças nas relações de forças no poder, alterações na coalizão, perspectivas ideológicas e de posicionamentos políticos diante dos interesses do representado, entre outros. É igualmente possível antever se os cenários políticos que se apresentam têm tendência de gerar riscos ou oportunidades para os interesses do representado. Isso, vale dizer, é uma ferramenta importante para a competitividade. Contudo, esse tipo de previsibilidade, baseada no funcionamento do processo de decisão política, está sendo reavaliada por cientistas políticos.

Na segunda década deste século, ocorreram transformações profundas na institucionalidade política brasileira sem alteração do ordenamento político. Trata-se de mudanças institucionais na regra do jogo do processo de tomada de decisão política (*polity*). Ocorreram, também, diversas mudanças significativas no funcionamento do processo de decisão política. No entanto, destacaremos somente algumas,

---

[63] *Disciplina partidária se traduz na capacidade de os partidos políticos fazerem com que seus parlamentares votem conforme a orientação do partido. Quanto maior o número de membros votantes que seguem a orientação do partido, maior a taxa de disciplina partidária. O inverso implicaria indisciplina partidária.*

que elegemos como significativas na defesa da hipótese de trabalho. A primeira mudança importante, que impactou o funcionamento do processo de decisão, foi o advento do **orçamento impositivo**, isto é, a obrigatoriedade da execução[64] das emendas orçamentárias individuais previstas na Lei Orçamentária Anual (LOA). Do ponto de vista do processo de tomada de decisão política,

> Essa nova regra, estabelecida por emenda constitucional, tirou do governo a capacidade de manejar discricionariamente parte relevante do orçamento, nivelando por baixo a execução e tirando capacidade gerencial e política dessa ferramenta. Além disso, o líder partidário, como negociador importante da liberação de emendas, perdeu capacidade de disciplinar sua bancada. Em resumo: a ferramenta perde muito de suas duas utilidades – tanto governabilidade quanto execução de políticas públicas no nível local.

(Guimarães; Perlin; Maia, 2019, p. 34)

O enfraquecimento da capacidade gerencial e da capacidade política se traduz em perda na governabilidade. O enfraquecimento das lideranças partidárias em um ambiente político-institucional de alta fragmentação partidária, associada à debilidade da capacidade política do Poder Executivo, traduz-se em aprofundamento significativo da complexidade do processo decisório. Nesta segunda década do século XXI, vive-se uma fragmentação do processo de tomada de decisão política em um ambiente de alto grau de fragmentação partidária. De acordo com Guimarães, Perlin e Maia (2019, p. 39),

---

[64] Os recursos previstos nas emendas orçamentárias individuais, fixadas na Lei Orçamentária Anual (LOA), não poderão sofrer contingenciamento. Os recursos têm de ser executados. Em outras palavras: anteriormente, os recursos fixados na LOA eram autorizados a ser gastos, isto é, tratava-se de um orçamento autorizativo, mas, com o advento do orçamento impositivo (Emenda Constitucional n. 86/2015), esses recursos devem ser gastos, ou seja, tornou-se uma imposição.

Outra mudança ocorreu no próprio rito das MPs por imposição do Supremo Tribunal Federal (ADI 4.029/2012). Essa mudança fragmentou a negociação das MPs, antes extremamente concentrada na figura do relator na Câmara. A partir da decisão do STF, a negociação passou a contar com a participação mais efetiva dos membros das comissões especiais mistas – deputados e senadores.

Além do alto grau de fragmentação partidária, vemos a fragmentação dos procedimentos do processo de tomada de decisão política. O aprofundamento da complexidade do processo de decisão política consiste no compartilhamento do poder no interior do Poder Legislativo (mais atores político-institucionais com poder de decisão). Ao passo em que o Poder Executivo vem perdendo força em sua relação com o Legislativo, este vem aumentando seu poder. Nesse sentido, os autores destacam outra mudança provocada pelo Supremo Tribunal Federal (STF) que impactou o processo de decisão política, que, por sua vez,

> *deu enorme poder ao presidente da Câmara ao determinar que ele, de ofício, define o que é ou não matéria estranha às medidas provisórias em apreciação (ADI 5.127, julgada em outubro de 2015). A mudança desestabilizou um instrumento negocial do Executivo, que permitia a entrada de matérias estranhas no texto da MP para facilitar a sua aprovação.* (Guimarães; Perlin; Maia, 2019, p. 39)

Com relação ao empoderamento do presidente da Câmara dos Deputados, "não foi fácil perceber a magnitude dessa mudança até o Executivo perder a colaboração da Presidência da Câmara" (Guimarães; Perlin; Maia, 2019, p. 39). Isso ocorreu durante o Governo Dilma Rousseff quando o deputado federal Eduardo Cunha se elegeu presidente da Câmara dos Deputados. Os autores dão relevo à diferença entre, de um lado, os Governos Fernando Henrique Cardoso e Luiz Inácio Lula da Silva e, de outro, o segundo Governo Dilma Rousseff:

> Veio então o governo Dilma Rousseff, quando o comportamento da Câmara dos Deputados, particularmente, mudou de maneira muito visível a partir de fevereiro de 2015. No segundo mandato, no prazo de apenas alguns meses, a presidente viu seu candidato à Presidência da Câmara ser derrotado em primeiro turno; viu o nome de embaixador por ela indicado ser rejeitado para cargo na OEA de maneira inédita; passou a ser obrigada a executar parte das emendas Parlamentares. (Guimarães; Perlin; Maia, 2019, p. 25)

A segunda década do século XXI foi um momento de inflexão na dinâmica do processo de tomada de decisão, sem que tenha havido, entretanto, mudança de ordenamento político. Esse momento de inflexão foi registrado pelos autores com bastante propriedade ao afirmarem:

> Ademais, o Executivo, cuja imagem histórica é de principal agente de definição da agenda, precisou lançar mão de instrumentos de obstrução para não ver temas de seu interesse derrotados por uma maioria suprapartidária no Congresso Nacional. Um dos exemplos foi a obstrução reiterada das sessões do Congresso Nacional, impedindo a formação de quórum, diante da iminência de derrota na apreciação do veto ao reajuste salarial do Poder Judiciário. (Guimarães; Perlin; Maia, 2019, p. 26)

Logo, durante a segunda década do século XXI, ocorreu, no Brasil, um aprofundamento da complexidade do processo de decisão política (*politics*). Diversos dispositivos legais, que alteravam profundamente a dinâmica do jogo político, sem alterar o ordenamento político, foram impressos. Por outro lado, deram vida a antigos dilemas institucionais do presidencialismo de coalizão. O que caracteriza um forte momento de inflexão, em curso, no processo de tomada de decisão.

Em suma, nesta seção, mostramos o aprofundamento da complexidade do funcionamento do processo de decisão política na segunda década do século XXI. No entanto, fica uma questão em aberto: Esse aumento significativo da complexidade do processo de decisão política colaborou para o aceleramento do processo de profissionalização da representação de interesse do empresariado nessa mesma década? Ainda não existem pesquisas, assim como as de Oliveira (2004) e de Mancuso (2004), que tenham investigado essa relação na segunda década deste século. Contudo, há levantamentos que versam especificamente sobre o mercado de trabalho e, com isso, permitem-nos analisar a ocorrência (ou não) dessa relação. Outro aspecto ainda deve ser levado em consideração na tentativa de confirmarmos nossa hipótese: a profissionalização precisa ser verificada em competências que a relacione com o processo de tomada de decisão política (análise a ser efetuada no Capítulo 4 deste livro).

Em meio a esse turbilhão de escândalos de corrupção, aprofundamento da complexidade do processo de decisão política, tendência à ingovernabilidade, *impeachment* e aumento da má reputação dos lobistas, os profissionais que atuam no mercado de representação de interesse passaram a construir sua identidade ancorados no protagonismo de suas entidades representativas: a Abrig e o Irelgov. Esse é, propriamente, o tema sobre o qual trataremos no Capítulo 3.

Para saber mais

PERISSINOTTO, R. O conceito de estado desenvolvimentista e sua utilidade para os casos brasileiro e argentino. **Revista de Sociologia Política**, Curitiba, v. 22, n. 52, p. 59-75, dez. 2014. Disponível em: <http://www.scielo.br/scielo.php?script=sci_arttext&pid=S0104-44782014000400005&lng=en&nrm=iso>. Acesso em: 7 jun. 2020.

O artigo trata do conceito de Estado desenvolvimentista em uma perspectiva comparada entre Brasil e Argentina. Esse artigo é importante porque aponta as causas não econômicas do surgimento do desenvolvimento.

BRESSER-PEREIRA, L. C. **A reforma do estado dos anos 90**: lógica e mecanismos de controle. Brasília: Ministério da Administração Federal e Reforma do Estado, 1997.

Texto produzido de forma institucional, de autoria do então ministro da Administração Federal e Reforma do Estado. Esse trabalho apresenta os motivos da reforma do Estado implantada na década de 1990, em uma tentativa de ruptura com o Estado desenvolvimentista

Consultando a legislação

1. Constituição da República dos Estados Unidos do Brasil de 1934. Acesse: http://www.planalto.gov.br/ccivil_03/constituicao/constituicao34.htm.
2. Constituição dos Estados Unidos do Brasil de 1937. Acesse: http://www.planalto.gov.br/ccivil_03/constituicao/constituicao37.htm.
3. Constituição dos Estados Unidos do Brasil de 1946. Acesse: http://www.planalto.gov.br/ccivil_03/constituicao/constituicao46.htm.

4. Constituição da República Federativa do Brasil de 1967. Acesse: http://www.planalto.gov.br/ccivil_03/constituicao/constituicao67.htm.
5. Emenda Constitucional n. 1, de 17 de outubro de 1969. Acesse: http://www.planalto.gov.br/ccivil_03/Constituicao/Emendas/Emc_anterior1988/emc01-69.htm.
6. Decreto-Lei n. 3.002, de janeiro de 1941, que cria a Companhia Siderúrgica Nacional (CSN). Acesse: https://www2.camara.leg.br/legin/fed/declei/1940-1949/decreto-lei-3002-30-janeiro-1941-412984-publicacaooriginal-1-pe.html.
7. Decreto-Lei n. 200, de 25 de janeiro de 1967, que dispõe sobre a organização da Administração Federal, estabelece diretrizes para a Reforma Administrativa. Acesse: http://www.planalto.gov.br/ccivil_03/decreto-lei/del0200.htm.
8. Constituição da República Federativa do Brasil de 1988. Acesse: http://www.planalto.gov.br/ccivil_03/constituicao/constituicao.htm.

Síntese

Neste capítulo, examinamos diferentes momentos de ruptura de ordenamento político no Brasil e identificamos que mudanças no ordenamento político não se traduzem diretamente em transformações profundas do funcionamento do processo de decisão política. Verificamos também que, em momentos de aprofundamento do processo de decisão política, registrou-se aumento da profissionalização da representação de interesse do empresariado industrial.

Apresentamos, ainda, possibilidades analíticas a fim de ajudar na compreensão dos governos, seguindo as definições de dimensão da reprodução e dimensão da ação e agregando explicações do tipo pragmáticas, que, como vimos, não operam em um vazio conceitual. Vimos também a importância das explicações institucionalistas para subsidiar as análises que se fazem dos governos. Por fim, concluímos que os elementos de análise aqui apresentados são importantes para quem deseja se inserir, ou já está inserido, no mercado de representação de interesse.

Questões para revisão

1. Parte fundamental de nossa análise da relação entre processo de decisão política e aumento acentuado da profissionalização da representação de interesse no Brasil está assentada em bases metodológicas. Em outras palavras, procuramos investigar se, diante de momentos de profundas transformações no processo de decisão política, há o aumento da profissionalização da representação de interesse do empresariado industrial. Para tanto, elencamos uma estratégia metodológica: a institucionalista. O que se entende pela operação lógica institucionalista?

2. Uma das questões mais relevantes para a compreensão da relação entre o processo de decisão política e a profissionalização da representação de interessante é voltar-se para os momentos de profundas transformações no processo de decisão política: principalmente o longo caminho histórico, que compreende desde o surgimento do nacional desenvolvimentismo ao novo desenvolvimentismo. O Estado desenvolvimentista no Brasil teve início na década de 1930, e seus fundamentos teóricos e pragmáticos foram abalados nas décadas de 1980 e 1990 pelo neoliberalismo. Desse modo, vimos que o novo desenvolvimentismo se

coloca como alternativa ao neoliberalismo. Agora, explique como o novo desenvolvimentismo se diferenciaria do nacional-desenvolvimentismo.

3. O sistema corporativista no Brasil, vivenciado na década de 1930 durante o Governo Getúlio Vargas, foi implantado no contexto da Crise de 1929, chamada de *Grande Depressão*. O mundo experimenta nesse período uma retração da economia mundial, uma profunda recessão econômica internacional que acaba por abalar os alicerces do liberalismo econômico. E é nesse contexto que o Brasil passa por uma importante mudança em seu modelo econômico.
Sobre o tema, assinale a alternativa que exprime corretamente essa mudança de modelo econômico pela qual passou o Brasil:
a) Há uma aposta em um modelo econômico centrado na exploração de matérias-primas agrícolas para exportação.
b) O que se verifica é um deslocamento da centralidade do Estado para um modelo cuja eficácia depende do dinamismo do mercado.
c) Propugnava por medidas como redução drástica dos gastos públicos, liberdade comercial e financeira e câmbio livre.
d) Há uma transição do modelo agroexportador para o de industrialização por substituição das importações.
e) Encolhimento do setor público, queda da taxa de juros, aposta em reformas estruturais, como a previdência, e tributária, para atrair investidores.

4. Um dos debates atuais é quanto à fragilidade do presidencialismo de coalizão, entendido como um sistema que provoca instabilidade política pelo esforço político-institucional em busca da governabilidade. Assinale a alternativa que indica corretamente o pensamento de importantes cientistas políticos brasileiros, como Fernando Limongi, Argelina Figueiredo e Jairo Nicolau:
   a) É de fato para democracia um sistema ingovernável.
   b) O presidencialismo de coalizão brasileiro é tão governável quanto as democracias parlamentaristas europeias.
   c) O presidencialismo de coalizão funciona perfeitamente em sistemas políticos parlamentaristas.
   d) O presidencialismo de coalizão somente funciona no Brasil.
   e) O presidencialismo de coalizão leva à indisciplina dos partidos.

5. Na segunda década do século XXI e a partir do Governo Dilma Rousseff, o processo de decisão política tornou-se mais complexo. Sobre essa questão, analise as assertivas a seguir.
   I) Neste século, verifica-se uma tendência crescente de fragmentação partidária e aumento de partidos efetivos, que impõem ao Poder Executivo alto custo para formar e manter sua base de apoio parlamentar (coalizão).
   II) O que se verifica neste período é a concetração e o aumento do poder de decisão nas mãos de poucos partidos chamados *efetivos*, os quais são relevantes no processo de decisão política, pois correspondem a partidos que apresentam condições de influenciar o processo de decisão política.

III) Durante o Governo Dilma ocorreram mudanças institucionais no processo de tomada de decisão política, como o advento do *orçamento impositivo*, que consiste na obrigatoriedade da execução de emendas orçamentárias individuais previstas na Lei Orçamentária Anual.

Agora, assinale a alternativa correta:

a) Somente as assertivas I e II estão corretas.
b) Somente as assertivas I e III estão corretas.
c) Somente as assertivas II e III estão corretas.
d) Todas as assertivas estão corretas.
e) Nenhuma das assertivas está correta.

Questões para reflexão

1. Desde 2014, acentuando-se nos últimos dois anos, instaurou-se no Brasil uma visão política polarizada entre os espectros da esquerda e direta. Em polos distintos, à esquerda estão os denominados pejorativamente *socialistas, comunistas, esquerdistas, esquerdopatas*; à direita, no outro polo, os denominados *liberais, ultrarradicais de direita, fascistas*. Nesse contexto polarizado, o Brasil (assim como o mundo) foi acometido pela pandemia do coronavírus. As políticas públicas empreendidas pelo governo federal, por governadores e por prefeitos para combater o coronavírus, a fim de atenuar os efeitos econômicos negativos em razão do distanciamento social e dos decretos de fechamento de setores do comércio, foram a oferta de uma renda básica emergencial de R$ 600,00 para pessoas em situação de vulnerabilidade econômica e

a criação de medidas que alteram as regras do contrato de trabalho, ações essas que têm sido acusadas, por muitos, como intervenção do Estado na economia e que levarão o Brasil a implementar o comunismo. Diante dessa polarização, ao ler o Capítulo 2, é possível afirmar que somente existe essas duas visões político-econômicas? Há outras alternativas no espectro político? Disserte a respeito.

Capítulo 3
Ética, transparência,
profissionalização e interesse
público: a construção
da identidade do profissional
de relações governamentais
na segunda década do século XXI

Conteúdos do capítulo:

- Os diferentes tipos de ética do profissional de relações governamentais.
- A construção da identidade do profissional de relações governamentais.
- Os princípios éticos do profissional de relações governamentais.
- O uso hegemônico da expressão relações governamentais.

Após o estudo deste capítulo, você será capaz de:

1. compreender a construção da identidade do profissional de relações governamentai;.
2. assimilar os princípios éticos do profissional de relações governamentais;
3. relatar como a expressão *relações governamentais* torna-se saliente em detrimento da palavra *lobby*.

O objetivo deste capítulo é identificar e analisar os princípios que norteiam a identidade do profissional de representação de interesse nesta segunda década do século XXI em um contexto bastante específico. Com a finalidade de viabilizar essa busca, foram selecionadas duas entidades representativas do profissional da área de relações governamentais: a Associação Brasileira de Relações Institucionais e Governamentais (Abrig) e o Instituto de Relações Governamentais (Irelgov). Essas duas entidades, além de elaborar documentos norteadores da conduta de seus associados, nos quais residem os princípios identitários, desenvolvem pesquisas, promovem debates, também criam revistas para publicação de artigos e, sobretudo, lutam constantemente pela regulamentação da atividade desse profissional no Brasil.

Para a condução do debate efetuado neste Capítulo 3, analisamos três documentos: a Carta de Princípios do Irelgov, a Cartilha de Relações Institucionais e Governamentais da Abrig e o Código de Conduta também da Abrig. A importância desses documentos reside na noção de que são formas de institucionalizar os princípios identitários desse profissional.

(3.1)
ÉTICA DA TRANSPARÊNCIA COMO ATRIBUTO DA CONSTRUÇÃO DA IDENTIDADE DO PROFISSIONAL DE RELAÇÕES GOVERNAMENTAIS

A análise aqui desenvolvida visa apresentar a identidade do profissional de representação de interesse em seu plano discursivo. Isso significa dizer que o olhar está voltado para os documentos de duas entidades representativas do profissional de representação de interesse: a Abrig e o Irelgov. Os principais documentos analisados são a Carta de Princípios, do Irelgov, a Cartilha de Relações Institucionais e Governamentais e o Código de Conduta, ambos da Abrig. É importante, ainda, esclarecer que a nossa análise realiza-se no plano discursivo, abstrato. Isso quer dizer que não foram analisados casos concretos, isto é, se os princípios aqui apresentados são aplicados na prática do profissional de representação de interesse, não é nossa intenção realizar esse rastreio. Antes, estamos preocupados em analisar a dimensão da reprodução das duas entidades representativas, logo, detemo-nos aos conceitos de personificação, evocação, perspectiva e visão de mundo adotados pelas entidades, a fim de extrair a identidade do profissional de representação de interesse.

De saída, é preciso admitir que a construção da identidade do profissional de representação de interesse enfrenta três dilemas éticos: a ética da transparência, a ética da profissionalização e a ética do interesse público. Nesta seção, trataremos somente da ética da transparência. Antes de adentramos no assunto central, temos de deixar claro o que entendemos por *ética*, que é comumente confundida com *moral*. Estas palavras figuram, em alguns dicionários, como sinônimas, o que justifica a confusão. Para Spitz, citado por La Taille (2010, p. 108), "Esse termo (ética), que tomou uma importância cada vez maior, veio para aliviar o inextricável embaraço daqueles que desejariam falar em moral sem ousar pronunciar esta palavra". Todavia, como definir ética neste estudo quando as duas entidades representativas também não distinguem a ética da moral? As duas entidades reproduzem um entendimento bastante comum de ética, uma vez que elas entendem a ética e a moral como um *dever*, uma *obrigação* de "ordem pública. É o caso de expressões como 'ética da política', ética da empresa', 'código de ética' (de determinadas profissões)" (La Taille, 2010, p. 108). Contudo,

> *Kant (1994), um dos primeiros a colocar ordem nos conceitos de moral e ética, propõe que se defina ética como a ciência das leis da liberdade (a física seria a ciência das leis da natureza). Outros autores [...] definem ética de forma semelhante: reflexão filosófica sobre a moral. Mas [...] a reflexão pode ser de ordem científica, como a busca empírica de dados para explicar o fenômeno moral [...]. Mesmo aceita essa diferença de sentido, verifica-se que se permanece no campo do dever, da obrigatoriedade, portanto, permanece-se no que chamamos de plano moral: apenas o nível de abstração faz a diferença entre os dois termos.* (La Taille, 2010, p. 109)

A partir do exposto, vemos que a ética é um campo de estudo que explica as teorias, os conceitos e os princípios que orientam um conjunto de regras e costumes morais. A ética está, portanto, no campo da abstração. Ética, para efeito deste estudo, são princípios orientadores da conduta. É nela que buscamos os princípios orientadores da identidade do profissional de representação de interesse.

No entanto, é importante frisar, mais uma vez, que as duas entidades analisadas entendem ética e moral como expressões sinônimas. Adentramos, sucintamente, na questão da ética apenas porque é uma expressão muito usada diante da necessidade de construção da identidade do profissional de representação de interesse nos documentos analisados. Nosso objetivo é lançar luz, longe de esgotar o assunto, sobre a ética que está orientando a construção da identidade desse profissional, considerando, para tanto, as duas entidades citadas, protagonistas, por excelência, da construção da identidade do profissional de representação de interesse no Brasil. Iniciemos pelo seguinte questionamento: A transparência é um atributo legal ou um atributo ético? Mancuso, Angélico e Gozetto (2016) chamaram atenção para o aspecto legal da transparência com relação à representação de interesse, usando como parâmetro a Lei n.12.527, de 18 de novembro de 2011, conhecida como Lei de Acesso à Informação Pública (Laip). De acordo com os autores,

> *A LAIP e a regulamentação do* lobby *são medidas similares porquanto procuram introduzir transparência no exercício do poder público. A LAIP, mais geral, confere transparência a todas as informações sob a guarda do Estado – exceto àquelas cujo sigilo seja imprescindível à segurança da sociedade e do Estado. A regulamentação do lobby, mais específica, busca conferir transparência às interações dos decisores com os lobistas.*
> (Mancuso; Angélico; Gozetto, 2016, p. 43)

Logo, a atividade de representação de interesse tem de seguir dispositivos legais de transparência, e qualquer proposta de regulamentação da atividade deve prever a transparência entre a representação de interesse e os tomadores de decisão, isto é, entre o público e o privado.

Na tese de Oliveira (2014), a transparência também figura como um atributo legal ao tratar das inúmeras proposições legislativas para regulamentar a atividade de representação de interesse no Brasil. De acordo com a autora, "Visando dar transparência à participação dos grupos de pressão no processo de tomada de decisões, em 1983, Marco Maciel apresentou ao Senado Federal o projeto de lei n. 25, com o objetivo de regulamentar as atividades dos grupos de pressão no Congresso Nacional" (Oliveira, 2004, p. 218). O Projeto de Lei n. 25/1983 centrava-se na transparência da relação entre a representação de interesse e os tomadores de decisão política. O referido Projeto de Lei versava sobre a obrigatoriedade do registro do representante de interesse (pessoa física ou jurídica) às Mesas Diretoras da Câmara dos Deputados e do Senado Federal. Obrigava também a apresentação, às Mesas Diretoras, de uma declaração dos gastos relativos às atividades de representação desenvolvidas nas Casas Legislativas. Por fim, as Casas Legislativas seriam obrigadas a divulgar publicamente relatórios semestrais com as declarações prestadas (Oliveira, 2004).

Essas mesmas medidas de transparência aparecem no Projeto de Lei n. 1.202/2007, que também visava regulamentar a atividade lobista no Brasil. Em seu art. 3º, parágrafo 6º, lê-se:

> *Caberá ao órgão competente, na forma do regulamento, expedir credenciais, que deverão ser renovadas anualmente, a fim de que os representantes indicados possam ter acesso às dependências dos órgãos públicos, excluídas as privativas dos respectivos membros ou autoridades superiores.*

(Brasil, 2007a)

A exigência de registro do representante de interesse é uma clara exigência de transparência. E, assim como no Projeto de Lei de 1983, esse Projeto, de 2007, também exigia declaração dos gastos:

> *Art. 7º. As pessoas credenciadas para o exercício de atividades de "lobby" deverão encaminhar ao Tribunal de Contas da União, até o dia 31 de dezembro de cada ano, declaração discriminando suas atividades, natureza das matérias de seu interesse e quaisquer gastos realizados no último exercício relativos à sua atuação junto a órgãos da Administração Pública Federal, em especial pagamentos a pessoas físicas ou jurídicas, a qualquer título, cujo valor ultrapasse 1.000 Unidades Fiscais de Referência – UFIR.*

(Brasil, 2007a)

A transparência é um atributo legal. No entanto, assume também outro sentido para o profissional de representação de interesse, como marca de sua identidade (distinção) em relação a outro grupo bem específico. Para não resumirmos a transparência somente a um atributo legal, temos de compreender como se constrói a identidade desse profissional. Não entraremos aqui no debate teórico a respeito da formação da identidade, o que extrapolaria nosso escopo de trabalho.

De forma discricionária, adotamos a formação da identidade como um processo sócio histórico e discursivo, pois a construção de uma identidade é um processo social, logo, "Não podemos compreender nenhuma realidade social sem conhecer o contexto sócio-histórico em que se desenvolve" (Casas, 2005, p. 42). Quando se trata de análise de textos, é necessário situá-los no contexto de sua produção, ou seja, apresentar as condições de produção e recepção dos textos, colocando-os cada qual em sua conjuntura (Bardin, 1994, p. 38). Assim, abordamos aqui o contexto histórico no século XXI, ambiente que se mostrou propício à construção da identidade do profissional de representação de interesse.

Nas décadas de 1970, 1980 e 1990, o lobby foi definido, no Brasil, quase que de forma exclusiva, como atividade ilícita de representação de interesse junto aos tomadores de decisão política. Isso foi impeditivo para construção de uma identidade profissional naqueles períodos. No entanto, na segunda década do século XXI, de forma paradoxal, as condições sociais e políticas favoreceram a construção dessa identidade. Dissemos paradoxal porque as duas primeiras décadas do século XXI foram marcadas por inúmeros escândalos de corrupção, mediante grande cobertura das diferentes mídias, relacionando de forma muito contundente lobby à corrupção e ao tráfico de influência. Foi neste século XXI que os escândalos de corrupção tiveram mais visibilidade em razão das redes sociais e das matérias publicadas em meios de comunicação on-line.

A tese de Oliveira permite-nos depreender que, no início do século XXI, a regulamentação da atividade significava, para os lobistas, "a diminuição da zona cinzenta que envolve a atividade", pois "colocaria limites importantes que subsidiariam a atuação ética dos lobistas profissionais" (Oliveira, 2004, p. 222). A regulamentação seria uma espécie de redenção no enfrentamento à má reputação. Assim, o foco estava na reputação do profissional, e não nas atividades técnicas e métodos utilizados nessa profissão[1]. Todavia, a segunda década do século XXI, está sendo o momento de inflexão quanto à criação da identidade do profissional de representação de interesse, mas esse processo de construção da identidade começou a ser gestado já na primeira década deste século.

No contexto das duas décadas iniciais do século XXI, ocorreram sérios problemas na política institucional brasileira: o *impeachment* da ex-Presidente da República Dilma Rousseff, os escândalos de corrupção, principalmente os conhecidos como *mensalão, petrolão* e *lava jato*, envolvendo importantes políticos brasileiros. Esse contexto também está sendo marcado pela prisão de acusados de corrupção e/ou tráfico de influência, bem como de importantes lideranças políticas, entre elas, o ex-Presidente da República, considerado o maior líder da esquerda brasileira, Luiz Inácio Lula da Silva, e também o ex-Senador e ex-Governador do Rio de Janeiro, Sérgio Cabral Filho. Os escândalos de corrupção envolveram, ainda, a Petrobras e corporações do setor privado, com a participação de importantes empresas brasileiras, o que resultou na prisão de seus proprietários e executivos. O nível de corrupção e visibilidade na mídia esteve tão alto que, nos anos de 2015 e 2016, pela primeira vez, a corrupção foi considerada, diante da opinião pública, o maior problema brasileiro (Medeiros; Rocha, 2016).

A mídia cobria intensamente a Operação Lava Jato[2] e publicava matérias que relacionavam as práticas de corrupção ao lobby.

---

1 *A questão da profissionalização relativa à qualificação para atuar no mercado de representação de interesse era importante no início deste século. Entretanto, o grande problema era a reputação do lobista associado às práticas de corrupção e de tráfico de influência.*
2 *Operação que contava com o trabalho da Polícia Federal e do Ministério Público Federal.*

Vejamos alguns exemplos: no dia 15 de janeiro de 2015, o *Portal Terra* (2015) publicou uma matéria em que Cerveró negava ter aceitado ajuda de lobista:

> "[Nestor Cerveró] confirmou que mantinha relação de amizade com o empresário Fernando Soares, conhecido como Fernando Baiano, acusado de receber propina para intermediar contratos com a Petrobras, mas negou que tenha recebido 'vantagem financeira' durante as negociações para a assinatura dos contratos." (Portal Terra, 2015)

No dia 6 de maio de 2015, a *Istoé* relacionou, em uma de suas matérias, o lobby e corrupção. No conteúdo da matéria lê-se:

> "Segundo os integrantes da Lavo Jato, Baiano encarregava-se do lobby". (Serqueira, 2015)

Matérias que relacionavam corrupção e lobby se intensificaram. No dia 23 de fevereiro de 2017, na seção "Congresso em Foco", o *Uol* (2017) publicou matéria que traz o seguinte trecho:

> "O líder do PMDB, Renan Calheiros (AL), ex-presidente do Senado, divulgou nota em que admite conhecer o lobista Jorge Luz, um dos alvos da nova etapa da Operação Lava Jato, mas nega ter recebido propina dele. Renan afirma que não vê Luz, que está com prisão decretada, há 25 anos." (UOL, 2017)

No dia 20 de outubro de 2017, a *Gazeta do Povo* saiu com a seguinte matéria sobre a condenação de dois lobistas:

> "O juiz Sérgio Moro condenou os operadores Jorge Luz e Bruno Luz nesta sexta-feira (20) por envolvimento em esquema de corrupção na Petrobras. A Justiça entendeu que pai e filho atuaram como operadores do PMDB em esquema de corrupção na Petrobras." (Gazeta do Povo, 2017)

Como último exemplo, no dia 12 de abril de 2018, a seguinte matéria foi publicada pelo *O Globo*:

> "Apontado como um dos operadores do PMDB junto ao fundo de pensão dos Correios (Postalis), Mylton Lyra, o Miltinho como é conhecido entre políticos, [...] é alvo [de] prisão em novo desdobramento da Lava-Jato em Brasília decorrente da operação Rizoma, deflagrada [sic] nesta quinta-feira no Rio e em São Paulo. O lobista não foi encontrado em sua casa, no Distrito Federal."
> (Otávio; Biasetto, 2018)

Assim, na segunda década do século XXI, a associação entre lobby, corrupção e tráfico de influência teve muita visibilidade nos meios de comunicação, com um alcance e intensidade extraordinários. A Operação Lava Jato levou à justiça políticos, empresários e executivos de empresas de grande porte do setor privado, assumindo notoriedade também na mídia internacional. Não há como negar que a Operação Lava Jato e a mídia (com a sua grande cobertura) foram fatores que impulsionaram o processo vigoroso de profissionalização da representação de interesse na segunda década do século XXI. Isso porque as entidades representativas do profissional de representação de interesse tiveram de dar uma resposta a essa relação entre lobby e corrupção, tão veiculada na mídia.

O impacto da Operação Lava Jato e da grande cobertura da mídia afetou a conduta profissional na relação entre o setor público e privado, exigindo uma relação legal, ética e transparente. Tal impacto não alcançou aspectos referentes às técnicas de monitoramento político, legislativo, métodos e técnicas de avaliação de risco político, por exemplo, mas ocorreu com intensidade sobre a reputação do profissional de representação de interesse, colocando em xeque o profissionalismo dessa relação. O rótulo de lobistas, àqueles que cometeram maus feitos na relação entre o público e o privado, atingiu a reputação daqueles que atuam de forma profissional, ética, transparente e conforme a legalidade. O impacto foi extraordinário, uma vez que as prisões e os indiciamentos da Operação Lava Jato, amplamente divulgados pela mídia, estavam consolidando no "tribunal social" o lobby como atividade prática de corrupção e de tráfico de influência, vale dizer que de maneira nunca antes experimentada.

Contudo, façamos um importante adendo: a Operação Lava Jato e a mídia não foram fatores determinantes para a profissionalização das atividades de representação de interesse em seus aspectos técnicos e especializados. Eles ajudaram a potencializar a necessidade inexorável da criação de uma identidade que distinguisse *nós*, os profissionais éticos, de *eles*, corruptos e traficantes de influência. No contexto da segunda década do século XXI, os profissionais de representação de interesse, diferentemente dos períodos anteriores, deram uma resposta institucional, e não individualizada, para construção institucional da identidade desse profissional:

pela produção da diferença e do sentimento de pertencimento, de indivíduos e de grupos sociais, dando origem, em suas relações, às identificações. Essas relações são mediadas por fronteiras materiais ou simbólicas que funcionam como elementos definidores e demarcadores do eu/nós e do nós/outros. (Ennes; Marcon, 2014, p. 289)

A identidade é marcada pela diferença em relação ao *outro* e uma identificação entre indivíduos que apresentam características simbólicas e/ou concretas que resultem em afinidade de grupo. Mas como, afinal, foi elaborada essa resposta institucional para a construção da identidade desse profissional? Em resposta a essa reputação negativa da atividade lobista na mídia e na sociedade como um todo, foi criado, em 2014, o Instituto de Relações Governamentais (Irelgov). Segundo a entidade, o instituto foi criado por um grupo de profissionais que se reuniram com o propósito de valorizar e desmistificar as atividades de relações governamentais, tornando-se uma entidade sem fins lucrativos, que tem como principal objetivo "elevar o grau de profissionalismo, competência e padrões éticos da atividade ao posicionar-se como um Think Tank para a área" (Irelgov, 2020e).

A criação da entidade acontece na segunda década do século XXI e com o propósito de desmistificar a reputação negativa da atividade de relações governamentais, deixando de rotular seus integrantes de lobistas para tratá-los como profissionais de relações governamentais. A formação institucional da entidade a compromete com a elevação do profissionalismo por meio de uma conduta ética. A associação entre profissionalismo, ética e transparência é o centro de sua preocupação. Esse cuidado com a reputação do profissional revela-se em dois pilares da entidade. O Irelgov está estruturado em dois pilares fundamentais – reputação e educação – e nos princípios de "legitimidade, legalidade, transparência e boas práticas, desenvolvendo informação e trazendo conhecimento relevante para o dia a dia do profissional de forma a fomentar o diálogo entre os setores da economia e compreender as tendências do mercado" (Irelgov, 2020e).

A questão da ética e da transparência aparece em diversos momentos como o objetivo maior da entidade. E paralelamente a essa preocupação está a questão da profissionalização ligada ao mercado de trabalho. O Irelgov realizou três pesquisas que tratam do "nível de conhecimento sobre o profissional de relações governamentais e a sua relevância". Na primeira, foram entrevistadas 71 principais lideranças de grandes empresas no Brasil: "diretores de Comunicação, Financeiro, Jurídico, além de Presidentes e Vice-Presidentes" (Irelgov, 2020d). A segunda pesquisa foi realizada com os profissionais que atuam no mercado de representação de interesse. E, por fim, o último levantamento, cujos resultados foram apresentados em 2019, teve como objetivo "avaliar o conhecimento e a percepção que os governos e poder público têm dos profissionais que atuam em relações governamentais" (Irelgov, 2020d).

A pesquisa desse instituto sobre a reputação não estava preocupada com a opinião pública em geral, mas com o mercado de trabalho, isto é, com a percepção advinda dos executivos de empresas (os contratantes) e dos agentes governamentais (alvo da representação de interesse). Quanto à pesquisa realizada com os profissionais da área, buscou-se identificar de que maneira esse profissional define a si mesmo, o que seria uma forma de autoconhecimento como grupo social. Vale destacar que o contexto de maior associação de significado entre lobby, corrupção e tráfico de influência é concomitante ao momento em que se começou a construir institucionalmente a identidade do profissional de representação de interesse.

A palavra *ética* assume lugar de destaque neste início de século diante da necessidade de construção da identidade do profissional de representação de interesse, haja vista que ela não ocupa essa posição sozinha, pois vem acompanhada do conceito de *transparência*, entendido como um imperativo moral na construção da identidade. Para afirmar essa relação entre ética e transparência, surge a expressão **ética da transparência**.

A Carta de Princípios do Irelgov está nitidamente na dimensão da reprodução. Sua intenção consiste em uma estratégia discursiva para formação da identidade do profissional de representação de interesse, ou seja, tem como objetivo criar uma visão de mundo, uma personificação do profissional de representação de interesse no plano do discurso, visto que

> *A identidade discursiva proposta por Gee (2001) resulta em duas fontes de discursos, uma interna e outra externa: a interna corresponde à capacidade do indivíduo em proferir o seu próprio discurso, a fim de ser reconhecido como um certo tipo de pessoa (de profissional); a externa corresponde ao reconhecimento que é feito da pessoa por parte dos outros, com base*

naquilo que é explícita ou implicitamente veiculado na interação social. (Cardoso; Batista; Graça, 2016, p. 380)

A Carta de Princípios constitui-se como instrumento discursivo formador da identidade do profissional de representação de interesse, bem como da formação de um discurso socialmente aceito dessa identidade. Essa carta é um elemento discursivo importante para criar o "espírito" de pertencimento a um grupo social, sendo formadora também do discurso dessa identidade para o conjunto da sociedade. No entanto, como a ética da transparência se inclui na formação da identidade desse profissional? A Carta de Princípios é uma carta ética. O Irelgov informa o seguinte:

> *O **Instituto de Relações Governamentais** ("IRelGov"), criado com o objetivo de elevar o grau de profissionalismo, competência e padrões éticos de profissionais de relações governamentais, de modo transparente e informativo à sociedade brasileira, adota, conjuntamente aos seus associados, os seguintes princípios norteadores.* (Irelgov, 2020b, p. 1, grifo do original)

A Carta de Princípios, considerando a perspectiva aqui adotada, revela os princípios éticos da profissão que orientarão a conduta moral do profissional de representação de interesse. Nela, a transparência faz parte da ética profissional como um princípio norteador. Entretanto, entendemos que, além de uma conduta moral, a ética impressa revela ainda a construção da própria identidade, que rejeita a *eles*, os que praticam corrupção e tráfico de influência.

A questão aqui premente é: Toda profissão é seguida de um código de ética? Em que sentido a ética assume uma condição especial como formadora do profissional de representação de interesse, diferenciando essa profissão das demais? Vamos a uma explicação bem simples e evidente[3]: o que distingue as profissões mais tradicionais, como, por exemplo, médico, advogado, engenheiro, arquiteto, enfermeiro, é a formação acadêmica, ou seja, a medicina, o direito, a engenharia e a arquitetura. Assim, a identidade do médico é dada em oposição ao do engenheiro, arquiteto, enfermeiro, advogado. Tanto na medicina quanto na engenharia, dadas suas peculiaridades, existem variações nas formações. Na medicina estão implicadas a cardiologia, a oftalmologia, a pediatria, entre outras; na engenharia, tem-se a civil, elétrica, mecânica, de computação etc. Assim, além da formação acadêmica mais ampla, há identidades (ou subidentidades) que revelam inúmeras especialidades, isto é, as diferentes atividades especializadas forjam determinadas identidades. Em momento algum a ética surge como elemento diferenciador de uma profissão ou especialização para outra. A ética faz parte do código de conduta das profissões. O que faz de um médico um médico, e não um engenheiro, não é sua conduta moral, mas a formação acadêmica.

A lógica da construção da identidade do profissional de representação de interesse é profundamente diferente das profissões citadas. Em certa medida, podemos dizer que sua identidade profissional rejeita a formação acadêmica específica. Em alguns casos, a formação acadêmica é uma forma de barreira à identidade como profissional de representação de interesse. Para compreender a questão da formação da identidade do profissional de representação de interesse, devemos começar pela seguinte indagação: Como construir uma identidade profissional de um grupo tão heterogêneo que, para

---

3 *De forma alguma entendemos que a construção da identidade dos médicos, engenheiros, arquitetos e enfermeiros seja algo simples de explicar. Contudo, a formação acadêmica é uma forma simples e evidente de explicar essas identidades. Tais formações serviram apenas como exemplos ilustrativos.*

o pleno exercício de suas atividades, depende de uma pluralidade de formações acadêmicas?

A tese de Oliveira (2004) apresenta a pluralidade de formações acadêmicas dos lobistas: direito, relações públicas, publicidade, educação física, relações Internacionais, filosofia, jornalismo, matemática, ciência política, economia e administração. Desse conjunto de formações acadêmicas supracitadas, duas em especial sempre concorreram para assumir como suas as atividades de representação de interesse: direito e relações públicas. Essas duas formações profissionais ocupam, desde há muito, lugar de destaque no mercado de representação de interesse. De acordo com Oliveira (2004, p. 57),

desde meados da década de 80 os profissionais da área de relações públicas defendem que a atividade seja privativa de sua categoria. Segundo esses profissionais, é o relações públicas quem trabalha no setor responsável pela divulgação da marca da empresa, dos valores e princípios da instituição e por seu relacionamento com os diversos públicos externos, como os clientes, os consumidores, os fornecedores, os concorrentes, o mercado publicitário e a imprensa. Apresenta, assim, o perfil requerido para o exercício da atividade. Existe até um nome específico para a atividade restrita aos profissionais de relações públicas: relações públicas governamentais.

Assim, ou os profissionais de relações públicas assumiriam a identidade como profissional lobista, ou os lobistas assumiriam a identidade como relações públicas, uma vez que os "profissionais de relações públicas defendiam uma espécie de reserva de mercado no exercício das atividades profissionais como lobistas" (Oliveira, 2005, p. 36).

O momento (década de 1980) em que os profissionais de relações públicas pleitearam para si as atividades de representação de interesse coincide com o início do processo de profissionalização da representação de interesse no Brasil. Em 1958, durante a I Conferência

Nacional da Ordem dos Advogados do Brasil, o advogado Nehemias Gueiros alertou para o alargamento da atuação dos advogados para além de atuações nos tribunais:

> O advogado afirmou que havia uma hipertrofia da intervenção do Estado nas relações sociais e que em consequência desse fato, havia um possível alargamento da área de influência do advogado até ao campo da atividade legislativa. A atividade legislativa, em sua opinião, compreendia a assessoria a parlamentares e às comissões da Câmara dos Deputados e do Senado. Para Gueiros, seria dever do advogado atuar no patrocínio de interesses e não apenas na defesa de direitos dos seus clientes. (Oliveira, 2004, p. 58)

Esse alargamento em direção às atividades legislativas "compreendia a assessoria a parlamentares e às comissões da Câmara dos Deputados e do Senado". Entendia Gueiros que "seria dever do advogado atuar no patrocínio de interesses e não apenas na defesa de direitos dos seus clientes" (Oliveira, 2004, p. 58).

Para a constituição de uma identidade, o profissional de representação de interesse teria de se formar como profissional de uma área autônoma à formação em direito e em relações públicas, embora, é preciso reconhecer, seus conhecimentos sejam importantes para a atuação no mercado de representação de interesse. Os argumentos em prol da formação em direito e em relações públicas são potencialmente eloquentes. No entanto, as atividades do profissional de representação de interesse não se transformaram em atividades cativas dessas duas formações. Por quê? Não temos uma resposta pronta e acabada, porém, algumas evidências nos levam a reflexões significativas.

A primeira consiste na falta da regulamentação do lobby no Brasil. As inúmeras tentativas fracassadas para regulamentar a atividade lobista no Brasil tiveram início na década de 1970, atravessaram as décadas de 1980 e 1990 e se estendem até os dias de hoje. No entanto, "Apesar da inação do Estado, os próprios lobistas encontram maneiras de trazer alguma ordem ao caos instalado na esfera de representação de interesses no Brasil" (Oliveira, 2004, p. 222). A inação do Estado levou os lobistas a tentar a autorregulação. De acordo com (Oliveira, 2004, p. 220), "Desde 1997 alguns lobistas tentam formar uma associação profissional, nos moldes da Liga Americana de Lobistas, criada em 1979 em Washington". A autorregulação foi outro óbice para tornar as atividades de representação de interesse cativas dos profissionais do direito e das relações públicas.

Uma vez que os lobistas eram (e ainda são) formados nas diversas áreas do conhecimento, nas propostas de autorregulação não constavam as atividades como dessas duas áreas de formação, isso é uma obviedade. A preocupação em impedir que alguma área do conhecimento viesse a tornar o lobby cativo já se revelava no início do século XXI. Oliveira (2004, p. 221) identificou, no *site* da empresa de consultoria Patri, sugestões que deveriam constar da regulação do lobby no Brasil. Entre as diversas sugestões, "estender a atividade a todas as categorias profissionais". Havia a preocupação de não tornar as atividades como cativas de nenhuma formação profissional. Os lobistas entrevistados pela autora também comungavam dessa opinião: "Segundo os lobistas entrevistados, o que determina se uma pessoa está apta a exercer a atividade de suporte ao lobbying é a sua habilidade em captar, organizar e redirecionar a informação captada e não a sua formação acadêmica" (Oliveira, 2004, p. 57). Isso denota que a identidade do profissional de representação de interesse estabelece-se como autônoma, rejeitando qualquer formação acadêmica. Assim, sua identidade profissional deveria ser forjada em outro lugar que não fosse a formação acadêmica. Contudo, como criar uma identidade profissional quando o lobby é socialmente definido como corrupção e tráfico de influência? A própria identidade, para se constituir, carecia de legitimidade.

As formações profissionais supracitadas não carecem de legitimidade, por sua vez, o profissional de representação de interesse atua em uma área que está sempre sob suspeição: na relação entre o público e o privado. A Carta de Princípios do Irelgov distingue o profissional de representação de interesse daqueles que atuam na representação de interesse praticando corrupção e/ou tráfico de influência pela admissão da ética da transparência, e não por sua formação ou adesão às entidades representativas. É assim que vem sendo construída a identidade do profissional de representação de interesse. A transparência figura na Carta de Princípios como atributo moral, e não na condição de atributo legal. De acordo com o documento,

> *Prezar pela transparência nas relações governamentais, permitindo que a sociedade tenha acesso às informações sobre o comportamento ético e responsável dos profissionais de relações governamentais associados. O IRelGov disponibilizará dados e informações que permitam a avaliação dos efeitos sociais das atividades realizadas.* (Irelgov, 2020b, p. 2)

Na carta, a transparência é um princípio ético a ser seguido pelos profissionais de representação de interesse, independentemente de regras formais. A Carta de Princípios, na verdade, é um código de conduta ética. É comum as instituições representativas elaborarem os respectivos códigos de conduta ética. Essa é uma prática frequente desde associações voluntárias até conselhos profissionais, como de medicina, engenharia, arquitetura, enfermagem, entre outros. Não seria diferente, portanto, quando se trata das instituições representativas dos profissionais de representação de interesse.

Na Carta de Princípios, a ética da transparência reserva lugar fundamental como componente simbólico, uma vez que ela faz parte da construção da identidade profissional daqueles que atuam no mercado de representação de interesse, indo além de um código de conduta. No plano simbólico, a ética da transparência é, na verdade, o motivo de identificação como grupo, por um lado, e como profissional, por outro. Ela assume a posição de um atributo simbólico fundamental na construção da identidade do profissional de representação de interesse.

Esse profissional sempre esteve sob suspeição no "tribunal social" quanto à sua conduta ética democrática, de forma especial na representação do interesse econômico. Aqueles que chegam aos tribunais por cometerem práticas de corrupção e/ou tráfico de influência são apresentados na mídia como lobistas (profissionais de representação de interesse). A questão da ética (que orienta a conduta moral), associada à transparência (legalidade/princípio moral), é atributo que constrói a identidade do profissional de representação de interesse, mas que, por outro lado, afeta a legitimidade dessa identidade no "tribunal social".

Outra importante entidade de representação de interesse é a Abrig, fundada em 2007 "com a motivação de fortalecer a profissão por meio da ética, transparência e representatividade democrática" (Abrig, 2017, p. 12). Essa entidade focaliza a profissionalização da representação de interesse do ponto de vista qualificacional. Assim, podemos afirmar que o Irelgov centra-se na questão da reputação, e a Abrig está preocupada com a qualificação profissional, o que revela uma situação de complementaridade entre a duas entidades[4].

---

4   Não estamos, aqui, rotulando as entidades, pois ambas se preocupam com a reputação e a qualificação profissionais. No entanto, quando analisamos as revistas, os temas, as pesquisas, chegamos a essa possibilidade de divisão. Por isso a escolha por utilizar as expressões centralidade e foco.

Vejamos como a Abrig trata a questão da ética. O Código de conduta da Abrig traz, de forma enfática, em seu art. 1º, inciso III: "preservar a imagem e a reputação do Profissional de Relações Institucionais e Governamentais, cuja conduta esteja de acordo com as normas éticas estabelecidas neste Código" (Abrig, 2020a). A ética se apresenta como um princípio orientador que diz respeito diretamente à imagem e à reputação desse profissional.

A transparência não é somente discursiva, uma vez que a entidade prescreve a conduta. O Código de Conduta oferece orientações nesse sentido, como se lê em seu artigo 17: "O profissional deve observar o caráter oficial de sua comunicação com agentes públicos, devendo abster-se de com estes tratar informalmente de assuntos em que tenha interesse em razão de suas atividades profissionais" (Abrig, 2020a). A relação entre o profissional de representação de interesse e autoridades políticas deve ter caráter oficial. Quando se trata de transparência, o Código de Conduta se assemelha a um manual de instruções. No parágrafo 1º do mesmo artigo, aumenta-se o grau de detalhamento:

> *A comunicação com agente público deverá seguir as normas da Administração com respeito à sua formalização e deverá oferecer a identificação do interessado, data e hora em que pretende ser ouvido e, quando for o caso, as razões da urgência, o assunto a ser abordado; e a identificação de acompanhantes, se houver, e seu interesse no assunto.* (Abrig, 2020a)

As orientações detalhadas continuam no parágrafo 2º:

> *As audiências com agente público terão caráter oficial ainda que realizadas fora do local de trabalho, devendo o profissional atentar para as exigências normativas quanto ao dever de o agente público estar acompanhado de pelo menos um outro servidor público ou militar; e de ser mantido*

registro específico de tais audiências, com a relação das pessoas presentes e os assuntos tratados. (Abrig, 2020a)

A ênfase na transparência é visível no Código de Conduta, a qual acontece em duas esferas. Na esfera pública, entre o profissional de representação de interesse e os agentes públicos, e na esfera privada, entre os profissionais de representação de interesse e seus clientes ou empregadores. Isso fica evidenciado no artigo 6º, parágrafo 2º: "Se um trabalho para determinado cliente puder vir a ter um significante impacto adverso sobre o interesse de outro cliente, o profissional deve informá-lo disso e obter seu consentimento mesmo que não se o esteja representando no mesmo assunto" (Abrig, 2020a). O Código de Conduta da Abrig prima pela ética da transparência, mostrando-se, assim, um elemento de construção da identidade do profissional de representação de interesse. No ano de 2019, a Abrig publicou uma cartilha abordando diversos aspectos pertinentes à representação de interesse. O título dela é bastante significativo: *Cartilha de Relações Institucionais e Governamentais (RIG) da Abrig: diálogo, ética e transparência.*

Como estamos tratando, mais uma vez, de uma entidade representativa, é importante compreender a dimensão da reprodução, isto é, qual a perspectiva, a visão de mundo, a personificação da Abrig para a criação da identidade do profissional de representação de interesse? A Cartilha preza por "divulgar de forma clara, prática e objetiva os principais conceitos e definições da atividade de Relações Institucionais e Governamentais (RIG) no Brasil" (Venuto; Fayet; Navarro, 2019, p. 5); integrando, claramente, a dimensão da reprodução.

A Cartilha lança, ainda, uma pergunta interessante: "Como é possível garantir a ética e a transparência nas Relações Institucionais e Governamentais (RIG)?" (Venuto; Fayet; Navarro, 2019, p. 17). A relação entre ética, transparência e democracia é construída de maneira enfática, ao asseverar que:

> *Atualmente, nas sociedades democráticas e modernas, é imprescindível conduta ética e transparente. Os acontecimentos recentes mostram como práticas ilegais e antiéticas podem causar sérios danos às empresas, entidades setoriais, representantes de governos e ao País. A escolha de profissionais devidamente capacitados, inclusive nos aspectos envolvendo ética e profissionalismo, é medida fundamental.* (Venuto; Fayet; Navarro, 2019, p. 17)

Sem fazer uso das expressões *corrupção* e *tráfico de influência*, a Cartilha distingue a conduta profissional ética e transparente, de um lado, das práticas ilegais e antiéticas, de outro. Esses "acontecimentos recentes" são uma clara alusão aos episódios de corrupção na política brasileira, que envolveram pessoas rotuladas como lobistas. Embora faça referência à ilegalidade, a Cartilha traça a diferença entre *nós*, dotados de ética e transparência, e *eles*, corruptos e traficantes de influência. Na Cartilha, a transparência aparece como uma questão de legalidade e como um imperativo moral, algo abstrato, uma visão de mundo. Quanto ao aspecto legal, a Cartilha faz referência às frentes para regulamentar a representação de interesse no Brasil:

> *Essas frentes objetivam complementar as normas gerais já vigentes, preenchendo os vácuos legais restantes, especialmente, no que tange à promoção de maior transparência no processo de participação social nas discussões de políticas públicas, garantindo que estas sejam feitas em benefício do nosso país e sociedade.* (Venuto; Fayet; Navarro, 2019, p. 9)

Há um componente normativo, que aparece em um momento específico da Cartilha, relacionando transparência à garantia de "benefício do nosso país". Por exemplo, a Cartilha informa que a Organização para a Cooperação e Desenvolvimento Econômico (OCDE) orienta que seus países membros regulamentem o lobby, indicando a transparência como um dos princípios a serem seguidos. Assim, a Cartilha apresenta a transparência não apenas como regra, mas como princípio de boas práticas, um imperativo moral, uma ética da transparência.

Tanto a Abrig quanto o Irelgov mobilizam a ética e a transparência para construir a identidade do profissional de representação de interesse. É importante ressaltar que, de forma mais ampla, a identidade é construída sob o rótulo de *relações governamentais*. A Abrig, por sua vez, faz uso indiscriminado da expressão *relações institucionais e governamentais*. Para as duas entidades, a ética e a transparência são fortes elementos para a formação da identidade, diferenciando seus associados daqueles que atuam na representação de interesse por meio da corrupção e tráfico de influência. A expressão *fortes* assume, aqui, um significado: de que a ética e a transparência (ética da transparência) são os principais elementos da profissionalização, ao lado da qualificação profissional.

Embora não elencada como documento a ser analisado, destacamos uma mensagem publicada na *Revista da Abrig* como exemplo de reflexo dessa identidade propagada, na qual a Associação faz um convite para que conheçamos a entidade. O título da mensagem é bastante sugestivo: "Você acredita em ética e transparência entre o público e o privado? Então você tem que nos conhecer" (Abrig, 2016, p. 6). De início, a mensagem parte da definição socialmente hegemônica de que não é possível uma relação ética e transparente entre público e o privado. Uma alusão aos que representam interesses fora da ética e da transparência (*eles*). Em um segundo momento, a mensagem informa que há a possibilidade de ser ético e transparente, convidando o leitor para que conheça a Abrig (*nós*), entidade que se orienta pela ética e pela transparência. Em uma só mensagem a Abrig rivalizou *nós*, éticos e transparentes, e *eles*, não éticos e não transparentes, mas sem negar a existência espúria entre o público e o privado. Continua a mensagem:

> **A Abrig, Associação Brasileira de Relações Institucionais e Governamentais**, *é formada por profissionais, associações, entidades e empresas interessadas na participação social, nas discussões de políticas públicas de forma Ética e Transparente.* **Se você acredita nesses valores, venha conosco, pois juntos somos mais fortes**. (Abrig, 2016, p. 6, grifo do original)

A mensagem deixa clara a construção da transparência como um princípio, uma identidade, uma marca que identifica esse profissional. A ética da transparência se revela como um princípio definidor e que distingue *nós* e *eles*. A dúvida lançada na chamada, sobre a possibilidade da relação ética da transparência entre púbico e privado, reflete a visão que a sociedade tem sobre a atividade do profissional de representação de interesse. Chama atenção, no *site* da Abrig[5], mais especificamente na aba "quem somos", a construção de texto em torno das palavras *ética* e *transparência*, revelando a identidade do profissional de representação de interesse construída pela Instituição. O simbolismo do carimbo é muito significativo. Outra forte evidência da ética da transparência como sendo a identidade encontra-se no título do prêmio da Abrig: *Prêmio Marco Maciel – Ética e Transparência na Relação entre o Público e o Privado*. De acordo com a Abrig,

---

5   *Para consulta ao site, acesse:* <https://abrig.org.br/quem-somos>.

> O seu principal objetivo do Prêmio Marco Maciel é propagar a importância da atividade de Relações Institucionais e Governamentais (RIG) no Brasil, premiando instituições que, por intermédio de personalidades, profissionais, acadêmicos, autoridades públicas e jornalistas, venham a colaborar de forma ética, transparente e legal com o fortalecimento da atividade. (Abrig, 2020b)

A transparência como um princípio, logo como uma ética, está no centro da construção da identidade do profissional de representação de interesse. Assim, a ética da transparência surge como distinção entre o profissional de representação de interesse e os que fazem uso da corrupção e/ou tráfico de influência na relação entre o público e o privado.

(3.2) ÉTICA DA PROFISSIONALIZAÇÃO COMO ATRIBUTO DA CONSTRUÇÃO DA IDENTIDADE DO PROFISSIONAL DE RELAÇÕES GOVERNAMENTAIS

A análise aqui desenvolvida considera o contexto da segunda década do século XXI, já sucintamente descrita na Seção 3.1. O objetivo é apresentar, de maneira imbricada, como figura, na Carta de Princípios do Irelgov, na Cartilha de Relações Institucionais e Governamentais e no Código de conduta da Abrig, a profissionalização como uma identidade do profissional de representação de interesse.

Esses documentos refletem os princípios identitários de um grupo organizado, porém ainda em processo de formação. Mas, ao mesmo tempo que mostram esses princípios identitários, também intervêm no contexto reproduzindo os mesmos princípios, justamente por serem instrumentos de comunicação. De acordo com Cardoso, Batista e Graça,

> *Ao intervirem no contexto num clima de cooperação com os outros profissionais, os indivíduos reconstroem a identidade profissional. Essa intervenção passa necessariamente por práticas comunicacionais (Sfard; Prusak, 2005) e por processos de reconhecimento, num contexto específico e num determinado espaço de tempo.* (Cardoso; Batista; Graça, 2016, p. 379)

Os documentos analisados são consumidos como práticas comunicacionais, logo, são instrumentos de intervenção para formação da identidade. Podemos entendê-los também como instrumento de "produção da diferença e do sentimento de pertencimento" (Ennes, Marcon, 2014, p. 289). Assim, analisá-los significa, para este estudo, identificar a ética[6] (os princípios) que orienta a construção da identidade do profissional de representação de interesse.

Conforme já dito neste trabalho, a expressão *ética* é vista pela análise dos princípios orientadores de uma conduta, logo, a **ética da profissionalização** acaba por significar a própria investigação das duas entidades representativas, ou seja, como essa ética (da profissionalização) se faz presente. A expressão *ética da profissionalização* corresponde às questões de competência técnica, especializada e qualificação profissional, logo, instrumental e material. No entanto, nesses documentos, é elevada ao nível simbólico, imaginário, como construção de uma identidade (*nós*) em oposição à outra (*eles*). Entendemos que a profissionalização é um elemento importante da construção da identidade do profissional de representação de interesse, logo,

---

6   *Ética aparece aqui como princípio, uma vez que ética e moral se confundem, como mostrado na Seção 3.1.*

é um atributo também[7] simbólico. Assim, a profissionalização se torna uma questão ética. Estamos, portanto, diante de dois desafios: (1) levantar evidências de que a profissionalização é um atributo ético e (2) validar a importância desse atributo para a formação da identidade do profissional de representação de interesse.

Mais uma vez, nosso objeto de investigação são as duas entidades representativas, a Abrig e o Irelgov, mais especificamente os documentos já referenciados. É importante lembrar que um dos objetivos centrais dessas entidades é o de legitimar a função do profissional de representação de interesse no Brasil e, com isso, distingui-lo daqueles que fazem uso de práticas de corrupção e tráfico de influência na relação entre o público e o privado.

Mas ainda não nos perguntamos: Afinal, a profissionalização é um marcador que diferencia a identidade do profissional de representação de interesse daqueles que usam da corrupção e/ou tráfico de influência na representação de interesse? Em outras palavras, a profissionalização é capaz de distinguir *nós* e *eles*? De acordo com a Cartilha da Abrig, "Esse termo [lobby] ainda é explorado por parte da mídia para definir pessoas que praticam uma relação espúria com o Estado, o que não condiz com a atuação dos profissionais que militam de forma técnica, legítima e legal na atividade" (Venuto; Fayet; Navarro, 2019, p. 15). *Eles*, os corruptos e traficantes de influência, não atuam de forma técnica, isto é, profissionalizada do ponto de vista da qualificação profissional para o exercício da atividade de representação de interesse.

---

7   Usamos a expressão *também* porque a profissionalização, para essas entidades, é igualmente apresentada como algo prático (cursos, treinamentos, qualificação, formação profissional em áreas correlatas etc.)

Em outro momento, a Cartilha apresenta como solução às práticas ilegais e antiéticas a capacitação de profissionais, prezando pela atuação ética e pela manutenção do profissionalismo (Venuto; Fayet; Navarro, 2019). A expressão *profissionalismo* indica um marcador que distingue o profissional (qualificado e ético) do corrupto e traficante de influência (não profissional e não ético). Como podemos ver, o profissionalismo é capaz de instaurar a diferença entre *nós* e *eles*. No entanto, é importante diferenciar *profissionalismo* de *profissionalização*. Profissionalismo é uma atitude que envolve ética, transparência, dedicação, competência técnica, honestidade, comprometimento. O profissionalismo apresenta forte componente normativo. Por sua vez, a profissionalização, embora faça parte do profissionalismo, é um processo de capacitação, treinamento, qualificação etc., logo, neutro. Assim, não basta ser ético, transparente, honesto, comprometido. É necessário ter capacitação técnica para completar o profissionalismo do profissional de representação de interesse. A profissionalização é considerada pelas entidades também como um componente ético importante para construção da identidade do profissional de representação de interesse.

Sabemos que representar interesse via corrupção e/ou tráfico de influência significa agir à revelia do profissionalismo como atitude ética e transparente. Mas, resta saber: Como elevar a profissionalização a um princípio ético se corruptos e traficantes de influência utilizarem requisitos técnicos, como, por exemplo, levantamento de dados, relatórios, entre outros, próprios do profissional de relações governamentais? A tentativa de resposta nos leva a acreditar que a profissionalização parece ser um elemento neutro, podendo ser usufruído tanto por profissionais éticos quanto por corruptos e traficantes de influência. No entanto, o questionamento se abre: Ao procurar pela saída da corrupção e/ou do tráfico de influência, por que há a necessidade do uso de dados, relatórios, análises técnicas na tentativa de convencer e/ou persuadir, visto que o convencimento e a persuasão têm a seu dispor o dinheiro e os laços pessoais ("amigos do rei")?

Nesse sentido, Oliveira (2004) nos convence de que ambos (o convencimento e a persuasão), para que sejam considerados especializados, dependem do conhecimento técnico, qualificado, que chega somente por meio de levantamentos, relatórios, dados de uma maneira geral. Afinal, a representação de interesse funciona na condição de saber especializado. O profissional de representação de interesse pode ser ético e transparente, porém, se não for qualificado (profissionalização), será um amador. A profissionalização rivaliza com o amadorismo. Somente se esse profissional detiver todos os componentes, integrará o âmbito do profissionalismo.

A ética da transparência é importante para a manutenção da relação entre o público e o privado, mas não é tudo. Quem contratará uma pessoa para atuar no mercado de relações governamentais apenas pelo atributo da ética da transparência? Essa ética, isolada, não passa de um traço de caráter, importante, sim, porém longe de qualificar alguém como um profissional de representação de interesse. A diferença entre um profissional de representação de interesse daquele que faz essa representação por meio da corrupção e/ou tráfico de influência é a sua **capacidade técnica** aliada à **ética da transparência**, como relata Barbieri,

> *Em uma conversa com um Senador americano, ao lhe perguntar sobre a presença de 'lobbyst' (lobistas) em seu gabinete, ele me respondeu: 'há forma mais barata para o congressista americano saber e decidir sobre um assunto do que recorrer aos 'lobbies'? 'E prosseguiu: 'um senador americano é instado a opinar e decidir sobre uma plêiade muito grande*

de assuntos sobre os quais não tem condições de ter conhecimento e de ter preparo para fazê-lo de forma adequada e justa. Menos ainda para saber se sua decisão estará de acordo com sua consciência e convicções'. 'Eu', disse ele, 'para cada assunto que tenho que decidir, busco no catálogo dos lobistas registrados em Washington os mais credenciados e de posições antagônicas e os convido para debaterem estes temas em meu escritório, assisto estes debates juntamente com meus assessores, faço perguntas e aí e somente aí, tomo minha decisão. (Barbieri citado por Oliveira, 2004, p. 222-223)

O relato de Barbieri faz alusão ao saber especializado, ao conhecimento técnico, à profissionalização, à apresentação de dados, análises, relatórios, competência técnica. Se o congressista fosse pautar sua decisão pela corrupção e pelo tráfico de influência, para que ouvir especialistas?

Dessa forma, a especialização, a capacitação técnica, a profissionalização da representação de interesse tornam-se um valor em si. São valores democráticos que passam de um elemento neutro para outro simbolicamente importante no jogo da democracia, isto é, se transformam em um elemento importante para tomada de decisão política. A profissionalização está instaurada, portanto, em um processo de ressignificação. A especialização distingue *nós*, profissional de representação de interesse, de *eles*, corruptos e traficantes de influência. A profissionalização surge como um marcador simbólico de distinção identitária e é tão importante para o profissionalismo quanto para a ética da transparência. Nesse sentido, definimos a ética da profissionalização como componente simbólico importante que norteia a identidade desse profissional.

E por que simbólico se igualmente instrumental? Ilustraremos com um caso hipotético em que um "profissional" de representação de interesse convence determinada autoridade pública pela via da corrupção ou do tráfico de influência. No entanto, a autoridade pública solicita, ao "profissional" de representação de interesse dados, relatórios, análises que justifiquem sua decisão tomada frente aos seus pares. Temos aqui a solicitação de um componente especializado, logo, profissional.

A hipótese levantada, percebe-se, difere e muito do caso do congressista americano. Primeiro porque o congressista ouviu dois lados antagônicos para depois tomar a decisão; ele seria persuadido, portanto, pela via do convencimento técnico e especializado. No caso hipotético, por outro lado, a decisão foi tomada antes dos relatórios, das análises e dos dados. A questão técnica serviria apenas de justificativa para uma farsa e, mesmo diante de dados contraditórios, haveria parcialidade no embasamento técnico. A profissionalização (competência técnica), nesse caso, seria um atentado à prevalência do interesse público sobre o privado. No caso hipotético, o "profissional" de representação de interesse também não teria comprometimento com validade científica, podendo omitir dados e informações, escolher metodologias inadequadas, recolher dados não atualizados, entre outras formas de invalidação científica. Essa atitude pode ser qualificada como não ética e não transparente, além de indicar manipulação da informação, contrariando, assim, a objetividade e a propagada neutralidade científica. Portanto, esse caso não é investido de uma ética da profissionalização, visto que essa ética depende do comprometimento da capacidade técnica em buscar a **objetividade**[8] dos dados, das análises e da elaboração de relatórios. Na ética

---

8   *Não usamos a expressão neutralidade porque é muito cara a qualquer analista. Mesmo que estejamos em busca da neutralidade, nossos posicionamentos ideológicos podem influenciar os resultados. O tipo de objeto que escolhemos e o tipo de pergunta que formulamos afetam a neutralidade. Por isso a opção pela palavra* objetividade.

da profissionalização, o convencimento acontece por meio de dados, análises, relatórios. Estes são a fonte do convencimento. A conduta baseada na ética da transparência e na ética da profissionalização forma o que chamamos de *profissionalismo*, na perspectiva das entidades analisadas.

O Código de Conduta da Abrig é bastante revelador do significado de ética da profissionalização em seu artigo 3º: "As atividades de Relações Institucionais e Governamentais devem ser conduzidas com honestidade e integridade". E torna-se mais explícito ainda no parágrafo 1º: "A comunicação com agentes públicos e com outros interessados deve ser verdadeira e buscar prover informação factualmente correta, atual e precisa" (Abrig, 2020a). A ética da profissionalização é muito exigente quanto à informação precisa e atualizada, fundamental para fomentar a credibilidade, logo, vital para a reputação da capacidade técnica do profissional de representação de interesse. Isso fica explícito no parágrafo 2º do Código de Conduta: "Caso a informação fornecida a um agente público ou outro interessado revele-se ou, em razão de mudança material, torne-se imprecisa de forma relevante e significativa, deve-se prontamente prover a informação correta e atualizada à pessoa interessada ou ao agente público" (Abrig, 2020a). O artigo 3º, em seus parágrafos 1º e 2º, já textualmente citados, faz clara alusão ao saber especializado, sobre o qual tratou Oliveira (2004), no sentido de que os relatórios, as análises, o levantamento de dados fazem parte do saber especializado.

O Código de Conduta também contemplou a representação técnica, em seu artigo 5º, que trata do "dever do profissional conduzir suas atividades de modo profissional e justo", bem como no parágrafo 1º, que fornece clara orientação quanto à representação técnica: "É sua obrigação manter-se a corrente do conhecimento especializado dos processos legislativos e governamentais com vistas a poder bem representar seus clientes ou seu empregador" (Abrig, 2020a).

Há três reputações em jogo quando se trata do profissional de representação de interesse: a reputação *moral* (corrupção/tráfico de influência), a reputação relativa à *transparência*[9] e outra relativa à *capacidade técnica*. Os documentos analisados fazem referência a esses três tipos de reputações, que formam o triângulo do profissionalismo.

Na Carta de Princípios do Irelgov (2020b), essa distinção entre profissionalismo e profissionalização aparece de forma bem distinta. O profissionalismo vem acompanhado necessariamente das noções de competência, ética e transparência quando o instituto reconhece "a importância da formação ética, técnica, responsável e transparente dos associados que atuam na área de relações governamentais, com base nos princípios [...] e na troca de boas práticas do mercado" (Irelgov, 2020b, p. 3)

Outrossim, o Irelgov elenca os quatros componentes do profissionalismo, sendo: ética, técnica, responsabilidade[10] e transparência, os quais compõem um conjunto de princípios, a saber: legitimidade, legalidade, transparência, boas práticas, condutas reprováveis e divulgação. De maneira geral, nenhuma surpresa até aqui. Vale ressaltar o extenso espaço, três páginas da Carta de Princípios, dedicado à profissionalização. A carta define como princípio da profissionalização

---

9 *A falta de transparência nem sempre pode ser entendida como corrupção e/ou tráfico de influência. Por exemplo: uma consultoria política, contratada por uma empresa para defender seus interesses, guarda sigilos entre a contratante e a contratada. Esse sigilo deve estar garantido. O que não deve haver é falta de transparência na representação de interesse junto aos tomadores de decisão política e que vá de encontro ao interesse público. No entanto, isso não exime, considerando as regras da Abrig e do Irelgov, que questionamentos quanto à transparência possam ser feitos.*

10 *A única vez que a palavra responsabilidade aparece no texto faz referência à responsabilidade democrática.*

"Promover atividades de formação e profissionalização, com foco na atuação estratégica", bem como fomentar a "Geração de conteúdo, troca de experiências, discussões, elaboração e divulgação de estudos" (Irelgov, 2020b, p. 3).

A preocupação com o tema da profissionalização em uma Carta de Princípios é bastante significativa, no sentido de colocá-la na condição de princípio orientador, logo, um elemento de identidade. Essa preocupação com a profissionalização revela-se mais enfática quando o documento assevera a necessidade de "Desenvolver e divulgar a todas as partes interessadas um programa ativo e contínuo de aperfeiçoamento técnico e ético de relações com as pessoas e entidades públicas ou privadas envolvidas nas atividades realizadas por profissionais de relações governamentais associados" (Irelgov, 2020b, p. 2).

Sobre a ética e a técnica figurarem como princípios de orientação e distinção entre *nós* e *eles*, a Carta de Princípios chega a um grau de detalhamento não esperado a respeito especificamente do saber especializado:

> *Ressaltar que o profissional de relações governamentais dedica-se ao preparo, estudo e comunicação sobre a legislação, o desenvolvimento de discussões legislativas, trabalho em coalisão com partes cujos interesses são convergentes, fornecimento de informações a oficiais públicos e empresários acerca das implicações das decisões tomadas, dentre outras atribuições essenciais à tomada de decisões no setor público.* (Irelgov, 2020b, p. 3)

Esse grau de detalhamento é revelador da profissionalização como princípio orientador, logo, como uma ética da profissionalização, que se revela também como atributo para a construção da identidade do profissional de representação de interesse. A ética da transparência e a ética da profissionalização são marcadores indeléveis de distinção entre a representação de interesse profissional, de um lado, e a representação de interesse via corrupção e tráfico de influência, de outro. Denota-se que a ética da transparência, que tomou ênfase na segunda década do século XXI, está relacionada à Operação Lava Jato e, por consequência, à ampla cobertura da mídia, que denominava os operadores dos esquemas de corrupção como *lobistas*.

Entretanto, a ênfase na ética da profissionalização tem dois sentidos. O primeiro é representar tecnicamente e da melhor forma possível seu cliente ou empregador. Entendemos que essa questão se torna relevante na segunda década do século XXI pela necessidade da alta qualificação profissional (profissionalização), em vista do aprofundamento da complexidade do processo de decisão política ocorrido no início deste século, conforme estudado no Capítulo 2. O segundo está no saber especializado, que envolve a capacidade técnica para levar informações qualificadas aos tomadores de decisão política. Assim, a qualificação é um valor simbólico, um bem democrático. No entanto, esse valor simbólico da profissionalização se relaciona como a expressão imprecisa da prevalência do interesse público, tema da próxima seção.

(3.3)
RELAÇÕES GOVERNAMENTAIS E O DILEMA DO INTERESSE PÚBLICO

Um dos dilemas para o profissional de representação de interesse é fazer convergir interesse privado e interesse público. Dilema esse de difícil solução, uma vez que o lobby é entendido por muitos como corrupção e tráfico de influência, que são vias ilegais de representação de interesse. O lobby também enfrenta perda de legitimidade social mesmo pelas vias legais de representação, visto o entendimento de que o lobby privilegia o interesse privado, particularista e egoísta em detrimento do interesse público, contrariando assim preceitos democráticos.

O lobby figuraria, desse ponto de vista, entre o ilegal e o ilegítimo.

Como, então, lidar com esse pensamento social atribuído à representação de interesse, em especial aos profissionais que atuam na representação de interesse econômico? Oliveira (2004, p. 155) alerta para essa condição:

> *Há uma "legitimidade relativa" quando se fala em defesa de interesses no Brasil. Se um órgão estatal ou sindicato de trabalhadores defende seus interesses, esse ato é considerado legítimo. No entanto, quando empresas privadas o fazem, sempre paira uma suspeita de que essas empresas estejam buscando vantagens ou defendendo interesses egoísticos ou particularistas.*

Mesmo provando a legalidade da representação de interesse, ainda que se regulamente a atividade de representação de interesse no Brasil, o profissional estará sempre diante das seguintes perguntas: Que interesse está sendo representando? É um interesse público ou um interesse privado, particularista e egoísta? Graziano (1997) chama atenção para o dilema do interesse público:

> *Gostaria de começar pela observação de um paradoxo recente: se a preocupação tradicional dos estudiosos de orientação liberal, especialmente os teóricos do pluralismo, tem-se voltado para a questão da autonomia da sociedade civil, mais recentemente as atenções têm convergido para o problema do interesse público — seu ofuscamento e sua erosão em meio a demandas competitivas. Grande número de estudos têm comprovado essa mudança: a redefinição do conceito de interesse público, feita por Schattscheneider (1960), como causas que qualquer pessoa poderia subscrever, em oposição à natureza exclusiva de interesses especiais, e sua*

concepção da liberdade política como a possibilidade de escolher entre o público e o privado, o governo ou "os negócios".

As sociedades democráticas levam até o Estado inúmeras demandas particulares, competitivas (em razão dos recursos escassos) e conflituosas. Qual delas é a que mais representa o interesse público? Podemos definir graus de interesse público? Quem fala em nome do interesse público, grupos sociais ou o Estado? Vejamos o que ensina Graziano (1997):

> *Interesse público e* intérêt général[11] *correspondem a duas concepções diferentes do que é público. Na primeira expressão, "público" se refere ao que existe de comum numa coletividade e, também, a um espaço público (como um jardim público). Designa, então, uma arena que pertence tanto ao Estado quanto à sociedade. O conceito de esfera pública em Habermas tem uma conotação semelhante: corresponde ao que não é privado na sociedade civil (opinião pública, imprensa, mercado, profissões). Em contraste, o* intérêt général *não pode ser outra coisa senão uma prerrogativa do Estado e de suas instituições. Não pode ser pluralizado e pressupõe uma* vue d'ensemble[12] *da sociedade e de suas necessidades. Embora os atores sociais tenham liberdade para procurar realizar seus vários objetivos, tudo o que é comum, público, de importância suprema para a nação pertence ao âmbito exclusivo do Estado.*

Note que o interesse público pode ser estatal ou aquilo que não é nem privado nem estatal (público não estatal). Mas será que podemos afirmar que o Estado sempre age em prol do interesse público? Logicamente não, visto que a corrupção é um grande exemplo de ação estatal de interesse privado. Assim, o interesse público não se

---

11 Interesse geral.
12 Visão geral.

configura como algo bem definido, mas como aquilo que precisa ser perseguido, um imperativo moral ou político (Graziano, 1997). Segundo Graziano, os autores Schattschneider e Olson foram responsáveis por redefinir a natureza do interesse público, que passou a ser entendida como interesse particular "defendido por organizações particulares que lutam por objetivos mais amplos, mais gerais, do que os 'grupos de interesse específico'" (Graziano, 1997). Será que organizações particulares que defendem causas mais amplas, como meio ambiente, direitos humanos, diretos do consumidor, são portadores do interesse público? Falam em nome do interesse público? O que se denota é que, além do Estado, outros atores passaram ter importância quando se trata de interesse público. Isto é, a vocalização do interesse público se tornou plural.

Há mais questões a serem pensadas: O interesse privado, em essência, afeta de maneira negativa o interesse público? É possível convergir interesse privado e interesse público? O interesse público, em essência, afeta de maneira negativa o interesse privado? Determinado interesse público pode afetar negativamente outro interesse público? De saída, poderíamos responder que não é possível fazer generalizações quando se trata da relação interesse público e interesse privado. A solução é avaliar o caso concreto. Cada caso é um caso em particular. Nesse sentido, há um elemento-chave do qual devemos partir: "não há um interesse público único, mas muitos interesses públicos (no plural)" (Graziano, 1997).

Aqui chegamos ao primeiro entendimento – de que há múltiplos interesses públicos, e não um interesse público, no singular. Isso eleva o interesse público à **subjetividade**, adentra na visão de mundo, em perspectivas distintas, o que remete à ideologia. Isso nos leva ao segundo entendimento – de que o interesse público é um "imperativo moral" (Graziano, 1997). O interesse público, entendido como um **imperativo moral**, relaciona-se intimamente com a ética. Isso significa que o interesse público, antes concreto, passou a ser considerado um princípio, um conceito, uma definição, ou seja, algo abstrato. E nos encaminhamos ao terceiro entendimento – de que o interesse público tem um **valor mítico**, simbólico (Graziano, 1997).

A partir de agora, a expressão *relações governamentais* pode ser concebida como algo que se relaciona intimamente com a definição de interesse público. *Relações governamentais* supera o dilema do interesse público, ou seja, a expressão é capaz de denotar um tipo de relação, com o Estado, que contribui para qualidade da tomada de decisão política, uma contribuição para democracia. O entendimento a respeito das relações governamentais vai além de um imperativo técnico de gerenciamento de múltiplas atividades, conforme defendem Gozetto (2018) e Patri (2011).

A noção de relações governamentais transcende aquele conjunto de atividades da qual o lobby faz parte, ela consegue legitimar uma atividade como lícita. Assim, *relações governamentais* é um imperativo moral que se associa ao mito (no plano simbólico) do interesse público. O interesse público é algo a ser alcançado via relações governamentais, ele funciona como um princípio orientador e de diferenciação entre *nós* e *eles*.

É importante testarmos o interesse público como princípio orientador da representação de interesse. A tese de Oliveira (2004) apresenta entrevistas com vários lobistas, nas quais o dilema do interesse público se faz presente. Vejamos algumas delas:

> *Uma das primeiras atitudes que tomo em relação a um eventual cliente, exatamente pela imagem deturpada do que seja a atividade de lobby, até por parte da própria sociedade, é explicitar o que eu faço e o que eu não faço, pois você pode não ter uma outra oportunidade para fazer isso com*

tranquilidade e sem gerar qualquer constrangimento e também para não frustrá-lo, pois mais adiante ele pode desejar um serviço que se enquadre exatamente no rol daqueles que você não está disposto a executar.

É imprescindível, ainda, que neste primeiro contato você diga a ele que a sua empresa só defende interesses que sejam legítimos e que não colidam com o interesse público e que respeitem os princípios da moralidade e da livre concorrência, entre tantos outros. Você deve ser enfático nisso, não deixando nenhuma esperança para o eventual cliente que você fará diferente do que está dizendo. (Oliveira, 2004, p. 160)[13]

O entrevistado deixou bem claro que o interesse público é um princípio orientador de sua conduta na representação de interesse privado. Entretanto, a entrevista revela que, para o entrevistado, a livre concorrência é um interesse público. Isso seria contestado por uma pessoa com perspectiva à esquerda do espectro político. A ideia de livre concorrência está atrelada ao capitalismo, ao Consenso de Washington, que atende à ortodoxia liberal. Aqui já haveria um conflito no que se refere ao interesse público. Em outra entrevista, evidencia-se o interesse público como princípio orientador:

Eu só represento clientes que tenham a oferecer alguma coisa ao meu país. Está gerando emprego? Vai gerar desenvolvimento? É bom para o país? Se eu conseguir identificar naquele cliente que aquilo que eu vou defender é bom para o país, eu defendo, senão, não defendo. Corrupção, tráfico de influência e venda de acessos não é lobby. (Oliveira, 2004, p. 156)[14]

É importante frisar que, para o lobista entrevistado, a não preocupação com o interesse público, como princípio norteador, distinguia o profissional (*nós*) dos corruptos e traficantes de influência

---

13 Entrevista realizada por Oliveira (2004) com o lobista que ela denominou de lobista A.
14 Entrevista concedida pelo lobista nominado por Oliveira (2004) de lobista C.

(*eles*). Assim, no início do século XXI, o interesse público era um marcador da identidade do profissional de representação de interesse. As entrevistas colhidas por Oliveira (2004) revelam que o interesse público era um princípio orientador da *conduta profissional* do representante de interesse. No entanto, a autora esclarece que "essa não é uma regra geral. Há lobistas que não se preocupam com a causa a ser defendida. Apenas executam seu trabalho, com profissionalismo" (Oliveira, 2004, p. 157). Aqui, o profissionalismo surge como um elemento de neutralidade. O profissionalismo, nessa concepção, não exclui a transparência (ética da transparência) e a competência profissional (ética da profissionalização), porém o interesse público (causa a ser defendida) não entra como um princípio orientador. Entretanto, a força do interesse público como princípio orientador exige, nas sociedades democráticas, que ele seja considerado, mesmo que discursivamente, uma estratégia de convencimento, conforme apontado pelo lobista entrevistado:

> Embora eu defenda interesses específicos de uma determinada empresa, defender interesses de uma entidade é muito melhor do que defender interesses isolados. Porque pelo menos dá a convicção ao parlamentar que o setor todo pensa daquela forma. Ele fica mais seguro. Sempre fica aquela suspeita: será que essa empresa não está querendo ganhar o mercado da outra? O que tem por trás disso? São colocações e suspeitas lógicas. (Oliveira, 2004, p. 156)[15]

Representar o interesse de um setor da economia, e não de uma empresa de forma particular, é uma estratégia de representação de interesse. Isso significa que o interesse representado beneficiará uma coletividade, por exemplo, com a possibilidade de gerar emprego para

---

15   Entrevista realizada por *Oliveira* (2004) com o lobista A.

um segmento industrial, comercial ou de serviços. Isso significa atender ao interesse de determinado público. Mas, vale dizer, não existe apenas um interesse público. Essa iniciativa implicaria dinamizar a economia, logo, aumentar o consumo das famílias, o pagamento de impostos, o que resultaria em investimento do Estado (interesse geral) em saúde, educação, infraestrutura (interesse público mais amplo), na verdade, ao mover a roda da economia, emprego e renda são gerados, e estamos, assim, diante de interesses não particularistas e não egoístas.

É importante destacar que as relações lógicas construídas no exemplo dado seriam alvo de uma análise crítica de analistas localizados à esquerda do espectro político. Essa sequência apresentada está longe de ser um consenso. Apenas a usamos para ilustrar o interesse público como estratégia de convencimento. O interesse público funciona como estratégia porque se comporta como um princípio orientador de toda vida política em contextos democráticos; como já dissemos, ele é um imperativo moral (nível abstrato), com vistas a ser alcançado (nível concreto, pragmático).

Em sua pesquisa, Oliveira (2004) afirmou que lobbying é saber se comunicar. A comunicação é vista como estratégia de persuasão, de convencimento. A questão é: Convencer de quê? Segundo a autora:

> *Sendo assim, o lobista envolve e seduz o tomador de decisão em um processo quase que afetivo. Para isso, não só os argumentos que privilegiam a defesa do interesse público são utilizados. Argumentos emocionais são utilizados para convencê-lo de que tomar uma decisão em contrário do que o lobista defende poderá prejudicar milhões de pobres aposentados, por exemplo.* (Oliveira, 2004, p. 242)

A comunicação na condição de estratégia não significa que ela não esteja orientada pelo interesse público, isto é, que se trata apenas uma farsa, um engodo. A comunicação é, sim, uma estratégia de convencimento, já que existem diversas e sinceras visões do que seja interesse público; é uma batalha estratégica a fim de mostrar para o tomador de decisão política que seu interesse é mais público do que o do outro. Ao decisor, que depende do processo eleitoral para chegar ao poder, o atendimento ao interesse público é concebido como capital político. Nesse sentido,

> *É durante o corpo-a-corpo que o lobista explora a sua relação com o parlamentar, a qual, via de regra, não é uma relação desinteressada. Mostrar os ganhos políticos para a carreira do parlamentar e implementar ações que concorram para esse fim é essencial para alcançar os objetivos desejados.* (Oliveira, 2004, p. 243)

O interesse público como um imperativo moral une o interesse do representado e o interesse do tomador de decisão política. Portanto, corresponde a um imperativo moral e faz parte da estratégia de convencimento. Na condição de imperativo moral, o interesse público figura nos documentos da Abrig e do Irelgov. Na Cartilha da Abrig, a expressão *interesse público* aparece em dois momentos. No primeiro, como alvo de estudos e de debates. E, no segundo, como um ideal a ser alcançado, isto é, na "busca de consenso em torno de soluções por meio das quais prevaleça o interesse público sobre o privado" (Venuto; Fayet; Navarro, 2019, p. 16).

No Código de Conduta da Abrig, a mesma expressão também aparece duas vezes. Entretanto, antes de apresentar esses dois momentos, destacamos o artigo 7º: "O profissional deve vigorosa e diligentemente fazer progredir e defender os interesses de seus clientes ou de seu empregador, para tanto devotando com lealdade tempo, atenção e recursos adequados" (Abrig, 2020a). As orientações fornecidas por esse artigo se enquadram na noção de profissionalismo, no sentido de que a devoção e a lealdade têm o interesse público como guia e como limite. Vejamos de que maneira a expressão *interesse público* desponta nesse documento. O artigo 2º, parágrafo 1º, determina o seguinte:

> *Os profissionais de relações institucionais e governamentais, no exercício de suas atividades, prestam serviço de interesse público e exercem função social, devendo observância aos princípios da ética, da moralidade, da clareza de posições e do decoro, com vistas a motivar o respeito e a confiança do público em geral.* (Abrig, 2020a)

O que se depreende nesse parágrafo é que a prestação de serviço de interesse público deve estar pautada na conduta, uma vez que, observada a ética, baseada na moralidade, os posicionamentos precisam ser claros, e as ações, corretas (decoro). O interesse público não está situado na causa, mas no comportamento; essa é a conduta esperada na relação entre o público e o privado. Nesse sentido, há aqui uma visão peculiar sobre interesse público, que é reforçada no parágrafo 2º do mesmo artigo:

> *Nos processos de decisão em que atuem, os Profissionais de Relações Institucionais e Governamentais deverão atender, também, aos princípios da transparência, da participação e da prevalência do interesse público; sempre agindo com respeito estrito à legislação vigente, às boas práticas, às normas de conduta estabelecidas pela ABRIG e, no que lhe disser respeito como sujeito na relação com autoridades, às normas do Código de Conduta da Alta Administração Federal.* (Abrig, 2020a)

Nesse parágrafo, o interesse público aparecesse associado outra vez à conduta, às boas práticas, às regras. Contudo, a expressão *prevalência* antecedendo *interesse público* normalmente é atribuída à defesa de causas. Assim, parece razoável afirmar que, no Código de Conduta da Abrig, o interesse público tem dois sentidos, como *conduta*, em que para ser observado faz-se necessário conjugar (a) a ética da transparência, (b) as boas práticas e (c) a observância à legislação vigente que trata da Administração Pública, a fim de relacionar com as autoridades públicas. Desse modo, o interesse público se comportaria como uma regra de conduta moral que diz respeito à relação entre o público e o privado; por outro lado, ele também pode ser enxergado como *causa*, dependente da ética da profissionalização, uma vez que, para a tomada de decisão em que prevaleça o interesse público sobre o interesse privado, a informação é fundamental. Como já sabemos, a profissionalização está aliada ao levantamento de dados atualizados, estudos, pesquisas, análises, relatórios que embasem os argumentos de especialistas dedicados à área de representação de interesse. A necessidade de utilização do plural (dados, estudos, pesquisas, análises, relatórios) é porque, tendo como exemplo o congressista americano (aqui já mencionado), diante da tomada de decisão em prol de causas de interesse público, deve-se ouvir várias vozes antagônicas, e isso se aplica, sobretudo, ao mundo dos especialistas.

Vale destacar que a distinção entre *conduta* e *causa*, quando se trata de interesse público, tem apenas um efeito didático. No entanto, a observância do interesse público depende essencialmente da conjugação de uma *conduta* de interesse público e da prevalência da *causa* de interesse público sobre o interesse privado. Na Carta de Princípios do Irelgov, a prevalência do interesse público também é um princípio orientador: "Defendemos a legitimidade do intercâmbio de informações entre os setores privado e público no Brasil, cujo exercício é essencial a qualquer governo que almeja a tomada de decisões informadas em prol do interesse público" (Irelgov, 2020b, p. 1).

O interesse público depende do "intercâmbio de informações", expressão que leva à noção de relações de troca. Gozetto (2018) percebeu essas relações de troca com um sentido aproximado de relações governamentais. Isto é, o interesse público depende dessa relação de troca de informações entre o público e o privado. A natureza da troca é explicada em outro trecho da Carta de Princípios: "O profissional de relações governamentais deve comunicar-se de forma clara, fundamentada, eficaz e adequada com o setor público, a fim de se promover a necessária convergência entre os interesses da empresa representada e o interesse público" (Irelgov, 2020b, p. 2). A troca de informações busca a **convergência** entre o interesse privado e o interesse público, no entanto, como princípio, este último tem prevalência. Assim, a relação com o governo traz em si o interesse público como um valor, um princípio. A noção de representação de interesse e lobby, com a conotação negativa de defesa de interesses particularistas e egoístas, dá lugar às noções de *relação, intercâmbio, troca, contribuição* e *convergência* entre o público e o privado.

As expressões *representação de interesse* e *lobby* (e aquelas que derivam do lobby, como *lobista* e *lobbying*) não figuram no Código de Conduta da Abrig nem na Carta de Princípios do Irelgov. No Código de Conduta, tais expressões são substituídas por *relações institucionais e governamentais*; na Carta de Princípios, por *relações governamentais*. No Código, *relações institucionais e governamentais* aparece 11 vezes e substitui integralmente as expressões *representação de interesse* e *lobby* (lobista e lobbying). De forma geral, essa substituição de expressões é observada nos artigos 1º, 2º, 3º, 4º e 10 do Código de Conduta da Abrig. Para ilustrar, destacamos quatro exemplos:

1. Lê-se no artigo 1º do Código de conduta da Abrig (2020a): "Fica instituído este Código de Conduta a ser observado e cumprido

pelos Profissionais de Relações Institucionais e Governamentais". E poderia ser lido, sem prejuízo textual, pela seguinte redação: fica instituído este Código de Conduta a ser observado e cumprido pelos profissionais de representação de interesse/lobista, com as seguintes finalidades.

2. No artigo 3º, consta que "As atividades de Relações Institucionais e Governamentais devem ser conduzidas com honestidade e integridade" (Abrig, 2020a). O que comportaria também a seguinte redação: as atividades de representação de interesse/lobbying devem ser conduzidas com honestidade e integridade.

3. A mesma substituição verifica-se no artigo 4º. Segundo a redação do Código de Conduta, lê-se: "É obrigação basilar o cumprimento fiel e completo das leis, normas e regulamentos aplicáveis à atividade de Relações Institucionais e Governamentais, com cujo conhecimento o profissional deverá manter-se familiarizado" (Abrig, 2020a). Artigo em que é possível realizar essa leitura: é obrigação basilar o cumprimento fiel e completo das leis, normas e regulamentos aplicáveis à atividade de representação de interesse/lobbying, com cujo conhecimento o profissional deverá manter-se familiarizado. Notadamente, portanto, a expressão *relações institucionais e governamentais* serve para denominar a profissão e a atividade desse profissional.

4. Na Carta de Princípios do Irelgov (2020b, p. 1) são encontradas 13 ocorrências da expressão *relações governamentais* que apresentam três sentidos diferentes. De início, a carta afirma que "O profissional de relações governamentais é legítimo e essencial à formação de decisões no setor público", texto que poderia ter traduzido por: o profissional de representação de interesse/lobista é legítimo e essencial à formação de decisões no setor público. Aqui, *relações*

governamentais é a denominação da profissão. Em outro momento, a expressão *relações governamentais* é interpretada como a ação de se relacionar: "Entendemos que as relações governamentais são parte necessária e legítima do processo político democrático" (Irelgov, 2020b, p. 1), o que seria substituível por: entendemos que representação de interesse/lobby é parte necessária e legítima do processo político democrático. Por fim, *relações governamentais* também traz um sentido aliado ao mercado de trabalho: "Reconhecendo a importância da formação ética, técnica, responsável e transparente dos associados que atuam na área de relações governamentais, com base nos princípios acima pontuados e na troca de boas práticas do mercado" (Irelgov, 2019, p. 3). Sem prejuízo do texto, poderíamos ler: reconhecendo a importância da formação ética, técnica, responsável e transparente dos associados que atuam na área de representação de interesse, com base nos princípios acima pontuados e na troca de boas práticas do mercado.

Concluímos, após a análise dos exemplos, que a expressão *relações governamentais* revela a tentativa de superar o dilema da prevalência do interesse público quando se trata da representação do interesse privado do setor econômico. Como definiu Gozetto (2018), *relações governamentais* expressa uma **relação** entre o público e o privado, no sentido de **contribuir** para o desenvolvimento do país, o que reconstrói, nessa relação, a prevalência do interesse público.

Sob outro viés, a expressão *representação de interesse* denota ação unilateral em defesa de interesses particularistas e egoístas, na medida que *relações governamentais* denota intercâmbio, troca de ideias, convergência entre o interesse privado e o interesse público, prevalecendo este. Nesse sentido, *relações governamentais* surge como um grande princípio orientador que comporta os demais princípios éticos (a ética da transparência e a ética da profissionalização) e se apresenta como uma forma de superar o dilema da prevalência do interesse público[16]. A força dessa expressão, como um princípio orientador, é verificada em duas situações. Na primeira, quando do reconhecimento da profissão pelo então Ministério do Trabalho, em fevereiro de 2018, que cunha profissional de relações institucionais e governamentais (RIG) como denominação da pessoa que exerce a profissão. Na segunda, quando há uma preferência dos próprios profissionais pela identidade de relações governamentais, o que está evidenciado na pesquisa realizada por Santos, Resende e Galvão (2017), que revelou que 52,7% dos profissionais entrevistados se identificam como profissional de relações governamentais, em detrimento da identidade de lobista, que esteve na ordem de 4%.

As duas situações elucidadas revelam a força identitária da expressão *relações governamentais* e, como vimos, essa mesma identidade traz em seu interior a ética da transparência e a ética da profissionalização como princípios orientadores, responsáveis por marcar a diferença entre *nós* e *eles*.

---

[16] A superação do dilema entre a prevalência do interesse público e do interesse privado se caracteriza pela convergência entre os dois interesses. Na impossibilidade da convergência, prevalece o interesse público sobre o interesse privado. A superação não é da prevalência do interesse público sobre o privado, mas sim a superação do dilema. As relações governamentais, a partir da construção de uma identidade, visam superar justamente o próprio dilema.

Para saber mais

PEDRO, Ana Paula. Ética, moral, axiologia e valores: confusões e ambiguidades em torno de um conceito comum. **Kriterion**, Belo Horizonte, v. 55, n. 130, p. 483-498, dez. 2014. Disponível em: <http://www.scielo.br/scielo.php?script=sci_arttext&pid=S0100-512X2014000200002&lng=en&nrm=iso>. Acesso em: 7 jun. 2020.

O artigo é importante para distinguir do ponto de vista conceitual as expressões *ética, moral, valores, regras* e *normas*. Essa distinção auxilia na compreensão da identidade do profissional de relações governamentais, tratada neste capítulo.

Consultando a legislação

1. Lei n. 12.527, de 18 de novembro de 2011, conhecida como Lei de Acesso à Informação Pública (Laip). Acesse: http://www.planalto.gov.br/ccivil_03/_ato2011-2014/2011/lei/l12527.htm.
2. Projeto de Lei n. 25/1984, que dispõe sobre a transparência da relação entre a representação de interesse e os tomadores de decisão política. Acesse: https://www25.senado.leg.br/web/atividade/materias/-/materia/24805.
3. Projeto de Lei n. 1.202/2007, que visava regulamentar a atividade lobista no Brasil. Acesse: https://www.camara.leg.br/proposicoesWeb/fichadetramitacao?idProposicao=353631.

Síntese

Neste capítulo, identificamos e analisamos a identidade do profissional de relações governamentais institucionalizada em três documentos: a Carta de Princípios do Irelgov, a Cartilha de Relações Institucionais e Governamentais da Abrig e o Código de Conduta da Abrig. Tais documentos foram desenvolvidos em momento de visibilidade na mídia de grandes escândalos de corrupção política, em que os operadores desses esquemas de corrupção eram rotulados de *lobistas*. Assim, questões de legalidade e ética profissional surgiram como dois grandes desafios para a Abrig e o Irelgov.

A identidade desse profissional, figurada nos documentos, gira em torno de dois princípios éticos: a ética da transparência e a ética da profissionalização, que funcionam como marcadores que definem a distinção entre *nós*, os profissionais qualificados pautados em uma conduta de transparência na relação entre o público e o privado, e *eles*, os corruptos e traficantes de influência. A identidade desse profissional também está centrada na prevalência do interesse público sobre o interesse privado, como um valor, um princípio orientador.

De forma mais conclusiva, identificamos, com base nos levantamentos efetuados neste capítulo, que a expressão *relações governamentais* assume dois sentidos: um primeiro mais instrumental e técnico, em que *relações governamentais* é entendida como um conjunto de atividades, logo, adentra a esfera do mais concreto; e o segundo, que consiste em um entendimento da expressão como um conjunto de princípios norteadores da identidade do profissional, logo, simbólico e abstrato.

Audren Marlei Azolin

Questões para revisão

1. Neste capítulo, tínhamos como meta identificar e analisar os princípios que norteiam a identidade do profissional de representação de interesse nesta segunda década do século XXI. Para tanto, concebemos a ética da transparência e a ética da profissionalização como atributos da construção da identidade do profissional de relações governamentais. Desenvolva um texto explicando como e por que esses princípios edificam-se como atributos para a construção da identidade do profissional de relações governamentais.

2. Como podemos explicar o fato de que a expressão *relações governamentais*, como um grande princípio orientador que comporta os demais princípios éticos (a ética da transparência e a ética da profissionalização), apresenta-se como uma forma de superar o dilema entre a prevalência do interesse público e do interesse privado?

3. *Ética* é uma palavra muito usada para construir a identidade do profissional de relações governamentais. Essa construção enfrenta três dilemas éticos: a ética da transparência, a ética da profissionalização e a ética do interesse público. Sobre a ética da transparência, relacionada ao tema da construção da identidade do profissional de relações governamentais, analise as assertivas a seguir.

    I) A transparência, quando relacionada à construção da identidade do profissional de relações governamentais, precisa ser encarada como um atributo legal. Assim, a atividade de representação de interesse tem de seguir dispositivos legais de transparência. E qualquer proposta de regulamentação da atividade deve prever essa transparência entre a representação de interesse e os tomadores de decisão.

II) A transparência sendo um princípio é concebida como uma ética voltada para a construção da identidade do profissional de representação de interesse. Assim, a ética da transparência surge como distinção entre o profissional de representação de interesse e os que fazem uso da corrupção e/ou tráfico de influência na relação entre o público e o privado.

III) A expressão ética da transparência corresponde às questões de competência técnica, especializada e qualificação profissional, logo, é de âmbito instrumental e material, necessários à construção da identidade do profissional de representação de interesse.

Agora, assinale a alternativa correta:

a) Somente as assertivas I e III estão corretas.
b) Somente as assertivas I e II estão corretas.
c) Somente as assertivas II e III estão corretas.
d) Somente a assertiva II está correta.
e) Todas as assertivas estão corretas.

4. Quando falamos de representação de interesse, de lobby e especificamente da construção da identidade do profissional de relações governamentais, é importante diferenciar *profissionalismo* de *profissionalização*. Sobre o assunto, analise as assertivas a seguir.

I) Profissionalismo é uma atitude que envolve ética, transparência, dedicação, competência técnica, honestidade, comprometimento.

II) Profissionalismo e profissionalização são sinônimos quando voltados para a representação de interesse.

III) A profissionalização faz parte do profissionalismo e é um processo de capacitação, treinamento, qualificação etc., logo, caracteriza-se como um processo neutro.

Agora, assinale a alternativa correta:

a) Somente as assertivas I e III estão corretas.
b) Somente as assertivas II e III estão corretas.
c) Somente as assertivas I e II estão corretas.
d) Todas as assertivas estão corretas.
e) Nenhuma assertiva está correta

5. Vejamos um trecho da tese de Oliveira (2004, p. 160) em que a pesquisadora realiza entrevista com vários lobistas:

> *Uma das primeiras atitudes que tomo em relação a um eventual cliente, exatamente pela imagem deturpada do que seja a atividade de lobby, até por parte da própria sociedade, é explicitar o que eu faço e o que eu não faço, pois você pode não ter uma outra oportunidade para fazer isso com tranquilidade e sem gerar qualquer constrangimento e também para não frustrá-lo, pois mais adiante ele pode desejar um serviço que se enquadre exatamente no rol daqueles que você não está disposto a executar. É imprescindível, ainda, que neste primeiro contato você diga a ele que a sua empresa só defende interesses que sejam legítimos e que não colidam com o interesse público e que respeitem os princípios da moralidade e da livre concorrência, entre tantos outros.*

Você deve ser enfático nisso, não deixando nenhuma esperança para o eventual cliente que você fará diferente do que está dizendo".

Com base no trecho citado, assinale a alternativa que reflete ou corresponde corretamente ao tema que está subjacente ao discurso do lobista entrevistado:

a) A reflexão do entrevistado é sobre o interesse particular defendido por organizações particulares.
b) A entrevista conduz a causas de grupos de interesse específicos.
c) A fala do lobista revela o dilema entre o interesse público e o interesse privado.
d) O entrevistado trata da representação do interesse privado do setor econômico.
e) O diálogo remete à ideia de lobby como tráfico de influência e corrupção.

Questões para reflexão

1. Um profissional altamente qualificado do ramo de representação de interesse foi contratado para defender os interesses de determinada empresa. Então, vê-se diante do seguinte dilema: o interesse público será afetado pelo interesse privado da empresa que ele representará. No entanto, o profissional segue todos os preceitos legais na defesa do interesse. Disserte se estamos diante de um profissional dotado de profissionalização ou de profissionalismo, bem como quais atitudes desse profissional comporta os aspectos de profissionalização e de profissionalismo.

Capítulo 4

Profissionalização
da representação de interesse
diante dos profissionais de
relações governamentais:
a questão da competitividade

Conteúdos do capítulo:

- A profissionalização da representação de interesse e a competitividade.
- A aceleração do processo de profissionalização da representação interesse ocorrido no Brasil na segunda década do século XXI.
- O mercado de relações governamentais no Brasil.

Após o estudo deste capítulo, você será capaz de:

1. compreender a relação entre representação de interesse profissional e competitividade;
2. entender a relação entre aceleração da complexidade do processo de decisão política e o aumento da profissionalização da representação de interesse;
3. identificar as especializações, as habilidades, as competências, os cargos e as funções do profissional de relações governamentais no Brasil.

Neste capítulo, evidenciaremos de que maneira a profissionalização da representação de interesse tem sido construída como fator de competitividade entre os profissionais de relações governamentais. Iniciemos com a afirmação de que as relações governamentais, para ser considerada um instrumento de competitividade, precisa passar por um processo de institucionalização dentro das empresas, isto é, tornar-se um setor na estrutura organizacional da instituição, e, além disso, necessita apresentar competências específicas.

De antemão, entendemos que a profissionalização da representação de interesse, além do processo de institucionalização, depende de qualificação (especialização e competências). A estratégia utilizada para identificar especializações e competências esteve centrada no olhar para o próprio mercado de relações governamentais, a fim de identificar aquilo que estava sendo exigido. A questão norteadora deste capítulo é a seguinte: Quais competências, no âmbito das relações governamentais, as empresas entendem como fundamental no fomento da competitividade? Eis aqui o lugar da profissionalização da representação de interesse nesta segunda década do século XXI.

(4.1)
RISCO POLÍTICO E COMPETITIVIDADE

A expressão *risco político* revela uma visão negativa da política e suscita a pergunta: De que maneira o risco político afeta os negócios da empresa ou o setor da economia como um todo? Servem de exemplo[1], para responder a essa pergunta, os seis fatores que impedem a competitividade da indústria nacional e que fazem parte do Custo Brasil:

---

1 *O exemplo que apresentamos refere-se à indústria, porém há riscos políticos para os setores financeiro, comercial e de serviços.*

(1) regulamentação excessiva da atividade econômica; (2) legislação trabalhista excessiva e inadequada; (3) custo muito elevado do financiamento da atividade produtiva; (4) legislação tributária onerosa; (5) infraestrutura insuficiente; e (6) infraestrutura social inadequada (Mancuso, 2004). Assim, a política é encarada pelo empresariado como um risco à competitividade da indústria nacional, ou seja, oferece risco ao ambiente de negócio, e, por isso, assume conotação negativa.

Ao sair da esfera de análise pragmática, deparamo-nos com teoria de que o Custo Brasil está orientado pela ortodoxia liberal, significando que, conforme essa orientação, o Estado é concebido como um interventor econômico que apenas cria entraves ao desenvolvimento. Isso porque, na concepção liberal, o mercado tem suas próprias regras, conduzidas por uma mão invisível.

Aqui, entretanto, cabe uma nota: é importante chamar atenção para essa dupla análise, teórica/conceitual, de um lado, e pragmática, de outro (Massimo, 2013), visto que o profissional de relações governamentais tem de estar qualificado para identificar a visão de mundo dos diversos atores inseridos no processo de decisão política. Para o interlocutor desenvolvimentista, por exemplo, o Estado é o grande ator indutor do desenvolvimento. Por sua vez, para um interlocutor liberal, a função econômica do Estado é evitar ou atenuar as distorções do mercado. Isto é, na perspectiva desenvolvimentista o Estado se agiganta, e na perspectiva liberal o Estado deve ser reduzido ao seu mínimo. O desenvolvimentista entende o Estado como aquele que gera oportunidades para o desenvolvimento. Ele é o responsável por elaborar e implementar os grandes programas de desenvolvimento nacional. O liberal entende de forma oposta. Para ele, o Estado gera óbice ao desenvolvimento, e é diante dessa visão que a política assume uma conotação negativa, que, no caso brasileiro, por conta do "espírito" interventor, está sob a sombra de Getúlio Vargas.

O desenvolvimentista assume a política em sua condição positiva, pois entende o Estado como um grande ator do desenvolvimento, como Estado interventor. Esses dois modos de olhar são de maneiras distintas pelas quais é possível entender o mundo (visão de mundo). A competência analítica para interpretar a visão de mundo do outro é importante para o profissional de relações governamentais na construção de estratégias de articulação política. Desse modo, a noção de risco político não é somente uma questão pragmática, mas também conceitual. Assim, podemos acessar o significado mais profundo de risco político ligado à competitividade.

Feita essa nota, retornemos ao assunto central desta seção: o *risco político* em si. Vimos que a noção de Custo Brasil foi apresentada aos parlamentares em 1995 no *Seminário Custo Brasil – Diálogo com o Congresso Nacional*, realizado pela Confederação Nacional das Indústrias (CNI) (Mancuso, 2004). Do ponto de vista estratégico, o empresariado industrial brasileiro visava incluir, no rol de interesse geral, o enfrentamento aos seis fatores aqui mencionados, a princípio um interesse particular do empresariado industrial (Graziano, 1997), isto é, colocá-lo na agenda do governo sob o rótulo de Custo Brasil. Neste século XXI, o enfrentamento a esses fatores que impedem à competitividade ingressou no rol dos múltiplos interesses públicos. E, com isso, a função da representação de interesse do empresariado industrial brasileiro é influenciar os tomadores de decisão política, com vistas a alimentar a competitividade da indústria brasileira. Essa postura de enfrentamento passa a ser assumida pela CNI e suas entidades federativas estaduais[2].

---

2 *A CNI é uma entidade de representação de cúpula, como se fosse um "guarda-chuva" com representação própria em cada Estado da federação, por exemplo, em São Paulo, está sob a representação da Federação das Indústrias do Estado de São Paulo (Fiesp), no Rio de Janeiro, a Federação das Indústrias do Estado do Rio de Janeiro (Firjan) e no Paraná, a Federação das Indústrias do Estado do Paraná (Fiep).*

A noção de risco político é um dos elementos principais para o crescimento do mercado de representação de interesse no Brasil, logo, também se configura como um fator importante para a valorização do profissional que atua nessa área. Mas poderíamos perguntar: Em que sentido a competência na avaliação do risco político é fundamental para a representação do empresariado? De início consideremos que a política traz para o mundo dos negócios muitas incertezas, logo, muitos riscos. E como tomar decisões empresariais em ambientes políticos de grandes incertezas? Antes de respondermos a essas perguntas com profundidade, reflitamos a respeito de uma questão de implicação lógica.

A noção de risco político coloca o Estado (e suas instituições) como variável explicativa significativa para o impacto nos negócios das empresas. Isso porque, segundo Cezar Roedel,

> As organizações, ao entrarem em contato com novas situações políticas e, muitas delas, consideradas instáveis, sentiram cada vez mais a necessidade de uma compreensão do fenômeno da instabilidade política e como ela afetava, diretamente ou indiretamente, os negócios. Assim, as primeiras definições surgidas no escopo do risco político, o identificavam exclusivamente como um risco "não econômico" (Meyer 85). Adicionado ao fato da instabilidade política, as organizações começaram a lidar também com o alto nível de ingerência por parte do governo, geralmente em países considerados politicamente instáveis. (Roedel, 2017 p. 37)

O profissional de representação de interesse exerce, na verdade, a gestão de risco político[3]. Dito isso, a noção de risco político em

---

[3] A gestão do risco político é um agir mais amplo que aquele encerrado na avaliação de risco político. A gestão se inicia com a identificação do risco político propriamente, realização do cálculo do risco, chegando às estratégias de como evitá-lo ou minimizá-lo. Trata-se, na verdade, de um processo.

ambientes políticos de grande incerteza e complexidade está cada vez mais implicada como uma exigência de profissionalização da representação de interesse. A incerteza política, no caso brasileiro, é reflexo de nosso presidencialismo de coalizão. As incertezas políticas são provocadas por inúmeras situações: corrupção, *impeachment*, aumento ou diminuição da interferência do Estado na economia, declarações de políticos alocados em postos chaves do governo, entre outras. Basta um político proferir uma palavra mal colocada para provocar instabilidade no mercado, visto que este é altamente sensível ao mundo político.

O profissional de representação de interesse, na condição de gestor de risco político, passou a aprofundar seus conhecimentos sobre o mundo político-institucional, visando analisar o comportamento dos atores políticos, uma vez que "o risco político pode ser definido como uma ameaça em potencial aos negócios/interesses, advindo de um determinado comportamento político" (Mckellar citado por Roedel, 2017, p. 37). Roedel destacou um dos *locus* do risco político – o **processo de decisão política**. E para compreender o risco político implicado nesse processo, é importante analisar o comportamento de três atores políticos: do Poder Executivo, do Poder Legislativo e dos partidos políticos. De acordo com o autor, "os níveis do risco político, somados às fontes brutas de seu desenrolar, demonstram a teia por qual passam cada um dos três comportamentos políticos, capazes de influenciar o cenário de riscos, ou seja, as instâncias de tomadas de decisão" (Roedel, 2017, p. 38).

Uma vez que o Poder Legislativo é ao mesmo tempo ator e *locus* do processo de decisão política, Roedel deu destaque a este Poder:

> O poder legislativo, por seu turno, concentra uma grande substância no tocante à análise de risco político, principalmente se considerarmos o caso brasileiro, com o manancial de projetos em tramitação e a diversidade da composição legislativa, que dá configuração muito peculiar e diversificada à análise do risco político. (Roedel, 2017, p. 38)

O autor fez uma clara alusão à fragmentação partidária e à grande quantidade de proposições legislativas advindas do Parlamento brasileiro. Quanto mais complexo o funcionamento do processo de decisão política, maior o risco político, o que exige maior profissionalização da representação de interesse. O risco político revela a importância dos processos gerenciais da representação de interesse, colocando em relevo a técnica, a qualificação, o levantamento de dados, análises e relatórios. Esses elementos combinam saber especializado e representação técnica na avaliação de riscos políticos. Assim, a profissionalização ocupa lugar central quando se trata de representação de interesse. Nesse sentido, a expressão *relações governamentais*, entendida como processos gerenciais, faz todo sentido.

A gestão de risco político considera, para a efetivação de seu trabalho, as eleições, os arranjos institucionais, as coalizões, as negociações políticas, as articulações políticas, entre outros elementos, ou seja, a política institucional assume importância preponderante para a gestão de risco político. O gestor de risco tem como uma das funções principais transformar *incerteza* em *risco*. De acordo com Luiz Fernando Pinto (2014, p. 11),

> *A diferença básica entre risco e incerteza é a mensurabilidade da distribuição de probabilidades. Enquanto o risco é a probabilidade de qualquer evento levar a uma perda mensurável, a incerteza é a possibilidade de ocorrência de qualquer evento que não pode ser quantificado em termos probabilísticos.*

A incerteza transforma-se em risco quando o profissional consegue calcular as perdas e as possibilidades dos eventos provocadores para que elas aconteçam. Assim, o primeiro passo do profissional de relações governamentais no monitoramento legislativo é identificar proposições legislativas que possam impactar os negócios da organização empresarial. Também faz parte desse primeiro momento, mensurar os danos[4] das proposições, como, por exemplo, os danos financeiros. De Acordo com Betâmio Almeida (2014, p. 20),

interessa definir uma grandeza quantificável que possa corresponder ao conceito do risco e que possibilite a análise quantitativa do risco de uma forma generalizada. Na verdade, inspirado em comportamentos humanos face às realidades, aos perigos, a análise do risco pode ser considerada uma construção da mente humana.

O profissional de representação de interesse, dotado de competências para avaliar riscos políticos, transforma incertezas em riscos, antecipando as possibilidades de riscos e danos de forma mensurável. Vale dizer que o fato de identificar proposições legislativas com potencial impacto negativo no processo legislativo já se caracteriza como risco político. No entanto, isso não significa que tais proposições se tornarão normas jurídicas (leis).

---

4 *A atividade de mensurar os danos propriamente dita não significa que o próprio profissional seja o responsável. Esse profissional pode recorrer aos diversos setores da organização empresarial, à contratação de especialistas, a pesquisas acadêmicas, a pesquisas de mercado realizadas por profissionais; enfim, deve buscar diversas fontes.*

Preste atenção!

Os projetos que impactam de forma negativa um segmento não se transformarão diretamente em norma. Se assim fosse, não precisaríamos da atividade de lobby. Além disso, o que é ruim para um segmento pode não ser para o outro, haja vista o debate entre o interesse público e privado. Suponhamos que o governo resolva encaminhar um projeto de lei (proposição legislativa) para taxar grandes fortunas. A classe mais abastarda não gostaria de que essa proposição legislativa, que traz riscos para eles, fosse transformada em norma jurídica. Entretanto, embora o projeto de lei ofereça risco a determinada comunidade, a proposição legislativa tem o potencial de ser transformada em norma jurídica ou, então, de ser vetada. É preciso considerar que a transformação em lei pode favorecer toda a sociedade. Nesse sentido, algumas proposições legislativas, ao trazer ganhos públicos, oferecem risco para um segmento, como, por exemplo, o empresariado brasileiro. Vale ressaltar que o risco aqui não é social, mas sim para determinados segmentos sociais.

Outrossim, pensemos na proposta legislativa que trata da carteira de trabalho verde, que visa reduzir os encargos sociais que incidem sobre a folha de pagamento (oportunidade para o empregador), porém cobrando um imposto de 7,5% do auxílio-desemprego, isto é, pagamento efetuado pelo desempregado quando for receber esse auxílio (risco para o trabalhador). O governo alega que essa proposição legislativa aumentará o emprego no Brasil (interesse público). No entanto, os sindicatos defendem que essa proposição visa aumentar o lucro dos empresários (interesse privado). Assim, temos evidenciado de que maneira as proposições legislativas com impacto negativo podem transformar-se em norma jurídica.

A avaliação de risco político também acontece em outra etapa – na análise das possibilidades políticas, conforme as proposições legislativas identificadas, estas têm chances de ser aprovadas ou rejeitadas no processo de decisão política. Tal análise faz parte do monitoramento político. Dessa forma, a avaliação do risco político depende da combinação do monitoramento legislativo com o monitoramento político, a fim de que se possa fazer a gestão do próprio risco político. Gerir riscos não é, portanto, um trabalho de futurologia.

> *Numa gestão de riscos não se prevê o futuro que irá ocorrer mas consideram-se diversos cenários de "futuros" possíveis ou plausíveis e avaliam-se as respetivas probabilidades de ocorrência e as potenciais consequências, tangíveis ou não-tangíveis. O processo de aplicação de uma gestão de riscos compreende um conjunto de procedimentos e de componentes e um formalismo de análise quantitativa relativamente consensual.* (Almeida, 2014, p. 23)

Na gestão de risco político, tem-se por objetivo levantar situações políticas possíveis de acontecer, o que significa, na verdade, antecipar possíveis cenários políticos, e as perdas que cada um desses possíveis cenários futuros pode causar aos interesses da organização empresarial. Segundo Almeida,

> *tendo em conta os processos de decisão, decorre da necessidade de comparar, num presente, determinados efeitos cuja ocorrência em "futuros" é considerada com diferentes graus de incerteza ou de convicção. O conceito de probabilidade surge, assim, associado ao risco e, em particular, à análise quantitativa do risco.* (Almeida, 2014, p. 21)

Eis aqui a grande importância da gestão de risco político para o empresariado, que está intimamente relacionada à competitividade, visto que a gestão de risco político se tem tornado cada vez mais importante para o processo de tomada de decisão das empresas, sendo vista como fundamental para as estratégias de negócio, sobretudo no alinhamento das estratégias de negócio às estratégias da representação de interesse. Tal alinhamento transforma-se em vantagem competitiva (Gozetto, 2018).

Uma das palavras-chave, quando se trata de gestão de risco político, é **probabilidade**. Isso mostra porque as equipes de representação de interesse são multitarefa, para as quais se faz necessária, inclusive, a contratação, por exemplo, de matemáticos. Nesse sentido, Almeida (2014) apresentou uma fórmula matemática para calcular o risco: Risco = Probabilidade × Exposição × Vulnerabilidade (Risco = P × E × V). No cálculo, adaptando-o à avaliação do risco político, considera-se a probabilidade de o fato danoso ocorrer na esfera política-institucional, isto é, a possibilidade, por exemplo, de aprovação de uma proposição legislativa que resultará em perdas financeiras para a organização empresarial. Considera-se também a **exposição**, isto é, o "'valor' inicial dos bens expostos aos potenciais impactos perigosos". E, por fim, considera-se a **vulnerabilidade** que se traduz no "grau de dano ou perda do valor, em exposição", considerando o "resultado do impacto". A importância dessa fórmula é apresentar a magnitude do risco, isto é, seu "potencial destruidor" (Almeida, 2014, p. 22).

As metodologias da gestão e análise dos riscos têm a seu favor o facto, muito positivo, de colocarem as consequências ou os efeitos incertos, resultantes de uma exposição a um perigo, no centro das decisões. Podem, assim, contribuir para se evitarem danos ou perdas irreparáveis e, de um modo global, melhorar a segurança de uma comunidade, de uma empresa ou de um empreendimento. (Almeida, 2014, p. 28)

A gestão de risco político identifica os riscos de forma mensurável, permitindo avaliar perdas para os negócios empresariais oriundas do comportamento político. Assim, informações que resultam dessa metodologia são inseridas de forma mais concreta no processo de tomada de decisão das organizações empresariais. Dessa forma, o que era incerteza se transforma em dados concretos (riscos). Contudo, é importante relembrar que, mesmo sendo apresentada de forma concreta, ainda se trata de riscos possíveis de ocorrer ou não, uma vez que conta com o fortuito, o imponderável.

Nessa altura da discussão, poderíamos realizar a seguinte pergunta: Como relacionar a gestão de risco aos negócios empresariais ao fato político? Não trazemos aqui uma fórmula matemática, mas sim algumas reflexões sobre avaliação de risco político, isto é, alguns exemplos do que deve ser considerado no cálculo de risco. Ao deixar as questões quantitativas para os matemáticos, tomemos como exemplo o empresariado industrial brasileiro, no qual o primeiro grande risco pode ser identificado (e mensurado) nas eleições, em que alguns elementos precisam ser ponderados, ou seja, é necessário:

1. Identificar, nas pesquisas de intenção de voto, os candidatos à presidência da República com reais chances de vencer o pleito.
2. Identificar e avaliar a visão de mundo dos candidatos à presidência da República. A questão que se coloca é: Quais candidatos têm ou não a mesma visão de mundo do empresariado industrial? É muito importante analisar as propostas de cada candidato, tanto aquelas apresentadas nas diferentes mídias quanto nos programas de governo, na propaganda eleitoral. Trata-se de buscar nas diferentes mídias as análises dos especialistas políticos.
3. Identificar e avaliar os possíveis atores indicados aos principais postos (ministros, secretários e outros) na estrutura de poder. Depois, analisar a visão de mundo dessas possíveis autoridades. Considerar a possibilidade de contratação de consultorias políticas

especializadas em perfil de autoridades. A gestão de risco político deve responder à seguinte pergunta: As possíveis futuras elites estatais representam qual visão de mundo?

4. Identificar, nas pesquisas de intenção de voto, os possíveis eleitos à Câmara dos Deputados e ao Senado Federal.
5. Identificar e analisar a visão de mundo desses possíveis eleitos à Câmara dos Deputados e ao Senado Federal.

A gestão do risco político também avalia a política institucional. Nessa avaliação, considera-se o comportamento dos tomadores de decisão política na dimensão da ação, que consiste em:

6. Identificar e analisar as proposições legislativas dos atores políticos (presidente da República e parlamentares), interesse particular do empresariado industrial brasileiro.
7. Identificar e analisar os posicionamentos dos atores nas votações.
8. Identificar e avaliar o comportamento dos parlamentares em relação à disciplina partidária.

Essas são somente algumas categorias que devem ser consideradas diante de uma avaliação de risco político, porém estamos longe de esgotar todas as categorias possíveis para avaliação desse risco. Elas foram elencadas, conforme dito anteriormente, apenas a título de ilustração.

Aprofundando nessa temática, quatro etapas são necessárias para garantir a **avaliação do risco político**. Antes, é importante esclarecer que as etapas correspondem ao momento de conhecimento do comportamento pretérito dos tomadores de decisão política com relação a cada proposição legislativa de interesse do empresariado. Assim, trata-se de uma análise pretérita do comportamento dos tomadores de decisão política.

Na primeira etapa, o profissional de relações governamentais levanta as proposições legislativas de interesse da organização empresarial que já passaram pelo processo de decisão política (tanto aquelas que foram rejeitadas quanto as transformadas em lei). Na segunda etapa, o empresariado posiciona-se (favorável ou contrário ao trâmite) frente a cada proposição legislativa. Essas duas etapas fazem parte do **monitoramento legislativo**. Na terceira etapa, identifica-se o posicionamento do governo e como cada parlamentar votou (posicionamento do parlamentar) quanto às proposições legislativas levantadas. Por fim, na quarta etapa, tais posicionamentos serão comparados. A terceira e quarta etapas fazem parte do **monitoramento político**.

Resumidamente, a primeira comparação consiste em avaliar o grau de alinhamento entre o governo e o posicionamento do empresariado industrial. A segunda comparação avalia o grau de alinhamento entre a posição dos parlamentares e a do empresariado industrial. Nessas comparações é que se identificam os aliados e não aliados aos interesses do empresariado industrial. Vale ressaltar, ainda, que as etapas aqui elucidadas foram explicadas de maneira simples, a fim de facilitar o entendimento. A complexidade do monitoramento legislativo e do monitoramento político será abordada no Capítulo 5.

Posto isso, vamos analisar uma possível situação hipotética: a equipe de gestão de risco político de uma associação voluntária (sistema pluralista) do segmento têxtil avaliou o ambiente político-institucional da Câmara dos Deputados da 56ª Legislatura. Em sua avaliação, emitiu um relatório informando as condições gerais com o seguinte grau de alinhamento: 40% dos líderes partidários se alinham aos interesses do empresariado, 25% não se alinham e 35% são independentes, ora se alinham, ora não. Uma vez que a política é sempre um campo de incertezas, os dados revelam um grau de risco político de 25% podendo chegar até 60% (somatória dos não aliados com os independentes). A análise científica, técnica e especializada da equipe de gestão de risco transformou, assim, a incerteza em risco (mensurável). Os dados hipotéticos com os quais trabalhamos no exemplo são de fácil obtenção e já oferecem, por si só, um panorama importante para tomada de decisões referentes ao planejamento estratégico de negócios. Esses dados também revelam outra situação mais animadora: de 40% de grau de alinhamento é possível chegar a 75% (somatória dos aliados com os independentes). Assim, o grau de risco máximo pode variar entre 60% de risco a 75% de oportunidade (ou 25% de risco[5]). Diante desse cenário de risco, a presença de um profissional de relações governamentais é fundamental para transformar risco em oportunidade, por exemplo, ao representar o interesse junto aos independentes. Os dados hipotéticos revelam um ambiente geral, porém a equipe de gestão de risco tem de avaliar caso a caso, isto é, analisar o ambiente político-institucional para cada proposição legislativa de interesse do empresariado industrial do segmento têxtil.

Vamos analisar um novo caso, também hipotético: o deputado federal X apresentou uma proposição legislativa tratando de tributos sobre exportações, que foi identificada pelos gestores de risco político como de interesse desse empresariado industrial. Análises de especialistas em negócio mostraram que a proposição, se transformada em norma jurídica, afetará a lucratividade do segmento da indústria têxtil. O prejuízo estimado pelos especialistas é da ordem R$ 500.000.000,00 (quinhentos milhões de reais) nos próximos dois

---

5   *Como o risco e a oportunidade máximos é de 100%, se subtrairmos 75% (de oportunidade) de 100%, chegamos ao valor de 25% de risco.*

anos. Assim, o risco de ocorrer um dano motivado pela política[6] varia entre 25% a 60% de possibilidade, além do potencial destruidor já demonstrado (R$ 500.000.000,00). Os especialistas em negócio também estimam que esse prejuízo tenha enorme impacto em 30% das empresas (vulnerabilidade) do setor, inviabilizando seus negócios.

À equipe de gestão de risco político será devotada a análise mais específica do comportamento político-institucional dos deputados independentes (35%), visto que algumas situações do jogo político-institucional (*politics*) podem agravar o grau de risco político. Centrando a análise de forma mais detida nos padrões de votação dos deputados independentes, em proposições legislativas que trataram de aumento de impostos, a equipe de gestão de risco revelou que dos 180 deputados, que correspondem aos 35% independentes, 134 votaram a favor de aumento de impostos em proposições legislativas passadas. Isso significa que há grande probabilidade de ocorrer um aumento na fileira dos deputados que não se alinham aos interesses do empresariado industrial, o que corresponde a 128 deputados (25%). Assim, a quantidade de deputados que não se alinham aos interesses do empresariado industrial potencialmente pode chegar a 262 (51%). Vimos que o risco máximo era da ordem de 60%. Nesse último cálculo, é da ordem de 51%, o que aparentemente parece uma notícia muito animadora. Entretanto, não é nada animadora, uma vez que o grau mínimo de risco que era da ordem de 25% saltou para 51%. Com vistas a aumentar ainda mais o risco, esse montante é suficiente para aprovar qualquer projeto de lei ordinária (a regra do jogo – *polity*).

---

6   *Um segmento poderá contabilizar prejuízos por diversos fatores que vai desde falta de investimento até equívocos estratégicos. Em nosso caso hipotético, tratamos apenas da variável política.*

Tendo sido efetuado esse levantamento, a representação de interesse do segmento têxtil traçará estratégias. Um dos elementos que viabiliza as estratégias consiste na recolha de dados para estudos e relatórios que provem o impacto negativo da proposição legislativa sobre a indústria têxtil, mostrando, além do impacto, a vulnerabilidade do segmento. Isso significa provar que, caso a proposição legislativa seja transformada em norma jurídica, a competitividade do segmento estará afetada. Tomando como exemplo o congressista americano, os dados, os estudos, os relatórios e as informações foram utilizadas como estratégias de convencimento. Outra estratégia possível é o lobby, a fim de evitar que os parlamentares integrantes dos 25% não alinhados aos interesses do empresariado industrial sejam indicados para presidência e relatoria das comissões, por onde a proposição legislativa tramitará. Tal estratégia também poderá alcançar os deputados independentes[7].

Inúmeras análises de risco político devem ser feitas. Apenas apresentamos a mais simples à título de ilustração. O cálculo de risco político é muito mais complexo do que foi possível expor aqui, uma vez que depende de cálculos[8] que considerem a dinâmica da política institucional: coalizão calculando a taxa de coalescência, taxa de disciplina partidária, taxa de partidos efetivos, taxa de governismo, taxa de conflito entre o Poder Executivo e o Poder Legislativo, taxa de desempenho político-institucional – taxa de dominância e taxa de sucesso, somente para fornecer alguns exemplos.

Após essa rápida ilustração, é importante esclarecer o que está no radar das equipes de gestão de risco político da representação

---

7   Caso fosse identificado que os deputados independentes representam, em matéria de aumento de impostos, risco para o interesse da organização empresarial.
8   Neste livro, não abordaremos essas taxas em específico.

de interesse do empresariado industrial nacional, a saber: proposições legislativas relacionadas aos seis fatores que compõem o Custo Brasil. Quando se trata da relação entre Estado (ou política) e mercado, a noção de risco assume fundamental relevo nas análises de investimentos internacionais. Esse é o caso do indicador *risco-país*, classificado pela agência de risco Standard & Poor´s[9]. O risco político é considerado por essa agência como um dos subfatores, denominado de *risco institucional e de eficácia da governança*. A importância desse subfator para avaliação do risco-país está no fato de que

> 36. *Esse subfator, que inclui diversos riscos geralmente mais conhecidos como "risco político", tem como referência o critério para classificação institucional soberana e de eficácia da governança.*
> - *Essa classificação soberana abrange os seguintes fatores:*
> - *Eficácia, estabilidade e previsibilidade da elaboração de políticas do soberano e das instituições políticas (o fator primário);*
> - *Transparência e responsabilidade (accountability) das instituições (o fator secundário); e*
> - *Potenciais fatores de ajuste, tais como cultura de pagamento do governo e riscos externos de segurança.* (Katz, 2013, p. 7)

O risco-país é mais amplo uma vez que considera diversas variáveis, das quais o risco político faz parte. De acordo com Laura Katz (2013, p. 2):

> 2. *Definimos "risco-país" como a ampla gama de riscos econômicos, institucionais, do mercado financeiro e legais que derivam da atividade de fazer negócios com um país ou em um país específico e podem afetar*

---

9   *É uma agência de classificação de risco de investimento e de análise de mercado, responsável por classificar os países quanto aos riscos de investimentos apresentados por cada qual.*

a qualidade de crédito de uma entidade não soberana. O risco de crédito para cada entidade e transação avaliada é influenciado em graus variados por esses tipos de riscos específicos ao país.

Contudo, para essa agência, a avaliação do risco político também se revela fundamental, uma vez que,

38. *O risco político, conforme analisado em nossa metodologia de ratings soberanos, é relevante para entidades não soberanas porque a instabilidade na elaboração de políticas e instituições políticas mais fracas reduz a previsibilidade para o setor privado, e porque o alto risco geopolítico ou de segurança interna indica conflitos que podem ser prejudiciais ao setor privado.* (Katz, 2013, p. 7)

Problemas de segurança interna e conflitos armados com países que fazem fronteiras compõem o cálculo para classificar o risco-país, e não somente análises de riscos político-institucionais. Empresas de consultoria para internacionalização de empresas ampliam os fatores que fazem parte do risco político. Vejamos, no ramo de consultoria em gestão de riscos, a empresa Aon Empower Result. Em seu mapa de risco político, a Aon esclarece o seguinte: "Os mercados emergentes continuam atraentes para empresas que busquem áreas alternativas para crescer. No entanto, em economias menos maduras, ativos, contratos e empréstimos podem sofrer efeitos adversos de ação ou inação por parte do governo" (Aon Risk Solutions, 2015, p. 3). Segundo a Aon, em países emergentes, o Estado (a política) impacta diretamente na economia, pela sua ação ou inação. A política, assim, é entendida como uma variável significativa que explica o desempenho das empresas. Na avaliação de risco político, a Aon (2015, p.3) considera os seguintes fatores:

1. Risco jurídico-regulatório.
2. Violência política.
3. Interferência política.
4. Transferência de câmbio.
5. Não pagamento soberano.
6. Interrupção da cadeia de suprimentos.
7. Risco de realizar negócios.
8. Vulnerabilidade do setor bancário.
9. Risco ao estímulo fiscal.

Nota-se que as questões analisadas transcendem o âmbito político-institucional. Parece, muitas vezes, que há uma confusão entre risco político e risco-país. Nesse sentido, a expressão *risco político* está servindo para analisar muitas coisas que envolvem a análise de riscos de um país (*risco-país*) no cenário internacional. Assim, para efeito deste estudo, o risco político diz respeito à interferência do Estado, por meio da política institucional, no mercado interno. Esse entendimento não é discricionário, visto que, diante das referências consultadas, o risco político é assim entendido. Desse modo, concordamos com a definição da agência Standard & Poor's:

> *10. O risco-país, para fins deste critério, é o risco que uma entidade enfrenta ao ter algumas de suas operações ou ativos expostos a um ou mais países. Os riscos específicos do país que este critério aborda consistem dos riscos econômicos, institucionais e de eficácia da governança [risco político], riscos do sistema financeiro e da cultura de pagamento ou do Estado de Direito.* (Katz, 2013, p. 2)

O risco político (riscos institucionais e de eficácia da governança) é um dos riscos avaliados que compõem o risco-país e comporta o significado de que as ações tomadas por agentes governamentais (incluindo o Parlamento) tem potencial de impacto na economia[10].

A avaliação do risco-país, por outro lado, é mais abrangente, pois considera diversos fatores e traz uma intenção específica, qual seja: orientar investidores internacionais. As avaliações de risco-país são realizadas por quem detém um olhar econômico (economistas) sobre a interferência do Estado na economia.

Portanto, nossa intenção é avaliar o Estado (a política) como variável que impacta a economia e o mercado, a partir de uma perspectiva estritamente política. Para lançar esse olhar, recorremos ao artigo "Dilma Rousseff: como prever uma eleição" de autoria do cientista político João Augusto de Castro Neves e publicado pelo *Jota*. Esse texto é importante para compreender a função de um cientista político em uma empresa de consultoria de risco político global, no caso, a Eurasia Group[11]. O artigo relata a atuação do cientista político e sua importância para a empresa diante da avaliação de risco político. Além disso, apresenta uma avaliação de risco político com base em um objeto que a própria análise econômica não alcança – *as eleições*, sujeito por excelência da ciência política. Assim, o artigo apresenta uma perspectiva integralmente política. Mas, o que significa uma análise por excelência política quando se trata de avaliação de risco político?

> *A ideia por trás da análise de risco político é aproximar a ciência política do mundo dos tomadores de decisões. Uma das tarefas principais de uma consultoria de risco político é tentar antecipar os fatos políticos que*

---

10 Diversos grupos sociais podem (e devem) calcular o risco político, como, por exemplo, pessoas com deficiência, mulheres, entre outros. Entretanto, aqui estamos tratando apenas do empresariado.

11 É uma renomada empresa de consultoria política especializada em avaliação de risco político. Tem escritórios em Nova Iorque, Washington, Tóquio, por exemplo.

desenharão o universo de escolhas possíveis para governantes e investidores. Na Eurasia Group, a tese central é que a política, principalmente nos mercados emergentes, é no mínimo tão importante quanto aspectos econômicos e legais na definição do ambiente de negócios. (Neves, 2015)

Portanto, significa inserir a ciência política como abordagem analítica para tomada de decisões no mundo dos negócios. Trata-se de uma abordagem que encerra um trio analítico, quais sejam, abordagens econômica, jurídica e política. A contribuição da ciência política para tomada de decisões no mundo dos negócios ocorre em dois momentos: o primeiro durante o período eleitoral e o segundo na análise político-institucional[12]. Analisar o risco político com base nas eleições leva-nos à dimensão da reprodução (visão de mundo). A análise de risco é um produto muito valioso no mercado, logo igualmente importante, quiçá fundamental, para uma consultoria. Segundo Neves (2015),

> *Os analistas apresentavam seus argumentos iniciais (que chamamos de calls) enquanto eram sabatinados pela equipe de vendas, ou business development, cuja principal função é afinar o tom de nossas pesquisas aos interesses dos clientes, entre os quais bancos, fundos de investimento e grandes empresas multinacionais. Discutia-se, entre outros temas, as primeiras medidas de um novo governo de unidade nacional no Iraque para o setor de petróleo, a possibilidade de elevação de impostos pelo governo japonês e se a Indonésia iria reduzir a produção de carvão para impedir uma queda maior no preço da commodity.*

O produto risco político visa avaliar como um novo governo se comportará diante de questões de ordem econômica. A predição é

---

[12] Após os candidatos vencedores ingressarem no governo (tomarem posse), isto é, ao iniciarem sua gestão.

uma vantagem competitiva para os negócios internacionais. Bancos, fundos de investimentos e empresas multinacionais compram avaliações de risco político em momentos eleitorais, sobretudo em momentos de muita incerteza quanto ao vencedor do pleito, como foi o caso das eleições de 2014 no Brasil. Para Neves (2015),

> *O desafio para o próximo presidente seria colocar a casa em ordem. Afinal, num ambiente externo de maior escassez, a competição para atrair capitais aumenta. Resgatar a credibilidade internacional do país seria apenas o ponto de partida — e cada um dos candidatos à presidência oferecia visões bem distintas do caminho a ser seguido. Pouco surpreendia, portanto, que o mercado já estivesse apreensivo com as eleições no Brasil.*

Os diversos candidatos à presidência da República em 2014 apresentavam "visões bem distintas do caminho a ser seguido". Essa diversidade de visões de mundos distintos causou incertezas para estratégias de negócios de empresas que operam no nível global; identificar a visão de mundo dos candidatos era crucial para os negócios, portanto. Afinal, qual dessas visões de mundo chegaria ao poder? A mensuração dessa resposta era algo crucial, visto que "Para investidores e outros agentes econômicos internacionais, as eleições presidenciais determinariam o lugar do Brasil no mundo – quer dizer, nos mercados" (Neves, 2015).

Avaliar risco político com base nas eleições exige muita competência do analista, uma vez que as eleições são dinâmicas, ou seja, qualquer alteração de cenário pode mudar o rumo do que foi identificado. Nesse sentido, a morte de Eduardo Campos aumentou as incertezas das eleições de 2014:

> *As primeiras de muitas ligações e mensagens naquela manhã vieram de clientes e de jornalistas. Em um dia normal, essa interação faz parte do*

trabalho. Mas em meio à consternação provocada pela notícia, o nosso desafio era tentar avaliar friamente o significado político da tragédia. Silenciei o telefone para começar a pensar como a morte de Eduardo Campos — e a provável entrada em cena de Marina Silva — afetaria a eleição poucas semanas depois. A mudança repentina no quadro de candidatos provocaria a ruptura da polarização que mais uma vez se avizinhava entre o PT e o PSDB? Qual candidatura estaria mais ameaçada, a de Dilma Rousseff ou de Aécio Neves? (Neves, 2015)

As análises de avaliação de risco político com base nas eleições visam avaliar dois aspectos – o primeiro consiste em explorar a dimensão da reprodução, diante da qual podemos expor os seguintes questionamentos: O que pretende o novo governo em se tratando de economia? Qual sua visão de mundo? Liberal? Desenvolvimentista? Acata uma maior ou menor intervenção do Estado na economia? Essas questões iniciais, contudo, não são suficientes para validar uma avaliação de risco, em especial quando se trata de tomada de decisão sobre estratégias de negócio. Por isso, é importante aprofundar:

Além de tentar adivinhar quem vai ganhar a eleição, portanto, a função do analista político é também de avaliar qual será o impacto do resultado do pleito no mundo dos negócios. O partido vencedor é intervencionista ou mais pró-mercado? Qual o risco de medidas radicais, como expropriação de ativos ou controles de capitais, serem adotadas? Quais setores da economia estão mais vulneráveis a mudanças regulatórias? O novo governo embarcará numa agenda de reformas estruturais ou preferirá dar curso a uma política econômica expansionista? Será um governo de coalizão majoritária no congresso? A lista de perguntas a responder é extensa. De certa forma, na análise de risco político, o resultado de uma eleição está mais para ponto de partida do que ponto de chegada do trabalho a ser feito. (Neves, 2015)

Para a avaliação de risco, é fundamental estabelecer relação entre a visão de mundo (dimensão da reprodução), as atitudes políticas futuras (dimensão da ação) e os impactos na economia das ações governamentais, isto é, o impacto das políticas públicas provenientes do governo em ação. Entretanto, o primeiro passo para analisar o risco político com base nas eleições consiste na probabilidade dos possíveis vencedores do pleito. O modelo de análise adotado por Neves foi o comparativo, de modo que pudesse explicar o abalo da morte de Eduardo Campos durante o período eleitoral de 2014. De acordo com o autor,

> *Uma das vantagens de trabalhar numa empresa global de consultoria política com dezenas de cientistas políticos é o acesso quase imediato a um vasto cabedal de informações e análises sobre vários países e temas. Nossa primeira tarefa, portanto, era buscar exemplos de acontecimentos semelhantes em outros países. A empreitada não foi tão difícil, pois a tragédia brasileira havia se tornado o principal tema do dia no escritório, atraindo a curiosidade — e os palpites — de meus colegas.* (Neves, 2015)

Quando se trata de avaliação de risco político, os fundos de investimentos precisam de análises rápidas, pois esse mundo é muito dinâmico; as análises diárias são importantes para os investimentos de curto prazo, abrindo margem para avaliações especulativas e palpites. O que se denota, portanto, é que há muitas especulações e palpites quando se trata de risco político, em especial no que se refere às eleições. Neves (2015) aproximou a ciência política da análise de risco para informar aos clientes da Eurasia que Dilma Rousseff seria reeleita. Os analistas, contudo, entendiam que Dilma Rousseff não venceria o pleito, uma vez que inúmeros fatores estavam contra ela, como a mobilização nas ruas, a desaceleração da economia, os escândalos de corrupção etc., porém, Neves (2015) apostou em outras variáveis:

A resposta começa com uma afirmação que pode parecer ousada: eleições presidenciais são mais fáceis de se prever do que se imagina. De acordo com um modelo desenvolvido conjuntamente pela Eurasia Group e pela Ipsos Public Affairs, usando como base mais de duzentos pleitos ocorridos mundo afora nas últimas duas décadas, é possível prever boa parte das eleições recorrendo a duas variáveis chave. A primeira é o grau de desejo de mudança ou continuidade no eleitorado. A segunda é se um líder está ou não concorrendo à reeleição.

Portanto, o autor distanciou-se da especulação e dos palpites e aplicou um modelo analítico próprio da ciência política:

Em relação à força do governante, o modelo recorre à notória literatura da ciência política que aponta para algumas das vantagens de se estar no poder: o alto grau de conhecimento do nome do candidato governante junto ao eleitorado, o uso — implícito ou não — da máquina pública e a tendência à aversão ao risco do eleitor médio. (Neves, 2015)

As predições da equipe da Eurasia Group estavam corretas, a candidata Dilma Rousseff venceu a eleição de 2014. O trabalho do analista de risco político tem como ponto de partida as eleições, mas continua nas avaliações do comportamento político-institucional (pós-eleitoral). As **análises sobre as eleições** visam responder *o que os governos farão* e suas implicações; as **análises político-institucionais**, por sua vez, respondem *o que o governo está fazendo* e suas implicações. Em ambas as perguntas, o componente *preditivo* se faz presente. Por isso afirmamos que a predição é uma vantagem competitiva. Nesse sentido e para Neves (2015):

O fim do concorrido pleito de 2014 trouxe mais dúvidas do que certezas. O vendaval de imprevistos no decorrer da campanha deu lugar a receios em relação a uma possível tempestade política perfeita em Brasília. A pergunta do investidor agora é se, diante de tantas dificuldades, a presidente Dilma corre risco de sofrer um processo de impeachment. Com tantas denúncias e boatos, nos últimos meses os telefones da Eurasia começaram a tocar como naquele mês de agosto, com clientes e jornalistas a procura de probabilidades.

As incertezas não cessam com o término das eleições, aquelas que podem causar maiores impactos continuam ativas durante o mandato. São nos momentos pós-eleitorais (depois de eleito(a), antes da posse e depois da posse) que o trabalho do analista de risco político se intensifica. Neves (2015) deu uma dica para quem deseja atuar como analista de risco político: "parte importante do trabalho de um analista de Brasil é olhar além do nevoeiro do dia a dia para tentar identificar tendências mais duradouras. Muitas vezes, essa tarefa se resume a moderar percepções extremadas que costumam a transformar diálogos em monólogos". Assim, o analista de risco político tem de se distanciar das visões apaixonadas e extremadas, visto que as análises baseadas em visões enviesadas impedem a predominância da objetividade. Essa dica de Neves é preciosa para os dias de polaridade que vive o Brasil. No mercado de trabalho, a sobrevivência do analista de risco político depende da competência técnica e do distanciamento entre torcer e analisar.

O mercado de trabalho, para o analista de risco político no Brasil, é uma realidade promissora, uma vez que,

pelo bem ou pelo mal, o país está sempre no radar dos investidores estrangeiros. Além do tamanho do mercado consumidor, da abundância de recursos naturais, de uma base industrial diversificada e da ausência de riscos geopolíticos, fatores que sempre colocam o Brasil em posição de destaque entre as maiores economias emergentes, até mesmo as características

aparentemente disfuncionais do sistema político brasileiro têm seus méritos quando comparadas às de alguns países vizinhos e outros emergentes.
(Neves, 2015)

Neves (2015) revelou a importância da análise de risco político centrada na eleição, trazendo como exemplo a eleição de 2014 para presidência da República, quando está em jogo a tomada de decisão dos investidores internacionais. No entanto, ele deixa bem claro que o trabalho do analista de risco político intensifica-se durante o mandato. Dessa forma, as análises estritamente políticas recairão sobre a política institucional.

Outra questão relevante a ser destacada refere-se ao peso da avaliação de risco político para investidores internacionais. Com base nas informações obtidas até aqui, poderíamos perguntar: E quando se trata de representação de interesse? Na representação de interesse, as atividades não se centram apenas em avaliação de risco político, mas sim em gestão de risco político. Gerir o risco político torna-se central na representação de interesse, sobretudo porque o funcionamento do processo de decisão política no Brasil tornou-se mais complexo no século XXI.

É importante reiterar que a representação de interesse tem início com a avalição do risco político durante o processo eleitoral e se estende ao mandato do grupo político que chegou ao poder. Por isso, faz-se necessário um processo de gerenciamento de risco político como parte constitutiva de uma equipe multidisciplinar especializada em políticas públicas e governo; a avaliação de risco político é apenas uma das atividades dessa equipe especializada.

(4.2)
PROFISSIONALIZAÇÃO PARA COMPETITIVIDADE: ESPECIALIZAÇÃO EM POLÍTICAS PÚBLICAS E GOVERNO

O conhecimento sobre política pública e o governo é fundamental para a profissionalização da representação de interesse (Gozetto, 2018; Santos; Resende; Galvão, 2017; Santos et al., 2017; Mancuso, 2004). A profissionalização é uma variável que impacta o desempenho da representação de interesse (Mancuso, 2004; Massimo, 2013).

A relação entre profissionalização da representação de interesse e conhecimento especializado sobre política pública e governo é apresentada de forma mais enfática no artigo "A profissionalização de RIG no Brasil", de autoria de Manoel Leonardo Santos, Ciro Resende e Eduardo Galvão (2017), e no Texto para Discussão n. 2.334 do Ipea, intitulado "Lobbying no Brasil: profissionalização, estratégias e influências", de Santos et al. (2017).

No entanto, resta saber: O que é ser um especialista em políticas públicas e governo? Quais são as competências necessárias para qualificar esse tipo de especialista? Antes de responder às questões colocadas, é importante termos a clareza do principal objetivo do profissional de relações governamentais influenciar[13] na produção de políticas públicas (Santos et al., 2017; Mancuso; Gozetto, 2012).

A literatura internacional que trata dos grupos de interesse, de acordo com Santos et al. (2017, p. 9), tem centrado suas análises no "contexto em que essas organizações operam e as táticas e estratégias que elas empregam em seus esforços para afetar – leia-se influenciar – políticas públicas". No entanto, no caso brasileiro, "as poucas

---

13 O ato de influenciar não necessariamente remete à ação direta sobre os tomadores de decisão política, mas sim à participação na elaboração de estratégias para influenciá-los.

pesquisas que exploraram as estratégias dos grupos de interesse focalizaram a atuação política de segmentos empresariais específicos". Os autores chamaram atenção para a importância desses estudos no Brasil, no sentido de investigar as estratégias utilizadas pelos grupos de interesse, porém fizeram a seguinte advertência: "mas não permitem maior generalização sobre a atuação dos grupos de interesse", desse modo, realizaram uma pesquisa inédita em busca dessas generalizações "em que pesem suas limitações, fornecerá, pela primeira vez, informações sistemáticas sobre estratégias e arenas-chave acionadas pelos grupos de interesse" (Santos et al., 2017, p. 10).

Posto isso, buscamos compreender, no texto para discussão do Ipea, encontrado no trabalho de Santos et al. (2017), a relação entre profissionalização da representação de interesse e especialização em políticas públicas e governo. Em todo texto, diversas vezes, a expressão *políticas públicas* vem acompanhada da palavra *estratégia*. Denota-se, assim, que a profissionalização da representação de interesse requer especialização em estratégias, caso o objetivo seja influenciar os tomadores de decisão política na produção de políticas públicas. Dessa forma, a política pública é *o que* (se quer influenciar), e a estratégia é o *como* (influenciar). A palavra **estratégia** assume importância central na profissionalização da representação de interesse quanto à capacidade para influenciar na produção de políticas públicas. A relação entre profissionalização da representação de interesse e especialização em políticas públicas e governo é constatada por testes estatísticos:

> [os testes estatísticos] *mostram que a profissionalização do lobbying é muito mais elevada entre as organizações empresariais que nos outros tipos de organização. Associado a esse item, também sobressai a capacidade do empresariado em contar com equipes especializadas em políticas*

públicas. Assim, a despeito da generalizada profissionalização, nota-se que os grupos de interesse empresariais aparecem de forma destacada nesse esforço. (Santos et al., 2017, p. 23)

A citação suscita uma dúvida, porém: A equipe é especializada em estratégias para influenciar a produção de políticas públicas ou se trata de uma equipe especializada em políticas públicas? Uma coisa é dominar as estratégias de convencimento, outra é se especializar em políticas públicas quando, por exemplo, despontam competências para formular, implementar e avaliar políticas públicas. Em outras palavras, o especialista em políticas públicas tem competências para influenciar a formulação e a implementação de políticas públicas, o que exige capacidade para avaliar as políticas públicas.

Assim, a equipe especializada em políticas públicas é composta de profissionais qualificados para avaliar as políticas públicas. O processo é dividido em fases – formulação, implementação e avaliação de políticas públicas – e a avaliação ocupa uma delas. De acordo com Klaus Frey (2000, p. 226),

As tradicionais divisões do ciclo político nas várias propostas na bibliografia se diferenciam apenas gradualmente. Comum a todas as propostas são as fases da formulação, da implementação e do controle dos impactos das políticas. Do ponto de vista analítico, uma subdivisão um pouco mais sofisticada parece pertinente. Proponho distinguir entre as seguintes fases: percepção e definição de problemas, 'agenda-setting', elaboração de programas e decisão, implementação de políticas e, finalmente, a avaliação de políticas e a eventual correção da ação.

A equipe especializada em políticas públicas não se resume em traçar estratégias para influenciar na produção de políticas públicas.

A ação é muito mais complexa. Não se pode resumir especialização em políticas públicas ao exame e à elaboração de programas, à implementação e à avaliação de políticas públicas, como se fosse um processo estático, estanque, compartimentalizado, antes, porém, deve ser considerada em sua dinâmica.

A equipe é dotada, sobretudo, de competências para analisar e influenciar na dinâmica política que passa pela "inter-relação entre as instituições políticas, o processo político e os conteúdos de política" (Windhoff-Héritier citado por Frey, 2000, p. 214). Ela assume competências que transcendem a análise e a ação sobre o Poder Legislativo, visto que, como ensina Frey (2000), é preciso estar atento às inter-relações entre as diversas instituições políticas. De acordo com autor,

> *As várias fases correspondem a uma sequência de elementos do processo político-administrativo e podem ser investigadas no que diz respeito às constelações de poder, às redes políticas e sociais e às práticas político-administrativas que se encontram tipicamente em cada fase.*
> (Frey, 2000, p. 226)

A representação de interesse atua também no processo de decisão político-administrativo. Conforme Mancuso e Gozetto (2012, p. 4), "O lobby junto ao executivo não se restringe aos casos em que este participa no processo de produção legislativa. Os lobbies também se dirigem ao executivo, em âmbito nacional e subnacional, com vistas às decisões administrativas que se encontram sob sua alçada" (Mancuso; Gozetto, 2012, p. 4). Uma vez que a análise de políticas públicas é igualmente um processo político-administrativo, passa-se a exigir, da equipe competências de análise, três elementos:

(1) a inter-relação entre o Poder Executivo e o Poder Legislativo[14]; (2) o processo político de tomada de decisão[15]; e (3) a necessidade de *expertise* sobre o conteúdo de políticas públicas específicas[16]. Assim, não se trata de ser uma equipe especializada em políticas públicas, é necessário que o seja, igual e adicionalmente, em políticas públicas e governo. As **equipes especializadas em políticas públicas e governo** são dotadas de competências para traçar estratégias de convencimento na avaliação de políticas públicas em suas diferentes fases. Portanto, são plenas de saber especializado (conteúdo de políticas públicas) e representação técnica (inter-relação entre instituições e processo político).

Sobre a especialização em governo, deparamo-nos com a seguinte pergunta: Em que consiste o entendimento sobre o governo? Buscamos encontrar essa resposta também nos apontamentos de Santos et. al. (2017), pois, na pesquisa dos autores, sempre figuram as instituições políticas, em especial na inter-relação entre as instituições

---

14 *Como, por exemplo, identificar e analisar a coalizão de governo (apoio da base parlamentar); identificar e analisar a situação e a oposição ao governo; quantificar e analisar a fragmentação partidária e os partidos efetivos; identificar a governabilidade/ingovernabilidade (estabilidade/instabilidade política).*

15 *Como, por exemplo, avaliar a dinâmica do processo político, em especial a dinâmica relativa às proposições de interesse do representado; avaliar o alinhamento/desalinhamento entre tomadores de decisão política e os interesses do representado; identificar os aliados e não aliados aos interesses do representado; identificar a elite parlamentar.*

16 *Ao passo que os outros dois elementos dizem respeito à representação técnica, este concerne ao saber especializado. Por exemplo: ter expertise sobre sistema financeiro, meio ambiente, educação, saúde, dentre outras áreas. Há também aqueles que são especialistas em subáreas, ou seja, na área de meio ambiente existem especialistas em poluição do ar, poluição sonora, recursos hídricos e outros. A especialização nessas áreas habilita o conhecimento do conteúdo das políticas a elas relacionadas. Essa expertise é importante para o levantamento de dados, realização de análises, elaboração de relatório etc.*

e à dinâmica do processo de tomada de decisão política. De acordo com eles,

> Um primeiro ponto interessante a se observar nos dados é a importância atribuída pelos grupos de interesse à atuação junto aos poderes Executivo e Legislativo. Os estudos de referência sobre o sistema político no Brasil (Figueiredo e Limongi, 2001) apontam para a preponderância do Poder Executivo na produção legislativa. Isso ocorreria não apenas pelos poderes constitucionais à disposição do presidente da República (medidas provisórias, iniciativa exclusiva e prerrogativa de solicitar urgência nos projetos), mas também pela centralização do poder decisório no Legislativo (Mesa Diretora e colégio de líderes), que permitiriam ao presidente maior controle sobre sua coalizão de apoio no parlamento. [...]. Apesar de diversos autores sinalizarem o fortalecimento do Poder Legislativo no Brasil (Diniz e Boschi, 1999), será interessante observar se os grupos de interesse tenderão a priorizar, em suas respostas, o Poder Executivo como alvo do lobbying, ou se o Poder Legislativo já aparecerá em grau semelhante de importância.

(Santos et al., 2017, p. 13)

Neste artigo, que compõe o Texto para Discussão n. 2.334, quando a palavra *governo* é usada, logo se faz referência às *instituições políticas*, e, de forma especial, é colocada em relação ao processo de tomada de decisão. Isso não poderia ser diferente, já que, para os autores, a função da representação de interesse é influenciar no processo de produção de políticas públicas. Há uma relação de causalidade muito importante para auxiliar na resposta à problematização deste estudo, qual seja: a hipótese de que, na segunda década do século XXI, o aprofundamento da complexidade do processo de decisão política resultou no aumento da profissionalização da representação de interesse no Brasil. Para Santos et al. (2017, p. 13),

> *Ainda tratando dos impactos do aspecto institucional sobre o lobbying, será interessante identificar se para as duas Casas legislativas será atribuída a mesma importância, tendo em vista a simetria do bicameralismo brasileiro (Amorim Neto, 2009). Já a diferença de perfis entre a Câmara dos Deputados e o Senado (Araújo, 2013), inclusive decorrente de regras eleitorais, tende a acarretar distintas formas de acesso e comportamento dos parlamentares, o que ensejaria abordagens também diferentes da parte dos grupos de interesse.*

Os autores tratam do impacto do novo ordenamento político, mais especificamente do funcionamento (dinâmica) do processo de tomada de decisão política, por meio dos seguintes aspectos institucionais: preponderância do Poder Executivo na produção legislativa; centralização do poder decisório no Poder Legislativo; controle do presidente sobre sua coalizão de apoio no Parlamento; e controle partidário centralizado dos parlamentos. Nesse sentido, as instituições impactam as estratégias da representação de interesse, na medida em que influenciam a produção de políticas públicas. Assim, o aprofundamento da complexidade do processo de decisão política abala de algum modo a profissionalização da representação de interesse. No nível estratégico, o que se espera de uma equipe especializada em políticas públicas e governo? De acordo com Mancuso e Gozetto (2012, p. 5-6),

> *De modo geral, a atuação dos lobbies diante de seus alvos pode ocorrer em três momentos: na escolha dos decisores, nas etapas do processo decisório e nas etapas que o sucedem. Há modalidades de atuação típicas de cada momento [...]. Entretanto, deve-se levar em conta que cada alvo é submetido a regras específicas que regem sua composição e funcionamento, e definem as oportunidades de atuação abertas para os lobbies.*

As estratégias sofrem constrangimentos institucionais, determinados pelo "ordenamento jurídico nacional e as regras das instâncias decisórias" (Mancuso; Gozetto, 2012, p. 9). Assim como Santos et al. (2017), Mancuso e Gozetto (2012) destacam o impacto do funcionamento do processo de decisão política sobre as estratégias de representação de interesse. Esse impacto passou a exigir a formação de equipes especializadas em políticas públicas e governo, logo, exigiu também maior qualificação dos profissionais de relações governamentais, o que significa aumento da profissionalização.

Fica evidente a exigência de profissionalização quanto à ação estratégica, que depende da dinâmica do processo decisório. Quanto mais complexa essa dinâmica, maior é a exigência por profissionalização. No entanto, podemos questionar se essa centralidade no processo de decisão política não está sobrevalorizada neste nosso estudo, dada a seleção dos autores que são, em grande medida, cientistas políticos. Dessa forma, a análise responderia a determinado viés, uma vez que é objeto da ciência política o processo de tomada de decisão política orientada por uma perspectiva institucionalista. Com o intuito de dirimir essa dúvida, recorreremos à Associação Brasileira de Relações Institucionais e Governamentais (Abrig), mais especificamente à sua Cartilha, na qual consta a seguinte pergunta: *O que é a atividade de relações institucionais e governamentais (RIG)?* De acordo com a Cartilha,

> *A atividade de Relações Institucionais e Governamentais (RIG), em linha com a definição na CBO – Classificação Brasileira de Ocupações, do Ministério do Trabalho e Emprego, trata da atuação no processo de decisão política, da participação na formulação de políticas públicas, da elaboração e estabelecimento de estratégias de relações governamentais, da análise dos riscos regulatórios ou normativos e da defesa dos interesses*

daqueles representados nesses processos. (Venuto; Fayet; Navarro, 2019, p. 6)

Essa definição da atividade do profissional de relações governamentais da Abrig está alinhada àquela da Classificação Brasileira de Ocupações (CBO), documento oficial do governo que define as atividades profissionais. O que corrobora com a defesa dos autores aqui citados de que a função principal do profissional de relações governamentais é influenciar no processo de produção de políticas públicas.

Vejamos o que diz o Instituto de Relações Governamentais (Irelgov, 2020b, p.1) em sua Carta de Princípios: "O profissional de relações governamentais é legítimo e essencial à formação de decisões no setor público". Assim como a Abrig, o Instituto destaca o processo decisório como ponto central. Em outro trecho, reza a Carta de Princípios:

> *Ressaltar que o profissional de relações governamentais dedica-se ao preparo, estudo e comunicação sobre a legislação, o desenvolvimento de discussões legislativas, trabalho em coalisão com partes cujos interesses são convergentes, fornecimento de informações a oficiais públicos e empresários acerca das implicações das decisões tomadas, dentre outras atribuições essenciais à tomada de decisões no setor público.* (Irelgov, 2020b, p. 3)

Aqui surgem diversas atividades, porém são acessórias à função principal, que é a de influenciar no processo de produção de políticas públicas. A centralidade no processo de decisão política, com vistas à produção de políticas públicas, tem exigido das organizações, com destaque para representação de interesse do empresariado, a formação de equipes especializadas em políticas públicas e governo. Isso significa que estamos vivenciando, nesta segunda década do século XXI, a institucionalização e profissionalização da representação de interesse. De acordo com Santos, Resende e Galvão (2017, p. 18),

> Relatos de participantes da pesquisa contam que, há trinta anos ou mais, os mais experientes começaram a desempenhar a articulação política para defesa de interesses de maneira complementar à área que atuavam: jurídica, comunicação etc. Hoje evidencia-se a institucionalização de departamentos próprios com objetivo específico de desempenharem relações com o Estado.

A pesquisa realizada revelou dois processos: o de profissionalização e o de institucionalização. A representação de interesse não era institucionalizada e profissionalizada[17] como atualmente, uma vez que outros setores realizavam essa atividade, mais especificamente assessorias jurídicas e de comunicação. Assim, podemos dizer que, hoje, o setor de relações governamentais, com o advento das equipes especializadas em políticas públicas e governo, constitui-se em uma assessoria política dentro de organizações privadas. Os autores tratam, ainda, da intensificação do processo de profissionalização nesta segunda década do século XXI. Como a pesquisa foi realizada em 2016, a expressão *hoje* revela um acontecimento muito próximo da data da pesquisa. Essa atualidade do momento vivido pela profissionalização da representação de interesse é reforçada pela seguinte afirmação:

> Os últimos anos foram marcados por uma série de eventos que apontam para uma profissionalização acelerada da atividade de Relações Institucionais e Governamentais (RIG) no Brasil. Entre esses eventos podemos citar as diferentes frentes abertas para regulamentação, a oferta

---

17 Essa assertiva não se aplica às organizações constituídas para defender os interesses do empresariado, na verdade, diz respeito às empresas em particular.

cada vez maior de MBAs especializados na área, o aumento significativo de novos associados da Abrig, entre outros que ajudam a identificar esse processo. (Santos; Resende; Galvão, 2017, p. 15)

Ao apontar para os últimos anos como momentos de aceleração da profissionalização, os autores referem-se a eventos ocorridos em um curto prazo de tempo, ou seja, em um tempo muito próximo, da mesma forma como essa atualidade é revelada pela palavra *hoje*. A comprovação de que esse tempo está alocado na segunda década do século XXI está nos próprios eventos citados, uma vez que todos ocorreram nesse período.

É importante destacar também a expressão *profissionalização acelerada*, que significa que o processo de profissionalização não se iniciou na segunda década do século XXI. Como já vimos, esse processo começou em meados da década de 1980, em especial com a mudança de ordenamento político acompanhado de aumento da complexidade do funcionamento do processo de decisão política. No entanto, quais foram as motivações para que, na segunda década do século XXI, tenha havido uma aceleração do processo de profissionalização da representação de interesse, uma vez que não houve mudança de ordenamento político? Muitos atribuem esse processo de aceleração à Operação Lava Jato; outras variáveis, porém, podem ser levantadas. De todo modo, entendemos que, durante o século XXI, ocorreu aumento da complexidade do processo de decisão política, o que determinou a aceleração da profissionalização da representação de interesse.

A Operação Lava Jato e a ampla cobertura da mídia, que correlacionou lobby com corrupção e tráfico de influência, afetaram a reputação do profissional de representação de interesse. O que foi colocado em jogo, além da legalidade da atividade, foi a ética e a transparência.

A falta desses três elementos (legalidade, ética e transparência) afetou diretamente a reputação da profissão. Dito de outra forma, comprometeu a imagem desse profissional. Assim, se a Operação Lava Jato e a mídia são variáveis que explicam a aceleração do processo de profissionalização, o mercado de representação de interesse teve de exigir profissionais dotados de competências relativas à legalidade, à ética e à transparência na relação entre o público e o privado. Isso sugere profissionais dotados de conhecimento jurídico e de comunicação. Por sua vez, se a aceleração do processo de profissionalização estiver sendo impactada pelo aumento da complexidade do processo de decisão política, não seria exatamente a ética e a transparência os motivos dessa aceleração. Estamos, assim, diante de duas percepções: da *reputação* e da *especialização (técnica)*. Ao analisarmos os princípios que figuram nos documentos das entidades representativas, notadamente a ética e a transparência se destacam. A profissionalização também aparece com igual importância.

Todavia, é preciso considerar que os documentos analisados tratam daquilo que é ideal, ou seja, apegam-se aos princípios a serem seguidos para a construção de uma identidade. Se nosso objeto de pesquisa se resumisse aos documentos, tanto a Operação Lava Jato, com a ampla cobertura da mídia, quanto o aumento da complexidade do processo de decisão política seriam variáveis responsáveis pela aceleração do processo de profissionalização. No entanto, nossa hipótese ainda baila à deriva, necessitando de provas que a ratifiquem, isto é: O aumento da complexidade do funcionamento do processo de decisão política impactou a profissionalização, acelerando o processo desta? Afinal, como resolver essa questão?

Há uma forte evidência de que o aumento da complexidade do funcionamento do processo de decisão política é o responsável por essa aceleração, que é a formação de equipes especializadas em políticas públicas e governo. A Operação Lava Jato e a cobertura da mídia afetam, conforme já estudamos, a reputação do profissional de relações governamentais, imputando a eles o estigma da ilegalidade, falta de transparência e de ética. Isso justificaria que a representação de interesse continuasse vinculada à assessoria jurídica (questão da legalidade) e de comunicação (construção da imagem e formas de se relacionar com o Estado). Entretanto, como revelou a pesquisa realizada por Santos, Resende e Galvão (2017), a realidade nos dias de hoje é outra. Segundo o estudo destes autores, houve uma alteração profunda de mentalidade das organizações quanto à institucionalização e à profissionalização da representação de interesse. Essa mudança de mentalidade teve reflexo na própria Abrig, que alterou o nome de sua revista. A Associação afirma:

> Chegamos orgulhosos e com novidades ao terceiro ano de edição desta revista da Associação Brasileira e Relações Institucionais e Governamentais (Abrig) – a única do mundo dedicada ao tema. Condizente com os compromissos e objetivos estratégicos da Entidade, a publicação passa a se chamar RIG + Políticas Públicas. (Abrig, 2019, p. 2)

O nome antigo era *Revista de Relações Institucionais e Governamentais* e passa a ser *RIG + Políticas Públicas*. Por que não RIG + Ética e Transparência? Isso é uma evidência da importância da especialização em políticas públicas e governo.

No entanto, para que essa equiparação entre o aumento da complexidade do funcionamento do processo de decisão política e a aceleração do processo de profissionalização seja constatada, é necessário analisarmos a relação entre profissionalização e competitividade, bem como o mercado de representação de interesse no Brasil, isto é, quais as competências que o mercado está exigindo: Afinal, as competências estão centradas na reputação ou no processo de decisão política?

Denota-se, dos autores com os quais dialogamos, que a especialização em políticas públicas e governo transcende o conhecimento sobre risco político. A gestão de risco político é parte constitutiva da especialização em políticas públicas e governo. Associa-se também a ação direta de representação de interesse junto aos tomadores de decisão política como atividade da equipe especializada em políticas públicas e governo. Essa última associação, porém, não nos parece correta[18]. O que se depreende, portanto, e com base nos autores, é que o setor de relações governamentais também pode assumir o rótulo de setor especializado em políticas públicas e governo.

(4.3)
PROFISSIONALIZAÇÃO PARA COMPETIVIDADE: O SETOR DE RELAÇÕES GOVERNAMENTAIS

Vimos que a profissionalização da representação de interesse ocorreu no âmbito das entidades representativas do empresariado industrial, com destaque para CNI. No entanto, tem-se registrado um aumento significativo de criação de setores de representação de interesse em empresas. Podemos entender esse movimento como um aprofundamento do sistema de representação pluralista, embora esse sistema consista na ampliação de associações voluntárias (não corporativista ou extra corporativista).

Esse movimento de aumento de setores de representação de interesse nas empresas é uma forma de pulverização da representação de interesse no Brasil. Oliveira (2004, p. 88) já havia percebido

---

18 *Quando consideramos as três especializações (inteligência política, relacionamento institucional e defesa de interesse), entendemos que somente a inteligência política depende dos conhecimentos sobre políticas públicas e governo.*

essa pulverização no início do século XXI, quando afirma que, "Atualmente, a criação de departamentos de assuntos corporativos é uma tendência cada vez mais forte. Não só as grandes empresas necessitam de uma estrutura especialmente montada para trabalhar as relações governamentais". Essa tendência a qual se referiu Oliveira confirma-se na segunda década do século XXI.

> *O mercado de relações governamentais tem crescido e cada vez mais as empresas percebem a importância para seus negócios de ter uma articulação estruturada com o poder público. [...]. Essa necessidade de um departamento estruturado já havia sido identificada na primeira fase da pesquisa, realizada no ano passado, ouvindo presidentes e líderes de empresas.* (Irelgov, 2018)

Esse crescimento de setores de representação de interesse nas empresas também esteve confirmado na segunda fase da pesquisa sobre a reputação do profissional de relações governamentais. Tal levantamento foi realizado em 2017 e contou com 157 profissionais que atuam no mercado de representação de interesse. A metodologia empregada foi de cunho quantitativo, com base em questionários online. No entanto, como as questões eram tanto fechadas quanto abertas, configurou-se igualmente uma pesquisa qualitativa (Irelgov, 2020a).

Ainda sobre o evidente crescimento, ele também está registrado em matéria da *Exame.com*, do dia 8 de dezembro de 2017, ao asseverar que cada vez mais empresas estão contratando profissionais para atuarem na representação de interesse, com destaque para aquelas dos setores de "energia, de saúde, farmacêutico, químico, de telecomunicações, automotivo, financeiro, de óleo e gás e de tecnologia da informação (TI)" (Pati, 2017). Destaca a matéria, ainda, que

De acordo com informações da consultoria de recrutamento EXEC, a demanda por profissionais de relações governamentais deve fechar o ano com 15% de crescimento, em relação a 2016. No ano passado, a procura por estes profissionais já tinha crescido 7% em relação a 2015. (Pati, 2017)

O crescimento é extraordinário, uma vez que ocorreu em período de crise econômica no Brasil. Em outro trecho da matéria, Tadeu Gualtieri, sócio da empresa de consultoria de recrutamento EXEC, informou que as "'Empresas de equipamentos médicos também começam uma procura consistente por profissionais especializados na área'" (Pati, 2017). Outro mercado promissor para o profissional de representação de interesse é o das *startups* e de transporte por aplicativo, como Uber, 99 e Cabify. Empresas que operam com modelos de negócios inovadores, também conhecidos como negócios disruptivos, além de serem um mercado próspero, lançam um desafio para o profissional de representação de interesse, pois,

Como regulamentar ou regular um segmento totalmente novo? Quais parâmetros devem ser utilizados em uma decisão pública? Como explicar para um político um modelo de negócio que ele não entende? Esses dilemas precisam ser endereçados pelas relações governamentais, que têm o papel de ser interlocutor da inovação com o poder público. (Irelgov, 2019)

Essas questões têm levado tais empresas a criar, em suas estruturas organizacionais, setores específicos para a representação de interesse junto aos tomadores de decisão política. Nesta segunda década do século XXI, esse processo de criação parece se estar afastando da ênfase puramente comunicacional dos departamentos de assuntos corporativos e aproximando-se das questões de ordem mais política.

As empresas, em grande parte multinacionais, implementaram em suas estruturas organizacionais, entre os anos de 1974 e 1978, setores específicos para dialogar com o Estado (Oliveira, 2004). Para a defesa de seus interesses, não eram necessárias as inúmeras atividades atualmente executadas, como, por exemplo, os monitoramentos legislativo e político. O foco da representação de interesse, de competência do departamento de assuntos corporativos, estava na abertura de canais de comunicação com o Estado.

Todavia, essa realidade foi alterada com a Constituição de 1988, que trouxe um novo ordenamento político. Antes, segundo Oliveira (2004), bastava a abertura de canais diretos com agentes governamentais. No contexto da década de 1970, os departamentos de assuntos corporativos eram fundamentais. Mesmo com a mudança de ordenamento político, em razão do aumento da complexidade do funcionamento do processo de decisão política, os departamentos de assuntos corporativos foram concentrando competências novas e mais complexas no que diz respeito à representação de interesse. Em sua tese[19] Oliveira (2004, p. 88) identifica essa concentração de competências:

> *A criação desses departamentos está intrinsecamente relacionada ao peso que as empresas dão ao seu relacionamento com o governo. É atribuição do departamento de assuntos corporativos não só fazer a manutenção permanente da imagem da empresa, como também cuidar de seus interesses, antecipando problemas e detectando oportunidades que a direção da empresa não teria condições de fazer se não houvesse em Brasília uma estrutura permanente.*

---

19 A tese de Oliveira foi defendida em 2004. Assim, a pesquisa realizada para a confecção da tese retrata o final do século XX e os primeiros anos do século XXI, quando se trata da constituição de setores que atuavam na representação de interesse.

Nesse sentido, ressaltava-se a importância dos profissionais de comunicação, de forma especial aqueles que se dedicam às relações públicas. Notadamente, o departamento de assuntos corporativos era responsável pelas atividades de inteligência política, relacionamento institucional e defesa de interesse (essas três competências serão especificadas mais adiante, nesta mesma seção). O departamento corporativo mesclava saber especializado e representação técnica. Quanto ao saber especializado,

> Outra atribuição bastante importante dos departamentos de assuntos corporativos diz respeito à possibilidade de auxiliar o governo com idéias e iniciativas que podem fornecer soluções para problemas que o próprio governo esteja enfrentando. A empresa pode participar do processo de solução do problema, fornecendo técnicos, por exemplo, tornando-se assim um importante interlocutor do governo. (Oliveira, 2004, p. 89)

No início do século XXI, já estava ocorrendo um deslocamento extraordinário das atividades do departamento de assuntos corporativos para o setor de investigações essencialmente políticas. Segundo Oliveira (2004, p. 90), "uma das principais atribuições do departamento de assuntos corporativos é instrumentalizar a ação dos executivos dos vários setores do grupo, com informações referentes a riscos e oportunidades para a empresa, acompanhando a atuação dos poderes Executivo e Legislativo". Conforme identificado pela autora, os departamentos de assuntos corporativos concentram, como uma de suas atividades principais, análises essencialmente políticas e de grande complexidade analítica, sobretudo com o aumento da complexidade do funcionamento do processo de decisão política.

Nesta segunda década do século XXI, vivenciamos um momento avançado do processo de profissionalização da representação de interesse no Brasil. Esse avanço é propício para determinar as especializações e as competências do profissional de relações governamentais, principalmente na criação de um setor próprio de relações governamentais dentro das empresas. Gozetto (2018), ao perceber o crescimento de setores de representação de interesse nas empresas, elaborou o artigo "Relações Governamentais como fator de competitividade". Contudo, durante a leitura de seu trabalho, surge uma dúvida razoável: A autora se referia aos setores de relações governamentais das empresas ou às entidades de representação de interesse? De acordo com ela,

> A criação de departamentos de relações governamentais tem sido uma alternativa para institucionalizar o relacionamento com o governo e para profissionalizá-lo, tornando a representação de interesses mais técnica. Para além dos benefícios previamente apresentados, a empresa com essa opção, a empresa [sic] pode diminuir o risco de ver-se envolvida em ações ilícitas ou antiéticas. (Gozetto, 2018, p. 42-43)

Fica claro que Gozetto faz referência às empresas. A criação do setor de relações governamentais tem sido um imperativo, de forma especial para as empresas que atuam nos setores regulados da economia, bem como naqueles que dependem de inovação tecnológica. Dito isso, Gozetto (2018) alude a duas expressões que nos interessam – *institucionalizar* e *profissionalizar* – e que, segundo ela, são necessárias para a criação do setor de representação. Entretanto, para este estudo, a ação de institucionalizar está sendo entendida como parte do processo de profissionalização. Assim, distinguimos *institucionalização* e *qualificação* como as duas dimensões do processo de profissionalização da representação de interesse.

Não temos conhecimento de pesquisas que tratem da organização interna do setor de representação de interesse de empresas. No entanto, algumas pesquisas (Gozetto, 2018; Mancuso, 2004;

Santos; Resende; Galvão, 2017) permitem-nos que façamos uma reflexão sobre o assunto. A importância de abordar a **organização interna** desse setor está na identificação da institucionalização (criação de um setor próprio) e da qualificação (em certas competências). A questão que queremos colocar aqui é: Como se deve organizar internamente o setor de relações governamentais? Não se trata de uma organização interna administrativa (divisão em seção, departamento, diretoria etc.), mas sim de uma divisão de competências[20], que, por sua vez, poderá contribuir para a organização administrativa do setor de representação de interesse.

Com relação à organização interna dessas competências, Gozetto (2018) oferece dicas importantes. Para autora, existem três grandes frentes, que, neste estudo, chamaremos de *funções*, pertinentes a organização de um setor de representação de interesse: *inteligência política, posicionamento institucional* e *defesa de interesse*. Essas três funções orientam a seleção de profissionais a serem contratados, assim como a formação de uma organização interna do setor; nelas estão agrupadas um conjunto de competências que podem ser institucionalizadas (divisão administrativas e/ou equipes). Vejamos cada qual.

A **inteligência política** corresponde a "empreender ações que tornem possível a identificação de oportunidades, a antecipação de riscos regulatórios e a elaboração de cenários políticos" (Gozetto, 2018, p. 43). Essa função é responsável pela gestão do risco político, por isso essencialmente política do ponto de vista científico (levantamento de dados, análises, relatórios), e nela que se executam os monitoramentos político e legislativo. Faz parte do monitoramento político, por exemplo, "Definir quem são os atores chave sobre cada assunto e/ou

---

20 Entende-se por competências um conjunto de conhecimentos adquiridos na formação profissional (qualificação).

tema relevante para a organização no âmbito dos Poderes Legislativo e Executivo". Ao monitoramento legislativo cabe "Identificar quais temas e/ou ações governamentais deverão ser considerados relevantes para os interesses da organização e passíveis de acompanhamento" (Gozetto, 2018, p. 44).

Por sua vez, o **posicionamento institucional** é a função que agrupa um conjunto de competências destinadas às relações da empresa com o setor público e privado. De acordo com Gozetto (2018, p. 44), "O objetivo dessa atuação é o aprofundamento do nível de relacionamento com os atores chave que impactam e são impactados pela organização, tanto do setor público quanto do setor privado". Essa função destina-se à construção de relacionamentos para futuras ações de lobbying e é responsável pela construção da imagem da empresa perante aos diferentes públicos, tanto privado quanto estatal, em especial diante dos decisores (atores-chave).

Destacamos, ainda, duas competências integrantes a essa função, descritas por Gozetto (2018, p. 45). A primeira é a *representatividade*, que consiste em "Coordenar os esforços no relacionamento com entidades de classe setoriais e unificar suas mensagens-chave para garantir um discurso único perante seus atores chave". A segunda está direcionada ao *relacionamento*, no sentido de "Construir e manter um canal de comunicação com o governo e com os principais aliados aos interesses da organização". Ambas as competências apontam para a natureza relacional e institucional da função de posicionamento institucional, isto é, para sua atividade de manutenção dos canais de diálogo com os diversos atores-chave públicos e privados. Esse tipo de relacionamento é importante para mensurar "o grau de alinhamento de cada um desses atores chave com os temas relevantes para a organização" (Gozetto, 2018, p. 45); identificar aliados e não aliados na esfera privada também é fundamental para a atuação da representação de interesse perante aos tomadores de decisão. Vale dizer, ao afirmar que essa função é sobejamente institucional, significa que ela não é responsável pela ação direta de representação de interesse junto aos tomadores de decisão, mas destina-se, em essência, a criar e manter os canais de diálogos sempre abertos. Sua função é, por excelência, comunicacional e de construção da imagem, isto é, da reputação.

Por fim, a função de **defesa de interesse** corresponde ao lobby propriamente dito, uma vez que "o seu principal objetivo é a construção de estratégias e táticas de ação" (Gozetto, 2018, p. 45). A palavra-chave, quando se trata de ação direta perante aos tomadores de decisão política, é *estratégia*. De acordo com Gozetto (2018, p. 45), "Em Relações Governamentais, estratégia pode ser definida como um plano integrado para ganhar acesso, influência e assegurar objetivos políticos específicos".

Essas três funções são processos gerenciais da equipe especializada em políticas públicas e governo. Quanto mais essas três funções estiverem inseridas em um setor especializado em políticas públicas e governo, mais institucionalizada estará a representação de interesse da empresa, constituindo um departamento específico de RIG. Tais funções trazem equilíbrio para o setor de representação de interesse, uma vez que cobrem todas as competências necessárias para a atividade. Vejamos de forma mais atenta como isso acontece em cada função.

A **inteligência política** está cientificamente centrada no processo de decisão política. Nessa etapa são identificadas, por exemplo, as proposições legislativas dotadas de potencial de riscos ou oportunidades para os negócios da organização. Ainda, é de competência da inteligência política a identificação dos atores-chave da política (aqueles com poder de decisão), bem como verificar se eles estão alinhados ou não aos interesses da organização. Portanto, é a inteligência política que faz a gestão do risco político, assim, a natureza de sua função a deixa mais sensível ao aumento da complexidade do funcionamento do processo de decisão política. Por consequência, nesta função é que ocorre o processo de profissionalização mais agudo.

Por outro lado, o **posicionamento institucional** focaliza a construção de canais permanentes de comunicação com os principais atores-chave políticos e sociais. É nessa função que se exige competências para construção de alianças com esses atores; ela também é responsável pela reputação da organização, uma vez que entre suas competências está a construção da imagem da organização. Essa é a função mais sensível à Operação Lava Jato e a ampla cobertura midiática, principalmente quando se estabelece um tipo de vínculo depreciativo, como a aproximação entre o lobby e a corrupção e tráfico de influência.

Ao passo que a função de inteligência política avalia o risco político para as estratégias de negócios da organização, o posicionamento institucional faz a gestão do relacionamento, logo, faz a gestão do risco da imagem da organização, importante para construção de relacionamento com os diferentes públicos. Todavia, para efeito deste estudo, denominaremos posicionamento institucional de *relacionamento institucional*, na esteira de Gozetto (2018).

Por fim, a função de *defesa de interesse*, que concerne ao lobby propriamente dito, responsabiliza-se pela ação de defesa direta de interesse perante aos tomadores de decisão política. É de responsabilidade dessa função a gestão dos interesses da organização junto a esses tomadores de decisão. Um risco político mal avaliado, a imagem mal construída e/ou a criação ou manutenção de relacionamentos equivocados do ponto de vista estratégico inviabilizam a defesa do interesse. Dessa forma, é um imperativo a existência de harmonia entre as três funções, cujas competências poderiam ser generalizadas em: *gestão do risco político, gestão da imagem e de relacionamento* e *gestão do interesse*.

As três funções e as respectivas competências em termos de gestão revelam-nos o real significado de relações governamentais: gerenciamento dos processos, atividades e competências. Nesses termos, o setor de relações governamentais é responsável pelos processos de gerenciamento do risco político e de construção dos relacionamentos e dos interesses da organização. A percepção de Gozetto (2018) sobre essas funções distintas ajuda-nos a olhar por outro viés o profissional de relações governamentais, antes visto como um super profissional, isto é, dotado de competências para executar todas as atividades respectivas à representação de interesse. De acordo com Celso Masson,

> *A Classificação Brasileira de Ocupações, regida pelo Ministério do Trabalho, ganhou na segunda-feira 19 uma nova categoria, que regulamenta o profissional de relações institucionais e governamentais. Em bom português: o lobista. [...]. Sua atuação se dá no processo de decisão política. Esse profissional deve participar da formulação de políticas públicas, elaborar e estabelecer estratégias de relações governamentais, além de analisar os riscos regulatórios ou normativos e defender os interesses dos representados. Coisa para super-herói.* (Masson, 2018)

Em nosso entendimento, o processo de profissionalização da representação de interesse neste século XXI veio acompanhado de um processo de especialização. O setor de relações governamentais, para ser caracterizado como altamente profissionalizado, tem de contar com três[21] especializações: (1) equipe de relações governamentais

---

21 *Embora estejamos usando a palavra equipe, dependendo do porte, do segmento ou dos recursos disponíveis dentro da empresa, no lugar da equipe há apenas um profissional especializado por função.*

especializada em inteligência política; (2) equipe de relações governamentais especializada em relacionamento institucional; e (3) equipe de relações governamentais especializada em defesa de interesse. O que viemos tratando até aqui como funções são, de fato, especializações,[22] que juntas formam o que se chama de relações governamentais. Essas três especializações são compostas de atividades multifacetadas, das quais o lobby, isto é, a defesa de interesse, faz parte.

Anteriormente, fizemos uma afirmação um tanto quanto ousada, que carece de comprovação empírica, qual seja: que a profissionalização da representação de interesse no Brasil está ocorrendo de forma mais aguda na especialização de inteligência política. A fim de ratificar essa afirmação, recorremos ao artigo "A Profissionalização de RIG no Brasil", de autoria de Manoel Santos, Ciro Resende e Eduardo Galvão (2017). Esse artigo nos oferece condições para avaliar o grau de profissionalização (institucionalização e qualificação) do setor de relações governamentais no Brasil, ao apresentar resultados de uma pesquisa realizada com 163 profissionais de relações governamentais associados à Abrig. O período da pesquisa compreendeu julho a dezembro de 2016 e foi realizada pela Abrig e pelo Centro de Estudos Legislativos do Departamento de Ciência Política da Universidade Federal de Minas Gerais (DCP/UFMG). A amostra teve a seguinte distribuição: 52,8%[23] dos entrevistados atuam no setor industrial,

---

22 *A necessidade de substituição de uma palavra por outra vai ao encontro do tema tratado neste estudo: a profissionalização. Assim, especialização torna-se a palavra mais adequada. Outro motivo reside no fato de que o conceito de especialização leva, invariavelmente, à ideia de especialista. Logo, do ponto de vista da qualificação, teríamos especialistas em inteligência política, especialista em relacionamento institucional e especialista em defesa de interesse.*

23 No corpo do texto, o artigo apresenta uma porcentagem igual a 52,2% (verificável na citação), porém a tabela de comparação dos valores obtidos na pesquisa traz a informação de 52,8%. A quantificação correta é aquela constante em tabela, sendo, por isso, adotada aqui.

20,2%[24] no setor de serviços, 4,9% no terceiro setor, 2,5% no comércio, 1,8% na agricultura e pecuária, 0,6% no setor financeiro e 17,8% não responderam ou correspondem a outros (não especificado). Metodologicamente, a pesquisa é de cunho quantitativo-qualitativa. A estratégia quantitativa contou com a aplicação de um *survey*. A estratégia qualitativa, por sua vez, esteve amparada por entrevistas, grupos focais e pela "observação participante dos pesquisadores em vários eventos e atividades realizadas ao longo de 2016" (Santos; Resende; Galvão, 2017, p. 15). Quanto à validade da amostra,

> *Como não é aleatória, não é possível fazer generalizações para toda a comunidade de RIG. Mas há razões suficientes para afirmar que ela representa bem os associados da Abrig e razoavelmente os principais setores da economia: o industrial (52,2%) e o de serviço (22,2%).* (Santos; Resende; Galvão, 2017, p. 16)

Dos entrevistados, 52,8% atuam na representação de interesse da indústria e 20,2% do setor de serviços; visto que esses dois setores são os que mais empregam profissionais de representação de interesse no Brasil, a amostra revela-se válida.

Essa pesquisa nos fornece, ainda, sete indicadores de profissionalização da representação de interesse: (1) setor específico; (2) qualificação profissional; (3) vínculo profissional; (4) tempo de dedicação; (5) especialização em políticas públicas e governo; (6) identidade profissional; e (7) legalização da atividade. Dividimos os indicadores em duas dimensões. A primeira é a *dimensão institucional*, composta por: setor específico, vínculo profissional, tempo de dedicação,

---

24 No corpo do texto, o artigo apresenta uma porcentagem igual a 22,2% (verificável na citação), porém a tabela de comparação dos valores obtidos na pesquisa traz a informação de 20,2%. A quantificação correta é aquela constante em tabela, sendo, por isso, adotada aqui.

identidade profissional e legalização da atividade. Por outro lado, a *dimensão qualificacional* é formada pelos indicadores qualificação profissional e especialização em políticas públicas e governo. A maior quantidade de indicadores observada na dimensão institucional pode ser explicada em razão da própria temática central elegida pela pesquisa – a institucionalização do setor de representação de interesse nas organizações.

O indicador relacionado ao setor específico apresenta os seguintes dados: 83,6% dos entrevistados atuam em organizações onde há setores específicos dedicados à atividade de representação de interesse. Destes, 70,6% estão alocados em nível estratégico e 10,6% em nível intermediário; 2,4% não pertencem nem ao nível estratégico nem intermediário (Santos; Resende; Galvão, 2017). Os dados revelam que o setor de representação de interesse integra as estratégias das próprias organizações, o que demonstra que esse setor é um fator de competitividade para as empresas.

O objetivo do segundo indicador, vínculo profissional (ou vínculo empregatício), é avaliar se os entrevistados têm vínculo com as organizações ou são contratados, por exemplo, como pessoas jurídicas. Em relação a esse aspecto, a pesquisa revelou que 58,6% dos entrevistados integram o quadro de funcionários das organizações e 34,5% prestam serviços para as organizações (Santos; Resende; Galvão, 2017). O vínculo, portanto, está na casa de quase 60%, o que significa um bom grau de institucionalização desse indicador. Vale mencionar que os 34,5% indicam que há espaço considerável para atuação das consultorias no mercado de representação de interesse.

O indicador tempo de dedicação à atividade revela se os profissionais que atuam na representação de interesse também agem em outros setores da organização. Segundo revelou a pesquisa, 63,4% exercem atividade exclusivamente na representação de interesse das organizações, por sua vez, 34,5% não atuam de forma integral na área (Santos; Resende; Galvão, 2017).

A dimensão institucional engloba, do nosso ponto de vista, o indicador de identidade profissional, visto que a identidade, se concebida como formação acadêmica, é rejeitada pelos profissionais de relações governamentais, como já visto neste estudo. Assim, a identidade desse profissional é construída pelas entidades representativas, logo, institucionalmente. Nesse sentido, a pesquisa revelou que 52,7% dos entrevistados se identificam como profissionais de relações governamentais. A identificação como profissional de representação de interesse foi da ordem de 12,7%, como *advocacy* 10,7%, aqueles que se veem como profissionais de relações institucionais são 8,7%, de relações institucionais e governamentais 4,7%, e lobby 4% (Santos; Resende; Galvão, 2017). O resultado da pesquisa reflete, destarte, o que aqui apresentamos como sendo a identidade desse profissional, ou seja, revela a grande rejeição à nomenclatura *lobby*, haja vista que a preferência por outra identidade profissional entra na ordem de 94,2%.

Não existe no Brasil uma legislação que regulamente a atividade de representação de interesse. Assim, em relação ao indicador legalização da atividade, a representação de interesse de fato não está institucionalizada. Contudo, vale avaliar a importância que os entrevistados dão a esse indicador. A pesquisa revelou que os entrevistados que responderam *concordo plenamente* e *concordo mais que discordo* com a regulamentação chegaram a 75,6%, e aqueles que responderam *discordo mais que concordo* e *discordo totalmente* foram 15,2% (Santos; Resende; Galvão, 2017). A diferença em pontos percentuais é de 60,4, deixando claro que o apoio dos entrevistados, via esse indicador, à institucionalização é muito significativo.

Quanto aos indicadores da dimensão qualificacional, os dados também se revelaram significativos ao mostrarem que 61,4% dos entrevistados tinham pós-graduação *lato sensu* ou MBA. A titulação de mestre abrangia 18,4%, graduado 15,8% e doutor 4,4% (Santos; Resende; Galvão, 2017). A pós-graduação *stricto sensu* foi feita por 22,8% dos entrevistados. Se considerássemos a pós-graduação de maneira mais ampla, chegaria a 84,2%.

Dois aspectos chamam atenção. O primeiro é que nenhum entrevistado tinha somente ensino fundamental e médio. E o segundo é que a quantidade de entrevistados apenas graduados é baixíssima em relação aos pós-graduados. A diferença é da ordem de 68,4 pontos percentuais. Embora a qualificação profissional seja muito importante como um indicador do grau de profissionalização da representação de interesse, outro componente precisa ser considerado: a especialização em políticas públicas e governo. Esse indicador se tem mostrado fundamental para a profissionalização da representação de interesse, uma vez que é um componente que indica se os profissionais são dotados de competências para avaliar científica e tecnicamente o processo de decisão política.

De acordo com os dados da pesquisa, 65,9% dos entrevistados entendem que em sua organização há uma equipe especializada em políticas públicas e governo, e 28,2% afirmam pela não existência (Santos; Resende; Galvão, 2017). Nesse sentido, "No que diz respeito à existência de uma equipe especializada em políticas públicas e governo, os valores também foram muito elevados [...] Isso significa dizer, em outras palavras, que a cada 3 empresas/organizações, 2 contam com uma equipe especializada" (Santos; Resende; Galvão, 2017, p. 18). O levantamento revela que as organizações estão empenhadas em contratar profissionais especializados em políticas públicas e governo. Esse foco da contratação é um forte indicador da relação entre funcionamento do processo de decisão política e profissionalização da representação de interesse.

De forma mais sumária, considerando a amostra, na dimensão institucional 83,6% dos entrevistados alegaram que suas organizações têm setor específico de representação de interesse. A pesquisa revelou, ainda, que 58,6% dos entrevistados pertencem ao quadro de funcionários das organizações. Quanto ao tempo de dedicação às atividades de representação de interesse, 63,4% dos entrevistados informaram que se dedicam exclusivamente a essas atividades. No que diz respeito à identidade profissional, os dados revelaram que 52,7% optam pela identidade como profissionais de relações governamentais. Sobre a legalização da atividade, a representação de interesse no Brasil não tem atividade regulamenta, assim, o indicador foi 0 (zero).

Na dimensão da qualificação, o indicador de qualificação profissional revelou que 84,2% dos entrevistados são pós-graduados, o que mostra que os profissionais de representação de interesse são altamente qualificados. Os dados revelaram, também, um alto índice de especialização, pois praticamente dois terços dos entrevistados informaram que suas organizações contam com equipes especializadas em políticas públicas e governo. Para Santos, Resende e Galvão (2017), os conhecimentos sobre políticas públicas e governo assumem importância central para o setor de relações governamentais. As atividades de representação de interesse, abertura de canais de diálogo e atividades jurídicas não fazem parte das atividades inerentes a essa especialização. Tanto que, na pesquisa, os autores identificaram diversas formações dos profissionais de relações governamentais:

> Quanto à área de formação, evidencia-se uma ampliação na diversidade de profissionais. Nada menos que 24 formações diferentes foram registradas. Assim, muito embora ainda prevaleçam profissionais com formação em Direito (27,2%), a atividade de RIG tem recepcionado profissionais especializados também em Ciência Política (11,7%), Administração (11,0%),

Engenharia (9,1%), Comunicação (9,1%), Economia (8,4%), Relações Internacionais (7,8%) entre outras áreas. (Santos; Resende; Galvão, 2017, p. 16)

O fato da formação em ciência política ocupar a segunda colocação entre as formações acadêmicas é bastante significativo e, além disso, revela a importância dos conhecimentos sobre políticas públicas e governo, ainda que essa formação seja entendida como afeita pela carreira acadêmica. Quanto às atuais atividades desse profissional, destacam os autores:

> Essa diversidade [de formação profissional] é um indicador de que a atividade se expande para realização de tarefas para além da representação e aconselhamento jurídicos. Essa diversificação pode ser vista como uma evidência da profissionalização da atividade, pois indica que o mercado de trabalho valoriza diferentes especialidades. Essa valorização é movida pela necessidade dos profissionais de RIG realizarem uma gama cada vez maior de atividades que envolvem as relações entre o setor produtivo e o Estado. Pode-se registrar entre essas atividades: o monitoramento sistemático do processo político-decisório, a análise do ambiente político, a produção de conhecimento especializado para fundamentar a atividade de influência, análise de risco e de mercado, o monitoramento e posicionamento estratégico de temas na opinião pública, o conhecimento do ambiente regulatório e seus impactos sobre a produção, entre outras atividades. (Santos; Resende; Galvão, 2017, p. 16)

É importante evidenciar algumas atividades citadas pelos autores, como: monitoramento sistemático do processo político-decisório, a análise do ambiente político e análise de risco. Essas atividades são inerentes à especialização em políticas públicas e governo; bem como as atividades de monitoramentos legislativo e político e de avaliação de risco são inerentes às competências da especialização em inteligência política, isso para ficar em somente alguns exemplos. Em suma, para ser um especialista em inteligência política é necessário conhecer políticas públicas e governo. Eis o foco do setor de relações governamentais: especialização em políticas públicas e governo.

De acordo Santos, Resende e Galvão (2017), as organizações preferem profissionais que detenham o conhecimento em políticas públicas e governo. Em outras palavras, as organizações escolhem especialistas em inteligência política. Tal preferência é reveladora de que a profissionalização é de fato mais aguda nessa especialização, que está centrada no processo de decisão política, evidenciando a relação entre aprofundamento da complexidade do funcionamento do processo de decisão política e profissão da representação de interesse.

Os artigos de Gozetto (2018) e Santos, Resende e Galvão (2017) revelam que, nesta segunda década do século XXI, acontece um acentuado processo de profissionalização da representação de interesse no Brasil. Traçando um paralelo entre os dois artigos, podemos defender com mais propriedade a hipótese de que tal processo está mais acentuado nas competências relativas à inteligência política – em consonância com nosso estoque de evidências, tendo em vista que as empresas procuram no mercado por profissionais de relações governamentais com competências relativas à inteligência política. A análise sobre esse mercado de trabalho está contemplada na próxima seção.

(4.4)
AS COMPETÊNCIAS EXIGIDAS PELO MERCADO DE REPRESENTAÇÃO DE INTERESSE

Nesta seção, apresentamos mais evidências de que, na segunda década do século XXI, ocorreu um aprofundamento da complexidade da dinâmica do processo de decisão política, que, por sua vez, resultou na aceleração da profissionalização da representação de interesse no Brasil, de forma mais aguda na exigência de competências relativas à inteligência política.

Antes de adentramos nos levantamentos sobre as competências exigidas pelo mercado de trabalho de representação de interesse, abordamos o clima político-institucional da primeira e segunda década do século XXI. Para tanto, resgatamos dados apresentados no Capítulo 2 deste livro. Esse resgate é importante para estabelecer uma relação entre o aumento da complexidade da dinâmica política e a aceleração do processo de profissionalização da representação de interesse no Brasil.

Durante os Governos de Luiz Inácio Lula da Silva, a primeira complexidade que identificamos é um relativo rompimento com os Governos de Fernando Henrique Cardoso, que se efetivou com o retorno ao Estado desenvolvimentista, porém em um contexto privatista. E aqui encontramos a primeira ambuiguidade: desenvolvimentismo e privatismo. Dessa ambiguidade derivaram outras. Pesquisas classificaram os Governos Luiz Inácio Lula da Silva, considerando seus diversos momentos, como governo neoliberal, baseado em um novo desenvolvimentismo, que abarcava o social-liberalismo e o social desenvolvimentismo. Tais ambiguidades conferem ao período enorme complexidade para a análise de risco político. Esse tipo de avaliação exige competências para além de uma análise pragmática, visto que é necessário analisar a dimensão da reprodução da representação. Afinal, qual visão de mundo foi reproduzida? Neoliberal? Desenvolvimentista? A do novo desenvolvimentismo? Ou do social-liberalismo? Ou, ainda, a do social desenvolvimentismo? Aliada a toda essa ambiguidade está o fato de o ex-Presidente Luiz

Inácio Lula da Silva ser classificado ideologicamente à esquerda do espectro político.

As análises pragmáticas perdem a profundidade analítica, uma vez que "a pretensão de pragmatismo da explicação afasta qualquer contraditório de matiz conceitual" (Massimo, 2013, p. 141). O profissional de relações governamentais dotado de competência analítica não se resume às análises conceitualistas ou pragmáticas. Para ser um analista de risco político é imperiosa a combinação de conhecimentos teóricos, conceituais e pragmáticos. Em outras palavras, é preciso combinar capacidade analítica, teórica e empírica.

Do ponto de vista empírico, notamos que se intensificou, no século XXI, a fragmentação partidária, seguida do aumento de partidos efetivos. Em 2006, havia na Câmara dos Deputados aproximadamente 11 partidos efetivos, quando a quantidade classificada como moderada é de 5 partidos, no máximo (Carreirão, 2014), ou seja, passou a existir praticamente 6 partidos a mais. Desse modo, o custo para manter a coalizão foi muito alto. Acrescenta-se, a esse quadro de grande custo para manutenção da coalizão, a baixa taxa de coalescência dos governos do PT, o que deixou vulnerável o presidente da República, possibilitando, assim, crises políticas (Codato; Franz, 2018). Isso revela que, na primeira década do século XXI, o funcionamento do processo de decisão política apresentava-se bastante complexo.

A avaliação desse cenário político-institucional exige do profissional de relações governamentais competências específicas para analisar o próprio ambiente político-institucional. As organizações que traçam as estratégias de negócio precisam antecipar cenários políticos futuros e, a fim de atender a essa necessidade, o profissional de relações governamentais tem de ser especialista em inteligência política. No entanto, como levantar possíveis cenários em momento de instabilidade política em um ambiente complexo de tomada de decisão? Com a formação de equipe qualificada, que consiga antecipar cenários de tomada de decisão, em um contexto em que a visão de mundo da elite estatal varia do neoliberalismo ao social-desenvolvimentismo, em que há uma alta taxa de fragmentação partidária e partidos efetivos e, em contrapartida, uma taxa baixa de coalescência. Assim, exige-se, do profissional de relações governamentais, sólidos conhecimentos sobre políticas públicas e governo para a avaliação de risco político. Fazer a gestão de risco político nesse ambiente é da responsabilidade de profissionais dotados de competências relativas à inteligência política.

No sentido de oferecer mais dados a respeito da complexidade do processo de tomada de decisão no século XXI, em especial na segunda década, recorremos ao estudo *Presidencialismo de coalizão e governabilidade: avaliação do desempenho político-institucional dos governos Dilma Rousseff e Michel Temer na imposição de suas agendas prioritárias no período 2011-2017*, de autoria de Fernando Moraes, Diogo Miranda e Audren Azolin (2017).

Os autores analisaram as votações nominais na Câmara dos Deputados referentes às proposições legislativas apresentadas pelos Governos Dilma Rousseff e Michel Temer, no recorte temporal entre 2011 e 2017. Em outras palavras, analisaram as votações nominais[25] relativas à agenda prioritária desses governos. Os dados que nos interessam são aqueles relacionados à taxa de governismo, isto é, "taxa que considera as votações nominais de cada parlamentar por partido. Esta análise permite mostrar graficamente o posicionamento de cada partido em relação ao governo" (Moraes; Miranda; Azolin, 2017). Nossa intenção não é realizar uma análise profunda de análise

---

25 *Votações dos parlamentares em Plenário.*

de risco político ante a governabilidade. A intenção é tão somente mostrar a flutuação/deslocamento dos partidos em seus apoios ou não aos governos, uma vez que quanto mais convergente a votação dos parlamentares e o posicionamento do governo nas votações em Plenário, maior a taxa de governismo. Objetivamos, assim, acrescentar mais um elemento de complexidade do funcionamento do processo de decisão política e fornecer uma amostra simplificada de como prever possíveis cenários políticos futuros. Reafirmando: a análise realizada é somente ilustrativa, uma vez que deixamos de fora variáveis importantes, como o peso dos partidos na Câmara dos Deputados e seu componente ideológico, por exemplo.

Moraes, Miranda e Azolin (2017) definiram três regiões para ilustrar graficamente as posições dos partidos em relação aos posicionamentos dos governos, sendo elas: região da situação; região intermediária (ou região dos independentes) e região da oposição. Os partidos que apresentam taxa de governismo entre 75% e 100% localizam-se na região da situação; aqueles com taxa de governismo entre 50% e 75% estão na região intermediária, por fim, os partidos com taxa de governismo entre 0% e 50% estão alocados na região da oposição. A sequência de Gráficos (4.1, 4.2 e 4.3) traz dados dos três governos. O importante é perceber a movimentação dos partidos no tempo. Vale reiterar que a análise serve apenas de ilustração, como já afirmado. Contudo, mesmo em sua simplicidade, os dados revelam a complexidade do processo de decisão política na segunda década do século XXI e também a importância de competências para avaliação de risco político, a partir de uma análise de governo. O Gráfico 4.1 é o ponto de inicial (ponto zero) de posicionamento dos partidos no primeiro Governo Dilma Rousseff (2011-2014).

Gráfico 4.1 – Taxa de governismo – Governo Dilma Rousseff (2011 a 2014) – Posicionamento inicial

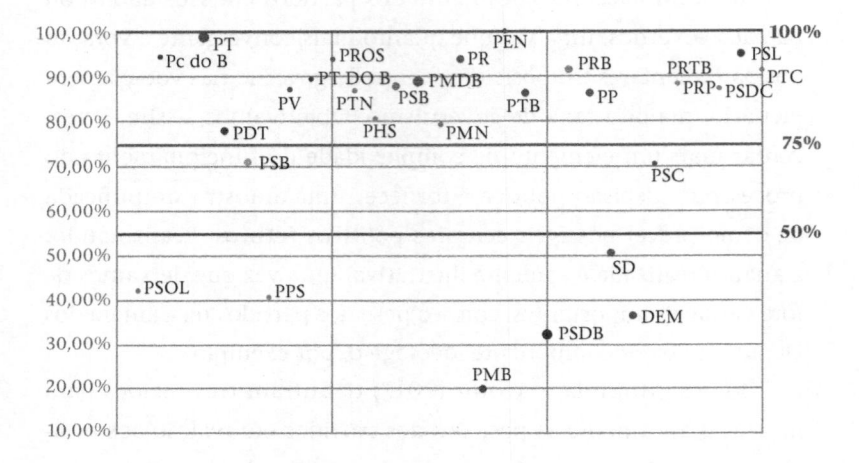

[Gráfico de dispersão com taxa de governismo de 10,00% a 100,00%, mostrando os partidos:
- 100%: PT, Pc do B, PROS, PEN, PR, PRB, PRTB, PSL
- ~90%: PT DO B, PMDB, PP, PRP, PSDC, PTC, PV, PTN, PSB, PTB
- ~80%: PDT, PHS, PMN — 75%
- ~70%: PSB, PSC
- 60%: — 50%
- 50%: SD
- 40%: PSOL, PPS
- ~30%: PSDB, DEM
- ~20%: PMB]

Fonte: Moraes; Miranda e Azolin, 2017.

No primeiro governo Dilma Rousseff, 27 partidos tinham assentos na Câmara dos Deputados, ou seja, havia altíssimo grau de fragmentação partidária. Entre os 27 partidos, 21 estavam localizados na região da situação. Assim, a base de apoio do governo contava com 77,77% dos partidos. Essa coalizão foi mantida com um alto custo, sobretudo porque foi uma base de apoio heterógena e contraditória (Diap, 2016), com a presença de partidos ideologicamente distantes. A Presidente Dilma Rousseff contava "com até 402 deputados, ou 78% da Câmara, distribuídos da seguinte forma: 1) apoio consistente de 351 deputados; 2) apoio condicionado e adesão praticamente certa de 51; e 3) 111 deputados de oposição" (Diap, 2016, p. 13). Na região intermediária, encontravam-se 2 partidos com taxas de governismo próximo da região da situação; na região da oposição, por sua vez, estavam localizados 4 partidos.

No segundo Governo Dilma Rousseff, a Câmara dos Deputados contava com 30 partidos, aumentando a fragmentação partidária em 11,11%, se considerado seu mandato anterior. Os dados do Gráfico 3 ilustram o deslocamento dos partidos (posicionamento 1), revelando a posição de cada qual no segundo governo.

Gráfico 4.2 – Taxa de governismo – Governo Dilma Rousseff (2015 a 2016) – Posicionamento 1

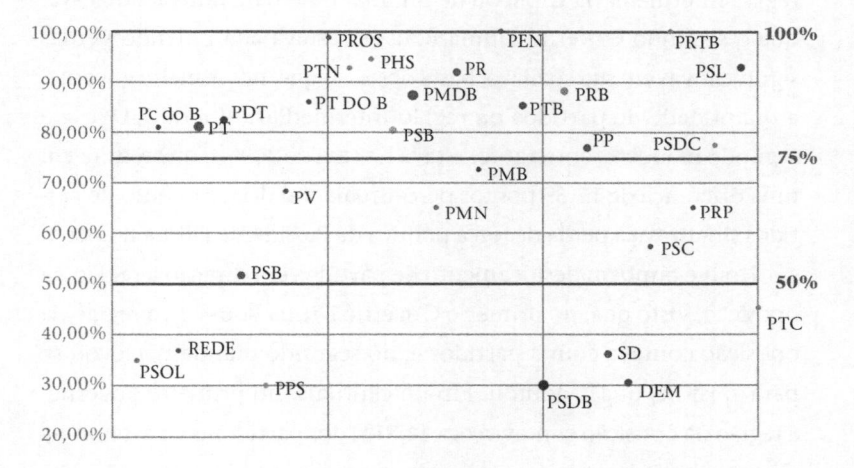

Fonte: Moraes; Miranda e Azolin, 2017.

Assim, no segundo Governo Dilma Rousseff, 17 partidos localizavam-se na região da situação, o que equivale a 56,66% do total de partidos com assento na Câmara dos Deputados, configurando uma redução, em relação ao seu ao mandato anterior, de 21,11 pontos percentuais. Desse modo, a quantidade de partidos aumentou, e a base de apoio do governo diminuiu. Em número absoluto, a base de apoio do governo perdeu 4 partidos. E, para agravar o quadro da governabilidade, desses 17 partidos, 5 estavam localizados próximos à região intermediária, com destaque para o PT, partido da Presidente Dilma Rousseff, responsável por deslocar a taxa de governismo, que esteve próxima de 100%, para algo em torno de 80%. Deslocamento, diga-se, significativo, se comparados os dois mandatos. Esse era um forte sinal de que o governo estava enfrentando problemas quanto à governabilidade. A região intermediária apresentou um aumento de 2 para 6 partidos, ou seja, a quantidade de partidos na região intermediária triplicou de um mandato para outro. É inegável que o segundo Governo Dilma Rousseff estava acumulando perdas significativas em sua coalizão, basta observar que, no primeiro governo, a quantidade de partidos na região intermediária foi de 7,41%, no segundo mandato, entretanto, estava na casa de 20%, o que resulta em uma diferença de 12,59 pontos percentuais. Tal deslocamento de partidos sinalizava a perda de força política da Presidente Dilma Rousseff.

Houve também deslocamento de partidos em direção à região da oposição, visto que, no primeiro Governo Dilma Rousseff, a região da oposição contava com 4 partidos e, no segundo mandato, elevou-se para 7, isto é, quase dobrou. Em percentuais, no primeiro governo, a região da oposição contava com 14,81% dos partidos com assento na Câmara dos Deputados; no segundo, esse número subiu para 23,33%. A diferença, portanto, foi de 8,52 pontos percentuais.

Analisando a região intermediária nos dois Governos Dilma Rousseff, nota-se uma questão preocupante: no primeiro governo, os 2 partidos que estavam nessa região localizavam-se próximos da região da situação; por sua vez, no segundo governo, dos 6 partidos que ocupavam a região intermediária, 2 estavam bem próximos à região da oposição, 2 figuravam no centro e outros 2 estavam próximos da região da situação. Embora 2 partidos estivessem próximos à região da situação, a quantidade de partidos que passaram a ocupar a região intermediária mostra que o deslocamento não foi em direção àquela região.

O deslocamento dos partidos entre o posicionamento 0 (zero) e 1 (um) ilustra a complexidade para se manter a base de apoio do governo no Parlamento. Isso ocorre, em larga medida, pela fragmentação partidária e pela grande quantidade de partidos efetivos. Uma vez que apresentamos apenas dois posicionamentos (dois gráficos), a dinâmica da política-institucional dos partidos não revelou possíveis deslocamentos em tempos mais exíguos, por exemplo, de seis em seis meses. A avaliação do posicionamento dos partidos também permite que as análises sejam focalizadas em uma das regiões, assim como habilita observar o deslocamento entre as regiões, o que abre o olhar para os extremos, isto é, para a análise do deslocamento entre a região da situação e a região da oposição.

Com relação aos Governos Dilma Rousseff, a região da oposição apresentava-se estabilizada. No primeiro governo, 6 partidos se localizavam na região da oposição, sendo: Partido Socialismo e Liberdade (PSOL), Partido Popular Socialista (PPS, hoje denominado Cidadania 23), Partido da Mulher Brasileira (PMB), Partido da Social Democracia Brasileira (PSDB), Democratas (DEM) e Solidariedade (SD); no segundo, esse número subiu para 7, quais sejam: PSOL, Rede sustentabilidade (Rede)[26], PPS, PSDB, SD, DEM e Partido Trabalhista Cristão (PTC). As alterações ficaram por conta do PMB, que se deslocou da região da oposição para a região intermediária, e do PTC, que passou da região da situação para a região da oposição. Logo, o grande deslocamento estava ocorrendo na região da situação, isto é, na base de apoio do governo.

---

26 *O partido REDE foi criado durante o segundo Governo Dilma Rousseff.*

Por fim, observemos os dados do Gráfico 4 (posicionamento 2), referentes ao governo Michel Temer. Vale lembrar que Michel Temer assumiu a presidência da República depois do *impeachment* de Dilma Rousseff. É importante frisar que os dados a seguir exprimem um aspecto preponderante da realidade atual da política brasileira, a saber: a polaridade.

Gráfico 4.3 – Taxa de governismo – Governo Temer (2017) – Posicionamento 2

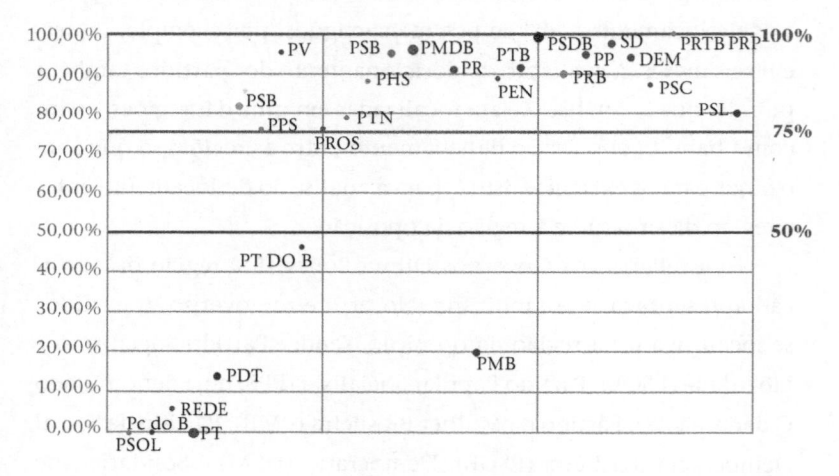

Fonte: Moraes; Miranda e Azolin, 2017.

Nesse gráfico é perceptível a polarização, uma vez que nenhum partido ocupou a região intermediária. De acordo com os autores,

> O cenário é totalmente diferente dos governos Dilma, apresentando um ambiente político mais tranquilo para o governo Temer. Na região da situação estavam localizados 20 partidos: PSB, PV, PPS, PROS, PTN, PHS,

PSD, PMDB, PR, PEN, PTB, PSDB, PRB, PP, SD, DEM, PSC, PRTB, PRP e PSL. Por sua vez, estavam próximos à região intermediária os partidos: PPS, PROS, PTN e PSL. Os dados revelam um cenário interessante: não havia nenhum partido na região intermediária. Na região da oposição estavam o PT do B, PMB, REDE, PDT, PT, PSOL e PCdoB. Próximo à região intermediária estava o PT do B. Os partidos PSOL, PC do B, o PT e a REDE estavam na extrema oposição, um pouco mais acima da linha do 0%.
(Moraes; Miranda; Azolin, 2017)

É importante destacar o comportamento do PMDB[27] e do PSOL. O primeiro mostrou-se um partido governista, sempre com uma taxa de governismo próxima dos 90%; o segundo, um partido oposicionista, pois ocupava constantemente a região da oposição, variando, porém, as taxas de governismo.

A taxa de governismo é um fator relevante para que o governo componha seus ministérios. Ela é usada como critério para medir a taxa de coalescência. Se verificado um descompasso entre a composição dos ministérios e a taxa de governismo, é indicativo de um elemento complicador para a governabilidade no presidencialismo de coalizão, visto que determinado partido pode, discursivamente, colocar-se em apoio ao governo, no entanto, a taxa de governismo revelará a realidade, pois lida com dados objetivos do comportamento dos parlamentres no momento das votações.

Com relação à complexidade do processo de tomada de decisão política, as taxas de governismo (representadas nos Gráficos 4.1, 4.2 e 4.3), como estratégia metodologica quantitativa, mostram a complexidade para formar coalizões. Essa complexidade se revelaria maior ainda, possivelmente, se os posicionamentos fossem analisados em

---

27 *Atualmente MDB.*

curto espaço de tempo, de seis em seis meses, por exemplo. A taxa de governismo é uma estratégia metodológica para a avaliação do desempenho político-institucional de governos. Essa avaliação é importante para as estratégias de negócio. No entanto, será que essa estratégia metodológica pode ser aplicada em questões mais específicas relativas às proposições legislativas de interesse das organizações? A resposta é sim. Falaremos mais detidamente sobre isso no Capítulo 5.

O cenário político-institucional de tomada de decisão das duas primeiras décadas do século XXI, de forma mais ampla, mostra-se muito complexo, pelos seguintes motivos: (a) visão de mundo da elite estatal que varia do neoliberalismo ao social-desenvolvimentismo; (b) alta taxa de fragmentação partidária; (c) alta taxa de partidos efetivos; (d) baixa taxa de coalescência; e (e) alto grau de deslocamento dos partidos. Esse grau de complexidade exige do profissional de relações governamentais muito mais do que ética e transparência na relação entre o público e o privado. É necessário que as organizações invistam em inteligência política. Em outras palavras, investimento em equipes especializadas em políticas públicas e governo, centradas na avaliação e gestão de risco político.

Exige-se da equipe de inteligência política uma percepção aguda quanto ao deslocamento que ocorria em direção à região intermediária. Claramente, o Governo Dilma Rousseff estava perdendo força política. Os dados comprovam as análises de Guimarães, Perlin e Maia (2019) sobre o presidencialismo de coalizão durante o Governo Dilma Rousseff. Avaliar o posicionamento (e deslocamento) dos partidos oferece ao analista de risco político a possibilidade de examinar a coalizão governamental. O sentido do deslocamento, em especial dos partidos de maior peso na Câmara dos Deputados, por exemplo, revela tendências importantes para a avaliação de risco político.

Outra questão relevante: as organizações buscam, no mercado de relações governamentais, profissionais com competências em inteligência política, relacionamento institucional e defesa de interesse. Mas será que nessa busca algumas especializações estão sendo privilegiadas? Ou existe um equilíbrio entre o que é solicitado pelo empregador?

Nossa hipótese de que há uma procura por profissionais que detenham competências em inteligência política somente será ratificada se estiver comprovada essa busca no mercado pelas organizações. Dito isso, recorremos à pesquisa *O perfil do profissional de relações governamentais – 2018*, que contou com a colaboração de Eduardo Ribeiro Galvão, Manoel Leonardo Santos, Breno A. H. Marisguia, Mauricio Oliveira Medeiros e Thalita Ferreira de Oliveira. A Coordenação da pesquisa foi de responsabilidade de Eduardo Ribeiro Galvão. De acordo com os pesquisadores,

> *A pesquisa constituiu-se de:*
> - *Levantamento de dados do Ministério do Trabalho para verificar a quantidade de organizações ligadas à atividade de defesa de interesses em políticas públicas;*
> - *Mapeamento de vagas ofertadas no mercado de trabalho, verificando os setores, os cargos dos editais e as competências exigidas;*
> - *Pesquisa survey em formulário eletrônico dirigida a profissionais da área, com perguntas acerca da organização, do cargo, da capacitação e da experiência.* (Galvão et al., 2018)

Analisando as vagas de emprego ofertadas no período, os pesquisadores identificaram 18 competências. Assim como Gozetto (2018), eles dividiram as atividades, habilidades e competências das relações governamentais em três frentes (Galvão et al., 2018, p. 14), que guardam entre si certo paralelo: inteligência política–inteligência estratégica; defesa de interesse–articulação e interlocução; e posicionamento institucional–comunicação. Lembramos que, para efeito deste estudo, o posicionamento institucional denomina-se *relacionamento institucional*.

A inteligência e estratégia refere-se na íntegra à inteligência política. Quanto à articulação e interlocução, é possível perceber algumas diferenças. Fazem parte da articulação e interlocução as seguintes habilidades: (a) representação institucional; (b) interloculação, influência e negociação; e (c) gerenciamento de *stakeholders*[28]. Por sua vez, a comunicação, guarda certa semelhança com a especialização em relacionamento institucional. Fazem parte das habilidades de comunicação: (a) relações públicas e (b) comunicação e *advocacy*. A diferença em relação a Gozetto (2018) é dada pelas habilidades de relação institucional e gerenciamento de *stakeholders* serem competências relativas à função, nesse sentido, a especialização em posicionamento institucional guarda um paralelo com a comunicação (Galvão et al., 2018). Assim, à articulação e interlocução caberiam apenas a competência, a habilidade de interlocução, a influência e a negociação.

---

28 *Significa a parte interessada. Atribui-se aos atores públicos e privados com os mesmos interesses de determinada organização, seus* stakeholders. *Ter os mesmos interesses não significa que estejam alinhados. Há* stakeholders *que apresentam posicionamentos divergentes quanto ao mesmo interesse (ou tema).*

Tabela 4.1 – Frequência relativa das habilidades nos editais

Agrupamento	Habilidades/requisitos	%
Inteligência e estratégia		59.2
	Gerenciamento de *issues* e risco político	69.2
	Monitoramento político e inteligência	58.5
	Análise e proposição de políticas públicas	44.6
	Estratégia	
Articulação e interlocução		
	Representação institucional	50.8
	Interlocução, influência e negociação	48.5
	Gerenciamento de *stakeholders*	49.2
Comunicação		
	Relações públicas	9.2
	Comunicação e *advocacy*	20.8
Gestão		
	Gerenciamento de equipe (*cross divisional*)	27.7
	Gerenciar consultas e notas técnicas	50.8
Requisitos		
	Conhecimento do sistema regulatório, político institucional e processo decisório	33.8
	Processo legislativo	5.4
	Inglês	81.5
Experiência e formação		
	Experiência anterior	69.2
	Formação em áreas correlatas	59.2
	Experiência no Executivo	2.3
	Experiência no Legislativo	1.5

Fonte: Galvão et al., 2018

Para efeito deste estudo, o que nos interessam são as habilidades e as especializações referentes à inteligência e estratégia (inteligência política), cujas competências são: (a) o gerenciamento de *issues*[29] e risco político; (b) o monitoramento político e inteligência; (c) a análise de proposições de políticas públicas; e (d) a estratégia.

A habilidade ou competência em gerenciamento de *issues* e risco político significa a avaliação de risco político quanto a um tema específico de interesse da organização, por exemplo. Em outras palavras, é o exame se determinada proposição legislativa, que trata de uma questão (*issue*), tem possibilidade de se transformar em norma jurídica (política pública) ou não. Esse gerenciamento depende da combinação entre monitoramento político e monitoramento legislativo. Quanto à habilidade em monitoramento político e inteligência, denota-se a competência relativa a identificar os principais atores-chave da política, o que é fundamental na delimitação das estratégias de relações governamentais. Essa estrátegia, para se transformar em estratégia de negócios da organização, deve estar articulada com a habilidade em gerenciamento de *issue* e risco político. A análise de proposições de políticas públicas é uma habilidade ou competência que denota o primeiro passo da inteligência política, pois ela é responsável, por exemplo, pela identificação de proposições legislativas de interesse da organização. Por fim, a habilidade ou competência em estratégia diz respeito à articulação entre estratégia de relações governamentais e estratégia de negócio da empresa, e é aqui que as relações governamentais se transformam em um fator de competitividade.

---

29 Issue *é uma questão que se insere em grandes temáticas. Por exemplo, dentro do tema meio ambiente existem subtemas como a poluição do ar, a poluição sonora, os recursos hídricos etc. E dentro desses subtemas há outros que exigem orientação de especialistas. Como ilustração, pensemos que, ligado ao subtema poluição do ar, pode haver especialistas em poluição do ar oriunda de fábricas amianto. Eis aqui um* issue.

Considerando os três grupos de competências (inteligência e estratégia; articulação e interlocução; e comunicação), chega-se a um total de nove competências[30]: (1) gerenciamento de *issues* e risco político; (2) monitoramento político e inteligência; (3) análise e proposição de políticas públicas; (4) estratégia; (5) representação institucional; (6) interlocução, influência e negociação; (7) gerenciamento de *stakeholders*; (8) relações públicas; e (9) comunicação e *advocacy*. Entre essas competências, as organizações apresentam preferências ou elas são equivalentes? As organizações dão o mesmo peso para os três grupos de competências? A pesquisa apresenta por ordem de importância as competências mais exigidas pelo mercado:

---

30 Para efeito de análise, não consideramos os seguintes aspectos como competências ou habilidades específicas do profissional de relações governamentais: conhecimento de inglês, experiência anterior e formação em áreas correlatas. O inglês, embora seja o conhecimento mais exigido, não capacita diretamente para atuar na área de relações governamentais, isto é, o profissional que saiba falar e escrever em inglês e que não seja dotado das competências exigidas, por exemplo, de análise do risco político, não seria contratado. O inglês é um complemento e está classificado na Tabela 4.1 dentro da categoria requisito. A experiência anterior e formação em áreas correlatas não são exatamente competências, embora possa significar que o profissional tem competência para atuar em determinada área, o que não quer dizer que tenha competências (um conjunto de conhecimentos específicos). Determinado profissional, mesmo com experiência anterior, pode não ser dotado de competências para realizar o monitoramento legislativo, por exemplo. Na Tabela 4.1, a experiência anterior e a formação em áreas correlatas aparecem na categoria experiência e formação.

Gráfico 4.4 – Competências exigidas no mercado de relações governamentais

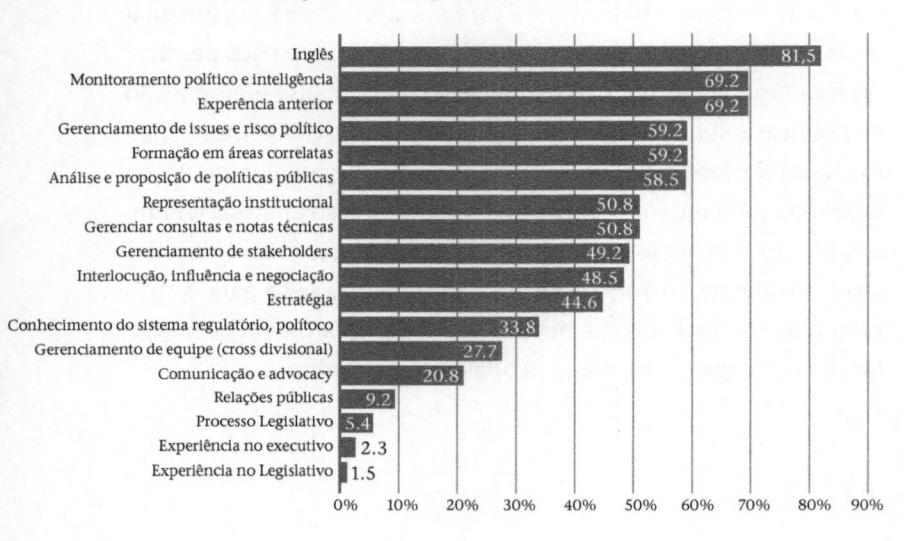

Competência	%
Inglês	81,5
Monitoramento político e inteligência	69.2
Experência anterior	69.2
Gerenciamento de issues e risco político	59.2
Formação em áreas correlatas	59.2
Análise e proposição de políticas públicas	58.5
Representação institucional	50.8
Gerenciar consultas e notas técnicas	50.8
Gerenciamento de stakeholders	49.2
Interlocução, influência e negociação	48.5
Estratégia	44.6
Conhecimento do sistema regulatório, polítoco	33.8
Gerenciamento de equipe (cross divisional)	27.7
Comunicação e advocacy	20.8
Relações públicas	9.2
Processo Legislativo	5.4
Experiência no executivo	2.3
Experiência no Legislativo	1.5

Fonte: Galvão et al., 2018

A competência mais exigida no mercado é o monitoramento político e inteligência (69,2%); na sequência aparece o gerenciamento de *issues* e risco político (59,2%). A terceira competência mais exigida é a análise e proposição de políticas públicas (58,5%). Assim, das quatro competências constitutivas da especialização em inteligência e estratégia (inteligência política), três são as mais exigidas no mercado de relações governamentais. Esse resultado coloca a inteligência e estratégia (inteligência política) como a habilidade ou especialização mais exigida no mercado. A quarta competência mais exigida é a representação institucional (50,8%); na sequência desponta o gerenciamento de *stakeholders* (49,2%). As duas últimas competências fazem parte da especialização em articulação e interlocução ou relacionamento institucional. A competência que ocupa o sexto lugar é a interlocução, influência e negociação (48,5%), que compõe a especialização em comunicação ou defesa de interesse, e a sétima mais exigida é a estratégia (44,6%), que se insere na especialização em inteligência e estratégia (inteligência política). A oitava competência diz respeito ao item comunicação e advocacy (20,8%); por fim, a nona habilidade mais exigida está ligada às relações públicas (9,2%). As duas últimas competências integram a especialização em comunicação ou relacionamento institucional[31].

No sentido de criar uma sintonia entre a classificação de Gozetto (2018), que traz as competências de inteligência política, posicionamento institucional (relacionamento institucional) e defesa de interesse, e a classificação de Galvão et al. (2018), que elege as habilidades de inteligência e estratégia (inteligência política), articulação e interlocução e comunicação, desenvolvemos o seguinte quadro:

---

31 *Dois tipos de elementos apresentados no gráfico não foram citados: (1) as habilidades que não se encaixam nas três especializações e (2) as habilidades que, embora façam parte de uma das três, encontram-se no gráfico abaixo de 10%, serve de exemplo a habilidade relativa ao monitoramento legislativo. Como já dissemos, para este estudo, o que nos interessam são as habilidades e especializações referentes à inteligência e estratégia (inteligência política), cujas competências são: (a) o gerenciamento de issues e risco político; (b) o monitoramento político e a inteligência; (c) a análise de proposições de políticas públicas; e (4) a estratégia. Assim como a habilidade em monitoramento legislativo.*

Quadro 4.1 – Especializações e competências em relações governamentais

	Inteligência e estratégia (inteligência política)	Articulação e interlocução (defesa de Interesse)	Comunicação (Posicionamento institucional ou relacionamento institucional)
Especializações e competências	Gerenciamento de *issues* e risco político	Interlocução, influência e negociação	Representação institucional
	Monitoramento político e inteligência		Gerenciamento de *stakeholders*
	Análise e proposição de políticas públicas		Relações públicas
	Estratégia		Comunicação e *advocacy*

Os dados revelam que a especialização em inteligência e estratégia (inteligência política) é a mais procurada pelas organizações. Isso corrobora com a afirmação de Santos, Resende e Galvão (2017) de que as organizações valorizam a especialização em políticas públicas e governo, ou seja, as organizações buscam profissionais com competência para avaliar o risco político. O que evidencia que a aceleração da profissionalização, a qual se referiu os autores, é resultado do aumento da complexidade do processo de decisão política, em curso nesta segunda década do século XXI. Outra evidência está pautada nas formações acadêmicas dos profissionais de relações governamentais. Segundo dados da pesquisa, no que concerne aos cursos de graduação dos profissionais de relações governamentais, destacam-se Direito (23,6%), Ciência Política (21,8%) e Relações Internacionais (20,3%) (Galvão et al., 2018).

O que explicaria a formação em Ciência Política, entendida, por excelência, como destinada à carreira acadêmica, ocupar o segundo lugar em um mercado extra-acadêmico, e bem próxima de uma das formações profissionais mais tradicionais no mercado brasileiro de representação de interesse? O que explicaria a superação da Comunicação (9,6%) pela Ciência Política, sendo esta uma das formações, ao lado do Direito, mais tradicionais no mercado de representação de interesse? A explicação está na importância dada no mercado de relações governamentais à especialização em inteligência política.

Os dados corroboram também para outra questão revelada na pesquisa de Santos, Resende; Galvão (2017): as atividades do profissional de relações governamentais transcendem a representação e o aconselhamento jurídico. Os dados nos permitem afirmar que a profissionalização da representação de interesse no Brasil está mais aguda nas competências relativas à inteligência política. Isso significa também que o elevado processo de profissionalização está sendo impactado pelo aumento da complexidade do processo de decisão política.

Para saber mais

MOURA, D. de F. **Os riscos do ambiente político nos negócios internacionais com foco na américa latina.**
60 f., 2010. Dissertação (Mestrado em Gestão de Empresas) – Instituto Universitário de Lisboa, Lisboa, 2010. Disponível em: <https://repositorio.iscte-iul.pt/bitstream/10071/3856/1/TESE%20Diogo%20de%20Faria%20Moura-%20final-%2024.09.10.pdf>. Acesso em: 7 jun. 2020.

Essa pesquisa analisa os riscos provenientes do ambiente político para os negócios internacionais no âmbito da América Latina.

Alinhada à abordagem deste livro, o estudo ressalta riscos oriundos de variáveis não econômicas.

BRASIL. Banco Central do Brasil. **Risco-País**. Disponível em: <https://www.bcb.gov.br/content/cidadaniafinanceira/Documents/publicacoes/serie_pmf/FAQ%2009-Risco%20Pa%C3%ADs.pdf>. Acesso em: 7 jun. 2020.

Trata-se de um material elaborado pelo Banco Central para responder às perguntas mais frequentes que envolvem o conceito de risco-país, em uma perspectiva econômica.

RICE, C.; ZEGART, A. A administração do risco político do século 21. **Havard Business Review** (Seção Gestão de Risco), 10 maio 2018. Disponível em: <https://hbrbr.uol.com.br/administracao-risco-politico-seculo-21/>. Acesso em: 7 jun. 2020.

O site do *Uol* reproduz um artigo publicado na *Havard Business Review*, de autoria de Condoleezza Rice e Amy Zegart. Condoleezza é cientista política e ocupou o cargo de Secretária de Estado no segundo mandato do Governo George W. Bush. Zegart é membro sênior da Hoover Institution e professor de economia política (por cortesia) na Stanford Graduate School of Business. O artigo trata da definição de risco político e de seus elementos de análise. No entanto, o que os autores denominam *risco político*, neste livro é definido como *risco-país*.

Síntese

Neste capítulo, apresentamos evidências de que, na segunda década do século XXI, acontece a aceleração do processo de profissionalização da representação de interesse. Esse processo de aceleração veio acompanhado da institucionalização da representação de interesse em empresas, isto é, da criação de setores específicos de representação.

Identificamos três especializações com habilidades ou competências específicas: inteligência política, relacionamento institucional e defesa de interesse, as quais formam os processos gerenciais das relações governamentais. Com base em dados empíricos, verificou-se que o mercado tem preferência por profissionais dotados de competências referentes à inteligência política. Essas competências se revelaram muito importantes para traçar as estratégias das empresas com vistas à competitividade. Portanto, a inteligência política surge como uma das competências principais diante da necessidade de avaliação de risco político.

Questões para revisão

1. Ao olharmos para o mercado de relações governamentais, quais especializações e competências estão sendo exigidas?
   Ou seja, que especializações constituem os processos gerenciais das relações governamentais?

2. A noção de risco político não é somente uma questão pragmática, mas também conceitual e que, além disso, comporta-se como um dos elementos principais para o crescimento do mercado de relações governamentais no Brasil, logo, também se configura como um fator importante para a valorização do profissional dessa área. Por que é possível

afirmar que o risco político revela uma visão negativa da política e em que sentido a competência na avaliação do risco político é fundamental para a representação do empresariado?

3. Aprendemos que o conhecimento sobre política pública e governo é fundamental para a profissionalização da representação de interesse e que são necessárias várias competências para qualificar esse tipo de especialista, centradas, sobretudo, no processo de decisão política. Antes, entretanto, é necessário saber qual o principal foco desse profissional. Com base nisso, assinale a alternativa que indica corretamente o principal objetivo do profissional de relações governamentais:

   a) Criar abertura de canais de comunicação com o Estado.
   b) Desenvolver os monitoramentos legislativo e político.
   c) Influenciar a produção de políticas públicas.
   d) Fazer a gestão de risco político.
   e) Identificar *stakeholders*.

4. A centralidade no processo de decisão política, com vistas à produção de políticas públicas, tem exigido das organizações, com destaque para representação de interesse do empresariado, a formação de equipes especializadas em políticas públicas e governo. Isso significa que estamos vivenciando, nesta segunda década do século XXI, a institucionalização e profissionalização da representação
de interesse. Falamos, para tanto, em dois processos: o de profissionalização e o de institucionalização.
Sobre esses dois processos, analise as assertivas a seguir.

I) A mudança de ordenamento político, acompanhado de aumento da complexidade do funcionamento do processo de decisão política, é um motor para a profissionalização.
II) A institucionalização da representação de interesse não se relaciona à profissionalização.
III) A proliferação de setores de relações governamentais faz parte do processo de institucionalização da representação e interesse.
IV) A ação de institucionalizar é entendida como parte do processo de profissionalização, pois se retroalimentam
V) O advento de uma especialização em políticas públicas e governo é um exemplo de institucionalização da representação de interesse.

Agora, assinale a alternativa correta:

a) Somente as assertivas I, III e V estão corretas.
b) Somente as assertivas I, III e IV estão corretas.
c) Somente as assertivas II, III e V estão corretas.
d) Somente as assertivas II, III e IV estão corretas
e) Todas as alternativas estão corretas.

5. As organizações buscam, no mercado de relações governamentais, profissionais com competências técnica e especializada. Há uma busca privilegiada por uma competência específica. Com base nisso, assinale a alternativa que aponta corretamente a competência referida no enunciado da questão:
a) Inteligência política.
b) Relacionamento institucional.
c) Defesa de interesse.
d) Comunicação.
e) Gestão.

Questões para reflexão

1. É comum atribuírem à avaliação de risco político elementos estranhos ao seu objeto. No entanto, há diferença entre risco-país e risco político. Disserte a respeito dos elementos constitutivos do risco-país.

Capítulo 5
A importância da inteligência política para o setor de relações governamentais

Conteúdos do capítulo:

- Apresentação das competências mais relevantes para o mercado de relações governamentais.
- A especialização em inteligência política.

Após o estudo deste capítulo, você será capaz de:

1. identificar as principais competências e habilidades para cada cargo/função;
2. distinguir as especificidades da especialização em inteligência política.

Uma vez que as competências relativas à inteligência política se mostram como as mais procuradas pelas organizações empresárias, pelo menos nesta segunda década do século XXI, nosso objetivo neste capítulo é investigar a importância da inteligência política para o setor de relações governamentais. Para tanto, é preciso identificar os cargos e as funções que compõem esse setor, bem como as respetivas competências.

De início, duas atividades destacam-se na literatura como atividades próprias de relações governamentais: o monitoramento político e o monitoramento legislativo. Vale lembrar que, no Capítulo 4, já fizemos algumas referências a essas atividades. Assim, buscamos identificar especificidades desses monitoramentos e sua importância para o setor de relações governamentais.

Os cientistas políticos têm-se inserido no mercado de relações governamentais de forma significativa. Diante dessa revelação por parte das pesquisas aqui estudadas, cabe entender os motivos pelos quais esse fato vem ocorrendo, uma vez que a formação nessa área é entendida como aquela que se volta, quase exclusivamente, para o mercado acadêmico.

(5.1)
INTELIGÊNCIA POLÍTICA E A FORMAÇÃO DE EQUIPE DE RELAÇÕES GOVERNAMENTAIS

No Capítulo 4, centramo-nos na análise dos levantamentos encontrados em Gozetto (2018) e na pesquisa de Galvão et al. (2017) sobre o perfil do profissional de relações governamentais. Diante desse levantamento, identificamos três especializações ou competências na área de relações governamentais, quais sejam: inteligência política, relacionamento institucional e defesa de interesse. Vale reiterar que

Gozetto (2018) as nomeava de *frentes*. Em nosso estudo, transformamos essas frentes em *funções* e, na sequência, em *especializações*, que comportam um conjunto de competências. Assim, o exercício que empregamos está no nível de uma proposta coerente para a avaliação do mercado de relações governamentais com base nas especializações e nas respectivas competências.

Os dados revelam (Galvão et al., 2018) que o foco da profissionalização da representação de interesse, nesta segunda década do século XXI, está na especialização em inteligência política. Isso corrobora para o achado de Santos, Resende e Galvão (2017) de que as organizações valorizam equipes especializadas em políticas públicas e governo. Ao nos debruçarmos sobre as pesquisas realizadas, percebemos que a inteligência política e a especialização em políticas públicas e governo são sinônimas. Em outras palavras, o que, tomando por base Gozetto (2018), chamamos de *especialização em inteligência política*, Santos, Resende e Galvão (2017) chamam de *especialização em políticas públicas e governo*. No avançar da pesquisa, surgiu a expressão *risco político associado à inteligência política*, logo, à especialização em políticas públicas e governo. A avaliação de risco político surgiu no mercado como o principal objetivo da especialização em inteligência política.

Uma vez que as especializações aqui definidas estão no nível da percepção, é importante abordarmos empiricamente como são compostas as equipes de relações governamentais, isto é, seus cargos e suas funções administrativas. Nesse particular, recorremos mais uma vez à pesquisa do Eduardo Galvão et al. (2018), pois nela temos demonstrado que as equipes de relações governamentais, na maioria dos casos, são compostas de quatro cargos ou funções: diretor, gerente, coordenador e analista. Depois de esses cargos terem sidos identificados, três questões são colocadas: Quais as cinco principais competências de cada cargo/função? Qual a especialização mais importante para cada cargo/função? Respondida às duas questões, estamos aptos a pensar na terceira: Alguma especialização oferece mais às respectivas competências para cada cargo/função individualmente se comparada as outras?

Se estamos avaliando a importância das especializações e das competências, é fundamental definir o entendimento de *importância* neste estudo. A pesquisa coordenada por Galvão et al. (2018) apresenta alguns gráficos mostrando a ordem de importância das diversas competências por cargo/função individualmente. Contudo, os gráficos de barras não mostram os valores[1], a única coisa que revelam, como já dissemos, é a ordem de importância. Nesse sentido, a palavra *importância* toma, para nosso estudo, especial relevância.

Há dois motivos, sob nosso ponto de vista, para que as organizações empresariais procurem por profissionais com competências relativas à inteligência política, em detrimento das demais: (1) por entenderem que a especialização em inteligência política é mais importante para alcançar resultados junto aos tomadores de decisão política e (2) por identificarem certa fragilidade dessa especialização em seus quadros profissionais de relações governamentais. No entanto, é importante esclarecer que não é o foco de nosso estudo compreender os motivos internos das organizações. Sejam quais forem, defendemos que foi provocado pelo aprofundamento da complexidade do processo de decisão política.

---

1 *Todos os gráficos da pesquisa do Eduardo Galvão et al. (2018), com exceção dos gráficos que apresentam dados referentes à relação cargo/função e competências, mostram a dimensão referente ao valor. No entanto, nos gráficos referentes aos cargos/funções é somente apresentado o tamanho das barras sem os respectivos valores. Dessa forma, revelam apenas o grau de importância daquele elemento analisado. Portanto, fica vedada uma quantificação desses valores, já que não são apresentados.*

Audren Marlei Azolin

Retomando nossa análise, comecemos pelas explicações de Galvão et al (2018) sobre a função do **analista**:

Sua função exige seriedade e muito comprometimento. A ele cabe a responsabilidade de realizar os trabalhos técnicos da área, fazer o monitoramento dos temas relevantes no governo, análises de impacto normativo e antecipação de cenários com o intuito de subsidiar a estratégia da equipe com o máximo de informações úteis.

O analista desenvolve atividades de avaliação de risco político, logo, é um especialista em inteligência política. Por ordem de importância, as cinco competências do analista são:

1. inteligência política;
2. análise de políticas públicas;
3. representação institucional;
4. gerenciamento de risco político;
5. negociação e influência.

Quando analisamos as competências, percebe-se que o analista não executa apenas atividades de inteligência política, mas também de relacionamento institucional e de defesa de interesse. Do ponto de vista quantitativo, três competências estão no âmbito da especialização em inteligência política (inteligência política, análises de políticas públicas e gerenciamento de risco político), uma competência concerne à especialização em relacionamento institucional (representação institucional) e uma à defesa de interesse (negociação e influência). Esses valores significam que o peso da especialização em inteligência política para o analista é da ordem de 60%, logo, 20% estão situados na especialização em relacionamento institucional, e outros 20%, na especialização em defesa de interesse.

Quanto ao cargo de **coordenador**, ele

é o responsável pela condução de um ou mais temas, de acordo com a política interna. Ele ainda possui as funções do analista, mas assume outras responsabilidades. Elabora relatórios mantendo as atividades dentro das normas, executa as tarefas e coordena os trabalhos com outros pares.
(Galvão et al., 2018)

Pela descrição, o **coordenador** executa atividades inerentes à inteligência política e de relacionamento institucional. Quanto à ordem de importância das competências do coordenador, temos a seguinte estrutura:

1. inteligência política;
2. estratégia;
3. representação institucional;
4. gerenciamento de risco político;
5. análise de políticas públicas.

A análise das competências revela um destaque para a especialização em inteligência política, que figura com quatro competências (inteligência política, estratégia, gerenciamento de risco político e análises de políticas públicas). Entre as competências do coordenador não se encontram aquelas relativas à especialização em defesa de interesse. Sob um viés quantitativo, verifica-se que a especialização de maior peso para o coordenador é em inteligência política (80%), sendo seguida de relação institucional (20%). Considerando esses dois cargos/funções, a inteligência política apresenta peso significativamente maior se comparada às demais especializações.

Quanto ao cargo/função de **gerente**:

É o elo entre as definições de objetivos e as realizações. Planeja e controla os recursos e as atividades da área para garantir a conformidade e alcançar os objetivos corporativos esperados. Faz a gestão das informações geradas pelos diversos setores. Além de suas contribuições técnicas, acompanha os processos e resultados e define estratégias para assegurar o melhor desempenho da equipe. (Galvão et al., 2018)

Conforme já batizado pelo nome, a responsabilidade do gerente é gerir a equipe; ele é o gestor da equipe/setor de relações governamentais. No entanto, cabe ao gerente contribuir tecnicamente na definição da estratégia. Vejamos as competências do gerente por ordem de importância:

1. gerenciamento de risco político;
2. inteligência política;
3. representação institucional;
4. negociação e influência;
5. gerenciamento de *stakeholders*.

Mais uma vez, destaca-se a especialização em inteligência política, oferecendo duas competências (gerenciamento de risco político e inteligência política). O destaque desta é compartilhado com a especialização em relacionamento institucional, com duas competências (representação institucional e gerenciamento de *stakeholders*). Em termos quantitativos, a inteligência política e o relacionamento institucional apresentam os mesmos pesos, da ordem de 40%; a defesa de interesse, por outro lado, corresponde a 20%.

Por fim, o cargo/função de **diretor** está definido nos seguintes termos:

É o principal executivo do departamento. Ele define as políticas e objetivos e conduz a elaboração e implementação dos planos estratégicos. Faz decisões de contratação e demissão, gestão de pessoal, controla o orçamento e é muitas vezes o rosto da organização para relações institucionais. O diretor executivo é contratado pelo conselho de administração e faz recomendações sobre novos investimentos. (Galvão et al., 2018)

O diretor ocupa um nível de gestão bem superior ao de gerente. Assume responsabilidade pela contratação/demissão dos profissionais de relações governamentais, controle orçamentário etc. No entanto, uma expressão chama atenção na descrição das atividades: "o rosto da organização para relações institucionais". Posto isso, a especialização que se destaca é o relacionamento institucional. Por ordem de importância, as competências para a função de diretor são as seguintes:

1. gerenciamento de *stakeholders*;
2. gerenciamento de risco político;
3. negociação e influência;
4. inteligência política;
5. estratégia.

O destaque mais uma vez recai sobre a especialização em inteligência política (gerenciamento de risco político, inteligência política e estratégia). Seguida pela especialização em relacionamento institucional (gerenciamento de *stakeholders*) e pela defesa de interesse (negociação e influência). Quantitativamente, o maior peso incide sobre a especialização em inteligência política, sendo da ordem de 60%, às demais cabe 20% cada. Vale observar que esse foi o único cargo/função em que uma competência da inteligência política não assumiu o primeiro lugar em importância. Isso pode significar, de fato, que o diretor é o rosto da organização quando se trata de relações institucionais, uma vez que a competência com maior importância faz parte da especialização em relacionamento institucional.

Os dados da pesquisa realizada por Galvão et al. (2018) revelam que a especialização em inteligência política (políticas públicas e governo) ocupa o maior grau de importância para cada cargo/função individualmente, compartilhando essa posição com a especialização em relacionamento institucional, se considerado o cargo/função de diretor.

Por outro lado, analisamos também a importância das especializações e competências sem considerar a distinção dos cargos/função, a fim de obter uma visão mais ampla. A primeira análise identificou quais eram as competências mais exigidas no mercado, conforme demonstrado no Gráfico 5.1.

Gráfico 5.1 – Competências exigidas pelo mercado de acordo com cargos/funções

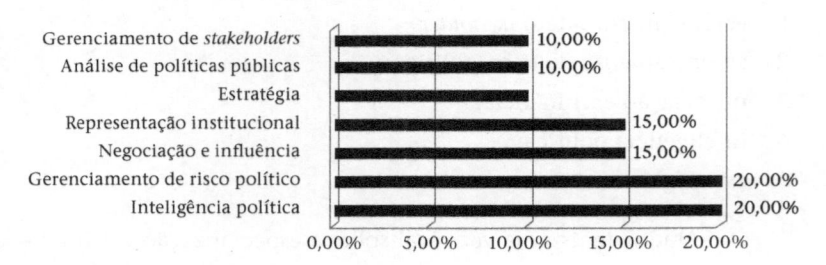

Competência	Percentual
Gerenciamento de *stakeholders*	10,00%
Análise de políticas públicas	10,00%
Estratégia	
Representação institucional	15,00%
Negociação e influência	15,00%
Gerenciamento de risco político	20,00%
Inteligência política	20,00%

Fonte: Elaborado com base em Galvão et al., 2018.

As competências mais exigidas no mercado são inteligência política (20%) e gerenciamento de risco político (20%). As duas outras competências, que ocupam o segundo lugar, são negociação (15%) e representação institucional (15%). Por último aparecem as competências estratégia (10%), análise de políticas públicas (10%) e gerenciamento de *stakeholders* (10%). Portanto, as organizações procuram por profissionais dotados dessas competências para a realização da avaliação de risco político.

Também nos propusemos a investigar a importância das especializações no mercado. Contudo, vale ressaltar que as diferentes especializações foram classificadas com base no artigo de Gozetto (2018). Dessa forma, o mercado desconhece essa classificação, por isso faz-se necessário o uso da expressão *identificada no mercado,* e não *exigida*. Nesse sentido, os dados apresentados no Gráfico 5.2 referem-se à importância das especializações identificadas no mercado.

Gráfico 5.2 – Especializações identificadas no mercado de acordo com cargos/funções

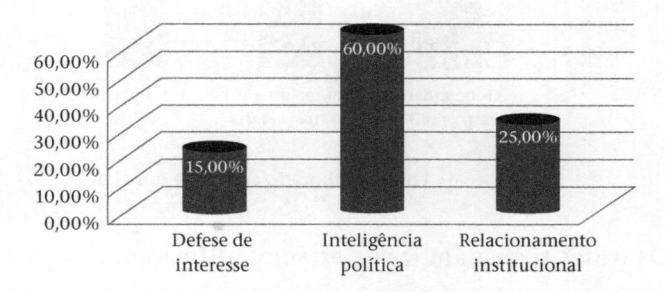

Fonte: Elaborado com base em Galvão et al., 2018.

Os dados mostram que a especialização em inteligência política é a mais importante do mercado de relações governamentais (60%). A diferença é significativa em relação à especialização em relacionamento institucional (25%) e à defesa de interesse (15%). Mais uma vez, os dados reforçam a importância que as organizações dão ao conhecimento sobre políticas públicas e governo com vistas à avaliação de risco político.

Vimos até aqui a importância das especializações e as respectivas competências em relação ao número de vezes que apareceram relacionadas aos cargos/função. No entanto, também apresentamos a relevância quanto à colocação, isto é, entre as cincos competências quais foram aquelas que ocupavam o primeiro lugar em cada cargo/

função. Os dados do Gráfico 5.3 mostram, entre as cinco competências exigidas pelo mercado, aquelas que figuraram em primeiro lugar:

Gráfico 5.3 – Competências exigidas no mercado que ocuparam a primeira colocação em importância de acordo com cargos/funções

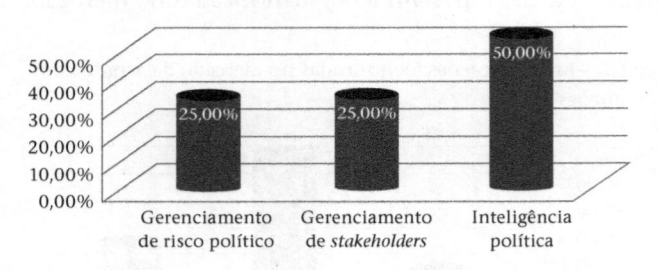

Competência	%
Gerenciamento de risco político	25,00%
Gerenciamento de *stakeholders*	25,00%
Inteligência política	50,00%

Fonte: Elaborado com base em Galvão et al., 2018.

Os dados sustentam o que estamos afirmando neste estudo: a importância de determinadas competências na avaliação de risco político. A competência inteligência política (que leva o mesmo nome da especialização em inteligência política) ocupa o primeiro lugar em importância em 50% das vezes. Em segundo lugar figuraram as competências gerenciamento de risco político (25%) e gerenciamento de *stakeholders* (25%). Isso significa que duas competências relacionadas à avaliação de risco – inteligência política e gerenciamento de risco político – estão em primeiro lugar dentre as exigências do mercado. Dessa forma, a avaliação de risco assume uma importância da ordem de 75%.

Assim, a especialização em inteligência política é considerada a especialidade mais relevante para o processo de profissionalização da representação de interesse. Os dados aqui apresentados corroboram que a profissionalização da representação de interesse no Brasil, nesta segunda década do século XXI, está acontecendo de forma mais profunda no âmbito da inteligência política, cujo objetivo é avaliar o risco político para os negócios da organização, o que exige criar equipes especializadas em políticas públicas e governo. O grande interesse das organizações, no tocante às relações governamentais, é antecipar possíveis cenários políticos, no sentido de traçar estratégias de negócio.

Em suma, o que fica evidente para nós é que a centralidade na avaliação de risco político ocorre pelo aumento da complexidade do processo de decisão política, em curso nesta segunda década do século XXI. Posto isso, é importante compreender o trabalho da inteligência política na avaliação do risco político.

(5.2) INTELIGÊNCIA POLÍTICA E MONITORAMENTO LEGISLATIVO

Fazem parte da equipe de políticas públicas e governo, profissionais especializados em *monitoramento legislativo*. Esses especialistas têm três objetivos bem específicos: (1) antecipar questões (temas) de interesses de segmentos da sociedade civil (grupos sociais, empresas, associações de classe e profissional, sindicatos, organizações não governamentais, dentre outros), que sejam de interesse da organização, com potencial para entrar na agenda governamental e/ou agenda de decisão; (2) identificar questões de interesse da organização que já estão na agenda governamental; e (3) identificar questões de interesse da organização que fazem parte da agenda de decisão.

As mídias, redes sociais, audiências públicas, conferências, mobilizações sociais, manifestações de rua, entre outras, são fontes para identificar situações que estão incomodando a sociedade como um todo e/ou segmentos da sociedade com potencial de se transformar em problema político. De acordo com Maria das Graças Rua e Roberta Romanini,

> *Um tema, assunto ou questão só se torna um problema político quando é reconhecido como tal pelas autoridades públicas. Ao ser reconhecido como um problema político, uma questão ou demanda torna-se, nos termos da Abordagem Sistêmica, um* input, *que pressiona o sistema político, podendo ser incluído na agenda governamental.* (Rua; Romanini, 2013, p. 5)

Portanto, a equipe de monitoramento legislativo identifica uma situação, sua capacidade de se tornar um problema político e, além disso, avalia o potencial para entrar na agenda governamental. O *status* de problema político não significa que haja algum tipo de garantia para a entrada na agenda governamental, uma vez que, "para se tornarem problemas 'políticos' propriamente ditos, pelo menos em alguma área do governo, as autoridades devem se convencer de que precisam tomar alguma providência com relação à situação em tela" (Rua; Romanini, 2013, p. 5).

Assim, a equipe de monitoramento legislativo visa identificar os temas de interesse da organização que se encontram na agenda dos diferentes segmentos da sociedade civil. Também é seu objetivo reconhecer aqueles que têm convergências e divergências quanto ao posicionamento da organização diante de cada tema da agenda desses segmentos. Em outras palavras, cabe identificar atores sociais aliados e não aliados aos interesses da organização. Essa identificação é importante para os especialistas em relacionamento institucional, sendo uma atividade de inteligência política.

Para que não deixemos dúvidas sobre o que consideramos ser, de fato, uma **agenda governamental**, vejamos o que diz Rua e Romanini (2003, p. 6):

é aquela que reúne os problemas políticos sobre os quais um governo específico – suas autoridades, seus assessores e indivíduos fora do governo, contudo são estreitamente associadas às autoridades formais – decide-se debruçar. [...] nem todas as questões da Agenda Governamental chegam à Agenda de Decisão.

Assim, os temas que ingressam na agenda governamental não têm garantias de ingressar na agenda de decisão. Mas o que vem a ser uma agenda de decisão? De acordo com Rua e Romanini (2013, p. 6), "é a lista dos problemas políticos encaminhados à tomada de decisão pelo sistema político [...] no curto e médio prazo". Em outras palavras, quando um problema político se transforma em proposições legislativas, isto é, quando entra no processo legislativo, e passa a fazer parte da agenda de decisão.

Os temas (questões) mais prementes identificados na agenda dos segmentos da sociedade civil de interesse da organização devem ser alvo de estudos, pesquisas, levantamentos de dados, relatórios e notas técnicas e devem vir acompanhados de identificação de aliados e não aliados, pois tais informações são valiosas para os especialistas em relacionamento institucional. Os temas (questões) que ingressam na agenda de decisão são aqueles que chegaram ao estágio de oferecer riscos ou oportunidades para os negócios da organização. Eles constroem a agenda mais sensível, que, diga-se, precisa ser acompanhada de forma mais meticulosa. É nesse momento que a expressão *monitoramento legislativo* assume um significado preciso. Nesse sentido, quando usarmos a expressão *monitoramento legislativo* estamos nos referindo ao monitoramento da agenda de decisão (proposições legislativas que tramitam no processo legislativo).

O monitoramento legislativo não é uma atividade nova; algumas entidades representativas executavam esse tipo de monitoramento durante o regime militar, por exemplo, a CNC (Confederação Nacional do Comércio), CNA (Confederação da Agricultura e Pecuária do Brasil), CACB (Confederação das Associações Comerciais e Empresariais do Brasil), CNI (Confederação Nacional da Indústria), entre outras (Oliveira, 2004). Contudo, o empresariado ampliou e intensificou as atividades de monitoramento legislativo quando a oposição chegou ao Congresso Nacional nas eleições de 1982 (Oliveira, 2004). Embora ainda no contexto do regime militar, o Brasil estava no período da redemocratização, e a chegada da oposição no Congresso Nacional significava abertura do sistema político. Dessa forma, o processo de decisão política dava os primeiros passos para aumentar sua complexidade, verificando-se, desde já, algum impacto no processo de profissionalização da representação de interesse.

De acordo com Oliveira (2004, p. 46), "Hoje em dia, os grupos empresariais, devido a superioridade de recursos humanos e financeiros que dispõem, têm um constante e permanente monitoramento legislativo feito pela CNI". O empresariado, já na primeira década do século XXI, investia de forma intensiva em monitoramento legislativo, o que evidencia um aumento da complexidade do funcionamento do processo de decisão política, fruto do novo ordenamento político, e a consequente profissionalização da representação de interesse. Tendo isso em vista, poderíamos perguntar: por que as entidades representativas do empresariado e empresas investiam (e ainda investem) tão intensamente em monitoramento legislativo? De acordo com Oliveira (2004, p. 123), "É através do monitoramento legislativo que se pode identificar projetos de lei que signifiquem riscos ou oportunidades para o empresariado industrial". O monitoramento legislativo é atividade essencial para a avaliação de risco político e subdivide-se em três etapas:

1. monitoramento do processo legislativo;
2. análise do conteúdo das proposições identificadas;
3. posicionamento institucional e acompanhamento das proposições legislativas.

Na primeira etapa, são identificadas as proposições legislativas de interesse que ingressam na agenda de decisão (processo legislativo), quanto antes reconhecidas, maiores as chances de sucesso da organização no processo de convencimento. O monitoramento legislativo depende dos especialistas em assuntos de interesse da organização (automotivo, óleo e gás, farmácia, tributo, meio ambiente etc.), ou seja, é dependente do saber especializado. As empresas, diferentemente das entidades representativas do empresariado, podem monitorar temas bem específicos. Nesse sentido informa Oliveira (2004, p. 88):

> *Ainda segundo a reportagem[2], a Souza Cruz mantém um serviço considerado padrão, com dois escritórios: um para tratar das obrigações tributárias junto ao governo, devido ao elevadíssimo volume de IPI pago; e outro para as relações governamentais, com atenções voltadas aos projetos de taxação e limitação da propaganda de cigarros nos meios de comunicação de massas.*

Quanto mais diversificados os interesses, maior a dependência de especialistas. O exemplo da Souza Cruz, trazido na citação, chama atenção para um aspecto: não eram especialistas em fumo, saúde, ou algo similar, mas em tributo. Isso porque,

> *Vamos imaginar a seguinte circunstância: há uns 30 anos atrás, o hábito de fumar tabaco era considerado um comportamento normal e até associado a valores como a liberdade e outros. Não havia restrições ao fumo.*

---

2   Oliveira (2004) estava fazendo referência à matéria da Revista Senhor, de 31/08/1983.

[...]. Os não fumantes, por mais incomodados que se sentissem no ambiente cheio de fumaça, tratavam a situação como se tivessem que aceitá-la. (Rua; Romanini, 2013, p. 4)

O fumo era uma situação, um estado de coisas, e, embora incomodasse os indivíduos, não havia nenhuma mobilização social, naquele período, que transformasse essa situação em problema político, logo não figurava na agenda governamental. De acordo com Rua e Romanini (2013, p. 5), "Enquanto permanecer como um estado de coisas, uma situação não será reconhecida como 'problema político', nem será incluída entre as prioridades dos tomadores de decisão".

Quanto mais interesses são inseridos no sistema político, maior o conflito, e, por consequência, o funcionamento do processo de decisão política torna-se mais complexo. Isso implicará cada vez mais a importância dos especialistas em monitoramento legislativo, que, do nosso ponto de vista, também ocupam o lugar de especialistas nos negócios da organização. Afinal, quem mais poderia identificar proposições legislativas de interesse da organização? O monitoramento legislativo é o "radar" político da organização. Inesperadamente, uma situação que incomoda a sociedade, ou determinado segmento da sociedade, poderá ingressar na agenda do Poder Executivo e/ou do Poder Legislativo. Assim, o monitoramento legislativo comporta-se como um sistema de alerta.

Se na primeira etapa identificam-se as proposições legislativas de interesse da organização, na segunda, os especialistas avaliam se as proposições legislativas identificadas trazem potenciais riscos ou oportunidades. Os especialistas também mensuram as perdas e/ou ganhos advindos do impacto caso as proposições legislativas tornem-se norma jurídica (lei).

Nessa etapa, os especialistas analisam profundamente o impacto das proposições legislativas identificadas e definem o grau de importância dessas proposições, de um ponto de vista técnico. Para tanto, levantam dados, emitem relatórios, notas técnicas etc. Determinar se uma proposição legislativa é de interesse ou não da empresa e o quanto ela é importante pode não ser uma tarefa tão fácil quanto se imagina. Isso porque, segundo Oliveira (2004, p. 94),

> Dependendo do assunto em questão, esse projeto deve ser encaminhado à área a que se refere para que a mesma determine se o projeto é de interesse ou não da empresa. Se for de interesse da empresa, deve ser formulada uma estratégia de ação para aprová-lo e, se contrariar os interesses da empresa, uma estratégia de ação deve ser formulada no sentido de modificá-lo ou rejeitá-lo.

Proposições legislativas podem tratar de temas tão específicos que somente especialistas naquele assunto podem determinar o impacto caso a proposição legislativa seja transformada em norma jurídica (política pública). Sendo os especialistas em monitoramento legislativo também especialistas nos negócios da organização, mesmo que eles não dominem profundamente determinado tema tratado em dada proposição legislativa, saberão indicar quem tem *expertise* naquela temática específica.

Os especialistas têm outro papel fundamental para as relações governamentais: produzir alternativas para os problemas políticos. De acordo com Kingdon,

> *Alternativas, propostas e soluções são geradas por comunidades de especialistas. Esse grupo relativamente invisível*[3] *de participantes inclui acadê-*

---

[3] Os participantes visíveis são os políticos, por exemplo, que têm visibilidade na mídia. Já os invisíveis são aqueles os participantes especialistas que não têm visibilidade na mídia.

micos, pesquisadores, consultores, burocratas de carreira, funcionários do Congresso e analistas que trabalham para grupos de interesse. (Kingdon, 2007, p. 231)

Uma das funções principais dos especialistas na realização do monitoramento legislativo é desenvolver alternativas de interesse da organização para os problemas políticos. A organização que contar com especialistas, reconhecidos como *experts* na temática de interesse, que obtiver desenvolvimentos de estudos em parcerias com instituições de ensino que realizam pesquisas, e/ou contratar empresas de consultoria especializada, terão maior poder em influenciar os tomadores de decisão política. De forma estratégica, os especialistas em monitoramento legislativo devem criar um "banco de memória" de alternativas. Segundo Rua e Romanini (2013, p. 76),

> *Em seus estudos, Cohen, March e Olsen observaram que as organizações, ao longo de sua história, tendem a produzir muitas propostas ou alternativas para solucionar os problemas que enfrentam. Por quaisquer motivos – como o problema perder relevância, a preferência por outras soluções para resolver determinado problema, a insuficiência de informação para decidir por um curso de ação etc. – várias dessas propostas ou alternativas de solução acabam sendo descartadas. E aí? O que acontece com essas propostas? Elas não são "extintas", antes, ficam no "lixo", como uma espécie de memória ou um "arquivo morto" da organização.*

Faz parte da atividade do especialista em monitoramento legislativo a identificação de problemas que possam encaixar alternativas (soluções) que tragam oportunidades para a organização em proposições legislativas futuras. É comum que, em novos problemas políticos, sejam apresentadas antigas soluções de interesse da organização, antes rejeitadas por esse mesmo sistema.

Assim, estudos, pesquisas, dados, relatórios, notas técnicas e análises que deram suporte a uma alternativa antes rejeitada pelo sistema político de interesse da organização poderão ser usadas em outras ocasiões futuras. O "banco de memória" de alternativas de interesse da organização deve estar fundamentado com base nas respectivas argumentações técnicas. Todas essas competências aqui atribuídas aos especialistas em monitoramento legislativo são fundamentais para a atividade estratégica de inteligência política.

Depois de identificadas e analisadas profundamente as proposições legislativas, elas e as respectivas análises, com dados, relatórios, técnicas empregadas etc., são apresentadas ao corpo diretivo da organização. É nessa etapa que a organização se posicionará frente a cada proposição legislativa e avaliará o risco dessas proposições para os negócios da organização. A pergunta é: Qual o impacto econômico (positivo e/ou negativo) para a organização se as proposições legislativas se tornarem norma jurídica? Nessa etapa se define a ordem hierárquica de importância e de prioridade, no entanto ainda reserva para si um dinamismo elevado.

Portanto, essa etapa não se limita a um momento de identificação das proposições legislativas. É necessário acompanhar constantemente as proposições identificadas no trâmite do processo legislativo. De acordo com Mancuso, ao analisar as atividades da CNI,

> *a indústria* analisa *detalhadamente cada uma das proposições legislativas. O processo de análise é contínuo, ou seja, o objeto da análise não são apenas as proposições originais. Cada vez que uma alteração é introduzida durante a tramitação do projeto que está sob foco – o que ocorre quando são apresentados substitutivos ou emendas, em comissões ou em plenário –, a indústria prepara nova análise, destacando o significado da alteração introduzida à luz dos interesses do setor. As análises são*

elaboradas por técnicos (advogados, economistas, entre outros) que focalizam as proposições de acordo com sua especialização. Frequentemente um mesmo projeto é objeto da análise de vários técnicos com especialidades diferentes. Tendo em vista o que concebem como interesses da indústria, os técnicos recomendam posições a serem tomadas pelos que contratam seus serviços. Amiúde as análises são acompanhadas por propostas alternativas sob a forma de emendas ou projetos completos. (Mancuso, 2004, p. 516, grifo do original)

Assim, a proposição legislativa de interesse tem de ser monitorada (acompanhada) permanente e minuciosamente. Determinada proposição legislativa de interesse da organização, qualificada como positiva para os negócios, poderá, no outro dia, receber uma emenda[4] que traga potencial risco aos negócios. Por isso, o monitoramento deve ser contínuo e minucioso. Em muitos casos, especialistas externos à organização são contratados tendo em vista a quantidade de questões que figuram em uma proposição legislativa. A necessidade de especialistas externos não se verifica apenas pelo conhecimento de um tema específico, mas também pela quantidade de temas que

---

4   As emendas podem ser: supressivas – *determinam a erradicação de qualquer parte da proposição principal;* aditivas – *acrescentam algo à proposição principal;* aglutinativas – *resultam da fusão de outras emendas ou destas com o texto principal para a aproximação dos objetos;* modificativas – *buscam a alteração da proposição sem modificar substancialmente (há, nas emendas modificativas, uma que é chamada substitutivo, cujo objetivo é alterar substancialmente o projeto);* substitutivas – *apresentadas para substituir a parte de outra proposição, que tomará o nome de substitutivo quando a alterar formal ou substancialmente (formal é o substitutivo que visa ao aperfeiçoamento legislativo; substancial visa à alteração do conteúdo);* emendas de redação – *apresentadas para sanar vício de linguagem, incorreção técnica. Há, ainda, a* subemenda, *aquela apresentada em comissão a outra emenda, que pode ser* supressiva, substitutiva *ou* aditiva.

surgem. Sem o saber especializado, porém, não se faz inteligência política.

Cada movimento das proposições legislativas no trâmite do processo legislativo poderá fazer com que a organização mude seu posicionamento. O posicionamento da organização não será apenas quanto à proposição legislativa inicial, mas também quanto a cada emenda apresentada à proposição legislativa. O monitoramento legislativo tem de ser constante, minucioso e preciso. Segundo Mancuso,

> *a indústria adota uma posição diante de cada projeto, tendo como base a análise técnica. A posição tomada pela indústria em relação a cada proposta pode ser contrária; contrária, com ressalvas; neutra; favorável, com ressalvas ou favorável. A posição que a indústria toma sobre um projeto pode ser alterada por diversas razões. A mudança de posição pode estar ligada à adoção de um projeto substitutivo, à introdução de emendas no projeto original ou ao surgimento de projetos novos apensados ao projeto original. A indústria pode ser totalmente contrária a um projeto em um determinado momento (ou ter ressalvas pontuais em relação a ele) e, em um momento seguinte, passar a favorecê-lo, ao perceber que alternativas piores podem ser adotadas. A situação inversa pode acontecer com um projeto ao qual a indústria é, a princípio, favorável. Em um momento seguinte, a indústria pode deixar de apoiá-lo, ao vislumbrar a possibilidade de uma alternativa melhor. A mudança de posição em qualquer sentido possível pode estar ligada também ao surgimento de novas informações, ponderações e pareceres.* (Mancuso, 2004, p. 516)

O dinamismo do monitoramento legislativo pode ser muito intenso, o que não quer dizer que não haja proposições legislativas paradas no processo legislativo. A dinâmica vai depender dos interesses da classe política e do poder de influência dos grupos de interesse.

O monitoramento legislativo, no âmbito individual das empresas, produz uma agenda legislativa.

O trabalho de inteligência política efetuado pelo especialista em monitoramento legislativo não identifica o posicionamento dos tomadores de decisão política, isto é, o monitoramento legislativo não é munido de elementos que antecipem futuros cenários políticos, com base no posicionamento dos tomadores de decisão em relação ao posicionamento da organização. Assim, o monitoramento legislativo, embora importante atividade de inteligência política, mostra-se incompleto para a avaliação de risco político, que depende da combinação do monitoramento legislativo e do monitoramento político, tema tratado na próxima seção.

(5.3)
Monitoramento político e inteligência política

O monitoramento político é atividade essencial da equipe especializada em políticas públicas e governo, consequentemente é uma atividade de inteligência política. Ao passo que o monitoramento legislativo analisa a etapa que precede o processo de decisão política, o monitoramento político, por sua vez, alcança o momento pós-decisório. Dessa forma, são atividades complementares que, juntas, formam a inteligência política. O monitoramento legislativo é o momento no qual se analisa o potencial impacto de uma proposição legislativa nos interesses econômicos e não econômicos de uma organização. Complementar a ele, o monitoramento político avalia as possibilidades políticas de a proposição legislativa tornar-se uma política pública, no caso de se transformar em norma jurídica (lei). De acordo com Oliveira (2004, p. 100),

Fomentados pelas informações advindas do monitoramento legislativo e do monitoramento político, os executivos de relações governamentais podem traçar estratégias de ação a fim de apoiar ou rejeitar determinada matéria que esteja tramitando no Congresso ou levar demandas ao poder Executivo.

A complementaridade entre os dois tipos de monitoramento está na condição técnica para avaliar o risco político para o negócio da organização. É a partir das análises dos especialistas em inteligência política que as ações dos especialistas em relacionamento institucional e defesa de interesse serão traçadas. Esses três níveis de processos gerenciais (inteligência política, relacionamento institucional e defesa de interesse) constituem o que conhecemos como *relações governamentais*.

O monitoramento político tem que ser melhor pesquisado, uma vez que a palavra *político* pode assumir múltiplos sentidos e ampliar o objeto de investigação do monitoramento político, é necessário, por isso, uma definição mais precisa, visto que o monitoramento político, no lugar de avaliar o risco político, pode estar avaliando o risco-país, o que seria um grande equívoco. Nesse particular, é muito revelador o artigo "Prospecção e monitoramento informacional no processo de inteligência competitiva", de autoria da Marta Valentim e Letícia Molina. Segundo as autoras, "O monitoramento político-econômico tem como objetivo observar aspectos voltados à legislação, cultura, política, sociedade, economia que de alguma forma se relacionam ou interferem na trajetória da organização" (Valentim; Molina, 2004, p. 63).

A preocupação das autoras não foi mobilizar o conceito de monitoramento político, mas sim operacionalizar a importância dele para a competitividade em nível global. A questão é que o monitoramento político avalia o risco político, e não o risco-país, embora o risco político faça parte deste último, eles não se confundem, pois é a competitividade em nível global que solicita o monitoramento do risco-país. A primeira evidência de que inteligência competitiva trata de risco-país está no uso da expressão *monitoramento político-econômico*, uma vez que a avaliação de risco político parte do princípio de que a política (Estado) é uma variável que impacta o setor econômico (mercado), como vimos anteriormente. O monitoramento do risco-país trabalha, por exemplo, com variáveis como política institucional, geopolítica, sociedade, para explicar questões de ordem econômica. A avaliação do risco-país é importante para organizações que desejam investir em outros países. Eis aqui a segunda evidência:

> *Vários estudos têm comprovado que o processo de inteligência competitiva nas organizações privadas ocorre, inicialmente, através da prospecção e monitoramento de dados, informação e conhecimento, bem como de sua filtragem, análise e interpretação para serem aplicadas nas atividades cotidianas em diferentes níveis de complexidade, proporcionando maior competitividade e inserção no mercado globalizado.* (Valentim; Molina, 2004, p. 61)

O monitoramento político-econômico de que tratam as autoras está inserido em um processo de informação de inteligência competitiva para inserção de organizações empresariais no mercado global. A competitividade no mercado global exige análise de risco-país, e não somente de risco político. A inteligência competitiva não avalia o impacto da política na economia, mas conjuga variáveis políticas, sociais, geopolíticas, culturais e econômicas de um país (risco-país) para o processo de decisão empresarial de organizações no investimento que se fará ou não em um local.

Com base no artigo das autoras, notamos que o sentido dado à palavra *política* é bastante amplo, englobando governo, sociedades, cultura, geopolítica, economia, por exemplo. A amplitude está correta quando se trata de monitoramento do risco-país para a tomada de decisão empresarial de investimentos em nível global. Por outro lado, quando se trata de monitoramento político, o sentido é mais restrito, circunscrito à política institucional. Dito isso, o monitoramento político integra o monitoramento do risco-país, sendo ele um dos elementos a serem analisados para avaliação deste. Em última análise, o que se monitora no processo de inteligência competitiva em nível internacional é o risco-país, no qual se insere o risco político. Uma vez que o Estado (política) é uma variável explicativa muito significativa para a avaliação do risco-país, a expressão *monitoramento político* ganha relevo.

No ambiente doméstico, a inteligência política visa identificar o risco político a fim de que a organização defenda seus interesses perante os tomadores de decisão política. Por outro lado, a inteligência política, a serviço da inteligência competitiva de organizações que operam no mercado global, destina-se, em grande medida, a avaliar se vale a pena ou não investir em determinados países. A inteligência competitiva visa identificar economias mundiais com ambiente propício aos investimentos, e não essencialmente representar interesses junto aos tomadores, o que não significa que não o façam.

Considerando o exposto até aqui, é essencial compreender o que é, afinal, monitoramento político, longe da pretensão de esgotar o assunto, atentemo-nos apenas para seus aspectos principais. Oliveira (2004) analisou com propriedade o monitoramento político, por isso é a ela que recorremos. De saída, asseveramos que o monitoramento político, além de ser complementar ao monitoramento legislativo, é também seu desdobramento. Diversamente do monitoramento legislativo, Oliveira (2004) não divide o monitoramento político em etapas, mas demonstra que ele é composto de atividades paralelas. De acordo com a autora, "O monitoramento político tem dois objetivos: mapear os aliados e inimigos [...] e também mapear os tomadores de decisão" (Oliveira, 2004, p. 174). Em linhas gerais, esses são os dois grandes objetivos.

A questão que nos colocamos é: Não aliados[5] a quem? Segundo Oliveira (2004, p. 95), "O monitoramento político consiste no mapeamento dos tomadores de decisão nos poderes Legislativo e Executivo. É necessário saber quem são ou não são os aliados dos interesses da empresa em determinados assuntos". Os tomadores de decisão não se aliam *a quem*, por exemplo à organização empresarial, mas *ao quê*, como aos interesses da organização empresarial. Ainda podemos questionar: Essa atitude não é apenas um jogo de palavras na troca de quem por quê? Não, não é. Os tomadores de decisão podem colocar-se contra um dos interesses da organização, no entanto podem ser favoráveis a outros. Assim, não caberia classificá-los como inimigos, mas adversários em temas específicos. Outra questão concerne ao reconhecimento de aliados ou não aliados, afinal como identificá-los? A compreensão está no entendimento do monitoramento político como desdobramento do monitoramento legislativo. No monitoramento legislativo, a organização empresarial posiciona-se diante de cada proposição legislativa de seu interesse. De posse dessa informação, na etapa de monitoramento político identifica-se e avalia-se como cada parlamentar votou (posicionamento) mediante cada proposição legislativa de interesse da organização.

De posse dessas duas informações, avaliam-se os **graus de convergência** (alinhamento) entre os parlamentares e os interesses da organização empresarial. Ao considerarmos as votações dos parlamentares

---

5 *Optamos pela palavra aliado no lugar de inimigo. Em política, não se faz inimigos, mas sim adversários.*

por partido, calcula-se o grau de alinhamento entre partidos e interesses da organização. O mesmo se aplica ao alinhamento com os Poderes Executivo e Legislativo como um todo. É importante esclarecer que o cruzamento de dados apresentado está enormemente simplificado, pois há inúmeras variáveis a serem consideradas e cálculos a serem efetuados. A coleta e a avaliação dos dados para identificar e analisar aliados e não aliados exigem a utilização de inteligência artificial, visto o dinamismo do processo decisório. Simplificamos a fórmula apenas para ilustrar a relação entre monitoramento legislativo e monitoramento político na identificação de aliados e não aliados.

O monitoramento político identifica os tomadores de decisão que apresentam o maior grau de alinhamento, ao longo do tempo, aos interesses da organização. Assim, "instrumentaliza a avaliação que identifica a posição dos tomadores de decisão sobre os interesses [...] tornando [...] possível articular alianças e identificar interesses contrários aos defendidos" (Oliveira, 2004, p. 137). O monitoramento político visa também identificar e monitorar os atores-chave do processo de decisão política, isto é, aqueles com poder de decisão. Para esse fim, tem sido utilizados três métodos da ciência política para a identificação da elite política: *posicional, decisional* e *reputacional*.

O cientista político Adriano Codato (2015, p. 16, grifo do original) sistematizou essas três metodologias de forma bastante didática: "O *método posicional* enfatiza que os que têm poder de decisão são aqueles indivíduos ou grupos que preenchem as *posições formais* de mando em uma comunidade". É importante, no método posicional, identificar a elite e analisar os postos de poder; por outro lado, para a metodologia decisional, "pessoas com poder são aquelas capazes de tomar as decisões estratégicas para uma comunidade [...] e nem sempre se confundem com aquelas que ocupam as posições formalmente". Por fim, o método reputacional,

Trata-se de um procedimento em duas etapas complementares. A primeira consiste em elaborar uma lista ampla de lideranças em uma comunidade a partir das posições formais que elas controlam em diferentes arenas decisórias (método posicional). A segunda etapa consiste em submeter essa lista a especialistas solicitando que indiquem um pequeno número daqueles que são, dentre os listados, os mais reputados, isto é, aqueles considerados como os mais influentes ou os mais poderosos. O grupo de elite seria então formado pelos que fossem mais vezes mencionados.
(Codato, 2015, p. 17, grifo do original)

Os três métodos não são excludentes, mas complementares diante do efeito de monitoramento político. "A partir do monitoramento político é efetuada a identificação dos líderes ou parlamentares mais influentes no Congresso Nacional. Essa pesquisa dá origem a uma das mais importantes publicações do DIAP, intitulada: Os "Cabeças" do Congresso Nacional" (Oliveira, 2004, p. 147).

No sentido de ilustrar o uso desses métodos nas relações governamentais, recorremos à pesquisa "Os 'Cabeças' do Congresso Nacional", que identifica os 100 parlamentares mais influentes do Congresso Nacional. A pesquisa é publicada pelo Departamento Intersindical de Assessoria Parlamentar (Diap), entidade que visa interferir no processo de decisão política em prol dos interesses dos sindicatos dos trabalhadores. Segundo essa pesquisa: "Os parlamentares mais influentes foram identificados a partir de critérios quantitativos e qualitativos, apurados segundo a metodologia convencional da Ciência Política, que leva em consideração aspectos institucionais, reputacionais e de tomada de decisão" (Diap, 2009, p. 17).

As pesquisas em ciência política permitem aprimorar esses métodos de identificação de elite. Esse foi o caso do cientista político Murilo de Aragão:

Aragão, por exemplo, desenvolveu uma tipologia própria, para o mapeamento da elite parlamentar. Ele criou duas categorias básicas de status para inserção de parlamentares na elite: a liderança formal e a informal. Na primeira – de líderes formais – ele adota o critério institucional ou posicional, que inclui os parlamentares influentes que ocupam postos na estrutura do Congresso: presidentes das Casas, membros da Mesa Diretora, líderes, vice-líderes, presidentes de partidos e de comissões, além de relatores de matérias relevantes. Na segunda – de líderes informais – ele utiliza o critério reputacional, no qual os parlamentares são classificados de acordo com a percepção que têm seus pares sobre eles no que se refere a sua capacidade de liderança e influência: líderes políticos, especialistas, formadores de opinião, operadores, líderes setoriais e debatedores. (Diap, 2009, p. 9)

Assim, estudos sobre elites políticas são fundamentais para o monitoramento político. Posto isso, recorremos ao estudo "Elite Parlamentar do Congresso Nacional"[6], publicado pela Arko Advice, segundo o qual "No Brasil, estudos sobre lideranças no Congresso Nacional foram realizados nos últimos anos por cientistas políticos e pesquisadores como Wálder de Góes, David Fleischer, Laura Frade e Antônio Augusto Queiroz" (Aragão, 2007, p. 5).

---

6   Arko Advice é uma empresa de consultoria política que atua na área de relações governamentais, cujo presidente é o cientista político Murilo de Aragão.

O Diap e a Arko Advice aplicam as metodologias tradicionais da ciência política no mercado "extra-acadêmico", mais especificamente no mercado de relações governamentais. O monitoramento político para identificação e acompanhamento da elite política, bem como identificação, nessa elite, de aliados e não aliados aos interesses da organização, tem também como propósito reconhecer os interlocutores para a representação de interesse. Segundo Oliveira (2004, p. 98), "O monitoramento político é um instrumento eficiente, pois ele mostra quem são os parlamentares engajados em temas que sejam de interesse da empresa". Dessa forma, o monitoramento político visa responder a duas perguntas básicas: Quais tomadores de decisão política, de forma especial aqueles que integram a elite, estão engajados em temas de interesse da organização? E, entre eles, quem são aliados e não aliados e em quais assuntos? A obtenção de respostas é fundamental na identificação de interlocutores, e igualmente importante na busca por alianças e planejamento de estratégias de relações governamentais. De acordo com Oliveira (2004, p. 237),

> Fomentados pelas informações advindas do monitoramento legislativo e do monitoramento político, os executivos de relações governamentais podem traçar estratégias de ação a fim de apoiar ou rejeitar determinada matéria que esteja tramitando no Congresso ou levar demandas ao poder Executivo.

O monitoramento político é atividade fundamental para a eleição de uma estratégia baseada na inteligência política, sendo esse o motivo pelo qual as organizações empresariais preferem equipes especializadas em políticas públicas e governo. O monitoramento político é uma atividade de análises complexas, dada a complexidade do processo de decisão política. Oliveira (2004, p. 147), destacando o monitoramento político do Diap, resumiu:

> O DIAP complementa as informações coletadas a partir dos dados do monitoramento político e da investigação sobre a posição ideológica do parlamentar, observando a atuação dos mesmos no Congresso Nacional. São combinadas ainda informações qualitativas e quantitativas sobre os parlamentares. Para isso, são ouvidos outros parlamentares, cientistas políticos e funcionários do Congresso Nacional.

Uma vez que o monitoramento político faz uso de dados quantitativos, recorremos, a título de ilustração, à pesquisa "Elite Parlamentar", da Arko Advice. A Tabela 5.1 apresenta os dados referentes à elite parlamentar de 1998 a 2007. O PT apresentou o maior número de integrantes da elite nesse período: em 1998, o partido contava com 16,50% de parlamentares da elite; em 2007, os parlamentares participantes da elite subiram para 24%, ou seja, o crescimento registrado foi 7,5 pontos percentuais.

O Partido da Social Democracia Brasileira (PSDB), no ano de 1998, apresentava o mesmo número de parlamentares na elite que o PT (16,50%); no ano de 2007, no entanto, esse percentual diminuiu para 14%, o que significa uma diferença de 2,5 pontos. O partido que mais sofreu perda de força política foi o Democratas (DEM): em 1998, o partido continha 19,41% dos parlamentares da elite; em 2007, sobraram apenas 12%, ou seja, a diferença em pontos percentuais, foi da ordem de 7,41. Assim, na mesma medida que o PT ganhou força política naquele período, o DEM perdeu.

Tabela 5.1 – Elite parlamentar da Câmara dos Deputados de 1998 a 2007

Partido	Elite 1998		Elite 1999		Elite 2002		Elite 2004		Elite 2007	
	Elite	% em relação à elite	Elite	% em relação à elite	Elite	% em relação à elite	Elite	% em relação à elite	Elite	% em relação à elite
PT	17	16,50	19	17,92	12	15,79	19	24,05	24	24
DEM	20	19,41	25	23,58	12	15,80	14	17,72	12	12
PSDB	17	16,50	18	16,98	17	22,37	10	12,66	14	14
PMBD	19	18,44	12	11,32	8	10,53	8	10,13	13	13
PP	15	14,56	8	7,54	7	9,21	7	8,86	5	5
PTB	4	3,88	6	5,66	4	5,26	5	6,33	6	6
PCdoB	1	0,97	4	3,77	4	5,26	4	5,06	3	3
PPS	2	1,94	3	2,83	4	5,26	4	5,06	5	5
PSB	5	4,85	2	1,88	4	5,26	4	5,06	5	5
PR	-	-	4	3,77	2	2,63	2	2,53	7	7
PDT	3	2,91	4	3,77	2	2,63	1	1,27	2	2
PV	-	-	1	0,94	0	0	1	1,27	3	3
PSOL	-	-	-	-	-	-	-	-	1	1
Total	103	100	106	100	76	100	79	100	100	100

Fonte: Arko Advice, 2007.

Os dados referentes à elite parlamentar revelam a força política dos partidos. Por meio dessa identificação, é possível analisar o alinhamento entre os interesses da organização empresarial e de cada partido, a fim de avaliar o risco político. Os dados apresentados na tabela também servem para identificar os melhores interlocutores. A Arko Advice criou um índice para avaliar o alinhamento entre a elite parlamentar e o governo:

> Em 1998, criamos o Índice de Adesão ao Governo (IAG) para identificar
> o grau de adesão da elite do Congresso à agenda governista. Para tanto,
> analisamos votações consideradas importantes para o Governo, nas quais

se pudesse detectar uma clara divisão entre aqueles que estavam apoiando o Governo e os que eram oposição. (Arko Advice, 2007, p. 9)

O Índice de Adesão ao Governo (IAG) avalia o alinhamento entre governo, deputados e senadores da elite individualmente, e entre governo e a elite de cada partido. Para ilustrar, vejamos a análise da Arko Advice a respeito do primeiro Governo Luiz Inácio Lula da Silva:

Apenas o deputado Marco Maia (PT-RS) votou de acordo com a orientação do Palácio do Planalto em todas as votações selecionadas pela Arko Advice para medir o grau de adesão ao governo. Outros seis deputados tiveram índice de adesão ao governo superior ou igual a 90% – seis do PT e um do PDT. (Arko Advice, 2007, p. 21)

Os deputados que aderiram ao governo faziam parte da elite parlamentar e se alinhavam em mais de 90% aos interesses. Mas qual a importância desses dados para representação de interesse? Vamos a um caso hipotético em que determinada proposição legislativa de interesse da organização não se alinha ao posicionamento do governo. Tomemos como base os dados da Tabela 5.2, a seguir.

Tabela 5.2 – IAG por deputados da elite parlamentar de acordo com a coalizão do governo

DEPUTADO	PARTIDO	UF	IAG
Cândido Vacarreza	PT	SP	9
Paulo Pereira as Silva	PDT	SP	9,16
Adão Pretto	PT	RS	9,25
José Genoino	PT	SP	9,25
Virgílio Guimarães	PT	MG	9,25
Walter Pinheiro	PT	BA	9,25
Marco Maia	PT	RS	10

Fonte: Arko Advice, 2007.

Há, porém, uma questão a ser resolvida: Quais as chances de a organização obter sucesso na representação de interesse em relação a essa determinada proposição legislativa? O IAG médio é de 9,31, em uma escala de 0 a 10, o que corresponde a 93,10%. Isso significa que o risco político é da ordem de 93,10%, considerado altíssimo. Diante desse risco, a organização empenha-se no levantamento de dados, análises, relatórios, notas técnicas, a fim de convencer os tomadores de decisão de seu posicionamento ou, no mínimo, tentar reduzir os danos, auxiliando os deputados da elite na construção de emendas que aplaquem o impacto. Podemos perceber, assim, a importância dos processos de relações governamentais, inteligência política, relacionamento institucional[7] e defesa de interesse diante da atuação do profissional de relações governamentais

Outra forma de avaliar risco político é considerar a liderança partidária. Os dados referentes ao IAG partidário mostravam a seguinte realidade:

Os integrantes do PDT que pertencem à elite são os mais fiéis ao Governo. O IAG médio da legenda foi de 8,84. Em segundo lugar aparece o PT (8,10), seguido do PC do PB (7,03), do PSB (6,96), do PV (6,66) e do PR (6,50). O PMDB ficou com índice de adesão inferior a 6. Mas a infidelidade maior foi verificada na elite do PP, cujo índice de adesão foi de apenas 4,73. (Arko Advice, 2007, p. 22)

Os líderes partidários têm muita força política. O IAG partidário, que se verifica no monitoramento político, revelou que a elite do

---

7   Neste momento de grande risco político, os especialistas em relacionamento institucional dialogam com os diferentes atores sociais chave (os stakeholders – partes interessadas) para atuar diretamente sobre os tomadores de decisão política a fim de convencê-los. Outra importância de se relacionar com os demais atores sociais está no levantamento de dados junto a esses atores.

Partido Democrático Trabalhista (PDT) foi a que esteve mais alinhada ao primeiro governo Luiz Inácio Lula da Silva. O que surpreende, nesse levantamento, é o IAG partidário com mais expressão não ser o do PT, partido do presidente. Se, naquele período, em um caso hipotético, a liderança do PDT e o governo não estivessem aliados aos interesses da organização, o risco político oferecido pelo PDT seria de 88,40%. Uma possível solução para o sucesso da organização estaria em recorrer ao Partido do Movimento Democrático Brasileiro (PMDB)[8], uma vez que era a maior bancada partidária[9] da Câmara dos Deputados e seu IAG partidário marcava 5,55 (55,50%).

Análises que considerem diversas combinações, entre fragmentação partidária, partidos efetivos, IAG partidário e IAG da elite parlamentar, IAG por parlamentar, taxa de governismo, posicionamentos dos partidos, posicionamento dos parlamentares da elite, posicionamento do governo, disciplina partidária e interesse da organização, permitem que os especialistas em inteligência política avaliem o risco político. Considerando todas essas variáveis em uma série histórica, a equipe especializada em inteligência política poderá traçar tendências de risco político, isto é, antecipar futuros cenários de risco político para a organização[10].

Chama atenção a importância que assumiu a ciência política para o monitoramento político, logo, para a inteligência política, o que não chega a ser nenhuma surpresa, uma vez que pesquisas recentes (Santos; Resende; Galvão, 2017; Galvão et al., 2018) já registraram

---

8   Atualmente, Movimento Democrático Brasileiro (MDB).
9   Quantidade de parlamentares.
10 Vale reiterar que as análises realizadas são ilustrativas, não chegando a alcançar sequer um grau médio de complexidade conforme as possibilidades oferecidas pelo monitoramento político. Visto que o potencial analítico é muito grande, apresentá-lo extrapolaria o escopo deste estudo.

grande quantidade de profissionais de relações governamentais formados em ciência política. Mas as competências, aqui apresentadas, de que são dotados os cientistas políticos e que envolvem análises sobre elites políticas, são suficientes para resgatar da academia uma formação entendida como específica para o mercado acadêmico? Entendemos que não. Há outros elementos envolvidos. Este é, portanto, o debate da Seção 5.4.

(5.4)
CIÊNCIA POLÍTICA E INTELIGÊNCIA POLÍTICA

Iniciemos com uma questão: Como a formação em Ciência Política, entendida como formação para o mercado acadêmico, vem ganhando espaço no mercado de relações governamentais? Os dados da pesquisa sobre o perfil do profissional de relações governamentais revelam que a quantidade de profissionais de relações governamentais formados em Ciência Política superou a formação em Comunicação, tradicional curso para atuação nesse mercado. A pesquisa realizada por Galvão et al. (2018) registrou uma larga diferença entre as duas formações, da ordem de 12,2 pontos percentuais.

Então, como explicar que a quantidade de profissionais formados em Ciência Política, atuantes no mercado de relações governamentais, aproxima-se da tradicional formação acadêmica para esse mercado, qual seja, a formação em Direito? Segundo dados da pesquisa (Galvão et al., 2018), a diferença em pontos percentuais entre a quantidade de profissionais formados em Direito e em Ciência Política, que atuam no mercado de relações governamentais, é da ordem de 1,8. E por que os cientistas políticos estão sendo valorizados nesse momento de aceleração da profissionalização da representação de interesse? Qual a importância do cientista político para a competitividade das empresas? Uma reposta rápida afirmaria: o processo de decisão política é objeto de estudo por excelência da ciência política. Todavia, não acreditamos que seja somente esse o motivo.

Outros elementos corroboraram para que a ciência política ultrapasse os muros da academia. O primeiro é a transformação no próprio campo da ciência política, no Brasil. As ciências sociais como um todo e suas linhas de formação (antropologia, sociologia e política), eram entendidas (e em certa medida ainda são), no Brasil, como áreas do conhecimento distantes da realidade social e política, isto é, a produção do conhecimento baseava-se nos estudos estritamente teóricos, cuja produção do conhecimento resultava em teorias geradoras de mais teorias, conceitos geradores de outros conceitos. Eram, por isso, acusadas de conceitualistas.

Em contrataste, a ciência política fomentada pela Fundação Ford, na década de 1960, no Brasil, pautava-se pelo pragmatismo. De acordo com Keinert e Silva,

> *Uma vez que as iniciativas de apoio da Fundação Ford apontavam para uma definição aplicada de conhecimento social, a ciência política viria a assumir uma posição estratégica em função de seu potencial em pautar a elaboração de políticas públicas. Trata-se da viabilização de um perfil disciplinar especializado que se ligaria a um gênero de pesquisas orientado pela proximidade à agenda política nacional e cujos esforços seriam canalizados para a análise das bases institucionais do regime liberal-democrático.* (Keinert; Silva, 2010, p. 82)

Essa política apresentava-se sob a condição de ciência política aplicada, cujo pragmatismo se sustentava em um conhecimento estratégico, no sentido de apresentar propostas de políticas públicas como soluções para os problemas nacionais. A ciência política, diferentemente das ciências sociais que se fazia no Brasil, utilizava, como estratégia metodológica, métodos quantitativos, tratava-se, pois, de uma ciência empírica, de vertente estadunidense[11].

Essa ciência política foi afirmada como tal na década de 1990. Em matéria publicada na Gazeta do Povo no dia 16 de agosto de 2005 lê-se:

> Desde 1990, a Ciência Política no Brasil passou, pouco a pouco, a cumprir o papel que a filosofia havia desempenhado nos anos 60, a sociologia nos anos 70, e a economia nos anos 80: um ponto de referência para os debates públicos da cena política nacional. Neste sentido, o cientista político e professor da Universidade Federal do Paraná, Adriano Nervo Codato, refere-se à substituição dos bacharéis de ciências jurídicas e sociais – os grandes articulistas do jornalismo político na época – por novos profissionais. 'Os cientistas políticos assumiram uma espécie de discurso competente dos grandes problemas nacionais, quer pela forma de pôr as questões, quer pelo vocabulário para respondê-las'. (Gazeta do Povo, 2005, p. 5)

Assim, a ciência política legitimou-se como uma área do conhecimento capaz de avaliar cientificamente a realidade política brasileira:

> Codato explica que o profissional deixou de assumir questões somente acadêmicas. 'O cientista político passa ser consultado por jornalistas, candidatos e estrategistas em campanhas em função de um saber específico: aquele que é resultado de um método de investigação e não de uma opinião ou de uma intuição'. Deste modo, a forte atuação em assessorias políticas – tanto parlamentares, quanto em partidos políticos–é um destaque para profissão. (Gazeta do Povo, 2005, p. 5)

---

[11] A Fundação Ford financiava doutorados de cientistas políticos em universidade estadunidenses, em especial doutorandos da Universidade Federal de Minas Gerais (UFMG). Depois de obtida a titulação, eles voltaram ao Brasil para ser professores universitários. Mais tarde, passaram a ser chamados de grupo geracional da ciência política no Brasil.

A ciência política afastou-se do puro conceitualismo atribuído às ciências sociais e aproximou-se de uma perspectiva mais pragmática. Contudo, para a comunidade de cientistas políticos, não se tratou de um puro pragmatismo, mas de uma mudança epistemológica, e não apenas metodológica. De acordo com Fernando Leite,

> Assim, duas frações de cientistas políticos que estudam o mesmo objeto – *a política institucional, por exemplo* –, *podem analisá-la a partir de ordens diferentes: a partir da própria política institucional, tratando como "variável independente", por exemplo, os arranjos institucionais (sendo o objeto, neste caso, autônomo) ou a partir de fatores externos (heterônomo). Neste último caso, poderíamos pensar em abordagens que tratam os fatos da política como manifestações de fatores econômicos, psicológicos ou "societais" (isto é, externos à política). Aliás, algumas visões de ciência política referem-se explicitamente ao que chamam de "autonomia do político", em especial aquelas íntimas de abordagens 'politológicas'.* (Leite, 2010, p. 154-155)

No interior da comunidade de cientistas políticos, é debatido se as análises que explicam a política institucional com base em variáveis exógenas à política (econômicas, psicológicas e sociológicas) estão ligadas à ciência política, ou seja, se não seriam análises econômicas, psicológicas e sociológicas da política. Assim, a ciência política promoveria análises politológicas. Esse tipo de debate tem dividido a comunidade de cientistas políticos, mas deixemos que eles o resolvam[12]. Desse modo, sem adentrar no debate epistemológico, a análise politológica compreende o Estado como um ator político e não como um reflexo da sociedade. Trata-se de entender o Estado

---

12 Para saber mais sobre o tema, consulte: Ciência política: da Antiguidade aos dias de hoje, *de Fernando Leite (2016).*

(e suas instituições) como ator autônomo em relação à sociedade e conceber a política como uma esfera autorregulada, o que demonstra a autonomia da política ante os condicionantes sociais. Essa forma de entender a política (e o Estado) vai ao encontro das análises de risco político, visto que as avaliações de risco político entendem o Estado (e a política) como ator (variável explicativa) que impacta o mercado. As empresas, entidades de representação do empresariado e agências de risco, não buscam compreender como a economia (ou o mercado) impacta o Estado, mas sim o inverso. Portanto, as análises politológicas destacam-se no mercado de relações governamentais.

Podemos razoavelmente afirmar que a ciência política alcançou legitimidade social e científica no sentido de produzir conhecimento sobre política, podendo este ser aplicado na solução de problemas reais. Tal legitimidade também avançou até a esfera político-institucional. Ainda na década de 1980, o Poder Executivo apropriou-se dos conhecimentos da ciência política para influenciar (lobby público) o Congresso Nacional. De acordo com Oliveira (2004, p. 60),

> *a implantação do curso de especialização em Assessoria Parlamentar atendeu à solicitação de um funcionário de alto escalão do poder Executivo, preocupado com a qualificação dos funcionários federais que não haviam, ainda, se enquadrado à mudança de esfera de poder ocorrida em consequência da redemocratização.*

Esse curso foi criado no âmbito do Departamento de Ciência Política da Universidade de Brasília (UNB). Aqui há uma questão interessante: não foi somente o setor privado, mais especificamente o empresariado industrial, que profissionalizou a representação de interesse – o que ocorreu pelo profundo impacto da transformação da complexidade do funcionamento do processo de decisão política – mas também o setor público. Segundo Oliveira (2004, p. 60),

> *Em 1985, o Departamento de Ciência Política da UNB foi procurado pelo Embaixador Gerônimo Moscardo, que exercia o cargo de Chefe da Sub-Secretaria da Casa Civil para Assuntos Parlamentares (SUPAR), durante o governo José Sarney. O curso teve como objetivo preparar os Assessores Parlamentares dos Ministérios, autarquias e outros órgãos estatais a se relacionar com o Congresso Nacional, adaptando-se assim às mudanças que a redemocratização do país trouxera para o processo de tomada de decisões.*

O Poder Executivo entendia que os conhecimentos advindos da ciência política eram fundamentais para a manutenção da relação entre o Poder Executivo e o Poder Legislativo. Isso porque a capacidade analítica da ciência política era essencial para avaliar o risco político, conforme mostramos nos gráficos sobre as taxas de governismos, importantes na avaliação da governabilidade. Serve como exemplo da legitimidade da força explicativa das avaliações politológicas, na década de 1990, as análises de Bresser-Pereira (1996, p. 8) sobre a crise de Estado: "Neste trabalho concentrar-me-ei no aspecto administrativo da reforma do Estado". De acordo com o autor, "Embora o Estado seja, [...], o reflexo da sociedade, vamos aqui pensá-lo como sujeito, não como objeto". Mesmo entendendo o Estado como reflexo da sociedade, Bresser-Pereira (1996) aderiu ao pensamento de Estado como ator político, a fim de explicar a crise de Estado.

A ciência política alcançou, assim, legitimidade científica, social e política, em especial por sua capacidade aplicada. Os dados apresentados por Galvão et al. (2014) revelam que, nesta segunda década do século XXI, essa "ciência política aplicada" alcançou, ou está alcançando, o mundo dos negócios.

Posto isso, no sentido de complementar os dados apresentados na seção anterior, discorremos nas páginas que seguem sobre uma análise proferida em um seminário que tratou da ciência política fora dos espaços acadêmicos.

No dia 29 de novembro de 2018, a USP realizou o *Seminário Ciência Política como Profissão*, no qual esteve presente Ricardo Sennes, que é graduado em Economia e tem mestrado e doutorado em Ciência Política. Sennes é sócio-diretor da Prospectiva Consultoria. A importância de sua palestra estava concentrada na experiência como cientista político dentro do mercado de relações governamentais. Seu relato é significativo na análise da importância da ciência política, nesta segunda década do século XXI, para a profissionalização da representação de interesse no Brasil, visto que deu atenção à inteligência governamental (inteligência política), colocando a análise de risco político como um produto de relações governamentais, e os conhecimentos da ciência política figuram, para ele, como fundamentos desse produto. De acordo com Sennes (2018), esse produto é atualmente o mais complexo no mercado de relações governamentais.

Segundo o palestrante, a avaliação de risco político, como produto, tem muito de avançar, sobretudo porque há uma enorme demanda no mundo, que, no Brasil, está começando a crescer. Sennes, ao fornecer uma definição de avaliação de risco político, diz que este consiste em traduzir, para o cliente, o ambiente político de curto, médio e longo prazo, a fim de que ele possa tomar decisões de caráter empresarial. A importância desse produto para o empresariado, se tomada uma conotação negativa da política, significa fazer a seguinte pergunta, conforme o autor: O que tem sido feito no mundo político para que haja impacto negativo nos negócios? Destacou o palestrante que o próprio uso da palavra *risco* já revela uma carga de sentido negativa e apontou um obstáculo para o cientista político no mercado de relações governamentais: os jargões, ou seja, as expressões próprias do campo da ciência política, quando é necessário se expressar em uma linguagem que o empresariado compreenda. Para dar alguns exemplos, em especial relacionados à ciência política, estatística e modelos matemáticos, as expressões específicas a esses campos ficam incompreensíveis aos leigos em ciência política, como, taxa de governismo, taxa de coalescência, taxa de dominância, taxa de sucesso, taxa de conflitualidade, número (índice) de partidos efetivos (NEP), índice Rae, avaliação de desempenho político-institucional, taxa de disciplina partidária etc.

Contudo, o palestrante fez alguns prognósticos animadores aos cientistas políticos que desejam ingressar no mercado de relações governamentais. Para Sennes (2018), o mercado para os especialistas em inteligência política terá crescimento extraordinário no Brasil e no mundo; no Brasil, especificamente, ainda há muitos amadores realizando análise de risco político. Dessa forma, os cientistas políticos ocuparão o lugar desses amadores no mercado de relações governamentais, em especial aqueles com conhecimento de avaliação de risco político para estratégias de negócios. Os dados apresentados por Galvão et al. (2018) revelam que esse prognóstico feito por Sennes já é uma realidade, tendo em vista o crescimento de profissionais que atuam na área de relações governamentais com formação em ciência política.

Sennes (2018) relatou que, nesse mercado, é comum as empresas de consultoria compararem sua avaliação de risco com a de outras consultorias concorrentes ou empresas, como banco, por exemplo. E que, em uma dessas comparações, teve a oportunidade de ler uma análise feita por um profissional que já trabalhou no Banco Central e em outros bancos. Esse profissional afirmou, nas palavras do palestrante, que "acabou o tempo onde economista podia fazer cenários sem considerar a política e a geopolítica" (Sennes, 2018), ou seja, a variável política foi ignorada até pouco tempo.

Todavia, a inserção de cientistas políticos na área de relações governamentais é algo ainda por acontecer de forma mais contundente. Sennes, em sua exposição, tratava apenas de prognósticos; da mesma forma que os dados apresentados por Galvão et al. (2018) ou expressam uma realidade em curso, ou são um prenúncio de uma inserção maior em um futuro de curto ou médio prazo. Em nossa avaliação, enquanto o foco da acelerada profissionalização da representação de interesse for a inteligência política, maior será a inserção de cientistas políticos nesse mercado. A importância da ciência política para a avaliação de risco político reside em questões de ordem analítica, que incluem: o Estado (e a política) como variável explicativa, as análises de cunho institucional, o uso de métodos quantitativos, a análise empírica da realidade política, e a legitimidade social e científica da ciência política. Nesse sentido, a ciência política tem dado sua contribuição para o acelerado processo de profissionalização da representação de interesse no Brasil.

As análises baseadas em dados quantitativos e qualitativos revelam a aceleração do processo de profissionalização da representação de interesse, na segunda década do século XXI. Seguindo Oliveira, ao analisar a percepção dos lobistas entrevistados,

> *Quanto maior a corrupção, menor o trabalho de monitoramento legislativo, monitoramento político, debate, palestras, convencimento, persuasão e influência, já que a corrupção é um fim em si mesma, enquanto o lobbying é um processo multi-facetado, que tem como etapa final o trabalho de convencimento, o chamado corpo-a-corpo.* (Oliveira, 2004, p. 171)

O uso e o desenvolvimento de métodos e técnicas de monitoramento legislativo e de monitoramento político são reveladores da profissionalização da representação de interesse no Brasil. A ciência política tem dado sua contribuição para essa profissionalização, mais especificamente para a avaliação de risco político, logo, para a especialização em inteligência política. Nesse sentido, os dados das pesquisas (Santos; Resende; Galvão, 2017; Galvão et al., 2018), a exposição de Ricardo Sennes (2018), os métodos da ciência política utilizados pela Arko Advice e pelo Diap comprovam essa contribuição.

Para saber mais

GOZETTO, A. C. de O. Relações governamentais no Brasil: novas tendências. **Comunicações e Relações Governamentais/Institucionais**, p. 242-254, 2019. Disponível em: <https://www.researchgate.net/publication/334307546_Relacoes_Governamentais_no_Brasil_novas_tendencias/link/5d239389299bf1547ca4de88/download>. Acesso em: 7 jun. 2020.

O artigo esclarece as tendências das relações governamentais no Brasil, com base em dados de pesquisas realizadas sobre o perfil do profissional de relações governamentais no Brasil.

Síntese

Analisamos, neste capítulo, a importância que a especialização em inteligência política, concebida como um conjunto de competências necessárias para se avaliar o risco político, tem para o setor de relações governamentais. Destacamos que, nesse setor, há quatro cargos/funções – analista, coordenador, gerente e diretor – que, se analisados individualmente e com base em levantamentos quantitativos, revelam as competências relativas à inteligência política como aquelas de maior importância.

Diante dessa constatação, entendemos que seja problemático o fato de as competências estarem distribuídas pelos diversos cargos/ funções, visto que, por exemplo, o analista teria de dominar competências das três especializações (inteligência política, relacionamento institucional e defesa de interesse). Assim, do ponto de vista ideal[13] para a melhoria da profissionalização da representação de interesse, essas competências deveriam apresentar-se agrupadas no momento destinado à qualificação profissional (por exemplo: especializações e MBAs) ou, se considerado o meio empresarial, dividida por subsetores, por exemplo: no departamento de relações governamentais haveria a formação dos subsetores de inteligência política, relacionamento institucional e defesa de interesse.

Ainda, avaliamos a relevância dos monitoramentos legislativo e político para o setor de relações governamentais, em vista da análise de risco político. Esses monitoramentos, conforme sabido, fazem parte das competências da especialização em inteligência política. Com base em pesquisas empíricas, notamos o crescimento da inserção de cientistas políticos no mercado de relações governamentais, o que nos levou a buscar o motivo pelo qual uma formação profissional

---

13 *Apresentamos, aqui, uma proposta ideal, mas igualmente sujeita à crítica. Uma delas está ligada à compartimentalização em subsetores, vista como inviável, uma vez que, na condição de atividades, a inteligência política, o relacionamento institucional e a defesa de interesse têm de atuar de forma harmônica; a compartimentalização, nesse sentido, traria dificuldades. Outra crítica é com relação ao custo com os profissionais de relações governamentais, que é alto, impossibilitando, assim, a criação de um departamento específico de relações governamentais e dos respectivos subsetores. Outra crítica possível é quanto à falta de recursos, já que seria necessário contratar profissionais de relações governamentais dotados de competências inerentes às três especializações.*

entendida como formadora para a carreira acadêmica tem aberto caminho para cientistas políticos em um mercado extra-acadêmico. A resposta que alcançamos está na importância dos conhecimentos da ciência política para a avaliação de risco político.

Tratamos distintamente o monitoramento legislativo e o monitoramento político, a fim de chamar atenção para as respectivas especificidades, uma vez que é comum confundirem-se as atividades relativas a cada qual, fazendo com que tudo pareça monitoramento político. No entanto, é importante ressaltar que são competências complementares sem as quais seria impossível fazer inteligência política. A atividade de identificação de temas prementes na sociedade (agenda social) é de responsabilidade do monitoramento legislativo, o que sustenta a própria formação da agenda (Rua; Romanini, 2013; Kingdon, 2007). Tal afirmação leva-nos a perceber que a profissionalização da representação de interesse, embora muito avançada, está ainda em construção, ou seja, necessitando de propostas que venham qualificar de maneira positiva os profissionais de relações governamentais. Para tanto, é importante distinguir as expressões técnicas e suas competências, por exemplo, a ideia de inteligência competitiva, que visa avaliar o risco-país, parece confundir-se com inteligência política, que avalia o risco político. Uma das soluções para realizar a distinção entre risco-país e risco político é estabelecer o que se entende por *política*. Essa expressão tem de estar muito bem definida, pois a falta de clareza compromete a análise realizada.

Dada a abertura do mercado de relações governamentais para os cientistas políticos, buscamos entender o que motivou essa presença, tendo em vista que a formação em ciência política é vista como requisito para atuação, quase por excelência, no mercado acadêmico. Essa busca levou-nos a compreender que os conhecimentos dessa ciência têm gerado grande contribuição para as competências inerentes à inteligência política. Nesse sentido, sendo as competências relativas à inteligência política as mais procuradas pelas organizações empresárias, analisar a contribuição da ciência política para o mercado de relações governamentais tornou-se fundamental.

Para isso, discorremos sobre a legitimidade da ciência política como campo científico autônomo, baseado em estratégias metodológicas empiricamente orientadas e com vistas a analisar a realidade política. De forma mais específica, debruçamo-nos sobre a relação da ciência política, políticas públicas e avaliação de governos, justamente por entender que sem essa legitimação seria praticamente impossível os conhecimentos da ciência política ultrapassarem os muros da academia.

Em síntese, a inserção de cientistas políticos de forma significativa no mercado de relações governamentais não se deve apenas pela transferência de um conhecimento acadêmico para as atividades de relações governamentais (extra-acadêmico), mas também a uma disputa no campo das ciências sociais, que detém a legitimidade das análises sobre o mundo político.

Questões para revisão

1. O foco da profissionalização da representação de interesse, nesta segunda década do século XXI, está na especialização em inteligência política, pois o que as organizações valorizam são equipes especializadas em políticas públicas e governo. Inteligência política e especialização em políticas públicas e governo são sinônimos. Ainda, a expressão risco político está associada à inteligência política, logo, à especialização em políticas públicas e governo. Como se sabe, a avaliação de

risco político surgiu no mercado sendo o principal objetivo da especialização em inteligência política. Dito isso, como são compostas as equipes de relações governamentais, isto é, seus cargos/funções administrativos?

2. Os profissionais especialistas em monitoramento legislativo fazem parte da equipe especializada em políticas públicas e governo. Que objetivos esse especialista precisa cumprir dentro da equipe?

3. O monitoramento político é uma atividade essencial da equipe especializada em políticas públicas e governo, consequentemente, da inteligência política. Analise as assertivas sobre monitoramento político e sua distinção com o monitoramento legislativo.

I) O monitoramento legislativo analisa o momento que precede o processo de decisão política.

II) O monitoramento político avalia as possibilidades políticas da proposição legislativa tornar-se uma política pública no caso de se transformar em norma jurídica.

III) É o monitoramento político que avalia o potencial impacto de uma proposição legislativa nos interesses econômicos e não econômicos de uma organização.

Agora, assinale a alternativa correta:

a) Somente as assertivas I e III estão corretas.
b) Somente as assertivas I e II estão corretas.
c) Somente as assertivas II e III estão corretas.
d) Somente a assertiva I está correta.
e) Todas as assertivas estão corretas.

4. Algumas pesquisas (Gozetto, 2018; Mancuso, 2004; Santos; Resende; Galvão, 2017) permitem-nos refletir sobre a organização interna do setor de representação de interesse das empresas. Para organizar o setor, é necessário o domínio de certas competências; e, em relação à organização interna dessas competências, Gozetto oferece dicas importantes. Para autora, existem três grandes frentes necessárias na organização de um setor de representação de interesse. Assinale a alternativa que aponta corretamente essas três frentes necessárias:
   a) Ética da profissionalização, profissionalismo e ética da transparência.
   b) Conhecimento em políticas públicas e governo, gestão de risco político e criação de setor específico.
   c) Inteligência Política, posicionamento institucional e defesa de interesse.
   d) Ética; técnica e transparência.
   e) Jurídica, comunicação e política.

5. O monitoramento político é uma atividade fundamental para a estratégia e está baseada na inteligência política, motivo pelo qual as organizações empresariais preferem equipes especializadas em políticas públicas e governo. O monitoramento político é dotado de análises complexas em virtude da própria complexidade do processo de decisão política. Assinale a alternativa que elenca corretamente os principais objetivos do monitoramento político:
   a) Mapeamento de aliados e inimigos, bem como dos tomadores de decisão política.

b) Posicionamento institucional e acompanhamento das proposições legislativas.
c) Análise do conteúdo das proposições identificadas.
d) Monitoramento do processo legislativo.
e) Antecipar questões (temas) de interesses de segmentos da sociedade civil.

6. O monitoramento legislativo é dividido em etapas. Analise as assertivas que trazem um elenco de possíveis fases nas quais se desdobraria a atividade de monitoramento legislativo. Assim, são etapas do monitoramento legislativo:

I) o monitoramento do processo legislativo;
II) o mapeamento dos aliados e inimigos, bem como dos tomadores de decisão;
III) a análise do conteúdo das proposições identificadas;
IV) o posicionamento institucional e o acompanhamento das proposições legislativas;
V) a avaliação das possibilidades políticas de a proposição legislativa se tornar uma política pública, de acordo com a situação dos projetos de lei.

Agora, assinale a alternativa correta:

a) Somente as assertivas I, IV e V estão corretas e refletem as etapas do monitoramento legislativo.
b) Somente as assertivas I, II e IV estão corretas, pois correspondem às etapas do monitoramento legislativo.
c) Todas as assertivas traduzem as etapas próprias do monitoramento legislativo.

d) Somente as assertivas I, III e IV estão corretas, pois correspondem às etapas do monitoramento legislativo.

e) Somente as assertivas I, II e III estão corretas, pois correspondem às etapas do monitoramento legislativo.

Questões para reflexão

1. Aqui estão listadas as atividades de relações governamentais ofertadas por uma grande empresa de consultoria política. Faça uma análise identificando se há ou não atividades inerentes ao monitoramento político e legislativo; indique-as.

- Acompanhamento, monitoramento e engajamento em audiências públicas, propostas legislativas e discursos de parlamentares.
- Articulação para aprovação, modificação ou rejeição de projetos de lei e medidas provisórias.
- Articulação para apresentação ou rejeição de propostas legislativas que visem à defesa de interesses ou possam impactar os objetivos dos clientes.
- Elaboração de mapa de votações e análise de intenção de votos.
- Elaboração de notas técnicas e análises legislativas sobre a perspectiva de aprovação de propostas.
- Acompanhamento de comissões especiais e parlamentares de inquérito.
- Reuniões e agendas de trabalho com parlamentares, lideranças, frentes e demais *stakeholders* de interesse.
- Monitoramento e acompanhamento de bancadas partidárias e suas posições internas sobre temas específicos.
- Elaboração de estratégias de articulação para a defesa de interesses.

CAPÍTULO 6
Limites e possibilidades legais da atividade de representação de interesse no Brasil

Conteúdos do capítulo:

- Regulamentação da atividade profissional de relações governamentais no Brasil.
- Impacto das lutas pela regulamentação no desenvolvimento dos textos legais sobre a atividade.
- Legislação pertinente à representação de interesse no Brasil.

Após o estudo deste capítulo, você será capaz de:

1. reconhecer os motivos pelos quais a profissão de relações governamentais não é regulamentada no Brasil;
2. identificar se existem dispositivos legais pertinentes às atividades do profissional de relações governamentais no Brasil;
3. inferir se o uso hegemônico da expressão relações governamentais impactou as propostas de regulamentação da atividade do profissional de relações governamentais.

Diante da ausência de uma regulamentação específica da atividade do profissional de relações governamentais no Brasil, neste capítulo, discorreremos sobre as possibilidades e os limites impressos nas legislações vigentes que subsidiam a atuação do profissional de relações governamentais no país. Nesse sentido, serão apresentados dispositivos constitucionais e infraconstitucionais que possibilitam essa atuação.

Por ora, vale dizer que, na falta de uma regulamentação específica, é importante que o profissional de relações governamentais conheça as possibilidades e os limites legais que envolvem a relação entre o público e o privado, e como essas regras podem garantir os processos gerenciais das relações governamentais. Trataremos também do Substitutivo ao Projeto de Lei n. 1.202/2007, em tramitação na Câmara dos Deputados, que visa regulamentar a atividade do profissional de relações governamentais. A análise desse Substitutivo revela o impactado de deslocamento do lobby para as relações governamentais.

(6.1)
A REGULAMENTAÇÃO DA REPRESENTAÇÃO DE INTERESSE NO BRASIL: A PERSPECTIVA DO PROFISSIONAL DE RELAÇÕES GOVERNAMENTAIS

Na perspectiva dos estudiosos sobre o lobby, a regulamentação da representação de interesse não é um consenso. As argumentações, tanto contrárias quanto favoráveis à regulamentação, são eloquentes. O argumento principal da defesa pela regulamentação está no aumento da transparência da relação entre o público e o privado, visto que esta traria um incremento à transparência no processo de decisão política em duas dimensões: da deliberação e da *accountability*. Nessa perspectiva, a regulamentação surge como instrumento que aperfeiçoaria a transparência na relação entre o público e o privado. De acordo com Santos e Cunha (2015, p. 13),

> *Deliberação aqui é entendida como o processo de argumentação em torno de políticas e resultados, por meio do qual parlamentares, grupos de interesses e representantes do governo possam formar e transformar suas próprias preferências e a dos demais, em um processo de diálogo público e progressivo.*

Há um otimismo quanto aos preceitos democráticos relativos à participação da sociedade civil no processo de decisão política. O outro otimismo verifica-se em relação à *accountability*. Segundo os autores,

> *No que diz respeito à* accountability, *entendem os defensores que a regulamentação do* lobby *pode contribuir para que as decisões públicas sejam tomadas sob o escrutínio da sociedade, tanto no que diz respeito aos interesses atendidos pela decisão, quanto no que diz respeito à necessidade de que essas mesmas decisões sejam tomadas dentro do marco da legalidade e da constitucionalidade.* (Santos; Cunha, 2015, p. 13)

A sustentação argumentativa dos otimistas é relacionar a regulamentação da atividade lobista ao aprofundamento da democracia. Gozetto (2016) insere-se entre os teóricos otimistas, uma vez que, para ela,

> *Com a regulamentação do lobby, além de serem coletadas e divulgadas informações sobre os agentes privados e as interações que eles mantêm com o poder público, os padrões para essas interações seriam definidos adequadamente. O que se espera é que seja estabelecida a forma lícita e*

isonômica de acesso ao processo decisório, pois já possuímos um "Pacote de Integridade", que congrega uma extensa legislação a definir ações ilícitas inerentes a essas interações.

Gozetto (2016) chama atenção para o fato de que há leis que tratam da relação entre o público e o privado. Na ausência de uma regulamentação específica, as entidades representativas dos profissionais de relações governamentais sustentam a conduta desses profissionais com base em outras leis. Mancuso, Angélico e Gozetto (2016, p. 51), ao estabelecer uma relação importante entre a Lei de Acesso à Informação Pública (Laip) e a regulamentação da representação de interesse, esclarecem que

> a regulamentação do lobby *pode produzir informações relevantes, a serem divulgadas por meio da LAIP, e a LAIP pode favorecer o avanço da regulamentação do* lobby. *Mas a aprovação da LAIP não dispensa a discussão sobre regulamentação do* lobby, *pois esta envolve elementos que não são cobertos pela primeira e, embora importantes, a LAIP e a regulamentação do* lobby *possuem limites que devem ser compreendidos, enfrentados e superados.* (Mancuso; Angélico; Gozetto, 2016 p. 51)

Para os autores, a existência da Laip, assim como outras, mesmo tratando da relação entre o público e o privado, não elimina a importância de uma regulamentação específica da atividade de representação de interesse no Brasil. Mancuso e Angélico, assim como Gozetto, são otimistas quanto aos efeitos positivos da regulamentação da representação de interesse no Brasil. Contudo, há também argumentos eloquentes que são bastante pessimistas, para estes a regulamentação da atividade de representação de interesse não teria o resultado esperado, pelo contrário. Seriam três os efeitos negativos da regulamentação: (1) a legitimação da participação no processo de decisão política apenas de grupos de interesses institucionalizados; (2) o excesso de regulamentação resultaria em regras rígidas que engessariam a relação entre grupos de interesse e tomadores de decisão política; e (3) considerando o custo-benefício, a regulamentação não compensaria tendo em vista o resultado esperado (Santos; Cunha, 2015).

Quanto ao primeiro efeito negativo, Santos e Cunha (2015, p. 14) asseveram que a regulamentação poderia "gerar barreiras à entrada de alguns grupos, prejudicando principalmente aqueles menos organizados e institucionalizados". A argumentação vai no sentido de gerar um efeito contrário ao preceito fundamental da democracia, qual seja: o da participação política, "distorcendo ainda mais a representação política". O segundo efeito negativo da regulamentação diz respeito à "eficiência na produção de acordos políticos", uma vez que essa eficiência "seria comprometida caso não fosse dada aos tomadores de decisão a possibilidade de negociar de forma minimamente reservada e discricionária". Em outras palavras, para os pessimistas, transparência demais (ou quiçá democracia demais) atrapalha, pois, "para a formulação de boas políticas, a confidencialidade é muitas vezes necessária" (Chari; Hogan; Murphy citados por Santos; Cunha, 2015, p. 14). Com relação ao terceiro efeito negativo apontado pelos pessimistas,

> a regulamentação do lobby geraria altos custos com fiscalização, ao mesmo tempo em que o controle geraria pouco resultado efetivo sobre a qualidade do processo decisório e sobre a transparência. Por seu turno, simplesmente regulamentar não geraria necessariamente mais poder aos grupos menos poderosos, visto que suas vantagens na disputa política estariam mais relacionadas aos recursos de que dispõem para a ação política que propriamente ao acesso à informação. (Santos; Cunha, 2015, p. 14)

A questão sobre a qual devemos refletir é se esses efeitos seriam gerados ou aprofundados pela regulamentação da atividade de representação de interesse. Ao que parece, esses efeitos já estão postos na relação entre o público e o privado, testemunhados pelos diversos escândalos de corrupção no Brasil ao longo de sua história.

Não podemos menosprezar, entretanto, a condição de investimento do empresariado no setor de relações governamentais, na aquisição de alta tecnologia, de profissionais experientes e altamente qualificados. E que essa condição se traduza em capacidade para gerar desiquilíbrio no poder de influenciar os tomadores de decisão política, favorecendo a representação de interesse do empresariado. Contudo, de acordo com Kingdon,

> Um problema urgente demanda atenção, por exemplo, e uma proposta de política pública é associada ao problema e oferecida como solução. Ou então um evento político, como mudança de governo, gera mudança de direção. Nesse momento, as propostas que podem ser relacionadas com aquele evento político, tais como as iniciativas em linha com a filosofia da nova administração, são destacadas e associadas ao novo contexto político já amadurecido. De forma similar, os problemas que se encaixam na nova ótica são enfatizados, enquanto outros são desprezados.
> (Kingdon, 2007, p. 233)

Não é apenas a variável profissionalização da representação de interesse que explica a capacidade de influenciar os tomadores de decisão política. Outras variáveis de ordem política são consideradas, como o alinhamento com a filosofia do governo, eventos como a crise econômica, a crise política (governabilidade), os escândalos políticos, entre outros. Estes são exemplos que funcionam como janelas de oportunidades, pois, de acordo com Kingdon (2007, p. 233),

"As dinâmicas dos problemas, das políticas públicas e do próprio jogo da política têm, cada uma, vida própria".

Isso significa que muitas janelas de oportunidade, na influência junto aos tomadores de decisão política, podem abrir-se para grupos menos privilegiados, do ponto de vista financeiro. Entretanto, é importante ter profissionais "treinados"[1] que identifiquem essas janelas de oportunidades. Também chamamos atenção para um aspecto central deste estudo: a regulamentação da atividade do profissional de representação de interesse não é uma variável que explica a profissionalização da representação de interesse, embora haja grande potencial para a abertura de um novo ciclo de aceleração da profissionalização da representação de interesse no Brasil. Ainda, a alta remuneração do profissional de representação de interesse, pela escassez de mão de obra qualificada no mercado, é um problema para que grupos sociais com menos recursos possam constituir, em suas instituições, um setor de relações governamentais, ou até mesmo contratar apenas um profissional, pelo menos aquele mais capacitado e experiente.

Assim, ao instaurarmos uma relação de causa-efeito, a regulamentação da atividade pode significar um maior número de pessoas interessadas em ingressar nesse mercado. Mediante um novo ciclo de aceleração da profissionalização, seguido de um crescimento significativo de pessoas interessadas, haveria uma redução do custo da representação de interesse no Brasil, configurando, assim, mais um efeito positivo da regulamentação da atividade no país. Porém, tendo em vista que as expectativas são de crescimento do mercado de

---

1   A escolha pela palavra treinados em detrimento de qualificados está ancorada no entendimento de que os profissionais possam ser "treinados" em sua experiência acadêmica, bem como na prática profissional. Por outro lado, também concebemos que a qualificação profissional em relações governamentais deve abordar a identificação de janelas de oportunidades como uma das competências centrais relativas à inteligência política.

relações governamentais, pode haver um desequilíbrio entre procura e oferta de mão de obra, tornando mais caro o custo dessa atividade no Brasil. Posto isso, parece que a regulamentação da atividade é uma forma de aumentar a quantidade de profissionais nesse mercado e, por consequência, alavancar o acesso de grupos menos privilegiados a profissionais qualificados.

A regulamentação da atividade do profissional de relações governamentais também tem um efeito simbólico muito significativo: o reconhecimento, por parte do Estado, de que a atividade é legal, ou seja, uma forma institucional de legitimar a atividade no país. Fora o aspecto legal, esse simbolismo atenua significativamente a pecha que paira sobre essa atividade. Para além dos teóricos, o que pensam os profissionais de relações governamentais sobre a regulamentação da atividade no Brasil? A pesquisa realizada por Santos, Resende e Galvão (2017, p. 19) revelou o seguinte: "A opinião dos profissionais sobre a regulamentação é inequívoca. Nada menos que 75,6% dos respondentes posicionaram-se favoravelmente (concordam e concordam plenamente) frente a necessidade de se regulamentar a atividade". Os dados mostraram, portanto, um enorme apoio dos profissionais entrevistados.

Outra pesquisa bastante relevante foi realizada por Manoel Santos e Lucas Cunha (2015) com os profissionais de relações governamentais. O objetivo era avaliar a opinião destes com relação às propostas que figuraram em proposições legislativas que tratavam da regulamentação da atividade no Brasil até 2015[2]. De posse dos resultados da pesquisa, a intenção desta seção é apresentar o grau de convergência dos profissionais em relação às propostas selecionadas pelos autores. É importante esclarecer que os dados da pesquisa não serão aqui

---

2 A pesquisa é de 2015, por isso o recorte temporal por nós explicitado.

analisados visando identificar os porquês das convergências e divergências. Assim, esta seção apresenta a descrição dos posicionamentos convergentes e divergentes dos profissionais que atuam em relações governamentais, com a intenção de ultrapassar a simples resposta à questão se os profissionais apoiam ou não a regulamentação da atividade do profissional de relações governamentais, alcançando, então, o grau de apoio à propostas específicas.

Para tanto, cabe apresentar, de forma sumária, a estratégia metodológica da pesquisa. Para identificar esses profissionais, Santos e Cunha (2015) recorreram ao cadastro da Primeira Secretaria da Câmara dos Deputados referente ao biênio 2011-2012. De acordo com os autores, "Embora reconhecidamente incompleta, esta fonte, segundo o ponto de vista aqui adotado, oferece uma boa oportunidade de pesquisa" (Santos; Cunha, 2015, p. 18). Tratou-se, portanto, de uma pesquisa de *survey*, aplicada a 65[3] profissionais que atuam em grupos de interesse e em assessoria parlamentar de órgãos públicos. Vale dizer, mesmo que a quantidade de profissionais entrevistados não reflita o conjunto dos profissionais que atuam na área, a pesquisa se torna importante, uma vez que o cadastro é a única fonte para identificação desses profissionais. De acordo com Santos e Cunha (2015, p. 21):

> E a opção metodológica aqui adotada se justifica porque, embora parcial e incompleto, além de única fonte, o cadastro oferece fácil acesso a uma lista dos interesses organizados que atuam no Parlamento, inclusive com os endereços e contatos dos cadastrados, criando assim as condições objetivas para a realização do survey *de opinião desenvolvido no contexto deste estudo.*

---

[3] Foram identificados 179 profissionais, dos quais 65 responderam ao questionário.

Ao menos, o universo de profissionais cadastrados na Câmara dos Deputados está refletido nesse estudo, dentro do período analisado. Quando consideradas as entidades e os órgãos a que pertencem os profissionais cadastrados, verificou-se

> *predominantemente os sindicatos, as associações de caráter nacional, os órgãos de representação profissional, as grandes corporações, entre outros. Além destes grupos, nota-se que boa parte do cadastramento diz respeito também à representação de órgãos de Estado, como os ministérios, as secretarias com status de ministério, os órgãos de controle, as agências reguladoras e os tribunais. Sabe-se, contudo, que a participação de grupos de interesse no Parlamento é muito mais ampla que esse pequeno universo.*
> (Santos; Cunha, 2015, p. 21)

As entidades e os órgãos com profissionais cadastrados são importantes atores que tradicionalmente representam seus interesses perante aos tomadores de decisão política. De 1984 a 2015, tramitaram no Congresso Nacional 17 proposições legislativas referentes à regulamentação da atividade de representação de interesse. Segundo Santos e Cunha (2015, p. 35), a pesquisa buscou analisar "os aspectos mais relevantes e polêmicos dessas propostas". O levantamento realizado pelos autores é muito mais abrangente do que estamos expondo neste estudo. Santos e Cunha (2015, p. 35) selecionaram 6 propostas, que figuram nas 17 proposições legislativas, consideradas "como de ampla concordância entre os respondentes", sendo tida "como uma proposta com ampla concordância a que tenha recebido mais de 50% das opiniões favoráveis".

As seis propostas mais relevantes e polêmicas que apresentaram ampla convergência foram:

1. Tornar públicas todas as doações de campanhas realizadas por grupos de interesse.
2. Exigência de representação de interesse mediante procuração das entidades e dos órgãos públicos.
3. Obrigatoriedade de registro na Câmara dos Deputados.
4. Tornar pública a agenda de compromissos oficiais dos parlamentares e ministros.
5. Proibir que instituições representadas ofereçam qualquer tipo de presente, doação ou outros a parlamentares e servidores públicos.
6. Direito de as entidades e os órgãos cadastrados protocolarem junto à Mesa Diretora documentos referentes à representação de interesse.

Em grande medida são propostas que se relacionam à transparência na relação entre o público e o privado, alcançando também a relação entre entidades e órgãos públicos e o Parlamento, denominado de lobby público.

Quando se trata de "doações de campanha realizadas pelos grupos de pressão, tanto aos partidos quanto aos candidatos, deveriam ser declaradas e tornadas públicas, 78,5% apoiaram" (Santos; Cunha, 2015, p. 36). Os profissionais de relações governamentais entrevistados defendiam que a relação entre representação de interesse e financiamento de campanha deveria ser transparente[4]. Quanto à obrigatoriedade da procuração que o representado (entidades ou órgãos públicos) deve ao profissional de representação de interesse, no sentido de representá-lo perante os tomadores de decisão política, teve apoio de 73,9% dos entrevistados. A transparência, aqui, refere-se à relação entre a entidade ou o órgão representado e o profissional

---

4 A partir das eleições de 2016, não foi mais permitido o financiamento empresarial de campanha, por entendimento do Supremo Tribunal Federal (STF).

de relações governamentais que representa. A obrigatoriedade de um registro formal dos profissionais de relações governamentais, para acessar e realizar suas atividades no Congresso Nacional, obteve concordância de 73,8% dos entrevistados. O registro, além de ser uma forma de transparência, configura-se também como um elemento que facilita a fiscalização, sobretudo se o registro contiver todas as informações, como a procuração e outras exigências referentes à atuação da representação de interesse. A obrigatoriedade de tornar pública a agenda oficial de compromissos de parlamentares e ministros, quanto aos "eventos, os interlocutores e os temas a serem tratados nos referidos eventos oficiais, 67,6% apoiaram a ideia". Quanto a proibir totalmente o "pagamento, por parte da organização, de qualquer remuneração, prêmio, presente, viagens e refeições a parlamentares ou servidores públicos, 61,5% apoiaram a ideia total ou parcialmente" (Santos; Cunha, 2015, p. 36).

Por fim, entre as propostas convergentes, estão aqueles que,

Quando instados a se posicionar, 58,5% dos respondentes foram a favor da intenção de permitir a todas as entidades credenciadas a possibilidade de protocolar na Mesa Diretora do Legislativo pareceres, estudos, pesquisas ou quaisquer documentos que julguem relevantes – inclusive sugestões de iniciativa legislativa. A proposta prevê, ainda, que a Mesa deve obrigatoriamente encaminhar para as comissões os referidos documentos. (Santos; Cunha, 2015, p.36)

Portanto, essa proposta não adentra o campo da transparência, mas preocupa-se em levar informações qualificadas aos tomadores de decisão política, em especial às comissões, o que coloca esse tipo de proposta no espectro da *teoria informacional* (Santos; Almeida, 2005).

Quanto às divergências em relação às propostas, os autores destacaram:

1. Acompanhamento da vida financeira das entidades e dos profissionais de relações governamentais.
2. Possibilidade de estabelecer convênio e acordos de colaboração entre entidades representativas e órgãos de governo, prevendo a colaboração financeira, no sentido de viabilizar o debate e a deliberação sobre temas de seus interesses.
3. Exigência de elaboração de relatórios referentes aos gastos financeiros com a atividade de representação de interesse.
4. Exigência de declaração informando detalhes sobre os interesses representados e os atores políticos contatados.
5. Garantia de que nas comissões os representantes serão ouvidos.

Há propostas que correspondem a questões sensíveis às organizações, em especial às organizações empresariais, uma vez que prevê a criação de "instrumentos de amplo acompanhamento da vida financeira das entidades e pessoas envolvidas no processo de representação de interesses" (Santos; Cunha, 2015, p. 37). Esse não foi um ponto de convergência entre a maioria dos entrevistados, embora obtivesse apoio significativo (49,3%). Outra proposta que não alcançou a convergência da maioria, com o apoio de 47,7%, de acordo com os autores foi:

> *a proposta que visa regulamentar que as entidades representativas, os órgãos de governo e os órgãos técnico-científicos devidamente credenciados poderão firmar convênios e acordos de cooperação, bem como colaborar financeiramente, com atividades que visem ampliar o debate e a deliberação em torno dos temas aos quais têm interesse.* (Santos; Cunha, 2015, p. 37)

Notadamente, propostas referentes à transparência financeira e gastos de recursos não alcançaram maioria. Contudo, é importante ressaltar, o apoio esteve acima de 45%, o que é algo significativo. A pouca aceitação da maioria quando se trata de transparência financeira também se revelou quanto à obrigatoriedade de relatórios que demonstrassem os gastos financeiros relativos à atividade de representação de interesse no Congresso Nacional (apoio de 46,2% dos entrevistados).

Porém, a questão da transparência ainda carece de especificidade, isto é, o que deve ou não ser transparente na relação entre o público e o privado quando se trata de representação de interesse? Essa questão torna-se importante, uma vez que a proposta que exige muitos detalhes sobre a representação de interesse junto aos tomadores de decisão política obteve apoio de 44,6%, não alcançando uma maioria convergente. A proposta em questão, de acordo com Santos e Cunha (2015, p. 37), "visa vincular o agente de lobby a apresentar declarações com informações contendo interesses que representam seus objetivos, as proposições de seu interesse e os servidores e as autoridades públicas com quais deseja tratar". Para os autores, trata-se de uma "Medida que se caracteriza como fonte de controle bastante amplo das atividades de lobby". Contudo, e contrariamente, reconhecemos que o fornecimento de informações detalhadas pode prestar-se ao controle, visto que dependerá do uso dessas informações. Por fim, a proposta que apresentou maior grau de divergência, na ordem de 38,5%, diz respeito à "proposição que visa garantir que os representantes dos grupos de pressão deverão ser necessariamente ouvidos nas comissões que avaliem proposições de seu interesse" (Santos; Cunha, 2015, p. 38).

Reafirmamos, aqui, a necessidade de futuros estudos que identifiquem, mediante consulta aos profissionais de relações governamentais, quais aspectos das atividades devem ou não ser transparentes. Vimos que 44,6% dos entrevistados foram favoráveis ao detalhamento de informações a respeito da atividade de representação de interesse junto aos tomadores de decisão, ou seja, 55,4% posicionaram-se de forma contrária à exigência de transparência.

A pesquisa *O profissional que exerce atividades de relações governamentais: um olhar para sua própria atuação*, realizada pelo Irelgov, fez o seguinte questionamento: *"é possível ser sempre transparente nas relações com o governo, mesmo representando uma organização?"* (Irelgov, 2020a). Entre os entrevistados, 90% responderam afirmativamente. A pesquisa foi realizada de dezembro de 2016 a fevereiro de 2017, por questionário on-line contendo perguntas abertas e fechadas, e contou com 157 respondentes. As propostas identificadas como as mais relevantes e polêmicas dizem respeito à ação direta junto aos tomadores de decisão política: o lobby propriamente dito. As próprias proposições legislativas dedicavam-se exclusivamente a esse momento, cujo foco principal tratava da transparência entre o público e o privado. Portanto, visavam regulamentar a atividade lobista, e não a de relações governamentais.

(6.2)
AS BASES LEGAIS DA REPRESENTAÇÃO DE INTERESSE NO BRASIL

Iniciamos esta seção com a seguinte pergunta: A representação de interesse junto aos tomadores de decisão política encontra respaldo legal na Constituição de 1988? A fim de responder a essa pergunta, analisamos o Título II – "Dos direitos e garantias fundamentais", Capítulo I – "Dos direitos e deveres individuais e coletivos", art. 5º da Constituição Federal de 1988 (Brasil, 1988).

As atividades de relações governamentais dependem da liberdade de expressão relacionada ao interesse dos atores dos diversos segmentos sociais, o que é garantido nos incisos IV e IX, nos quais lemos: "é livre a manifestação do pensamento, sendo vedado o anonimato" (Brasil, 1988), bem como "é livre a expressão da atividade intelectual, artística, científica e de comunicação, independentemente de censura ou licença" (Brasil, 1988). Assim, há garantias constitucionais quanto ao direito de expressar interesses e posicionamentos. É lugar comum, entre os profissionais de relações governamentais e estudiosos da área, afirmar que a melhor forma de representação de interesse do empresariado é pela via de associações (corporativa ou pluralista). Esse direito está garantido nos incisos XVIII – "a criação de associações [...] independem de autorização, sendo vedada a interferência estatal em seu funcionamento" (Brasil, 1988) – e XXI – "as entidades associativas, quando expressamente autorizadas, têm legitimidade para representar seus filiados judicial ou extrajudicialmente" (Brasil, 1988).

Vemos, portanto, que a Constituição oferece respaldo às atividades de representação de interesse. Vejamos dois incisos do mesmo art. 5º que, se conjugados, são fundamentais para a atividade de representação de interesse: o inciso XIV, quando determina que "é assegurado a todos o acesso à informação [...] ao exercício profissional" (Brasil, 1988), e o inciso XXXIII, ao dizer que é direito de todos obter dos órgãos públicos "informações de seu interesse particular, ou de interesse coletivo ou geral, que serão prestadas no prazo da lei, sob pena de responsabilidade, ressalvadas aquelas cujo sigilo seja imprescindível à segurança da sociedade e do Estado" (Brasil, 1988). O inciso XXXIII foi regulamentado pela Lei n. 12.527, de 18 de novembro de 2011, que dispõe sobre o acesso a informações (Brasil, 2011). Por fim, o inciso mais evocado quando se trata de defesa da legalidade da representação de interesse junto aos tomadores de decisão é o XXXIV, alínea "a", no qual se lê: "o direito de petição aos Poderes Públicos em defesa de direitos ou contra ilegalidade ou abuso de poder" (Brasil, 1988).

A representação de interesse é prevista na Constituição de 1988, e suas atividades, de forma mais específica o monitoramento legislativo e o monitoramento político, encontram viabilidade na Lei n. 12.527/2011, que informa com clareza aos órgãos e entes a que se destina:

> Art. 1º Esta Lei dispõe sobre os procedimentos a serem observados pela União, Estados, Distrito Federal e Municípios, com o fim de garantir o acesso a informações previsto no inciso XXXIII do art. 5º, no inciso II do § 3º do art. 37 e no § 2º do art. 216 da Constituição Federal
>
> Parágrafo único. Subordinam-se ao regime desta Lei:
>
> I – os órgãos públicos integrantes da administração direta dos Poderes Executivo, Legislativo, incluindo as Cortes de Contas, e Judiciário e do Ministério Público;
>
> II – as autarquias, as fundações públicas, as empresas públicas, as sociedades de economia mista e demais entidades controladas direta ou indiretamente pela União, Estados, Distrito Federal e Municípios. (Brasil, 2011)

O profissional de relações governamentais encontra na lei a garantia das condições para monitorar todos os atos de órgãos e entes públicos para a atividade de representação de interesse. O art. 3º e seus incisos também são importantes aparatos para a atividade de relações governamentais, vejamos:

> Art. 3º Os procedimentos previstos nesta Lei destinam-se a assegurar o direito fundamental de acesso à informação e devem ser executados em conformidade com os princípios básicos da administração pública e com as seguintes diretrizes:

I – observância da publicidade como preceito geral e do sigilo como exceção;

II – divulgação de informações de interesse público, independentemente de solicitações;

III – utilização de meios de comunicação viabilizados pela tecnologia da informação;

IV – fomento ao desenvolvimento da cultura de transparência na administração pública;

V – desenvolvimento do controle social da administração pública. (Brasil, 2011)

Destacamos os incisos II, III e V como exemplos da importância da Lei n. 12.527/2011 para as atividades do profissional de relações governamentais. O inciso II determina que as informações devam estar disponibilizadas previamente e ser viabilizadas pelo uso das tecnologias da informação, conforme determinação do inciso III. A disponibilidade dessas informações atua em favor do controle social, bem como a disponibilização de informações públicas mediante uso da tecnologia, facilita o acesso e fornece celeridade. Pensemos em um exemplo: se, para a realização de monitoramento legislativo e político, o acesso às informações sobre as atividades da Câmara dos Deputados fosse facilitado, haveria, por consequência, um maior conhecimento da agenda legislativa do Plenário e das comissões, da ordem do dia (pauta das sessões), dos trâmites das proposições legislativas no processo legislativo, dos discursos dos deputados, bem como das decisões tomadas por eles. Percebe-se, assim, que são inúmeras as informações passíveis de ser encontradas nos atos legislativos no Portal da Câmara dos Deputados.

O assunto sobre a agilidade e inteligibilidade na obtenção da informação pode ser encontrado no art. 5º: "É dever do Estado garantir o direito de acesso à informação, que será franqueada, mediante procedimentos objetivos e ágeis, de forma transparente, clara e em linguagem de fácil compreensão" (Brasil, 2011). Porém, o bom desempenho do profissional de relações governamentais depende da obtenção de informações fidedignas, e essa garantia legal está determinada no art. 6º, inciso II, que diz: "Cabe aos órgãos e entidades do poder público, observadas as normas e procedimentos específicos aplicáveis, assegurar a [...] proteção da informação, garantindo-se sua disponibilidade, autenticidade e integridade" (Brasil, 2011). O art. 7º também traz garantias importantes para a representação e defesa de interesse, mais especificamente os incisos I e III. No sentido de que não basta o órgão ou ente público disponibilizar as informações, a Laip garante "orientação sobre os procedimentos para a consecução de acesso, bem como sobre o local onde poderá ser encontrada ou obtida a informação almejada", bem como "informação primária, íntegra, autêntica e atualizada" (Brasil, 2011).

Garantir o acesso à informação primária é fundamental para que se possam realizar as análises e cruzar as informações, visto que correspondem a dados brutos, sem nenhum tratamento estatístico e análise prévias, isto é, trata-se de um levantamento realizado por terceiros. O art. 8º, parágrafo 3º, incisos I ao VI, traz garantias imprescindíveis para a atividade de representação de interesse:

> Art. 8º É dever dos órgãos e entidades públicas promover, independentemente de requerimentos, a divulgação em local de fácil acesso, no âmbito de suas competências, de informações de interesse coletivo ou geral por eles produzidas ou custodiadas.

§ 3º Os sítios de que trata o § 2º deverão, na forma de regulamento, atender, entre outros, aos seguintes requisitos:

I – conter ferramenta de pesquisa de conteúdo que permita o acesso à informação de forma objetiva, transparente, clara e em linguagem de fácil compreensão;

II – possibilitar a gravação de relatórios em diversos formatos eletrônicos, inclusive abertos e não proprietários, tais como planilhas e texto, de modo a facilitar a análise das informações;

III – possibilitar o acesso automatizado por sistemas externos em formatos abertos, estruturados e legíveis por máquina;

IV – divulgar em detalhes os formatos utilizados para estruturação da informação;

V – garantir a autenticidade e a integridade das informações disponíveis para acesso;

VI – manter atualizadas as informações disponíveis para acesso. (Brasil, 2011)

Em suma, o parágrafo defende o acesso à informação como facilitador para a pesquisa de fontes atualizadas, com base em ferramentas específicas, e que essas informações, depois de devidamente investigadas, possam ser baixadas em computadores nos mais variados formatos, mediante a comunicação entre máquinas, o que exige a manutenção de códigos abertos, a fim de que seja possível obter essas informações via internet. Logo, a possibilidade de acesso remoto à informação é evidente nessa lei. O mesmo parágrafo prevê, ainda, que o material seja acessível às pessoas com deficiência, como reza o inciso VIII:

VIII – adotar as medidas necessárias para garantir a acessibilidade de conteúdo para pessoas com deficiência, nos termos do art. 17 da Lei no 10.098, de 19 de dezembro de 2000, e do art. 9o da Convenção sobre os Direitos das Pessoas com Deficiência, aprovada pelo Decreto Legislativo no 186, de 9 de julho de 2008. (Brasil, 2011)

O parágrafo 4º aponta uma restrição ao acesso à informação que limita a acessibilidade remota aos entes e órgãos públicos de alguns municípios brasileiros:

§ 4º Os Municípios com população de até 10.000 (dez mil) habitantes ficam dispensados da divulgação obrigatória na internet a que se refere o § 2º, mantida a obrigatoriedade de divulgação, em tempo real, de informações relativas à execução orçamentária e financeira, nos critérios e prazos previstos no art. 73-B da Lei Complementar no 101, de 4 de maio de 2000 (Lei de Responsabilidade Fiscal). (Brasil, 2011)

As garantias que constam da Laip permitiram que Oliveira e Ervolino (2017) desenvolvessem o mapa do Plenário. Segundo os autores:

Apresentamos um mapa do Plenário que se mostrou uma opção para a análise do contexto político. Diferentemente de outras abordagens amplamente divulgadas na mídia, o intuito deste mapa é se tornar uma ferramenta capaz de produzir insights baseados em dados, para que profissionais de RIG e suas organizações possam pensar a política de modo mais organizado, estratégico e eficaz, elevando o nível de atuação que, por consequência, aumentaria a qualidade dos resultados e impactos para a sociedade de modo geral. (Oliveira; Ervolino, 2017, p. 44)

A Laip abarca garantias legais que servem de estratégicas para as atividades do profissional de relações governamentais. Sem essas garantias, o desempenho de suas atividades estaria comprometido, pois foram elas que trouxeram condições instrumentais importantes para a eficiência das análises, tornando o desenvolvimento das atividades de representação de interesse menos custoso e mais ágil. Professores e pesquisadores, assim como quem está buscando qualificação para atuar na área de relações governamentais, defendem que é importante o que vem disposto no art. 4º, mais especificamente no inciso I, sobre o que seria a informação: "dados, processados ou não, que podem ser utilizados para produção e transmissão de conhecimento, contidos em qualquer meio, suporte ou formato" (Brasil, 2011). Esses dados também estão abertos para as modalidades de ensino, pesquisa e extensão (produção e transmissão do conhecimento).

A Lei n. 12.527/2011 (Lei de Acesso à Informação) não regulamenta as atividades de representação de interesse no Brasil, uma vez que não se destina a esse objeto, no entanto não submete essa atividade à ilegalidade, pelo contrário, traz dispositivos legais imprescindíveis para instrumentalizar outras tarefas importantes da representação de interesse. Assim, é necessário que o profissional de relações governamentais conheça essa lei a fim de exigir dos órgãos e entes públicos o cumprimento de seus comandos, para que, além de facilitar o acesso remoto, também realize o monitoramento político e legislativo com qualidade e precisão.

Por fim, embora a Constituição de 1988 e a Laip não se destinem à representação de interesse do empresariado, mas a preceitos democráticos, esses diplomas legais não viabilizam somente a ação direta da representação de interesse junto aos tomadores de decisão política, mas também subsidiam os processos gerenciais das relações governamentais que precedem à ação lobista.

Audren Marlei Azolin

(6.3)
LIMITES LEGAIS À ATUAÇÃO DO PROFISSIONAL DE RELAÇÕES GOVERNAMENTAIS NO BRASIL

Na Seção 6.2 foram abordadas as condições legais que viabilizam a atuação dos profissionais de relações governamentais no Brasil, nesta seção, porém, o foco recairá sobre os impedimentos legais. Esses impedimentos estão dispostos na Lei n. 12.813, de 16 de maio de 2013, que trata do conflito de interesse e acesso às informações públicas de forma privilegiada (Brasil, 2013). Eis aqui a fronteira legal entre relações governamentais, de um lado, e corrupção e tráfico de influência, de outro.

Posto isso, é importante saber o que seja *conflito de interesses* e *informação privilegiada*. A resposta está no art. 3º, incisos I e II:

> *I – conflito de interesses: a situação gerada pelo confronto entre interesses públicos e privados, que possa comprometer o interesse coletivo ou influenciar, de maneira imprópria, o desempenho da função pública; e*

> *II – informação privilegiada: a que diz respeito a assuntos sigilosos ou aquela relevante ao processo de decisão no âmbito do Poder Executivo federal que tenha repercussão econômica ou financeira e que não seja de amplo conhecimento público.* (Brasil, 2013)

A intenção é cuidar do vazamento de informações governamentais sigilosas, para agentes públicos e/ou privados, as quais possam vir a comprometer a economia e as finanças públicas. O profissional de relações governamentais não deve ter acesso às informações sigilosas do governo por meio de cargos ocupados ou empregos no âmbito do Poder Executivo. É importante destacar que o sigilo de determinadas informações do Poder Executivo, bem como da Administração Pública direta e indireta, é garantido pelo art. 2º, que indica quais cargos e empregos, no âmbito do Poder Executivo, são detentores de informações sigilosas:

I – de ministro de Estado;

II – de natureza especial ou equivalentes;

III – de presidente, vice-presidente e diretor, ou equivalentes, de autarquias, fundações públicas, empresas públicas ou sociedades de economia mista; e

IV – do Grupo-Direção e Assessoramento Superiores–DAS, níveis 6 e 5 ou equivalentes. (Brasil, 2013)

Os agentes públicos ocupantes de outros cargos ou empregos no Poder Executivo têm acesso a informações sigilosas:

Parágrafo único. Além dos agentes públicos mencionados nos incisos I a IV, sujeitam-se ao disposto nesta Lei os ocupantes de cargos ou empregos cujo exercício proporcione acesso a informação privilegiada capaz de trazer vantagem econômica ou financeira para o agente público ou para terceiro, conforme definido em regulamento. (Brasil, 2013, p. 1)

Assim, as organizações não devem manter em seus quadros profissionais, sobretudo nos setores de relações governamentais e consultoria política, ocupantes desses tipos de cargos. A questão que ainda segue aberta é saber o que de fato configura o *conflito de interesse*. Segundo o art. 5º da Lei n. 12.813/2013:

I – divulgar ou fazer uso de informação privilegiada, em proveito próprio ou de terceiro, obtida em razão das atividades exercidas;

II – exercer atividade que implique a prestação de serviços ou a manutenção de relação de negócio com pessoa física ou jurídica que tenha interesse em decisão do agente público ou de colegiado do qual este participe;

III – exercer, direta ou indiretamente, atividade que em razão da sua natureza seja incompatível com as atribuições do cargo ou emprego, considerando-se como tal, inclusive, a atividade desenvolvida em áreas ou matérias correlatas;

IV – atuar, ainda que informalmente, como procurador, consultor, assessor ou intermediário de interesses privados nos órgãos ou entidades da administração pública direta ou indireta de qualquer dos Poderes da União, dos Estados, do Distrito Federal e dos Municípios;

V – praticar ato em benefício de interesse de pessoa jurídica de que participe o agente público, seu cônjuge, companheiro ou parentes, consanguíneos ou afins, em linha reta ou colateral, até o terceiro grau, e que possa ser por ele beneficiada ou influir em seus atos de gestão;

VI – receber presente de quem tenha interesse em decisão do agente público ou de colegiado do qual este participe fora dos limites e condições estabelecidos em regulamento; e

VII – prestar serviços, ainda que eventuais, a empresa cuja atividade seja controlada, fiscalizada ou regulada pelo ente ao qual o agente público está vinculado. (Brasil, 2013)

Percebemos que a lei visa impossibilitar formas de representação de interesse ilícita, como corrupção e tráfico de influência, impedindo o vazamento de informações sigilosas. Assim, vemos que os atos lesivos à Administração Pública não se limitam aos desvios de recursos públicos (corrupção), mas também englobam o vazamento de informações sigilosas. Ainda, a Lei n. 12.813/2013 não se destina somente aos ocupantes de cargos e empregos públicos, mas também alcança os egressos de tais cargos, conforme definido no art. 6º:

Art. 6º Configura conflito de interesses após o exercício de cargo ou emprego no âmbito do Poder Executivo federal:

I – a qualquer tempo, divulgar ou fazer uso de informação privilegiada obtida em razão das atividades exercidas; e

II – no período de 6 (seis) meses, contado da data da dispensa, exoneração, destituição, demissão ou aposentadoria, salvo quando expressamente autorizado, conforme o caso, pela Comissão de Ética Pública ou pela Controladoria-Geral da União. (Brasil, 2013)

A lei protege as informações privilegiadas a qualquer tempo, isto é, por tempo indeterminado. Assim, aqueles que ocuparam cargos ou empregos públicos com acesso a informações sigilosas não poderão divulgar e muito menos usar em benefício próprio e/ou de terceiros tal conhecimento. O inciso II estipula uma quarentena para as pessoas que ocuparam cargos e empregos no âmbito do Poder Executivo com acesso a informações privilegiadas. No inciso II, as alíneas "a", "b", "c", e "d", detalham-se minuciosamente os atos impeditivos para quem ocupou cargos e empregos públicos:

a) prestar, direta ou indiretamente, qualquer tipo de serviço a pessoa física ou jurídica com quem tenha estabelecido relacionamento relevante em razão do exercício do cargo ou emprego;

b) aceitar cargo de administrador ou conselheiro ou estabelecer vínculo profissional com pessoa física ou jurídica que desempenhe atividade relacionada à área de competência do cargo ou emprego ocupado;

c) celebrar com órgãos ou entidades do Poder Executivo federal contratos de serviço, consultoria, assessoramento ou atividades similares, vinculados, ainda que indiretamente, ao órgão ou entidade em que tenha ocupado o cargo ou emprego; ou

d) intervir, direta ou indiretamente, em favor de interesse privado perante órgão ou entidade em que haja ocupado cargo ou emprego ou com o qual tenha estabelecido relacionamento relevante em razão do exercício do cargo ou emprego. (Brasil, 2013)

Em razão da falta de sanções, muitas leis perdem sua eficácia, isto é, quando não há o estabelecimento de pena para seus infratores. Por isso, a Lei n. 12.813/2013 recorre à outra lei para estabelecer a punição:

Parágrafo único. Sem prejuízo do disposto no caput e da aplicação das demais sanções cabíveis, fica o agente público que se encontrar em situação de conflito de interesses sujeito à aplicação da penalidade disciplinar de demissão, prevista no inciso III do art. 127 e no art. 132 da Lei nº 8.112, de 11 de dezembro de 1990, ou medida equivalente. (Brasil, 2013)

A Lei n. 8.112, de 11 de novembro de 1990, trata do regime jurídico de servidores públicos e civis da União, das autarquias e das fundações públicas federais (Brasil, 1990). O art. 127 desta lei apresenta as penalidades passíveis de serem imputadas, como: advertência, suspensão, demissão, cassação de aposentadoria ou disponibilidade e destituição de cargo em comissão (Brasil, 1990). O art. 132, por sua vez, define as infrações que podem gerar demissão:

Art. 132. A demissão será aplicada nos seguintes casos:

I – crime contra a administração pública;

II – abandono de cargo;

III – inassiduidade habitual;

IV – improbidade administrativa;

V – incontinência pública e conduta escandalosa, na repartição;

VI – insubordinação grave em serviço;

VII – ofensa física, em serviço, a servidor ou a particular, salvo em legítima defesa própria ou de outrem;

VIII – aplicação irregular de dinheiros públicos;

IX – revelação de segredo do qual se apropriou em razão do cargo;

X – lesão aos cofres públicos e dilapidação do patrimônio nacional;

XI – corrupção;

XII – acumulação ilegal de cargos, empregos ou funções públicas;

XIII – transgressão dos incisos IX a XVI do art. 117. (Brasil, 1990)

É importante destacar o inciso IX, que instaura como pena de demissão o vazamento de informações sigilosas. O ato de vazar informações sigilosas é, portanto, considerado um dos atos lesivos mais graves à Administração Pública. Nesse sentido, o profissional de relações governamentais que acessar informações sigilosas de forma privilegiada ferirá a moral, a legalidade, a ética, a transparência e os princípios democráticos, pois configura ato lesivo à Administração Pública. Por isso, é fundamental que as organizações elaborem um código de conduta profissional ou regras de *compliance*.

Os aspectos legais aqui abordados têm reflexo no Código de Conduta Profissional da Abrig, conforme o art. 6º, parágrafo 4º, no qual se lê:

> Art. 6º O profissional deve descontinuar ou não aceitar representações que possam entrar em ou gerar conflito de interesse sem o consentimento informado do cliente ou do potencial cliente envolvido.

§ 4º O profissional deverá declarar conflito de interesse a seus clientes e ao Conselho de Ética em razão de seu parentesco, até quarto grau, com qualquer agente público ou autoridade legislativa com capacidade de influenciar processos de decisão governamental ou legislativa. (Abrig, 2020a)

O Código de Conduta revela uma preocupação com o conflito de interesse previsto na Lei n. 12.813/2013, que também está posta no art. 12:

Art. 12. O profissional que exerça cargo ou função pública deverá comunicar esta condição ao Conselho de Ética e comprometer-se-á, por escrito, perante a ABRIG e a autoridade competente, a pautar-se igualmente pelas normas do Código de Conduta da Alta Administração Federal. (Abrig, 2020a)

Em suma, com o intuito de garantir a questão moral, ética, de legalidade e transparência das atividades do profissional de relações governamentais, é importante estar atento a toda legislação relacionada às atividades desse profissional, sabendo que, como resultado, é imprescindível a elaboração de códigos de conduta profissional.

(6.4)
A PROPOSTA DE REGULAMENTAÇÃO DA REPRESENTAÇÃO DE INTERESSE NO BRASIL: DO LOBBY ÀS RELAÇÕES GOVERNAMENTAIS

Vimos que não existe, no Brasil, lei específica que trate da representação de interesse perante os tomadores de decisão, mas está em tramitação, na Câmara dos Deputados, o Projeto de Lei n. 1.202/2007, que disciplina a atividade de lobby e a atuação dos grupos de representação de interesse, de autoria do Deputado Federal Carlos Zarattini, do Partido dos Trabalhadores (PT) de São Paulo. Esse Projeto de Lei foi apresentado à Mesa Diretora da Câmara dos Deputados no dia 30 de maio de 2007, durante o segundo Governo Lula, sendo arquivado em 31 de janeiro de 2011, em virtude do fim da legislatura, e posteriormente desarquivado em 17 de fevereiro de 2011, durante o primeiro Governo Dilma Rousseff. Alguns anos depois, no dia 31 de janeiro de 2015, voltou a ser arquivado por fim de legislatura, sendo mais uma vez desarquivado em 11 de fevereiro de 2015, no segundo Governo Dilma.

No dia 30 de setembro de 2016, a relatora na Comissão de Constituição de Justiça e de Cidadania (CCJC), Deputada Federal Cristiane Brasil, do PTB do Rio de Janeiro, apresentou Substitutivo ao Projeto de Lei n. 1.202/2007, aprovado em 7 de dezembro de 2016 no âmbito da CCJC e da Comissão de Trabalho, de Administração e Serviço Público (CTASP), isso porque, em 19 de dezembro de 2017, aprovou-se o requerimento que colocou o Projeto de Lei em regime de urgência. Para que não tenhamos de relatar o longo histórico de tramitação desse Projeto de Lei, digamos, sumariamente, que, no ano de 2018, o Substitutivo entrou diversas vezes na pauta do Plenário, porém nunca foi apreciado em razão do encerramento da sessão, sendo alvo de requerimentos para retirada da pauta.

No ano de 2019, repete-se o mesmo cenário, ou seja, não há apreciação em virtude do encerramento da sessão. Assim, o Substitutivo entrou na pauta pela primeira vez no dia 19 de março e deixou de ser inserido depois de 7 de maio. Ao entrar no mérito do Projeto de Lei n. 1.202/2007, notamos que, durante o trâmite, modificações substantivas foram feitas, e uma em especial nos interessa: a substituição da expressão *lobby* por *relações governamentais*. Isso revela que o Substitutivo sofreu o impacto das alterações ocorridas no modo como o profissional se vê nos dias atuais e diante de um mercado de trabalho igualmente em transformação.

Em sua redação inicial, esse Projeto de Lei rezava o seguinte: "Disciplina a atividade de 'lobby' e a atuação dos grupos de pressão ou de interesse e assemelhados no âmbito dos órgãos e entidades da Administração Pública, e dá outras providências" (Brasil, 2007, p. 193). Chama atenção a diferença entre a redação original e a redação do Substitutivo ao Projeto de Lei n. 1.202/2007, que diz: "Disciplina a atividade de representação de interesses exercida por agentes de relações institucionais e governamentais no âmbito dos órgãos e entidades do Poder Público Federal" (Brasil, 2007b, p. 196). Vemos que tanto a redação original quanto a do Substitutivo tratam de disciplinar a atividade de representação de interesse em sua relação com os tomadores de decisão política, ou seja, a preocupação não está especificamente sobre a profissionalização. É importante ter conhecimento desse aspecto.

Ao passo que a redação original faz uso do termo *lobby* para expressar uma atividade desenvolvida pelos grupos de pressão, a nova redação criou a figura do *agente de relações institucionais e governamentais*. É o que vemos no art. 1º do Substitutivo ao Projeto de Lei n. 1.202/2007, que disciplina "a atividade de representação de interesses exercida por agentes de relações institucionais e governamentais em processos de decisão política no âmbito dos órgãos e entidades do Poder Público Federal" (Brasil, 2007b, p. 196). Portanto, o art. 1º deixa claro que o agente executor da representação e defesa de interesse não é mais o lobista, mas sim o agente de relações institucionais e governamentais, bem como determina onde esse profissional atuará: no processo de decisão política. O art. 2º da redação original criou outra figura, embora muito genérica, do agente de grupo de interesse ou lobista. O Substitutivo afirma seu caráter disciplinador da atividade e, ao mesmo tempo, concebe uma profissão e seu espaço de atuação. Isso não autoriza, vale dizer, a criação de conselhos e sindicatos, muito menos uma formação acadêmica específica, porém, caso consiga transformar esse Projeto de Lei em norma jurídica, será um grande passo nessa direção.

A substituição dos termos *lobby* e *grupo de pressão*, de um lado, por *agente de relações institucionais e governamentais*, de outro, reflete transformações profundas no próprio exercício da atividade de representação de interesse, confirmando o que defendemos até aqui: o deslocamento do foco na *ação* direta de defesa de interesses junto aos tomadores de decisão (o lobby propriamente dito) para os *processos gerenciais* da representação de interesse (as relações governamentais).

A redação original do Projeto de Lei n. 1.202/2007 encerra uma preocupação com a ação direta de representação e defesa de interesse junto aos tomadores de decisão política, em que duas preocupações se destacam: a criação de mecanismos de fiscalização da atividade lobista e as sanções. A fiscalização fica muito evidente no art. 7º:

> Art. 7º. *As pessoas credenciadas para o exercício de atividades de "lobby" deverão encaminhar ao Tribunal de Contas da União, até o dia 31 de dezembro de cada ano, declaração discriminando suas atividades, natureza das matérias de seu interesse e quaisquer gastos realizados no último exercício relativos à sua atuação junto a órgãos da Administração Pública Federal, em especial pagamentos a pessoas físicas ou jurídicas, a qualquer título, cujo valor ultrapasse 1.000 Unidades Fiscais de Referência – UFIR.*
>
> *§ 1º Constarão da declaração a indicação do contratante e demais interessados nos serviços, as proposições cuja aprovação ou rejeição seja intentado ou a matéria cuja discussão seja desejada.*

§ 2° *Em se tratando de pessoas jurídicas prestadoras de serviço ou entidades sem fins lucrativos de caráter associativo, serão fornecidos dados sobre a sua constituição, sócios ou titulares, número de filiados, quando couber, e a relação de pessoas físicas que lhes prestam serviços com ou sem vínculo empregatício, e as respectivas fontes de receita, discriminando toda e qualquer doação ou legado recebido no exercício cujo valor ultrapasse 1.000 UFIR.* (Brasil, 2007a, p. 4)

A intenção era criar mecanismos de transparência dos interesses envolvidos, bem como dos valores gastos com a representação de interesse, com relação ao vínculo entre representante e representada. Os mecanismos de transparência sobre os diversos aspectos relacionados à atividade de representação de interesse eram redundantes, envolvendo diversos órgãos públicos, conforme art. 8°:

Art. 8°. A qualquer momento as pessoas físicas e jurídicas credenciadas para o exercício de atividades de "lobby" poderão ser convocadas pelos Presidentes das Casas do Poder Legislativo, pelo Ministro de Estado do Controle e Transparência e pelo Presidente do Tribunal de Contas da União, para prestar esclarecimento sobre a sua atuação ou meios empregados em suas atividades. (Brasil, 2007a, p. 4)

As punições previstas na redação original estão no art. 7°, parágrafos 5° e 6°:

§ 5° *A omissão de informações, a tentativa de omitir ou ocultar dados ou confundir importará a cassação do credenciamento, ou a constatação de qualquer irregularidade ou omissão nas informações prestadas, acarretará a pena de advertência e, em caso de reincidência, a cassação do credenciamento, sem prejuízo, quando for o caso, do encaminhamento das peças e elementos pertinentes ao Ministério Público para as providências cabíveis.*

§ 6º Constatada a ocorrência de abuso de poder econômico, será a documentação encaminhada ao Conselho Administrativo de Defesa Econômica para apuração e repressão da ocorrência, nos termos da Lei nº 4.137, de 10 de setembro de 1962. (Brasil, 2007a, p. 4)

O art. 9 também apresenta algumas punições:

Art. 9º. Constitui ato de improbidade, sujeito às penas do art. 12, I da Lei nº 8.429, de 2 de junho de 1992, a percepção, por servidor público ou agente político, de qualquer vantagem, doação, benefício, cortesia ou presente com valor econômico que possa afetar o equilíbrio e a isenção no seu julgamento, ou que caracterize suborno ou aliciamento, concedido por pessoa física ou jurídica que exerça atividade destinada a influenciar a tomada de decisão administrativa ou legislativa. (Brasil, 2007a, p. 5)

Voltando a analisar o Substitutivo ao Projeto de Lei n. 1.202/2007, notamos outras preocupações. A primeira é a distinção entre grupo de pressão e o agente de relações institucionais e governamentais:

Art. 3º Para os fins desta Lei, considera-se:

II – grupo de pressão qualquer grupo de pessoas físicas ou jurídicas, públicas ou privadas, reunidas, de fato ou de direito, com objetivos e interesses comuns no resultado de processo de decisão política. (Brasil, 2007b, p. 197)

Como o próprio nome diz, é uma associação de pessoas físicas ou jurídicas cujo objetivo é defender interesses comuns. A noção de grupo de pressão está associada à ação direta de representação de interesse: o lobby.

O art. 3º, inciso IV, define o que se entende por agentes de relações institucionais e governamentais: "agentes de relações institucionais e governamentais os que exercem atividade de representação de interesses perante tomadores de decisão" (Brasil, 2007b, p. 197). O inciso V define o que é atividade de representação de interesse:

> *V – atividade de representação de interesses a atuação em defesa de argumentos e posições favoráveis ao interesse dos representados em processos de decisão política [lobby], bem como o acompanhamento dos processos de decisão política para fins de registro, análise ou divulgação aos representados [relações governamentais].* (Brasil, 2007b, p. 197)

Observemos que aqui há a mesma defesa do que entendemos por representação de interesse, que inclui os processos gerenciais de relações governamentais e a ação direta da representação de interesse. O grupo de pressão é uma associação de pessoa física e jurídica para ação imediata junto aos tomadores de decisão política, ao passo que o agente de relações institucionais e governamentais ocupa-se de registros e análises para apresentar aos representados. Esse foco distinto das relações governamentais (processos gerenciais) é notadamente explicitado no art. 5º e respectivos incisos:

> *Art. 5º Aos agentes de relações institucionais e governamentais é facultado, no exercício de suas atividades:*
>
> *I – avaliar riscos econômicos, sociais, institucionais ou operacionais;*
>
> *II – monitorar atividade legislativa ou normativa;*
>
> *III – enviar argumentos, dados e informações para subsidiar a tomada de decisão política;*
>
> *IV – alertar os órgãos competentes para eventuais vícios de constitucionalidade, juridicidade, técnica legislativa ou redação identificados em proposições em tramitação;*

V – comunicar, defender ou articular interesses de seus representados na esfera privada, observados o interesse público e as regras de conduta e ética, boa fé e moralidade estabelecidas por suas entidades representativas. (Brasil, 2007b, p. 198-199)

Fica evidente que as atividades descritas nos incisos I, II e V precedem à ação direta de representação de interesse junto aos tomadores de decisão. O Substitutivo ao Projeto de Lei n. 1.202/2007 trata também das atividades do profissional de relações governamentais fora dos espaços institucionais da política. Nesse sentido, o inciso V é o mais flagrante, pois trata de articulação de interesses na esfera privada, fazendo referência a entidades representativas. A centralidade nas relações governamentais verifica-se também no art. 8°:

Art. 8° São garantidas aos agentes de relações institucionais e governamentais cadastrados as prerrogativas necessárias para a realização das atividades a que se refere o art. 5°, caput, I a V, bem como o acesso às dependências dos órgãos e entidades do Poder Público e às autoridades públicas durante o horário do expediente, respeitadas as regras de funcionamento de cada órgão ou entidade e demais restrições estabelecidas em lei ou regulamento. (Brasil, 2007b, p. 199)

Esse dispositivo também está em consonância com a ideia que concebe relações governamentais como instrumento de fortalecimento da democracia, no sentido de contribuir para a qualidade da tomada de decisão política, uma vez que, ao diminuir as incertezas, sob uma perspectiva informacional, um bem coletivo fundamental pode ser alcançado por meio da estrutura institucional do Congresso. Isso quer dizer que as instituições legislativas serão mais eficientes se fizerem com que os congressistas adquiram e compartilhem conhecimentos especializados. Desse modo, o sucesso de um Congresso bem organizado depende da certeza de que as políticas aprovadas no Legislativo tiveram como base o máximo de informação, passível de ser acessada pelo legislador mediano (Santos; Almeida, 2005).

O art. 8º, em seu parágrafo 1º, reforça a importância do saber especializado do profissional de relações governamentais na contribuição que pode dar para a democracia, corroborando com Gozetto (2018):

> § 1º É ainda assegurado aos agentes de relações institucionais e governamentais cadastrados o direito de apresentar aos tomadores de decisão:
>
> I – análises de impacto de proposição legislativa ou regulatória com o intuito de mitigar riscos econômicos, sociais, institucionais ou operacionais;
>
> II – estudos, notas técnicas, pareceres e similares, com vistas à instrução do processo decisório;
>
> III – sugestões de emendas, substitutivos, requerimentos e demais documentos no âmbito do processo legislativo ou regulatório;
>
> IV – sugestão de requerimento de realização ou de participação em audiências públicas. (Brasil, 2007b, p. 199)

Portanto, esse parágrafo estabelece uma relação entre a formulação de políticas públicas e os resultados de políticas públicas[5], o que aponta mais uma vez para a necessidade do profissional de relações governamentais ser especialista em políticas públicas e governo. Na medida em que esse profissional fosse dotado de tais competências

---

5   Para defender interesses relativos a uma política pública existente, por exemplo, determinada questão (issue) referente à política pública de educação, o profissional de relações governamentais terá de argumentar que a política não está alcançando seus objetivos. Para isso, é fundamental a apresentação de material sobre os problemas da política em questão e, por consequência, o fornecimento de dados relativos ao problema que deseja resolver.

estaria contribuindo para a eficácia de um dos bens coletivos mais fundamentais, segundo Santos e Almeida (2005).

> **Preste atenção!**
>
> Segundo a teoria informacional, há, no Poder Legislativo, um déficit de informação entre as políticas públicas implementadas e os resultados dessas políticas. De modo contrário, o Poder Executivo tem enormes informações sobre essa relação (políticas públicas e resultados das políticas públicas), o que resultaria em maior poder para este último órgão no momento de tomada decisões (decisões mais acertadas). Nesse sentido, o bem coletivo corresponde ao conhecimento das políticas públicas e seus resultados. De acordo com a teoria informacional, o Parlamento não tem incentivos institucionais para reduzir ou eliminar essa assimetria de informação. Por isso, entendemos que o art. 8º do Projeto de Lei n. 1.202/2007 se constituiria em um dos incentivos institucionais, uma vez que os profissionais de relações governamentais, ao levarem aos parlamentares informações baseadas em dados científicos, notas técnicas, relatórios, bem como em suas próprias análises, estariam fornecendo um conteúdo precioso diante da necessidade de tomada de decisão política, diminuindo, assim, a assimetria de conhecimento. Tendo isso em vista, Santos e Almeida (2005, p. 698) defendem que, "Ausentes os incentivos institucionais, também não é de se esperar que os parlamentares busquem soluções individuais para o problema dado que a informação a respeito da relação entre políticas públicas e seus resultados é um bem coletivo".

A ideia de necessidade do saber especializado por parte dos profissionais de relações governamentais é bastante presente no

Substitutivo, visando garantir a transmissão de conhecimentos específicos para melhor qualificar os tomadores de decisão política. Isso, claro, sem abrir mão da transparência entre o público e o privado, conforme art. 6º:

> Art. 6º Os agentes de relações institucionais e governamentais poderão ser ouvidos pelos tomadores de decisão a convite ou mediante solicitação, em audiência formal específica ou como expositores em reuniões de audiência pública.
>
> § 1º A solicitação de reunião dirigida a tomador de decisão por agentes de relações institucionais e governamentais poderá ser formalizada pelos agentes de relações institucionais e governamentais por escrito, devendo a solicitação informar a pessoa física ou jurídica, grupo de pressão ou interesse que representam, o assunto a ser tratado e o nome dos que estarão presentes. (Brasil, 2007b, p. 199)

Por fim, um aspecto importante do Substitutivo, quanto à sanção, consiste em não punir apenas o agente público, ou seja, as punições são estendidas para os agentes de relações institucionais e governamentais:

> Art. 9º Constitui ato de improbidade, sujeito às cominações referidas no art. 12, I, da Lei nº 8.429, de 2 de junho de 1992, sem prejuízo das demais sanções penais, civis e administrativas cabíveis, o recebimento, por tomador de decisão ou pessoa em seu nome ou a ele vinculada, de qualquer vantagem, doação, benefício, cortesia ou presente~ de valor superior ao máximo admitido em regulamento, oferecido por agente de relações institucionais ou governamentais com o fim de influenciar a tomada de decisão administrativa ou legislativa.

§ 1º *O disposto no caput deste artigo aplica-se também ao agente de relações institucionais e governamentais que oferecer a vantagem, doação, benefício, cortesia ou presente. Induzir à prática do ato de improbidade pelo tomador de decisão ou para ele concorrer de qualquer forma direta ou indireta.* (Brasil, 2007b, p. 200)

A disponibilidade de dispositivos legais que punam todos os envolvidos na representação de interesse, tanto os agentes públicos quanto privados, é uma forma inteligente de tentar coibir atos lesivos à Administração Pública. O marco legal brasileiro cria um ambiente favorável às atividades de representação de interesse, que, diga-se, melhoraria com a transformação, em norma jurídica, do Substitutivo ao Projeto de Lei n. 1.202/2007. Contudo, o Substitutivo sozinho não é uma solução contra os atos lesivos à Administração Pública, como a corrupção e o tráfico de influência, pois se comporta tão somente como uma ferramenta a mais.

Vale apontar que nosso estudo não buscou identificar se o Irelgov e a Abrig praticaram lobby, perante os tomadores de decisão política, em defesa da regulamentação da atividade. No entanto, algumas evidências mostram a influência da Abrig no processo de elaboração do Substitutivo. A primeira delas verifica-se na alteração da expressão *lobby* para *representação de interesse*, especificando, com isso, que se trata de uma atividade própria do agente de relações institucionais e governamentais. Mas por que não poderíamos nomeá-los de *agentes de relações governamentais*? A expressão *relações institucionais e governamentais* é muito específica e expressa a influência da Abrig, visto que é o nome de batismo da instituição: Associação Brasileira de Relações Institucionais e Governamentais. A segunda evidência esteve no surgimento, no Substitutivo, da categoria de agente de relações institucionais e governamentais, em uma proposição que visa regulamentar as atividades, e não a profissão. A terceira está na necessidade de evidenciar algumas atividades desse profissional, presentes na Cartilha de Relações Institucionais e Governamentais da Abrig e no Substitutivo. A Abrig definiu a primeira atividade como aquela responsável por "Mitigar riscos econômicos, sociais, institucionais ou operacionais" (Venuto; Fayet; Navarro, 2019, p. 6); o Substitutivo, por outro lado, coloca nos seguintes termos: "análises de impacto de proposição legislativa ou regulatória com o intuito de mitigar riscos econômicos, sociais, institucionais ou operacionais" (Brasil, 2007b, p. 199-200). Portanto, são quase cópias.

Outra atividade constante na Cartilha é "Apresentar sugestões pontuais para o melhoramento da proposição" (Venuto; Fayet; Navarro, 2019, p. 6); o Substitutivo define como "sugestões de emendas, substitutivos, requerimentos e demais documentos no âmbito do processo legislativo ou regulatório" (Brasil, 2007b, p. 200). A próxima tarefa estaria em "Apresentar fatos, dados e informações importantes para a melhor compreensão do universo sobre o qual a medida terá impacto, de modo que o tomador de decisão pondere mais elementos na formulação de proposição legislativa ou política pública" (Venuto, Fayet; Navarro, 2019, p. 6), o que guarda similaridades com a redação do Substitutivo mencionada anteriormente. Embora a Cartilha seja de 2019, esse elenco de atividades já constava no *site* da Abrig há algum tempo. Isso sugere que a Abrig colaborou bastante, na condição de ser dotada de um saber especializado, para a elaboração do Substitutivo ao Projeto de Lei n. 1.202/2007, de forma especial quanto às atividades do profissional. Contudo, o que aqui apresentamos são somente evidências, uma vez que não temos conhecimento de pesquisas sobre a ação direta da Abrig e do Irelgov perante os tomadores de decisão política.

As pesquisas realizadas pelo Irelgov, centradas na reputação do profissional de relações governamentais, ao alcançar também o mercado e as atividades desse profissional, têm potencial para servir (e pode ter servido) de base para os debates em torno da elaboração do Substitutivo. Contudo, é importante frisar que não dispomos de pesquisas empíricas a respeito do lobby dessas entidades, por isso não seria correto afirmar que uma ou outra entidade ocupa um lugar de maior importância para a construção de uma base legal da atividade do profissional de relações governamentais no Brasil.

Para saber mais

BONELLI, F. S. O. S. **O lobby no direito brasileiro**: fundamentos e limites ao exercício da atividade. 244 f. Dissertação (Mestrado em Direito) – Pontifícia Universidade Católica de São Paulo, São Paulo, 2015. Disponível em: <https://tede2.pucsp.br/bitstream/handle/6742/1/Francisco%20Sergio%20Oto%20Souza%20Bonelli.pdf>. Acesso em: 7 jun. 2020.

Essa dissertação oferece um olhar para a atividade lobista, bem como para sua regulamentação, pela ótica do direito. O estudo também aborda os lobbies das organizações governamentais, dos sindicatos e das empresas.

LAGE, K. M. **Relações institucionais e governamentais**: uma correlação entre convenções internacionais de combate à corrupção e proposições legislativas para regulação do *lobby* no Brasil. 50 f. Especialização (Ciência Política e Políticas Públicas) – Instituto Legislativo Brasileiro (ILB), Brasília, 2018. Disponível em: <https://www2.senado. leg.br/bdsf/bitstream/handle/id/555172/ILB2018_LAGE. pdf?sequence=1&isAllowed=y>. Acesso em: 7 jun. 2020.

O trabalho analisa as relações governamentais com base na correlação entre as matérias que tramitam no Congresso Nacional e os acordos internacionais de combate à corrupção.

Consultando a legislação

1. Substitutivo ao Projeto de Lei n. 1.202/2007. Acesse: https://www.camara.leg.br/proposicoesWeb/prop_mostrarintegra?codteor=979890&filename=SBT+1+CCJC+%3D%3E+PL+1202/2007.
2. Lei n. 12.527, de 18 de novembro de 2011 – Lei de Acesso à Informação Pública (Laip). Acesse: http://www.planalto.gov.br/ccivil_03/_ato2011-2014/2011/lei/l12527.htm.
3. Lei n. 12.813, de 16 de maio de 2013, que dispõe sobre o conflito de interesses no exercício de cargo ou emprego do Poder Executivo federal e impedimentos posteriores ao exercício do cargo ou emprego. Acesse: http://www.planalto.gov.br/ccivil_03/_ato2011-2014/2013/lei/l12813.htm.
4. Constituição da República Federativa do Brasil de 1988. Acesse: http://www.planalto.gov.br/ccivil_03/constituicao/constituicao.htm.

5. Lei n. 8.112, de 11 de dezembro de 1990, que dispõe sobre o regime jurídico de servidores públicos e civis da União. Acesse: http://www.planalto.gov.br/ccivil_03/leis/l8112cons.htm.
6. Lei n. 8.429, de 2 de junho de 1992, que dispõe sobre as sanções aplicáveis aos agentes públicos nos casos de enriquecimento ilícito no exercício de mandato, cargo, emprego ou função na administração pública direta, indireta ou fundacional. Acesse: http://www.planalto.gov.br/ccivil_03/leis/l8429.htm.

Síntese

No decorrer deste capítulo, apresentamos dados que revelam o apoio dos profissionais de relações governamentais à regulamentação da atividade no Brasil, embora essa atividade profissional seja viabilizada por dispositivos constitucionais e infraconstitucionais já vigentes no país. Com base nesses dispositivos, mostramos as possibilidades e os limites legais para a atuação desse profissional na relação entre o público e o privado. Ressaltamos, ainda, que esses limites distinguem a atividade de relações governamentais, na condição de sua licitude para representar interesses, de outras atividades ilícitas, como a corrupção e o tráfico de influência.

Destacamos, também, que o Substitutivo ao Projeto de Lei n. 1.202/2007 propõe a troca da expressão *lobby* por *relações governamentais e institucionais*, revelando o impacto das transformações (em curso) identificadas na dinâmica do mercado e nos apontamentos de estudiosos da área. É importante frisar que a substituição das expressões não se limita a um puro formalismo, uma vez que responde ao deslocamento do foco no lobby: de uma ação direta de representação de interesse junto aos tomadores de decisão política em direção às relações governamentais, entendida como um conjunto de processos gerenciais mais amplos.

Em suma, aos profissionais de relações governamentais é fundamental o conhecimento desses dispositivos, visto que sua atividade exige traçar, além das possibilidades, os limites de sua própria atuação na relação entre o público e o privado. Nesse sentido, conhecer os limites faz-se importante para que esse profissional exerça suas atividades justamente em conformidade com os limites da lei.

Questões para revisão

1. Não há uma regulamentação específica da atividade do profissional de relações governamentais no Brasil. No entanto, é possível encontrar parâmetros nas legislações vigentes que subsidiam a atuação do profissional de relações governamentais no país. Assim, mesmo diante da falta de regulamentação da profissão, onde encontramos respaldo legal para a atividade de relações governamentais?

2. Ao lado das legislações vigentes que subsidiam a atuação do profissional de relações governamentais há outros diplomas que indicam os impedimentos legais. Onde podemos encontrá-los? Exemplifique.

3. Não existe, no Brasil, lei específica que trate da representação de interesse perante os tomadores de decisão. O Projeto de Lei n. 1.202/2007, que disciplina a atividade de lobby e a atuação dos grupos de representação de interesse e seu Substitutivo, aprovado em 7 de dezembro de 2016 no âmbito da CCJC e da Comissão de Trabalho, de Administração e Serviço Público (CTASP), entrou diversas vezes na pauta do Plenário, porém

nunca foi apreciado em razão do encerramento da sessão.
Para além das questões formais desse projeto de lei, há as questões de mérito. Nesse sentido, analise as alternativas e assinale aquela que indica a principal modificação trazida pelo Substitutivo ao Projeto de Lei n. 1.202/2007:
a) O uso do termo *lobby* para expressar uma atividade desenvolvida pelos grupos de pressão.
b) A substituição da expressão *lobby* por *relações governamentais*.
c) A criação de mecanismos de fiscalização da atividade lobista e as sanções.
d) A necessidade da especialização em políticas públicas e governo.
e) A distinção entre lobby e *advocacy*.

4. Quando falamos do respaldo às atividades de relações governamentais oferecido pela legislação em vigor, referimo-nos principalmente à Constituição de 1988. No entanto, de forma mais específica, as atividades de monitoramento legislativo e de monitoramento político encontram seu fundamento e viabilidade em legislação infraconstitucional. Sobre o tema, assinale a alternativa que indica corretamente a legislação infraconstitucional que fundamenta as atividades de monitoramento legislativo e de monitoramento político:
a) Substitutivo ao Projeto de Lei n. 1.202/2007 – Projeto que regula a atividade de relações governamentais.
b) Lei n. 12.527, de 18 de novembro de 2011 – Lei de Acesso à Informação Pública.

c) Lei n. 12.813, de 16 de maio de 2013 – Sobre conflito de interesses no exercício de cargo ou emprego do Poder Executivo federal.
d) Lei n. 8.112, de 11 de dezembro de 1990 – Sobre o regime jurídico de servidores públicos e civis da União.
e) Lei n. 8.429, de 2 de junho de 1992 – Sobre as sanções aplicáveis aos agentes públicos nos casos de enriquecimento ilícito.

5. Com base na perspectiva dos estudiosos sobre lobby, verificamos que a regulamentação da atividade de relações governamentais não é um consenso. Tanto os argumentos contrários quanto aqueles considerados favoráveis à regulamentação têm, cada qual, seu fundamento. Sobre o tema, analise as assertivas a seguir.
   I) Um dos argumentos principais da defesa pela regulamentação está no aumento da transparência da relação entre o público e o privado. Nesse sentido, a regulamentação seria um instrumento de aperfeiçoamento da transparência na relação entre o público e o privado.
   II) Um dos argumentos contrários defende que o excesso de regulamentação resultaria em regras rígidas que engessariam a relação entre grupos de interesse e tomadores de decisão política.
   III) Um consenso entre os estudiosos é a relação com o aprofundamento da democracia, e o ato de regular legitimaria a participação dos grupos de interesses no processo de decisão política.

Agora, assinale a alternativa correta:

a) Somente as assertivas I e III estão corretas.
b) Somente as assertivas I e II estão corretas.
c) Somente as assertivas II e III estão corretas.
d) Todas as assertivas estão corretas.
e) Somente a assertiva I está correta.

Questões para reflexão

1. A atividade de relações governamentais é de alto custo, exigindo, para sua eficiência, profissionais altamente qualificados, setores específicos, alto custo com inteligência artificial e dedicação integral à função. Com base nessa assertiva, podemos dizer que a regulamentação da atividade poderá aprofundar o desequilíbrio na democracia, quando olhamos para as condições que surgem na colocação dos interesses na agenda governamental? Posicione-se a favor ou contra a regulamentação da atividade de representação de interesse no Brasil.

Considerações finais

Na introdução deste livro, afirmamos que, na segunda década deste século XXI, ocorreu a aceleração do processo de profissionalização da representação de interesse no Brasil, processo esse que teve início na década de 1980. Desde então, e cada vez mais, os profissionais dessa área vêm se aprimorando. Esse constante processo de profissionalização, conforme mostramos, deslocou o foco do *lobby*, concebido como um aglomerado de atividades multifacetadas, para as *relações governamentais*, expressão entendida como um conjunto de processos gerenciais que lidam com a atuação em representação de interesse. Nesse deslocamento, o lobby ficou sendo parte, mais especificamente a última etapa, desses processos gerenciais.

A expressão *relações governamentais*, para além da concepção como processos gerenciais, ascendeu ao nível simbólico, legitimando-se em preceitos democráticos, como, por exemplo, o de interesse público. Se considerada a atividade de representação de interesse, *relações governamentais* assume condições bem peculiares, como contribuir para democracia. Assim, a expressão *lobby*, carregada de conotações pejorativas, dá lugar a *relações governamentais*, termo responsável por estabelecer vínculos entre o público e o privado, e não mais entendido como representação de interesses privados, particularistas e egoístas. Dessa forma, o conceito de *relações governamentais* se impõe como um valor em si, e essa ressignificação é resultado do deslocamento do lobby para as relações governamentais. Esse deslocamento acontece, de forma mais específica e expressiva, na representação de interesse do empresariado, neste século XXI, em especial na segunda década. Diante dessa verificação, a atividade de representação se tornou o objeto de estudo deste livro, pois, com base em alguns indícios, havia uma sensação de que estava em curso uma aceleração do processo de profissionalização da representação de interesse na segunda década do século XXI.

Considerando essa percepção, colocamo-nos a seguinte questão: O que motivou a aceleração da profissionalização da representação de interesse na segunda década do século XXI no Brasil? Outra sensação que se avizinhava era a de que o Poder Executivo, de forma mais específica a partir dos Governos Dilma Rousseff em diante, estava com dificuldades para impor sua agenda prioritária. Nesse cenário político, que causava uma impressão de ingovernabilidade, desconfiávamos de que estavam em curso mudanças no funcionamento do processo de decisão política. E, ainda, que tais mudanças trariam um aprofundamento da complexidade do processo de decisão política. Desse modo, com base nessas conjecturas, aventamos a hipótese de que poderia estar ocorrendo uma aceleração do processo de profissionalização.

As diversas pesquisas consultadas revelaram que, na segunda década deste século, mais especificamente durante os Governos Dilma Rousseff, ocorreu um aumento significativo da complexidade do funcionamento do processo de decisão política. Esse aprofundamento se verifica no expressivo aumento da fragmentação partidária, seguida do aumento do número de partidos efetivos na Câmara dos Deputados. Os governos do Partido dos Trabalhadores

(PT), desde Luiz Inácio Lula da Silva, apresentaram perspectivas ideológicas distintas e, por que não dizer, inusitadas se considerarmos que se tratava de presidentes identificados com a esquerda, visto que adotaram perspectivas políticas alinhadas ao neoliberalismo, novo desenvolvimentismo, social-desenvolvimentismo, social-liberalismo e ao Estado de bem-estar social. Toda essa conjuntura política exige profissionais dotados de certas competências para avaliar políticas públicas e governo, em especial na avaliação de riscos políticos que possam impactar os negócios das organizações empresariais.

Vale atentar para o seguinte fato: tanto o expressivo aumento da complexidade do funcionamento do processo de decisão política quanto o momento de aceleração da profissionalização da representação de interesse ocorreram na segunda década do século XXI. Coincidência? Não, e conseguimos seguir com essa afirmação ao reconhecer os processos gerenciais das relações governamentais, que se dividem em três especializações: inteligência política, relacionamento institucional e defesa de interesse. Os dados das pesquisas sobre o mercado de trabalho para o profissional de relações governamentais, na segunda década do século XXI, revelam que as organizações empresariais buscam contratar profissionais com competências para avaliar o risco político, isto é, profissionais com conhecimentos especializados em inteligência política. De forma sumária e topicalizada, na segunda década do século XXI, ocorreu:

1. expressivo aumento da complexidade do processo de decisão política;
2. aceleração da profissionalização da representação de interesse;
3. busca, por parte das organizações empresariais, por profissionais dotados de competência para analisar o processo de decisão política.

De forma particular, os dados mostraram que as organizações empresariais estão em busca de profissionais dotados de competências relativas à gestão de risco político, atividade própria de equipes especializadas em polícias públicas e governo, o que torna a inteligência política um fator de competitividade. Em vista desse entendimento, este livro, que não se apresenta como um manual de técnicas e procedimentos de avaliação de risco político, discorreu sobre a importância de transformar incertezas, provocadas pelo comportamento político, em risco. Para tanto, abordou os monitoramentos legislativo e político, apresentando, ao leitor, exemplos introdutórios e ilustrativos de algumas técnicas e procedimentos. A intenção foi destacar elementos importantes para a avaliação de risco, demonstrando sua complexidade.

Ao se considerar a agenda de pesquisa, o momento político é de alterações expressivas no funcionamento do processo de decisão política, sobretudo em vista das transformações no presidencialismo de coalizão brasileiro[1]. Nesse sentido, quem pretende ingressar nessa área deve estar consciente sobre três questões: (1) não existe uma formação profissional específica, o que exige uma busca constante pela especialização; (2) a atividade profissional atua na fronteira sensível entre o público e o privado; e (3) são esperados muitos desafios. Variadas dicas podem ser dadas a esse profissional, uma vez que estará sempre atuando na órbita do Estado, frente a frente com o poder político. Sua atuação na esfera da política institucional se situa em um espaço de muitos interesses conflitantes, que estão

---

1 *Sendo este, portanto, o momento em que as organizações empresariais buscam profissionais dotados de competências para avaliar políticas públicas e governo, indicamos a leitura do livro* Presidencialismo de coalizão em movimento, *organizado por Giovana Perlin e Manoel Leonardo Santos (2019), publicado pela Câmara dos Deputados.*

constantemente em disputa. No entanto, esse espaço também favorece a construção de consensos. Por fim, deixamos uma dica final para quem pretende ingressar na área: em política não se faz inimigos, mas sim adversários.

Audren Marlei Azolin

Lista de siglas

Abrig – Associação Brasileira de Relações Institucionais e Governamentais

CACB – Confederação das Associações Comerciais e Empresariais do Brasil

CCJC – Comissão de Constituição de Justiça e de Cidadania

CGU – Controladoria-Geral da União

CNA – Confederação da Agricultura e Pecuária do Brasil

CNC – Confederação Nacional do Comércio

CNI – Confederação Nacional das Indústrias

Coal – Coordenadoria de Assuntos Legislativos

CTASP – Comissão de Trabalho, de Administração e Serviço Público

DEM – Democratas

Diap – Departamento Intersindical de Assessoria Parlamentar

ENCCLA – Estratégia Nacional de Combate à Corrupção e à Lavagem de Dinheiro

IAG – Índice de Adesão ao Governo

Iedi – Instituto de Estudo para o Desenvolvimento Industrial

Irelgov – Instituto de Relações Governamentais

Ipea – Instituto de Pesquisa Econômica Aplicada

Laip – Lei de Acesso à Informação Pública
LOA – Lei Orçamentária Anual
MBA – Master in Business Administration
MDB – Movimento Democrático Brasileiro
MTF – Ministério da Transparência, Fiscalização
NEP – Número de Partidos Efetivos
OCDE – Organização para a Cooperação e Desenvolvimento Econômico
OEA – Organização dos Estados Americanos
PAC – Programa de Aceleração do Crescimento
RIG – Profissional de Relações Institucionais e Governamentais
STF – Supremo Tribunal Federal

Lista de siglas dos partidos políticos

PL – Partido Liberal
PMB – Partido da Mulher Brasileira
PMDB – Partido do Movimento Democrático Brasileiro
PP – Partido Progressista
PPS – Partido Popular Socialista
PSDB – Partido da Social Democracia Brasileira
PSOL – Partido Socialismo e Liberdade
PT – Partido dos Trabalhadores
PTB – Partido Trabalhista Brasileiro
PTC – Partido Trabalhista Cristão
REDE – Rede Sustentabilidade
SD – Solidariedade

Referências

ABRANCHES, S. H. H. de. Presidencialismo de coalizão: o dilema institucional brasileiro. **Dados: Revista de Ciências Sociais**, Rio de Janeiro, v. 31, n. 1, p. 5-34, 1988. Disponível em: <https://politica3unifesp.files.wordpress.com/2013/01/74783229-presidencialismo-de-coalizao-sergio-abranches.pdf>. Acesso em: 7 jun. 2020.

ABRIG – Associação Brasileira de Relações Governamentais e Institucionais. A década da Abrig celebrada por seus associados. **Revista Brasileira de Relações Institucionais e Governamentais**, Brasília, ano 2, n. 3, p. 12-13, 2017.

ABRIG – Associação Brasileira de Relações Institucionais e Governamentais. **Código de conduta**. Disponível em: <https://abrig.org.br/codigo-de-conduta>. Acesso em: 7 jun. 2020a.

ABRIG – Associação Brasileira de Relações Institucionais e Governamentais. **Prêmio Marco Maciel: Ética e Transparência na Relação entre o Público e o Privado**. Disponível em: <https://abrig.org.br/premio-marco-maciel-conheca-os-concorrentes-e-sua-historia>. Acesso em: 7 jun. 2020b.

ABRIG – Associação Brasileira de Relações Institucionais e Governamentais. Você acredita em ética e transparência entre o público e o privado? Então você tem que nos conhecer. **Revista Brasileira de Relações Institucionais e Governamentais**, Brasília, ano 1, 2016. Disponível em: <https://abrig.org.br/2a-edicao-revista-brasileira-de-relacoes-institucionais-e-governamentais>. Acesso em: 7 jun. 2020.

ACIOLY, L.; CINTRA, M. A. M. (Org.). **Inserção internacional brasileira**: temas de política externa. Brasília: Ipea, 2010. Livro 3. v. 1. (Projeto Perspectiva do Desenvolvimento Brasileiro).

ALMEIDA, A. B. de. **Gestão do risco e da incerteza**: conceitos e filosofia subjacente. Núcleo de Investigação de Incêndios Florestais, 2014. Disponível em: <https://www.uc.pt/fluc/nicif/Publicacoes/livros/dialogos/Artg02.pdf>. Acesso em: 7 jun. 2020.

ALMEIDA, G. R. de. A crise dos anos 1980: estado e economia. **Tempos Históricos**, v. 13, n. 1, p. 39-69, 2009. Disponível em: <http://e-revista.unioeste.br/index.php/temposhistoricos/article/view/3506/2792>. Aceso em: 7 jun. 2020.

ALMEIDA, L. G. de. **As duas faces da Petrobras**: a persistente dinâmica da empresa estatal no arranjo institucional brasileiro. Dissertação (Mestrado em Direito e Desenvolvimento) – Fundação Getúlio Vargas, São Paulo, 2011. Disponível em: <https://bibliotecadigital.fgv.br/dspace/bitstream/handle/10438/8558/Disserta%C3%A7%C3%A3o%20-%20Lucila.pdf?sequence=1&isAllowed=y>. Acesso em: 7 jun. 2020.

ALTHUSSER, L. **Aparelhos ideológicos de Estado**. Lisboa: Presença, 1980.

AON Risk Solutions. **Mapa de risco político 2015**: Guia da Aon para riscos políticos em mercados emergentes. Brasil: AON Risk Solutions, 2015.

ARAGÃO, M. de. Líderes, especialistas, formadores de opinião, articuladores e representantes de interesses na Câmara dos Deputados. In: ARKO ADVICE. **Elite parlamentar no Congresso Nacional**: os parlamentares mais influentes do Congresso Nacional 2007-2011. 5. ed. Brasília, 2007.

ARCHANJO, D. R. Representação política: um diálogo entre a prática e a teoria. **Revista de Sociologia e Política**, Curitiba, v. 19, n. 38, p. 65-83, fev. 2011. Disponível em: <http://www.scielo.br/scielo.php?script=sci_arttext&pid=S0104-44782011000100005&lng=en&nrm=iso>. Acesso em: 7 jun. 2020.

ARKO ADVICE. **Elite parlamentar no Congresso Nacional**: os parlamentares mais influentes do Congresso Nacional 2007-2011. 5. ed. Brasília, 2007.

BARDIN, L. **Análise de conteúdo**. Lisboa: Edições 70, 1994.

BARREIRA, I. A. F. A representação como espelho: universo cultural e político das candidaturas populares. In: ENCONTRO ANUAL DA ANPOCS NO GRUPO DE TRABALHO "LUTAS URBANAS, ESTADO E CIDADANIA", 16., 1992. Disponível em: <http://anpocs.com/images/stories/RBCS/26/rbcs26_10.pdf?fbclid=IwAR03ZZcYplMeBCp8kVJKZJ05C0V0bwj-Tix1z2_ycnkawf3xD3CbrqCWZbk>. Acesso em: 7 jun. 2020.

BOBBIO, N. **O futuro da democracia**. São Paulo: Paz e Terra, 2000.

BONIFACIO, R.; FUKS, M. Desvendando a relação entre corrupção e participação política na América Latina: diagnóstico e impactos da exposição a atos corruptos sobre a participação política. **Revista de Sociologia e Política**, Curitiba, v. 25, n. 63, p. 27-52, set. 2017. Disponível em: <http://www.scielo.br/scielo.php?script=sci_arttext&pid=S0104-44782017000300027&lng=en&nrm=iso>. Acesso em: 7 jun. 2020.

BOSCHI, R. Corporativismo societal: a democratização do Estado e as bases social-democratas do capitalismo brasileiro. In: SZWAKO, J.; MOURA, R.; D'AVILA FILHO, P. (Org.). **Estado e sociedade no Brasil**: a obra de Renato Boschi e Eli Diniz. Rio de Janeiro: CNPq, FAPERJ, INCT/PPED, Ideia D., 2016. p. 93-110. Disponível em: <http://inctpped.ie.ufrj.br/pdf/livro/Estado_e_Sociedade_no_Brasil.pdf>. Acesso em: 7 jun. 2020.

BRASIL. Câmara dos Deputados. Projeto de Lei n. 1.202, de 2007a. Disciplina a atividade de "lobby" e a atuação dos grupos de pressão ou de interesse e assemelhados no âmbito dos órgãos e entidades da Administração Pública Federal, e dá outras providências. Disponível em: <http://www.camara.gov.br/proposicoesWeb/prop_mostrarintegra?codteor=465814&filename=PL+1202/2007>. Acesso em: 7 jun. 2020.

BRASIL. Câmara dos Deputados. Projeto de Lei n. 1.202-C, de 2007b. Disciplina a atividade de "lobby" e a atuação dos grupos de pressão ou de interesse e assemelhados no âmbito dos órgãos e entidades da Administração Pública Federal, e dá outras providências. **Diário da Câmara dos Deputados**, Brasília, ano 73, abr. 2018. Disponível em: <http://imagem.camara.gov.br/Imagem/d/pdf/DCD0020180406000430000.PDF#page=191>. Acesso em: 7 jun. 2020.

BRASIL. Constituição (1988). **Diário Oficial da União**, Brasília, DF, 5 out. 1988. Disponível em: <http://www.planalto.gov.br/ccivil_03/Constituicao/Constituicao.htm>. Acesso em: 7 jun. 2020.

BRASIL. Decreto-Lei n. 2.848, de 7 de dezembro de 1940. **Diário Oficial da União**, Poder Executivo, Rio de Janeiro, 31 dez. 1940. Disponível em: <http://www.planalto.gov.br/ccivil_03/decreto-lei/del2848.htm>. Acesso em: 7 jun. 2020.

BRASIL. Lei n. 8.112, de 11 de dezembro de 1990. **Diário Oficial da União**, Poder Legislativo, Brasília, DF, 12 dez. 1990. Disponível em: <http://www.planalto.gov.br/CCIVIL_03/leis/L8112cons.htm>. Acesso em: 7 jun. 2020.

BRASIL. Lei n. 12.527, de 18 de novembro de 2011. **Diário Oficial da União**, Poder Legislativo, Brasília, DF, 18 nov. 2011. Disponível em: <http://www.planalto.gov.br/ccivil_03/_ato2011-2014/2011/lei/l12527.htm>. Acesso em: 7 jun. 2020.

BRASIL. Lei n. 12.813, de 16 de maio de 2013. **Diário Oficial da União**, Poder Legislativo, Brasília, DF, 17 maio 2013. Disponível em: <http://etica.planalto.gov.br/sobre-a-cep/legislacao/lei-12.813-2013-lei-conflito-de-interesse-atual.pdf/view>. Acesso em: 7 jun. 2020.

BRASIL. Ministério da Justiça. **Grupos de Interesse (Lobby)**. Brasília, 2009. (Série Pensando o Direito, n. 8). Disponível em: <http://pensando.mj.gov.br/wp-content/uploads/2015/07/08Pensando_Direito1.pdf>. Acesso em: 7 jun. 2020.

BRASIL. Ministério da Transparência, Fiscalização e Controladoria-Geral da União. **Regulamentação do lobby.** Relatório do Grupo de Trabalho, 20 jun. 2016. Disponível em: <https://www.cgu.gov.br/Publicacoes/institucionais/arquivos/relatorio_lobby.pdf>. Acesso em: 7 jun. 2020.

BRELÁZ, G. de. Advocacy das organizações da sociedade civil: principais descobertas de um estudo comparativo entre Brasil e Estados Unidos. In: ENCONTRO NACIONAL DE PÓS-GRADUAÇÃO EM ADMINISTRAÇÃO, 31., 2007, Rio de Janeiro. Disponível em: <http://www.anpad.org.br/admin/pdf/APS-A1916.pdf>. Acesso em: 7 jun. 2020.

BRESSER-PEREIRA, L. C. A crise da América Latina: Consenso de Washington ou crise fiscal? Pesquisa e Planejamento Econômico, v. 21, n. 1, p. 3-23, abr. 1991. Disponível em: <https://pesquisa-eaesp.fgv.br/sites/gvpesquisa.fgv.br/files/arquivos/bresser_-_a_crise_da_america_latina_consenso_de_washington_ou_crise_fiscal.pdf>. Acesso em: 7 jun. 2020.

BRESSER-PEREIRA, L. C. Da administração pública burocrática à gerencial. **Revista do Serviço Público**, v. 121, n. 1, ano 47, jan-abr. 1996. Disponível em: <https://repositorio.enap.gov.br/bitstream/1/1734/1/1996%20RSP%20ano.47%20v.120%20n.1%20jan-abr%20p.07-40.pdf>. Acesso em: 7 jun. 2020.

BRESSER-PEREIRA, L. C. **A reforma do aparelho do Estado e a Constituição brasileira.** Texto para Discussão n. 1. Brasília, DF: ENAP, jul. 2001. Disponível em <https://repositorio.enap.gov.br/bitstream/1/384/1/1texto.pdf>. Acesso em: 7 jun. 2020.

BRESSER-PEREIRA, L. C.; DINIZ, E. Empresariado industrial, democracia e poder político. **Novos Estudos**, n. 84, p. 83-99, jul. 2009.

BRESSER-PEREIRA, L. C., THEUER, D. Um Estado novo-desenvolvimentista na América Latina? **Economia e Sociedade**, Campinas, v. 21, p. 811-829, dez. 2012. Disponível em: <https://dx.doi.org/10.1590/S0104-06182012000400005>. Acesso em: 7 jun. 2020.

CABRAL, R. L. F. Corrupção: uma perspectiva da filosofia da linguagem para o seu enfrentamento. **Revista de Informação Legislativa do Senado**, Brasília, ano 55, n. 220, p. 13-28, out./dez. 2018. Disponível em: <https://www12.senado.leg.br/ril/edicoes/55/220/ril_v55_n220_p13.pdf>. Acesso em: 7 jun. 2020.

CALADO, S. S. **O crime de tráfico de influência**: a questão da influência suposta. Dissertação (Mestrado em Direito) – Universidade Católica Portuguesa, Lisboa, 2016. Disponível em: <https://repositorio.ucp.pt/bitstream/10400.14/24031/1/Tese%20Tr%C3%A1fico%20de%20Influ%C3%AAncia%20Sofia%20Calado.pdf>. Acesso em: 7 jun. 2020.

CARDOSO, M. I. S. T.; BATISTA, P. M. F.; GRAÇA, A. B. S. A identidade do professor: desafios colocados pela globalização. **Revista Brasileira de Educação**, Rio de Janeiro, v. 21, n. 65, p. 371-390, jun. 2016. Disponível em: <http://www.scielo.br/scielo.php?script=sci_arttext&pid=S1413-24782016000200371&lng=en&nrm=iso>. Acesso em: 7 jun. 2020.

CARREIRÃO, Y. de S. O sistema partidário brasileiro: um debate com a literatura recente. **Revista Brasileira de Ciência Política**, Brasília, n. 14, p. 255-295, maio/ago. 2014. Disponível em: <http://www.scielo.br/pdf/rbcpol/n14/0103-3352-rbcpol-14-00255.pdf>. Acesso em: 7 jun. 2020.

CARVALHO, J. M. de. **Cidadania no Brasil**: um longo caminho. 6. ed. São Paulo: Civilização Brasileira, 2004.

CARVALHO, J. M. de. Mandonismo, coronelismo, clientelismo: uma discussão conceitual. **Dados**, Rio de Janeiro, v. 40, n. 2, 1997. Disponível em: <http://www.scielo.br/scielo.php?script=sci_arttext&pid=S0011-52581997000200003>. Acesso em: 7 jun. 2020.

CASAS, F. Desafios atuais da psicologia na intervenção social. **Psicologia & Sociedade**, Porto Alegre, v. 17, n. 2, p. 42-49, maio/ago. 2005. Disponível em: <http://www.scielo.br/scielo.php?script=sci_arttext&pid=S0102-71822005000200007&lng=en&nrm=iso>. Acesso em: 7 jun. 2020.

CASTELO, R. O novo desenvolvimentismo e a decadência ideológica do pensamento econômico brasileiro. **Serviço Social e Sociedade**, São Paulo, n. 112, p. 613-636, out./dez. 2012. Disponível em: <http://www.bresserpereira.org.br/terceiros/novo%20desenvolvimentismo/12.10.RodrigoCastelo-decadencia_ideologica.pdf>. Acesso em: 7 jun. 2020.

CASTRO, H. C. de O. de; RAMOS, P. N. Representação e distância na política contemporânea. **Sociedade e Cultura**, Goiânia, v. 12, n. 1, p. 55-68, jan./jun. 2009. Disponível em: <https://www.revistas.ufg.br/fchf/article/download/6901/4931>. Acesso em: 7 jun. 2020.

CODATO, A. Metodologias para identificação de elites: três exemplos clássicos. In: PERISSINOTTO, R.; CODATO, A. **Como estudar elites**. Curitiba: Ed. da UFPR, 2015. p. 15-32.

CODATO, A.; FRANZ, P. Ministros-técnicos e ministros-políticos nos governos do PSDB e do PT. **Revista de Administração Pública**, Rio de Janeiro, v. 52, n. 5, p. 776-796, out. 2018. Disponível em: <http://www.scielo.br/scielo.php?script=sci_arttext&pid=S0034-76122018000500776&lng=pt&nrm=iso>. Acesso em: 7 jun. 2020.

COTTA, M. Representação política. In: BOBBIO, N.; MATTEUCCI, N.; PASQUINO, G. (Org.). **Dicionário de política**. 5. ed. Brasília: Ed. da UnB, 2000. p. 1.101-1.107. v. I.

COUTO, C. G. O avesso do avesso: conjuntura e estrutura na recente agenda política brasileira. **São Paulo Perspectiva**, São Paulo, v. 15, n. 4, p. 32-44, dec. 2001. Disponível em: <http://www.scielo.br/scielo.php?script=sci_arttext&pid=S0102-88392001000400005&lng=en&nrm=iso>. Acesso em: 7 jun. 2020.

DIAP – Departamento Intersindical de Assessoria Parlamentar. **Apoio do Governo Dilma no Congresso**. 2016. Radiografia do Novo Congresso. Disponível em: <https://www.diap.org.br/images/stories/publicacoesDIAP/Radiografia_011/Radiografia_011_P13.pdf>. Acesso em: 7 jun. 2020.

DIAP – Departamento Intersindical de Assessoria Parlamentar. Os "Cabeças" do Congresso Nacional: uma pesquisa sobre os 100 parlamentares mais influentes. ano 16, 2009. Disponível em: <http://www.diap.org.br/index.php/publicacoes/finish/13-os-cabecas-do-congresso-nacional/197-os-cabecas-do-congresso-nacional-ano-2009>. Acesso em: 7 jun. 2020.

DINIZ, E. Desenvolvimento e Estado desenvolvimentista: tensões e desafios da construção de um novo modelo para o Brasil do século XXI. In: SZWAKO, J.; MOURA, R.; D'AVILA FILHO, P. (Org.). **Estado e sociedade no Brasil:** a obra de Renato Boschi e Eli Diniz. Rio de Janeiro: CNPq/FAPERJ/INCT/PPED/Ideia D, 2016a. p. 73-92. Disponível em: <http://inctpped.ie.ufrj.br/pdf/livro/Estado_e_Sociedade_no_Brasil.pdf>. Acesso em: 7 jun. 2020.

DINIZ, E. Empresariado e projeto neoliberal na América Latina: uma avaliação dos anos 80. In: SZWAKO, J.; MOURA, R.; D'AVILA FILHO, P. (Org.). **Estado e sociedade no Brasil:** a obra de Renato Boschi e Eli Diniz. Rio de Janeiro: CNPq/FAPERJ/INCT/PPED/Ideia D, 2016b. p. 133-156. Disponível em: <http://inctpped.ie.ufrj.br/pdf/livro/Estado_e_Sociedade_no_Brasil.pdf>. Acesso em: 7 jun. 2020.

DINIZ, E. Governabilidade, democracia e reforma do Estado: os desafios da construção de uma nova ordem no Brasil dos anos 90. In: SZWAKO, J.; MOURA, R.; D'AVILA FILHO, P. (Org.). **Estado e sociedade no Brasil:** a obra de Renato Boschi e Eli Diniz. Rio de Janeiro: CNPq/FAPERJ/INCT/PPED/Ideia D, 2016c. p. 47-72. Disponível em: <http://inctpped.ie.ufrj.br/pdf/livro/Estado_e_Sociedade_no_Brasil.pdf>. Acesso em: 7 jun. 2020.

ENCCLA – Estratégia Nacional de Combate à Corrupção e à Lavagem de Dinheiro. **Quem somos.** Disponível em: <http://enccla.camara.leg.br/quem-somos>. Acesso em: 7 jun. 2020.

ENNES, M. A.; MARCON, F. Das identidades aos processos identitários: repensando conexões entre cultura e poder. **Sociologias**, Porto Alegre, v. 16, n. 35, p. 274-305, jan./abr. 2014. Disponível em: <http://www.scielo.br/scielo.php?script=sci_arttext&pid=S1517-45222014000100010&lng=en&nrm=iso>. Acesso em: 7 jun. 2020.

FAUCHER, P. Restaurando a governabilidade: o Brasil (afinal) se acertou? **Dados**, Rio de Janeiro, v. 41, n. 1, 1998. Disponível em: <http://www.scielo.br/scielo.php?script=sci_arttext&pid=S0011-52581998000100001&lng=en&nrm=iso>. Acesso em: 7 jun. 2020.

FIGUEIREDO, A. C.; LIMONGI, F.; VALENTE, A. L. Governabilidade e concentração de poder institucional: o governo FHC. **Tempo Social**, São Paulo, v. 11, n. 2, p. 49-62, out. 1999. Disponível em: <http://www.scielo.br/scielo.php?script=sci_arttext&pid=S0103-20701999000200004&lng=en&nrm=iso>. Acesso em: 7 jun. 2020.

FIGUEIREDO, A. C.; LIMONGI, F. **Executivo e Legislativo na nova ordem constitucional**. 2. ed. Rio de Janeiro: Ed. da FGV, 2001.

FILGUEIRAS, F. A tolerância à corrupção no Brasil: uma antinomia entre normas morais e prática social. **Opinião Pública**, Campinas, v. 15, n. 2, p. 386-421, nov. 2009. Disponível em: <http://www.scielo.br/scielo.php?script=sci_arttext&pid=S0104-62762009000200005&lng=en&nrm=iso>. Acesso em: 7 jun. 2020.

FLEURY, S. **O conselho de desenvolvimento econômico e social do governo Lula**. 2003. Disponível em: <http://app.ebape.fgv.br/comum/arq/ACFBA0.pdf>. Acesso em: 7 jun. 2020.

FONSECA, P. C. D.; CUNHA, A. M.; BICHARA, J. da S. O Brasil na Era Lula: retorno ao desenvolvimentismo? **Nova Economia**, Belo Horizonte, v. 23, n. 2, p. 403-428, maio/ago. 2013. Disponível em: <http://www.scielo.br/scielo.php?script=sci_arttext&pid=S0103-63512013000200006&lng=en&nrm=iso>. Acesso em: 7 jun. 2020.

FREY, K. Políticas públicas: um debate conceitual e reflexões referentes à prática da análise de políticas públicas no Brasil. **Planejamento e Políticas Públicas**, Rio de Janeiro, Ipea, n. 21, p. 211-259, 2000.

GALVÃO, E. R. et al. Pesquisa: o perfil do profissional de relações governamentais 2018. **Pensar Relgov**, 2018. Disponível em: <https://drive.google.com/file/d/1zeeDYN_y82GipvGGik6IRxXirhrJhbQB/view>. Acesso em: 7 jun. 2020.

GAZETA DO POVO. **Campo de atuação não é restrito apenas aos períodos eleitorais.** Caderno Guia de Profissões, Ciência Política, ano 78, 2005.

GAZETA DO POVO. Moro condena lobistas do PMDB por corrupção e lavagem de dinheiro. 20 out. 2017. Disponível em: <https://www.gazetadopovo.com.br/politica/republica/moro-condena-lobistas-do-pmdb-por-corrupcao-e-lavagem-de-dinheiro-ad7uvl0t7oqgw2ekyr1my9m2z/>. Acesso em: 7 jun. 2020.

GOZETTO, A. C. O. Às claras: sobre lobby e democracia. **Sul 21**, 12 maio 2016. Disponível em: <https://www.sul21.com.br/opiniaopublica/2016/05/as-claras-sobre-lobby-e-democracia-por-andrea-oliveira-gozetto/>. Acesso em: 7 jun. 2020.

GOZETTO, A. C. O. Relações governamentais como fator de competitividade. **Cadernos Adenauer**, v. 19, n. 2, p. 35-49, 2018. Disponível em: <https://www.kas.de/c/document_library/get_file?uuid=b45004e2-8407-b0d5-736b-cc4d30ff0453&groupId=265553>. Acesso em: 7 jun. 2020.

GRAZIANO, L. O lobby e o interesse público. **Revista Brasileira de Ciências Sociais**, São Paulo, v. 12, n. 35, fev. 1997. Disponível em: <http://www.scielo.br/scielo.php?script=sci_arttext&pid=S0102-69091997000300009&lng=en&nrm=iso>. Acesso em: 7 jun. 2020.

GUIMARÃES; A. R. S.; PERLIN; G. D. B.; MAIA, L. M. Do presidencialismo de coalizão ao parlamentarismo de ocasião: análise das relações entre Executivo e Legislativo no governo Dilma Rousseff. In: PERLIN, G.; SANTOS, M. L. (Orgs.). **Presidencialismo de coalizão em movimento**. Brasília: Câmara dos Deputados, Edições Câmara, 2019, p. 25-59.

HALL, P. A.; TAYLOR, R. C. R. As três versões do neo-institucionalismo. **Lua Nova**, n. 58, p. 193-224, 2003.

IBARRA, D. O neoliberalismo na América Latina. **Revista de Economia Política**, São Paulo, v. 31, n. 2, p. 238-248, abr./jun. 2011. Disponível em: <http://www.scielo.br/scielo.php?script=sci_arttext&pid=S0101-31572011000200004&lng=en&nrm=iso>. Acesso em: 7 jun. 2020.

IMMERGUT, E. O núcleo teórico do novo institucionalismo. In: SARAVIA, E.; FERRAREZI, E. **Políticas públicas**. Brasília: Enap, 2007. (Coletânea, v. 1).

IRELGOV – Instituto de Relações Governamentais.
Mercado aquecido. **Diálogos Irelgov**, ano 5, mar.
2018. Disponível em: <http://irelgov.com.br/
wp-content/uploads/2018/03/dialogos-irelgov-edicao-
1-mar-2018.pdf?fbclid=IwAR1cfsgHCKNb_
sBwe4BczZn-PbHeQeyZpu4IM8s_A4amibVCVsJz8ov6L6Y>.
Acesso em: 7 jun 2020.

IRELGOV – Instituto de Relações Governamentais. **2ª fase pesquisa**: o profissional que exerce atividades de Relações Governamentais – um olhar para sua própria atuação. Disponível em: <http://irelgov.com.br/wp-content/
uploads/2017/11/2a-_fase_pesquisa_reputacao_da_atividade_
de_relgov-apresentacao-de-09-11-atual-13-11-compressed.pdf>.
Acesso em: 7 jun. 2020a.

IRELGOV – Instituto de Relações Governamentais. **Carta de Princípios**. Disponível em: <http://irelgov.com.br/wp-content/
uploads/2014/09/Carta-de-Principios-do-IRELGOV-1.pdf>.
Acesso em: 7 jun. 2020b.

IRELGOV – Instituto de Relações Governamentais. **Os desafios das relações governamentais no complexo cenário global**.
20 set. 2017. Disponível em: <https://www.irelgov.com.br/os-d
esafios-das-relacoes-governamentais-no-complexo-cenario-glo
bal/>. Acesso em: 7 jun. 2020.

IRELGOV – Instituto de Relações Governamentais. Pesquisa de reputação do profissional de relações governamentais. **Fundamentos RP**. Disponível em: <https://fundamentorp.
files.wordpress.com/2016/05/pesquisa-de-reputac3a7c
3a3o-do-profissional-de-relac3a7c3b5es-government
ais-irelgov-e-fundamento-rp.pdf>. Acesso em: 7 jun. 2020c.

IRELGOV – Instituto de Relações Governamentais. **Pesquisa de reputação**. Disponível em: <https://www.irelgov.com.br/pesquisa-de-reputacao/>. Acesso em: 7 jun. 2020d.

IRELGOV – Instituto de Relações Governamentais. Relações governamentais da inovação. **Diálogos Irelgov**, ano 6, abr. 2019. Disponível em: <https://www.irelgov.com.br/wp-content/uploads/2019/04/DIALOGOS_IRELGOV-ano6-ed.1-abril-2019.html>. Acesso em: 7 jun. 2020.

IRELGOV – Instituto de Relações Governamentais. **Sobre o Irelgov**. Disponível em: <https://www.irelgov.com.br/sobre/>. Acesso em: 7 jun. 2020e.

KARNAL, L. Estados Unidos, liberdade e cidadania. In: PINSKY, J.; PINSKY, C. (Org.). **História da cidadania**. 3. ed. São Paulo: Contexto, 2005. p. 135-157.

KATZ, L. J. F. **Critério geral**: metodologia e premissas de avaliação do risco-país. Standadar & Poor's – Ranting Services, 2013. Disponível em: <https://www.standardandpoors.com/pt_LA/delegate/getPDF;jsessionid=E1E67A1320188E231A0287A8FF9543BB?articleId=1661635&type=COMMENTS&subType=CRITERIA>. Acesso em: 7 jun. 2020.

KEINERT, F. C.; SILVA, D. P. A gênese da ciência política brasileira. **Tempo Social**, São Paulo, v. 22, n. 1, p. 79-98, jun. 2010. Disponível em: <http://www.revistas.usp.br/ts/article/view/12628>. Acesso em: 7 jun. 2020.

KINGDON, J. W. Como chega a hora de uma ideia? In: SARAIVA, H.; FERRAREZI, E. (Org.). **Políticas públicas**. Brasília: ENAP, 2007. p. 219-224. v. I.

KINOUCHI, R. R. Notas introdutórias ao pragmatismo clássico. **Scientiæ Zudia**, São Paulo, v. 5, n. 2, p. 215-226, 2007. Disponível em: <http://www.scielo.br/pdf/ss/v5n2/a04v5n2.pdf>. Acesso em: 7 jun. 2020.

LA TAILLE, Y. de. Moral e ética: uma leitura psicológica. **Psicologia: Teoria e Pesquisa**, Brasília, v. 26, p. 105-114, 2010. Disponível em: <http://www.scielo.br/scielo.php?script=sci_arttext&pid=S0102-37722010000500009&lng=en&nrm=iso>. Acesso em: 7 jun. 2020.

LAMOUNIER, G. M. Análise da possibilidade de existência de dano moral coletivo no direito ambiental. **Revista da Escola Superior da Magistratura do Estado do Ceará**, v. 16, n. 2, p. 179-209, 2018. Disponível em: <http://revistathemis.tjce.jus.br/index.php/THEMIS/article/viewFile/67/66>. Acesso em: 7 jun. 2020.

LADOSKY, Mario Henrique Guedes. **A CUT no Governo Lula**: Da defesa da "liberdade e autonomia" à reforma sindical inconclusa. 310f. Tese de doutorado (Doutorado em Sociologia) – Programa de Pós-Graduação em Sociologia da Universidade de São Paulo, São Paulo, 2009. Disponível em: <https://www.teses.usp.br/teses/disponiveis/8/8132/tde-07122009-115001/publico/MARIO_HENRIQUE_GUEDES_LADOSKY.pdf>. Acesso em: 7 jun. 2020.

LEITE, F. **Ciência política**: da Antiguidade aos dias de hoje. Curitiba: InterSaberes, 2016.

LEITE, F. B. Posições e divisões na ciência política brasileira contemporânea: explicando sua produção acadêmica. **Revista de Sociologia e Política**, Curitiba, v. 18, n. 37, p. 149-182, out. 2010. Disponível em: <http://www.scielo.br/scielo.php?script=sci_arttext&pid=S0104-44782010000300011&lng=en&nrm=iso>. Acesso em: 7 jun. 2020.

MANCUSO, W. P. **O lobby da indústria no Congresso Nacional:** empresariado e política no Brasil contemporâneo. Tese (Doutorado em Ciência Política da Universidade de São Paulo) – Universidade de São Paulo, São Paulo, 2004.

MANCUSO, W. P.; ANGÉLICO, F.; GOZETTO, A. C. O. Ferramentas da transparência: o possível impacto da Lei de Acesso a Informações Públicas no debate sobre regulamentação do lobby no Brasil. **Revista de Informação Legislativa**, Brasília, ano 53, n. 212, p. 41-56, out./dez. 2016. Disponível em: <https://www2.senado.leg.br/bdsf/bitstream/handle/id/528140/001086078.pdf?sequence=1&isAllowed=y>. Acesso em: 7 jun. 2020.

MANCUSO, W. P.; GOZETTO, A. C. O. Lobby e políticas públicas no Brasil. In: COLÓQUIO INTERNACIONAL "ANALYSER LES POLITIQUES PUBLIQUES BRÉSILIENNES", Paris, 2012. Disponível em: <https://www.academia.edu/33556537/Lobby_e_pol%C3%ADticas_p%C3%BAblicas_no_Brasil>. Acesso em: 7 jun. 2020.

MANCUSO, W. P.; GOZETTO, A. C. O. Lobby: instrumento democrático de representação de interesses? **Organicom**, ano 8, n. 14, p. 118-128, 2011. Disponível em: <http://www.revistas.usp.br/organicom/article/view/139088/134437>. Acesso em: 7 jun. 2020.

MANNHEIM, K. Sociologia e utopia: abordagem preliminar do problema. In: MANNHEIM, K. **Sociologia e utopia**. Rio de Janeiro: Zahar, 1968. p. 29-80.

MARSHAL, T. H. **Cidadania, classe social e status**. Rio de Janeiro: Zahar, 1967.

MASSIMO, L. Como se explica o neoliberalismo no Brasil? Uma análise crítica dos artigos publicados na Revista Dados. **Revista de Sociologia e Política**, Curitiba, v. 21, n. 47, p. 133-153, set. 2013. Disponível em: <http://www.scielo.br/scielo.php?script=sci_arttext&pid=S0104-44782013000300010&lng=en&nrm=iso>. Acesso em: 7 jun. 2020.

MASSON, C. Onde aprendo a ser lobista? **IstoÉ**, 23 fev. 2018. Disponível em: <https://istoe.com.br/onde-aprendo-ser-lobista/>. Acesso em: 7 jun. 2020.

MATHIAS, M. Inserção internacional do Brasil contemporâneo: o pêndulo das mudanças. **Aurora**, Marília, v. 6, n. 1, p. 161-174, jul./dez. 2012. Disponível em: <http://www2.marilia.unesp.br/revistas/index.php/aurora/issue/view/210>. Acesso em: 7 jun. 2020.

MEDEIROS, Pedro. **Uma introdução à teoria da democracia**. Curitiba: Intersaberes, 2016.

MEDEIROS, R. V.; ROCHA, L. G. **A corrupção no Brasil e no mundo**. Ceará: Fundação Demócrito Rocha/Universidade Aberta do Nordeste, 2016. Disponível em: <https://www.tce.ce.gov.br/downloads/Controle_Cidadao/gestao_publica/fasciculo_1_.pdf>. Acesso em: 7 jun. 2020.

MIGUEL, L. F. Política de interesses, política do desvelo: representação e "singularidade feminina". **Estudos Feministas**, ano 9, n. 254, p. 253-367, 2001. Disponível em: <http://repositorio.unb.br/bitstream/10482/7120/1/ARTIGO_PoliticaInteressesPoliticaDesvelo.pdf>. Acesso em: 7 jun. 2020.

MIGUEL, L. F. Representação democrática: autonomia e interesse ou identidade e *advocacy*. **Lua Nova**, São Paulo, v. 84, p. 353-364, 2011. Disponível em: <http://www.scielo.br/pdf/ln/n84/a03n84.pdf>. Acesso em: 7 jun. 2020.

MIGUEL, L. F. Representação política em 3-D: elementos para uma teoria ampliada da representação política. **Revista Brasileira de Ciências Sociais**, São Paulo, v. 18, n. 51, p. 123-140, fev. 2003. Disponível em: <http://www.scielo.br/scielo.php?script=sci_arttext&pid=S0102-69092003000100009&lng=en&nrm=iso>. Acesso em: 7 jun. 2020.

MIGUEL, L. F.; ASSIS, P. P. F. B. de. Coligações eleitorais e fragmentação das bancadas parlamentares no Brasil: simulações a partir das eleições de 2014. **Revista de Sociologia e Política**, Curitiba, v. 24, n. 60, p. 29-46, dez. 2016. Disponível em: <http://www.scielo.br/scielo.php?pid=S0104-44782016000400029&script=sci_abstract&tlng=pt>. Acesso em: 7 jun. 2020.

MIRANDA, L. F. Unificando os conceitos de corrupção: uma abordagem através da nova metodologia dos conceitos. **Revista Brasileira de Ciência Política**, Brasília, n. 25, p. 237-272, jan./abr. 2018. Disponível em: <http://www.scielo.br/pdf/rbcpol/n25/2178-4884-rbcpol-25-237.pdf>. Acesso em: 7 jun. 2020.

MORAES, L. F. N.; MIRANDA, D. T. de; AZOLIN, M. Presidencialismo de Coalizão e Governabilidade: Avaliação do Desempenho Político-Institucional dos Governos Dilma Rousseff e Michel Temer na Imposição de suas Agendas Prioritárias no Período 2011-2017. In: CONGRESSO LATINO-AMERICANO DE CIÊNCIA POLÍTICA, 9., 2017, Montevidéu. Disponível em: <http://www.congresoalacip2017.org/arquivo/3M6MToiaCI7czozMjoiMjgzNjJiOWIyzgyNGQ3YzkxNGI0NzU3YmU5MDFjNmUiO30%3D>. Acesso em: 7 jun. 2020.

MOTA, T. de O. et al. **Relações governamentais**: interagindo democraticamente no processo decisório brasileiro. Rio de Janeiro: Ciência Moderna, 2013.

NASCIMENTO, W. da S. **Partidos pequenos e a competição partidária no Brasil**. Dissertação (Mestrado em Ciência Política) – Universidade Federal de Pernambuco, Recife, 2017. Disponível em: <https://repositorio.ufpe.br/bitstream/123456789/25966/1/DISSERTA%C3%87%C3%83O%20Willber%20da%20Silva%20Nascimento.pdf>. Acesso em: 7 jun. 2020.

NEVES, J. A. de C. Dilma Rousseff: como prever uma eleição. **Jota**, 26 ago. 2015. Disponível em: <https://www.jota.info/paywall?redirect_to=//www.jota.info/especiais/como-prever-uma-eleicao-26082015>. Acesso em: 7 jun. 2020.

NORONHA, A. C. **O crime de tráfico de influência**: o problema da influência suposta. Dissertação (Mestrado em Direito) – Universidade Católica Portuguesa, Lisboa, 2013. Disponível em: <https://repositorio.ucp.pt/bitstream/10400.14/14919/1/Tr%C3%A1fico%20de%20Influ%C3%AAncia.pdf>. Acesso em: 7 jun. 2020.

NUNES, W. **Análise da política brasileira**: instituições, elites, eleitores e níveis de governo. Curitiba: InterSaberes, 2018.

NUNES, W. Uma estratégia nacional de desenvolvimento no Brasil dos anos 1990. **Revista de Sociologia e Política**, v. 24, n. 59, p. 67-89, set. 2016. Disponível em: <http://www.scielo.br/pdf/rsocp/v24n59/0104-4478-rsocp-24-59-0067.pdf>. Acesso em: 7 jun. 2020.

OLIVEIRA, A. C. de J. **Breve histórico sobre o desenvolvimento do lobbying no Brasil**. Senado Federal, Brasília, ano 42, n. 168 p. 29-44, out. /dez. 2005. Disponível em: <https://www12.senado.leg.br/ril/edicoes/42/168/ril_v42_n168_p29.pdf>. Acesso em: 7 jun. 2020.

OLIVEIRA, A. C. de J. **Lobby e representação de interesses**: lobistas e seu impacto sobre a representação de interesses no Brasil. 263 f. Tese (Doutorado em Ciências Sociais) – Universidade Estadual de Campinas, Campinas, 2004.

OLIVEIRA, D.; ERVOLINO, I. Estratégias políticas baseadas em dados: uma proposta para aumento da eficácia nas negociações. **Revista Brasileira de Relações Institucionais e Governamentais**, Brasília, ano I, n. 2, p. 42-44, fev. 2017.

OTÁVIO, C.; BIASETTO, D. Alvo da Lava-Jato, lobista foi citado em escândalo do 'Panamá Papers'. **O Globo**, 12 abr. 2018. Disponível em: <https://oglobo.globo.com/brasil/alvo-da-lava-jato-lobista-foi-citado-em-escandalo-do-panama-papers-22582865>. Acesso em: 7 jun. 2020.

PASQUINO, G. Grupo de pressão. In: BOBBIO, N.; MATTEUCCI, N.; PASQUINO, G. (Org.). **Dicionário de política**. 5. ed. Brasília: Ed. da UnB, 2000. p. 562-571. v. I.

PATI, C. Esta carreira paga até R$ 55 mil mas enfrenta muito preconceito. **Revista Exame**, Carreira, 8 dez. 2017. Disponível em: <https://exame.abril.com.br/carreira/esta-carreira-em-alta-paga-bem-mas-enfrenta-muito-preconceito/>. Acesso em: 7 jun. 2020.

PATRI, E. C. R. da. Relações governamentais, lobby e Advocacy no contexto de Public Affairs. **Organicom**, São Paulo, v. 8, n. 14, p. 129-144, 2011.

PERLIN, G.; SANTOS, M. L. **Presidencialismo de coalizão em movimento.** Brasília: Câmara dos Deputados, Edições Câmara, 2019.

PINTO, L. F. S. **Risco político e indústria do petróleo**: as companhias nacionais de petróleo como variáveis. 185 f. Tese (Doutorado em Economia Política Internacional) – Universidade Federal do Rio de Janeiro, Rio de Janeiro, 2014.

POCHMANN, M. **Desenvolvimento, trabalho e renda no Brasil**: avanços recentes no emprego e na distribuição dos rendimentos. São Paulo: Fundação Perseu Abramo, 2010. (Brasil em Debate, v. 2).

PORTAL TERRA. **Cerveró diz que conhecia Fernando Baiano, mas nega lobby.** 15 jan. 2015. Disponível em: <https://www.terra.com.br/noticias/brasil/cervero-diz-que-conhecia-fernando-baiano-mas-nega-lobby,3c75fc2648fea410VgnCLD200000b1bf46d0RCRD.html>. Acesso em: 7 jun. 2020.

PORTELLA FILHO, P. O ajustamento na América Latina: crítica ao modelo de Washington. **Lua Nova**, São Paulo, n. 32, p. 101-132, abr. 1994. Disponível em: <http://www.scielo.br/scielo.php?script=sci_arttext&pid=S0102-64451994000100007&lng=en&nrm=iso>. Acesso em: 7 jun. 2020.

RAPASSI, U. Relações governamentais no novo cenário político. **UOL**, Congresso em Foco, 3 fev. 2015. Disponível em: <https://congressoemfoco.uol.com.br/opiniao/colunas/relacoes-governamentais-no-novo-cenario-politico/>. Acesso em: 7 jun. 2020.

ROEDEL, C. C. Risco político. **Revista Brasileira de Relações Institucionais e Governamentais**, ano 1, n. 2, p. 36-38, fev. 2017. Disponível em: <https://abrig.org.br/2a-edicao-revista-brasileira-de-relacoes-institucionais-e-governamentais>. Acesso em: 7 jun. 2020.

RUA, M. das G.; ROMANINI, R. **Teorias e modelos de análise de políticas públicas**. Instituto de Gestão Econômicas e Políticas Públicas, 2013.

SANTOS, B. de S. (Org.). **Democratizar a democracia**: os caminhos para democracia participativa. Rio de Janeiro: Civilização Brasileira, 2002.

SANTOS, F.; ALMEIDA, A. Teoria informacional e a seleção de relatores na Câmara dos Deputados. **Dados**, Rio de Janeiro, v. 48, n. 4, p. 693-735, dez. 2005. Disponível em: <http://www.scielo.br/scielo.php?script=sci_arttext&pid=S0011-52582005000400001&lng=en&nrm=iso>. Acesso em: 7 jun. 2020.

SANTOS, M. L. et al. **Lobbying no Brasil**: profissionalização, estratégias e influência. Texto para discussão n. 2334. Rio de Janeiro: Ipea, 2017. Disponível em: <http://repositorio.ipea.gov.br/bitstream/11058/8060/1/td_2334.pdf>. Acesso em: 7 jun. 2020.

SANTOS, M. L. W. D. **O parlamento sob influência**: o lobby da indústria na Câmara dos Deputados. 195 f. Tese (Doutorado em Ciência Política) – Universidade Federal de Pernambuco, Recife, 2011.

SANTOS, M. L.; CUNHA, L. **Percepções sobre a regulamentação do lobby no Brasil**: convergências e divergências. Texto para discussão n. 2141. Rio de Janeiro: Ipea, 2015. Disponível em: <http://repositorio.ipea.gov.br/bitstream/11058/6252/1/td_2141.pdf>. Acesso em: 7 jun. 2020.

SANTOS, M. L.; RESENDE, C.; GALVÃO, E. R. A profissionalização de RIG no Brasil. **Revista Brasileira de Relações Institucionais e Governamentais**, ano 2, p. 14-21, ago. 2017.

SCHREIBER, M. Brasil lidera índice internacional em número de partidos: o que isso significa para a crise? **BBC News Brasil**, 29 jun. 2016. Disponível em: <https://www.bbc.com/portuguese/brasil-36627957>. Acesso em: 7 jun. 2020.

SEGATTO, C. I. Ciência política e políticas públicas no Brasil: Simon Schwartzman. **Estudos Sociológicos**, Araraquara, v. 15, n. 29, p. 593-600, 2010.

SENNES, R. Ciência política como profissão. In: **Seminário Especial**: A ciência política como profissão. Programa de Pós-graduação em Ciência Política da Universidade de São Paulo, São Paulo, 29 de nov. 2018.

SEQUEIRA, C. D. Propina até no lixo. IstoÉ, n. 2.370, 6 maio 2015. Disponível em: <https://istoe.com.br/416143_PROPINA+ATE+NO+LIXO/>. Acesso em: 7 jun. 2020.

SKIDMORE, T. E. **Brasil**: de Getúlio a Castello (1930-64). São Paulo: Companhia das Letras. 2010.

TEIXEIRA, J. F. **Corrupção passiva**: análise do artigo 317 do Código Penal e sua relação com as Leis n. 8.429/92, n. 9.034/95 e n. 9.613/98. 181 f. Dissertação (Mestrado em Direito) – Pontifícia Universidade Católica de São Paulo, São Paulo, 2010.

TRANSPARÊNCIA BRASIL. **Índice de Percepção da Corrupção 2018**. Disponível em: <https://transparenciainternacional.org.br/ipc/resultados-2018/>. Acesso em: 7 jun. 2020.

UOL. **Renan diz que conhece lobista alvo da Lava Jato, mas que não o vê há 25 anos**. Congresso em Foco, 23 fev. 2017. Disponível em: <https://congressoemfoco.uol.com.br/especial/noticias/renan-diz-que-conhece-lobista-alvo-da-lava-jato-mas-que-nao-o-ve-ha-25-anos/>. Acesso em: 7 jun. 2020.

VALENTIM, M. L. P.; MOLINA, L. G. Prospecção e monitoramento informacional no processo de inteligência competitiva. **Encontros Bibli: Revista Eletrônica de Biblioteconomia e Ciência da Informação**, Florianópolis, p. 59-77, 2004. Disponível em: <http://www.brapci.inf.br/_repositorio/2010/11/pdf_64e7ee7dc3_0012848.pdf>. Acesso em: 7 jun. 2020.

VENUTO, C. A.; FAYET, E. A.; NAVARRO, R. **Cartilha de Relações Institucionais e Governamentais da Abrig**: Diálogo, Ética e Transparência. Brasília, 2019. Disponível em: <https://static.poder360.com.br/2019/12/Cartilha_ABRIG-Artiaga-Cunha.pdf>. Acesso em: 7 jun. 2020.

VOITCH, G. Lava Jato vai ganhar festa de aniversário de cinco anos. **Veja**, 23 jan. 2019. Disponível em: <https://veja.abril.com.br/blog/parana/associacao-de-lobistas-fara-festa-de-aniversario-para-a-lava-jato/>. Acesso em: 7 jun. 2020.

Respostas

Capítulo 1

Questões para revisão
1. São duas as dimensões da representação: a dimensão da reprodução e a dimensão da ação. A dimensão da reprodução consiste na representação das características simbólicas, estéticas, bem como psicológica (de personalidade) do representado. Na dimensão da ação, por sua vez, o representante fala, age, toma decisões em nome do representado.
2. Quando se trata de representação política, estamos diante de representantes eleitos, por exemplo, os deputados federais. Estes se organizam no interior da Câmara dos Deputados em bancadas (grupos de parlamentares que se unem em torno de interesses específicos), por exemplo, bancada da bala, bancada dos empresários, bancada ruralista, bancada evangélica.
A representação de interesse, no entanto, refere-se à representação realizada por entidades privadas e públicas não estatais (organizações não governamentais): representação de interesse do empresariado industrial, como o representante de interesse do empresariado do comércio, da pessoa com deficiência, dos consumidores, entre outros.

3. A alternativa correta é a letra B, pois o homem não tem a perspectiva feminina (dimensão da reprodução), o que não quer dizer que não possa fazer a defesa de interesse (dimensão da ação). O que invalida as alternativas A e D. E também anula a alternativa C, pois denota que perspectiva e interesse são conceitos que se diferenciam. A perspectiva é a experiência vivida, própria da dimensão da reprodução. A alternativa D também não é verdadeira em razão do uso da palavra *automaticamente*, ou seja, não se pode entender qualquer grupo social como coeso em seus interesses, uma vez que existem ruídos na representação.
4. A alternativa correta é a letra D, pois a representação de interesse está ligada a organizações públicas não estatais, ou privadas (ONGs e Consultorias), que levam as demandas até os espaços estatais (representação política). Assim, há duas formas de representação: a primeira, pela própria classe política, por isso denominada *representação política*, e a segunda pelos grupos de interesse (formais e não formais), a *representação de interesse*.
5. A alternativa correta é a letra A, visto que a corrupção é uma troca que se realiza por presentes, serviços ou dinheiro (propina). Normalmente, "a corrupção é uma espécie de facilitador das transações e relações entre quem detém poder econômico e quem detém poder decisório" (Miranda, 2018, p. 259). Na corrupção, usa-se a força do dinheiro, e não do prestígio; este último elemento é característico do traficante de influência.

6. A alternativa correta é a letra C. O entendimento de que o trabalho de relações governamentais é composto de diversas atividades, entre elas o lobby, surgiu na segunda década do século XXI. Isso já invalida as alternativas A e B. É importante destacar que o enunciado considera como certo o entendimento atual dessa distinção. A alternativa D, por seu turno, apresenta dois erros: primeiro quando diz que o trabalho de relações governamentais *sempre* foi entendido como um conjunto de etapas; e, em segundo lugar, quando afirma que o lobby é a primeira etapa; na verdade, é a última.

Questões para reflexão

1. Inicialmente, é importante que se faça a distinção entre crise de representação política e crise da democracia representativa. A primeira diz respeito não às instituições democráticas do sistema representativo, isto é, Poder Executivo e Poder Legislativo, mas sim à representação do próprio parlamentar. Em outras palavras, não se tem a intenção de criticar as instituições políticas, mas sim a própria representação, considerando, para tanto, suas duas dimensões: da reprodução e da ação. A crise da democracia representativa diz respeito às falhas do sistema, isto é, das instituições democráticas propriamente ditas. Assim, com base no que disse Miguel, na América Latina, os analistas que avaliam os dados sobre o grau de confiança na democracia concebem que a crise da representação política é entendida como crise da democracia representativa. Diante disso, caberia, ainda, levantar a seguinte questão: É possível dissociar crise de representação política de crise da democracia representativa? Essa também é uma reflexão importante.

Capítulo 2

Questões para revisão

1. Existem três tipos de explicações concorrentes, esmiuçadas por Massimo (2013): sociológica, pragmática e institucional. Em uma perspectiva sociológica, o aumento da profissionalização da representação de interesse seria motivado por fatores exógenos à política-institucional. No entanto, na perspectiva institucionalista, buscam-se as motivações político-institucionais. Por exemplo: quando afirmamos que o aumento da profissionalização dos profissionais de representação de interesse, na segunda década do século XXI, foi estimulado pelo aumento da complexidade do processo de decisão política, essa relação causal se alicerça em fatores motivacionais endógenos à política institucional, logo, institucionais. As explicações institucionalistas mobilizam variáveis endógenas à política institucional – as regras do jogo político (*polity*) e as estratégias da dinâmica política (*politics*) dos atores políticos-institucionais (como o presidente da República e os parlamentares) – para imposição de suas agendas. As análises centradas no processo de decisão política, considerando, por exemplo, a relação entre o Executivo e o Legislativo, mobilizam variáveis que se posicionam no interior das instituições políticas, logo, movem variáveis político-institucionais (ou somente institucionais). Isso significa que estamos olhando para a resposta que o empresariado tem dado às transformações institucionais, e mais especificamente para o processo de decisão político-institucional. Assim, há uma inversão da operação lógica. Na perspectiva sociológica, as operações lógicas estabelecem uma relação causal em que fatores sociais impactam no Estado e

suas instituições; na perspectiva institucional, o Estado e suas instituições impactam na sociedade. Essas operações lógicas dependem do objeto de pesquisa e do problema de pesquisa formulado. Se trata, portanto, de uma estratégia metodológica.

2. Para além das propostas defendidas por liberais e daquelas pensadas pelo espectro marxista, a literatura nos coloca diante de outra perspectiva: a ideologia desenvolvimentista. Castelo (2012, p. 621) afirma: "A disputa entre liberais, desenvolvimentistas e marxistas foi intensa, e o nacional-desenvolvimentismo foi uma das ideologias mais proeminentes". De acordo com o autor, há três visões de mundo: a liberal, a marxista e a desenvolvimentista, entendida como uma terceira visão de mundo, para além dos debates entre esquerda e direita. Assim, a dimensão da reprodução da representação (política e de interesse) ganha outra possibilidade.

Com relação ao nacional-desenvolvimentismo, o novo desenvolvimentismo alterou o padrão de relacionamento Estado-mercado, que não ocorre mais pela ideologia estatizante. O Estado, diferentemente do nacional-desenvolvimentismo, não está pautado pelo modelo de substituição de importações. Segundo Bresser-Pereira, "o mercado e o setor privado têm, hoje, um papel maior do que tiveram entre 1930 e 1980: a forma do planejamento deve ser menos sistemática e mais estratégica ou oportunista, visando permitir que as empresas nacionais compitam na economia globalizada" (Bresser-Pereira, citado por Castelo, 2012, p. 624). Há alteração no papel do Estado em relação ao projeto de desenvolvimento. O Estado é o grande planejador da economia, porém não detém o monopólio de setores da economia, pois compartilha com o mercado sua importância no desenvolvimento. Isso significa que o novo-desenvolvimentismo alterou seu padrão de relacionamento com o mercado. Diversamente do desenvolvimentismo, o novo-desenvolvimentismo se insere na globalização, não se pautando pelo modelo de substituição de importações.

3. A alternativa correta é a letra D. As demais alternativas correspondem ao modelo do liberalismo econômico, que sofreu abalo na Crise de 1929. A alternativa D indica um modelo de intervenção do estado na economia, ou seja, há um Estado promotor e indutor do desenvolvimento que adotou o modelo econômico de substituição de importações. Assim, o Estado passou a dinamizar a economia; de forma especial, pauta pelo processo de industrialização do Brasil sob uma ideologia estatizante. Desse modo, o projeto de desenvolvimento esteve pautado na rejeição ao modelo liberal econômico.

4. A alternativa correta é a letra B, pois, conforme estudamos no capítulo.

Estudos empíricos realizados por importantes cientistas políticos brasileiros, como Fernando Limongi, Angelina Figueiredo, Fabiano Santos, Amorim Neto e Jairo Nicolau, sobre o real funcionamento do processo de decisão política, mostraram que o presidencialismo de coalizão do sistema político brasileiro é igualmente governável às democracias parlamentaristas dos países europeus.

5. A alternativa correta é a letra B: somente as assertivas I e II estão corretas. Como vimos, a complexidade se verifica na combinação entre eleições majoritárias para presidente da República, eleições proporcionais (sistema proporcional de lista aberta) para Câmara dos Deputados e pluripartidarismo. Essa

combinação tem resultado em alta fragmentação partidária e em um grande número de partidos efetivos. Neste século, verifica-se a tendência crescente da fragmentação partidária e aumento de partidos efetivos, que impõem ao Poder Executivo alto custo para formar e manter sua base de apoio parlamentar (coalizão). Os partidos efetivos correspondem os que são relevantes no processo de decisão política, são, por isso, partidos que apresentam condições de influenciar o processo de decisão política. Quanto mais fragmentada a representação partidária, seguida de uma quantidade alta de partidos efetivos, mais complexidade é dada ao processo de tomada de decisão política. Vale lembrar que essa tendência se acentuou na segunda década do século XXI, durante o Governo Dilma, e veio acompanhada de transformações profundas na institucionalidade política brasileira, como, por exemplo, mudanças institucionais no processo de tomada de decisão política. Entre elas, podemos destacar:

1. O advento do orçamento impositivo, que consiste na obrigatoriedade da execução de emendas orçamentárias individuais previstas na Lei Orçamentária Anual.
2. A fragmentação do processo de tomada de decisão política, que significa que o houve um aumento do compartilhamento do poder no interior do Poder Legislativo (mais atores político-institucionais com poder de decisão).
3. O aumento do poder do presidente da Câmara dos Deputados, como, por exemplo, a prerrogativa de definir o que é (ou não) matéria estranha no texto de medidas provisórias.

Questões para reflexão
1. Existe um leque de visões políticas que vai desde o Estado desenvolvimentista, fundado por Getúlio Vargas, passando pelo regime militar, os governos de propostas mais liberais, como de Collor de Mello e Fernando Henrique Cardoso. Durante o Governo Lula, nota-se um mosaico de projetos político-econômicos: novo desenvolvimentismo, social-desenvolvimentismo, considerando também o *mix* entre medidas liberais usadas por esse governo, dentro da ideia do novo desenvolvimentismo e social desenvolvimentismo. O fato de o Estado intervir na sociedade e na economia, necessariamente não o faz um Estado comunista. Se assim o fosse, o Estado desenvolvimentista de Vargas e do regime militar também seriam comunistas, tendo em vista o agigantamento do Estado nesses dois períodos. Conclui-se, portanto, que não existem apenas duas visões de mundo, em especial quando se trata de projetos político-econômicos.

Capítulo 3

Questões para revisão
1. Vimos que a construção da identidade do profissional de representação de interesse se depara com três dilemas éticos: a ética da transparência, a ética da profissionalização e a ética do interesse público. A transparência é um atributo legal. No entanto, assume também outro sentido para o profissional de representação de interesse, pois marca sua identidade (distinção) em relação a outro grupo bem específico, os corruptos e traficantes de influência. A transparência como princípio responde a uma condição ética que está no centro da construção da identidade

do profissional de representação de interesse. Assim, a ética da transparência surge como elemento passível de distinguir o profissional de representação de interesse daqueles que fazem uso da corrupção e/ou tráfico de influência na relação entre o público e o privado. Por outro lado, a expressão ética da profissionalização corresponde às questões de competência técnica, especializada e qualificação profissional, logo, instrumental e material. Desde o início do século XXI, vemos o esforço de entidades como a Abrig e a Irelgov em legitimar a função do profissional de representação de interesse no Brasil, distinguindo-o dos corruptos e traficantes de influência. A profissionalização serve para separar, portanto, nós e eles.

2. A expressão *relações governamentais* revela a tentativa de superar o dilema entre a prevalência do interesse público e o interesse privado, em especial quando se trata da representação do interesse privado do setor econômico. Como definiu Gozetto (2018): *relações governamentais* expressa uma relação entre o público e o privado, no sentido de contribuir para o desenvolvimento do país, e nessa relação está posta a predominância do interesse público. A superação do dilema consiste, assim, na convergência entre o interesse público e o interesse privado, mas, se não for possível construir uma convergência, é preciso que o interesse público seja prevalente. Por sua vez, a expressão *representação de interesse* denota ação unilateral em defesa de interesses particularistas e egoístas, a expressão relações governamentais, significa intercâmbio, troca de ideias, convergência entre o interesse privado e o interesse público, prevalecendo este último. Assim, relações governamentais surgem como um elemento ético que visa convergir o interesse público e o interesse privado, que se caracteriza pela superação do dilema.

3. A alternativa correta é a letra D, uma vez que qualquer proposta de regulamentação da atividade deve prever a transparência entre a representação de interesse e os tomadores de decisão, é o aspecto moral da ética da transparência que constrói a identidade do profissional de representação de interesse. A transparência como atributo legal é algo imposto por lei. No entanto, diante da necessidade de construção da uma identidade para o profissional de relações governamentais, a transparência não é simplesmente uma imposição legal, mas faz parte da essência de sua identidade, é um princípio moral, portanto.
4. A alternativa correta é a letra A. É importante diferenciarmos profissionalismo de profissionalização. Profissionalismo é uma atitude que envolve ética, transparência, dedicação, competência técnica, honestidade, comprometimento. O profissionalismo apresenta forte componente normativo. Por sua vez, a profissionalização, embora faça parte do profissionalismo, é um processo de capacitação, treinamento, qualificação etc., logo, caracteriza-se como um processo neutro. Assim, não basta ser ético, transparente, honesto, comprometido, é necessário, ainda, ter capacitação técnica para completar o profissionalismo do profissional de representação de interesse.
5. A alternativa correta é a letra C. Um dos dilemas que o profissional de representação de interesse tem de enfrentar no desenvolvimento de suas atividades é o do interesse público, no sentido de que precisa fazer convergir interesse privado e interesse público. O entrevistado deixou bem claro que o interesse público é um princípio orientador de sua conduta na representação de interesse privado.

Questões para reflexão

1. Embora o profissional seja de alta qualificação e não seja corrupto, ele é dotado apenas de profissionalização. A falta de profissionalismo se constata pela supressão da ética em sua atividade no que diz respeito ao interesse público. No caso hipotético analisado, o profissional é consciente de que prevalecerá o interesse privado sobre o interesse público.

Capítulo 4

Questões para revisão

1. Gozetto (2018) e Galvão (2018) dividiram as atividades, habilidades ou competências das relações governamentais em três frentes: inteligência política/inteligência e estratégia; defesa de interesse/articulação e interlocução; e posicionamento institucional/comunicação. As competências relativas à inteligência política são essenciais para a representação de interesse. O que interessa mais de perto são as habilidades e as especializações referentes à inteligência e à estratégia (inteligência política), cujas competências correspondem:

   I. ao gerenciamento de *issues* e risco político;
   II. ao monitoramento político e inteligência;
   III. à análise de proposições de políticas públicas;
   IV. à estratégia.

   A habilidade e a competência para o gerenciamento de *issues* e risco político significa a aptidão para avaliar o risco político quanto a determinado tema de interesse da organização, por exemplo. Em outras palavras, aptidão para averiguar se uma proposição legislativa, que trata de determinada questão (*issue*), tem possibilidade de se transformar em norma jurídica (política pública) ou não. Esse gerenciamento depende da combinação entre monitoramento político e monitoramento legislativo. Quanto à habilidade e a competência para o monitoramento político e inteligência, denota-se a competência relativa a identificar os principais atores-chave da política, o que é fundamental para traçar as estratégias de relações governamentais. Essa estratégia, para se transformar em estratégia de negócios da organização, tem de se articular com a habilidade/competência de gerenciamento de *issue* e risco político. A habilidade e competência para a análise de proposições de políticas públicas é o primeiro passo da inteligência política. Isso porque é a responsável, por exemplo, pela identificação de proposições legislativas de interesse da organização. Por fim, a habilidade/competência de estratégia significa a aptidão para articular a estratégia de relações governamentais e a estratégia de negócio da empresa, é aqui que as relações governamentais se transformam em fator de competitividade. Existem três especializações com competências específicas – inteligência política, relacionamento institucional e defesa de interesse – que formam os processos gerenciais das relações governamentais. Com base em dados empíricos, verificou-se que o mercado tem preferência por profissionais dotados de competências referentes à inteligência política, pois elas se revelaram muito importantes para as estratégias traçadas pelas empresas com vistas à competitividade. Assim, surge como uma das competências principais a avaliação de risco político.

2. A expressão risco político revela uma visão negativa da política e suscita a seguinte pergunta: Em que a política afeta os negócios da empresa ou o setor da economia como um todo?

Servem de exemplo para responder a essa pergunta os seis fatores que impedem a competitividade da indústria nacional e que fazem parte do Custo Brasil:

I. Regulamentação excessiva da atividade econômica.
II. Legislação trabalhista excessiva e inadequada.
III. Custo muito elevado do financiamento da atividade produtiva.
IV. Legislação tributária onerosa.
V. Infraestrutura insuficiente.
VI. Infraestrutura social inadequada

Então, por que não analisar a oportunidade política? Afinal, a política também traz benefícios. Nesse sentido, a política é entendida pelo empresariado como risco à competitividade da indústria nacional, isto é, oferece risco ao ambiente de negócio. É por isso que a política assume conotação negativa. Para não ficarmos em uma análise apenas pragmática, o Custo Brasil se orienta pela ortodoxia liberal de que o Estado, quando intervém na economia, cria entraves ao desenvolvimento. Isso porque, na concepção liberal, o mercado tem suas próprias regras, conduzidas por sua mão invisível. Por isso a representação de interesse do empresariado industrial brasileiro tem a função de influenciar os tomadores de decisão política, com vistas ao enfrentamento desses fatores que impedem à competitividade da indústria brasileira. Esse enfrentamento é assumido pela CNI e suas entidades federativas estaduais.

O profissional de representação de interesse exerce, na verdade, a gestão de risco político. Dito isso, a noção de risco político em ambientes políticos de grande incerteza e complexidade está cada vez mais implicada como uma exigência de profissionalização da representação de interesse. A incerteza política, no caso brasileiro, é reflexo do nosso presidencialismo de coalizão. As incertezas políticas são provocadas por inúmeras situações: corrupção, *impeachment*, aumento ou diminuição da interferência do Estado na economia, declarações de políticos alocados em postos chaves do governo, entre outras. Basta um político proferir uma palavra mal colocada para provocar instabilidade no mercado, visto que este é altamente sensível ao mundo político.

3. A alternativa correta é a letra C. É importante ter clareza com relação ao principal objetivo do profissional de relações governamentais: influenciar na produção de políticas públicas. A literatura internacional que trata dos grupos de interesse tem centrado suas análises no "contexto em que essas organizações operam e as táticas e estratégias que elas empregam em seus esforços para afetar – leia-se influenciar – políticas públicas" (Santos et al., 2017, p. 9).

4. A alternativa correta é a letra B. A criação do setor de relações governamentais tem sido um imperativo, de forma especial para as empresas que atuam nos setores regulados da economia, bem como naqueles que dependem de inovação tecnológica. Dito isso, duas expressões nos interessam – *institucionalizar* e *profissionalizar* – e que são necessárias para a criação do setor de representação. Entretanto, em nosso estudo, a ação de institucionalizar está sendo entendida como parte do processo de profissionalização. Assim, distinguimos institucionalização e qualificação como as duas dimensões do processo de profissionalização da representação de interesse.

5. A alternativa correta é a letra A. As organizações buscam, no mercado de relações governamentais, profissionais com competências em inteligência política, relacionamento institucional e defesa de interesse. Mas algumas especializações estão sendo privilegiadas. Há uma procura, sobretudo, por profissionais que detenham competências em inteligência política, o que é comprovado por pesquisas que demonstram essa busca constante no mercado pelas organizações. Os dados das pesquisas apresentadas revelam que a especialização em inteligência e estratégia (inteligência política) é a mais procurada pelas organizações. Isso corrobora com a afirmação de Santos, Resende e Galvão (2017) de que as organizações valorizam a especialização em políticas públicas e governo, ou seja, as organizações buscam profissionais com competência para avaliar o risco político. O que também explica a procura por profissionais com a formação em Ciência Política.

Questões para reflexão
1. O risco político diz respeito à ação estatal que pode impactar negativamente na economia e/ou em setores específicos do mercado. São alvo de análise do risco-país os riscos econômicos, institucionais, culturais e do sistema financeiro. Portanto, esse risco aponta para diversas variáveis que impactam a economia. No risco político trabalha-se com a ideia de que o Estado afeta a economia; no risco-país, embora o Estado seja considerado, outras variáveis exógenas à política institucional são ponderadas.

Capítulo 5

Questões para revisão
1. A pesquisa de Eduardo Galvão et. al. (2018) revelou que as equipes de relações governamentais, na maioria dos casos, são compostas de quatro cargos/funções: diretor, gerente, coordenador e analista.
2. Os especialistas em monitoramento legislativo têm três objetivos a cumprir.

   I. antecipar questões (temas) de interesses de segmentos da sociedade civil (grupos sociais, empresas, associações de classe e profissional, sindicatos, organizações não governamentais, dentre outros) que sejam de interesse da organização, com potencial para entrar na agenda governamental e/ou agenda de decisão;

   II. identificar questões de interesse da organização que já estão na agenda governamental; e

   III. identificar questões de interesse da organização que estão na agenda de decisão.

   O acompanhamento da mídia, das redes sociais, audiências públicas, conferências, mobilizações sociais, manifestações de rua, entre outras, são fontes para identificar situações que estão incomodando a sociedade como um todo e/ou segmentos da sociedade, que tem, portanto, potencial de se transformar em problema político. A equipe de monitoramento legislativo identifica uma situação, sua capacidade de se tornar um problema político e avalia o potencial para entrar na agenda governamental. O *status* de problema político não significa que, por isso, figurará na agenda governamental, uma vez que, "para se tornarem problemas 'políticos' propriamente ditos, pelo menos em alguma área do governo, as autoridades devem se convencer de que precisam tomar alguma providência com relação à situação em tela" (Rua; Romanini, 2013, p. 5). Assim, a equipe de monitoramento legislativo visa identificar também os temas de interesse da organização que aparecem na agenda dos diferentes segmentos da sociedade civil, bem como os segmentos que têm convergências e divergências quanto ao posicionamento da organização diante de cada tema da agenda desses segmentos. Em outras palavras, o especialista distingue os atores sociais aliados e não aliados aos interesses da organização. Essa identificação é importante para a equipe de relacionamento institucional, sendo entendida como uma atividade de inteligência política.

3. A alternativa correta é a letra B. O monitoramento legislativo analisa o momento que precede o processo de decisão política, e o monitoramento político, por sua vez, alcança o momento pós-decisório. Dessa forma, são atividades complementares que juntas formam a inteligência política. É no momento do monitoramento legislativo que se avalia o potencial impacto de uma proposição legislativa nos interesses econômicos e não econômicos de uma organização. Complementar a esse momento, o monitoramento político avalia as possibilidades políticas de a proposição legislativa se tornar uma política pública, no caso de se transformar em norma jurídica (lei). De acordo com Oliveira (2004, p. 109),

Fomentados pelas informações advindas do monitoramento legislativo e do monitoramento político, os executivos de relações governamentais podem traçar estratégias de ação a fim de apoiar ou rejeitar determinada matéria que esteja tramitando no Congresso ou levar demandas ao poder Executivo.

O monitoramento político, além de ser complementar ao monitoramento legislativo, é também seu desdobramento. A complementaridade entre os dois tipos de monitoramento está na condição técnica para avaliar o risco político para o negócio da organização. Diferentemente do monitoramento legislativo, o monitoramento político não é dividido em etapas, mas composto de atividades paralelas.

4. A alternativa correta é a letra C. Com relação à organização interna dessas competências, Gozetto (2018) oferece dicas importantes. Para autora, existem três grandes frentes, que chamaremos de funções, para a organização de um setor de representação de interesse: inteligência política, posicionamento institucional e defesa de interesse. Essas três funções orientam a seleção de profissionais a serem contratados, bem como a formação de uma organização interna do setor. Portanto, são três as funções que agrupam um conjunto de competências que podem ser institucionalizadas (divisão administrativas e/ou equipes). Por seu turno, a inteligência política corresponde a "empreender ações que tornem possível a identificação de oportunidades, a antecipação de riscos regulatórios e a elaboração de cenários políticos" (Gozetto, 2018, p. 43). Assim, para que o setor de relações governamentais seja caracterizado como altamente profissionalizado, deve contar com três equipes especializadas em: inteligência política; relacionamento Institucional; e defesa de interesse. As funções,

na verdade, são especializações que, juntas, formam o que se chama de *relações governamentais*. Essas três especialidades são compostas de atividades multifacetadas, das quais o lobby, isto é, a defesa de interesse, faz parte.
5. A alternativa correta é a letra A. De acordo com Oliveira (2004, p. 183), "O monitoramento político tem dois objetivos: mapear os aliados e inimigos [...] e também mapear os tomadores de decisão". Em linhas gerais esses são os dois grandes objetivos. O monitoramento político identifica os tomadores de decisão que apresentam o maior grau de alinhamento, ao longo do tempo, aos interesses da organização. Assim, "instrumentaliza a avaliação que identifica a posição dos tomadores de decisão sobre os interesses", tornando "possível articular alianças e identificar interesses contrários aos defendidos" (Oliveira, 2004, p. 146). O monitoramento político visa também identificar e monitorar os atores-chave do processo de decisão política, isto é, aqueles com poder de decisão.
6. A alternativa correta é a letra D, visto que o monitoramento legislativo é dividido em: monitoramento do processo legislativo; análise do conteúdo das proposições identificadas; e posicionamento institucional e acompanhamento das proposições legislativas. São essas, portanto, as etapas que compõem a atividade do monitoramento legislativo.

Questões para reflexão
1. Das nove atividades listadas, três são próprias do monitoramento político, quais sejam: a elaboração de mapa de votações e análise de intenção de votos; o monitoramento e acompanhamento de bancadas partidárias e suas posições internas sobre temas específicos; e a elaboração de notas técnicas

e análises legislativas sobre a perspectiva de aprovação de propostas. Estas correspondem a atividades de inteligência política que visam identificar e informar os aliados e não aliados aos interesses de uma empresa. As demais atividades – elaboração de estratégias de articulação para a defesa de interesses; articulação para apresentação ou rejeição de propostas legislativas que visem à defesa de interesses ou possam impactar os objetivos dos clientes; acompanhamento de comissões especiais e parlamentares de inquérito; e articulação para aprovação, modificação ou rejeição de projetos de lei e medidas provisórias – fazem parte da especialização em defesa de interesse, e não de inteligência política. Por fim, reuniões e agendas de trabalho com parlamentares, lideranças, frentes e demais *stakeholders* de interesse está sob o âmbito da especialização em relacionamento institucional.

Capítulo 6

Questões para revisão

1. A atividade de relações governamentais encontra respaldo legal na Constituição de 1988, principalmente no título II – "Dos direitos e garantias fundamentais", Capítulo I – "Dos direitos e deveres individuais e coletivos", art. 5º, da Constituição Federal de 1988 (Brasil, 1988). A representação de interesse, além de prevista na Constituição de 1988, bem como suas atividades – de forma mais específica o monitoramento legislativo e o monitoramento político – ainda encontram viabilidade na Lei n. 12.527/2011 – Lei de Acesso à Informação.

2. Os impedimentos legais estão dispostos na Lei n. 12.813, de 16 de maio de 2013, que trata do conflito de interesse e acesso às informações públicas de forma privilegiada. Aponta a fronteira legal entre relações governamentais, de um lado, e corrupção e tráfico de influência, de outro. Por conflito de interesses e informação privilegiada, concebemos o que está escrito no art. 3º, incisos I e II:

I – conflito de interesses: a situação gerada pelo confronto entre interesses públicos e privados, que possa comprometer o interesse coletivo ou influenciar, de maneira imprópria, o desempenho da função pública; e

II – informação privilegiada: a que diz respeito a assuntos sigilosos ou aquela relevante ao processo de decisão no âmbito do Poder Executivo federal que tenha repercussão econômica ou financeira e que não seja de amplo conhecimento público. (Brasil, 2013)

A intenção é cuidar do vazamento de informações governamentais sigilosas, para agentes públicos e/ou privados, que possam vir a comprometer a economia e as finanças públicas. O profissional de relações governamentais não deve ter acesso às informações sigilosas do governo por meio de cargos ocupados ou empregos no âmbito do Poder Executivo. É importante destacar que o sigilo de determinadas informações do Poder Executivo, bem como da Administração Pública direta e indireta, é garantido pelo art. 2º, que indica quais cargos e empregos, no âmbito do Poder Executivo, são detentores de informações sigilosas:

I – de ministro de Estado;

II – de natureza especial ou equivalentes;

III – de presidente, vice-presidente e diretor, ou equivalentes, de autarquias, fundações públicas, empresas públicas ou sociedades de economia mista; e

IV – do Grupo-Direção e Assessoramento Superiores - DAS, níveis 6 e 5 ou equivalentes. (Brasil, 2013)

Os agentes públicos ocupantes de outros cargos ou empregos no Poder Executivo têm acesso a informações sigilosas:

Parágrafo único. Além dos agentes públicos mencionados nos incisos I a IV, sujeitam-se ao disposto nesta Lei os ocupantes de cargos ou empregos cujo exercício proporcione acesso a informação privilegiada capaz de trazer vantagem econômica ou financeira para o agente público ou para terceiro, conforme definido em regulamento. (Brasil, 2013)

Assim, as organizações não devem manter em seus quadros profissionais, sobretudo nos setores de relações governamentais e consultoria política, ocupantes desses tipos de cargos.

3. A alternativa correta é a letra B. A redação original faz uso do termo *lobby* para expressar uma atividade desenvolvida pelos grupos de pressão, a nova redação criou a figura do agente de relações institucionais e governamentais. É o que traz o art. 1º do Substitutivo ao Projeto de Lei n. 1,202/2007, que disciplina "a atividade de representação de interesses exercida por agentes de relações institucionais e governamentais em processos de decisão política no âmbito dos órgãos e entidades do Poder Público Federal" (Brasil, 2013, p. 196). Portanto, o art. 1º deixa claro que o agente executor da representação e defesa de interesse não é mais o lobista, mas sim o agente de relações institucionais e governamentais, bem como determina onde esse

profissional atuará: no processo de decisão política. Assim, há a substituição dos termos *lobby* e *grupo de pressão*, de um lado, por *agente de relações institucionais e governamentais*, de outro.

4. A alternativa correta é letra B. O exercício do profissional de relações governamentais está previsto na Constituição de 1988, bem como suas atividades. De forma mais específica, o monitoramento legislativo e o monitoramento político encontram viabilidade na Lei n. 12.527/2011, que informa com clareza aos órgãos e entes a que se destina.

5. A alternativa correta é a letra B. Na perspectiva dos estudiosos sobre o lobby, a regulamentação da representação de interesse não é um consenso. As argumentações, tanto contrárias quanto favoráveis à regulamentação, são eloquentes. O argumento principal da defesa pela regulamentação está no aumento da transparência da relação entre o público e o privado, visto que traria um incremento à transparência no processo de decisão política em duas dimensões: da deliberação e da *accountability*. Nessa perspectiva, a regulamentação surge como instrumento que aperfeiçoaria a transparência na relação entre o público e o privado. Há um otimismo quanto aos preceitos democráticos relativos à participação da sociedade civil no processo de decisão política. A sustentação argumentativa dos otimistas é relacionar a regulamentação da atividade lobista ao aprofundamento da democracia. Contudo, há também argumentos eloquentes que são bastante pessimistas; para estes, a regulamentação da atividade de representação de interesse não teria o resultado esperado, pelo contrário. Seriam três os efeitos negativos da regulamentação: a legitimação da participação no processo de decisão política apenas de grupos de interesses institucionalizados; o excesso de

regulamentação resultaria em regras rígidas que engessariam a relação entre grupos de interesse e tomadores de decisão política; e considerando o custo-benefício, a regulamentação não compensaria tendo em vista o resultado esperado.

Questões para reflexão

1. Trata-se de um exercício de reflexão bastante argumentativo, em razão da eloquência dos argumentos favoráveis e contrários, e vai ao encontro de que possamos nos posicionar usando argumentos que nos são mais convincentes. Essa é uma reflexão é importante, já que o profissional de relações governamentais ainda sofre com a conotação negativa do lobby e, portanto, deve estar preparado para se defender. Assim, é preciso que se analisem as argumentações contrárias, a fim de construir novas argumentações de acordo com seu posicionamento, bem como com vistas a criar novos argumentos com o intuito de refutar algum posicionamento contrário ao seu.

Sobre a autora

Audren Marlei Azolin é graduada em Direito pela Pontifícia Universidade Católica do Paraná (PUC-PR), especialista em Direito Contemporâneo e suas Instituições Fundamentais pelo Instituto Brasileiro de Estudos Jurídicos (IBEJ). Mestra pelo Programa de Pós-Graduação em Ciência Política da Universidade Federal do Paraná (UFPR). Coordenadora, entre 2014 e 2019, do Núcleo de Pesquisa em Ciência Política (NUPP-CiPol) do Centro Universitário Internacional Uninter, onde desenvolveu atividades de pesquisa e extensão relacionadas ao monitoramento político e legislativo. Atualmente, é pesquisadora no Programa Pesquisa Docente (PPD) e professora dos cursos de Ciência Política e Relações Internacionais do Centro Universitário Internacional Uninter. Entre seus temas de estudos destacam-se: relação entre Ciência Política (como campo científico autônomo), ensino de Ciência Política (cursos de Ciência Política) e mercado extra-acadêmico para o cientista político (Ciência Política Aplicada). Centrou-se no ensino, pesquisa e extensão da relação entre conhecimentos da Ciência Política e o mercado de relações institucionais e governamentais. Essas pesquisas resultaram em diversos trabalhos acadêmicos sobre Ciência Política Aplicada apresentados em eventos de importantes entidades nacionais e internacionais na área da Ciência Política, como a Associação Brasileira de Ciência Política (ABCP), a Sociedad Argentina de Análisis Político (SAAP) e a Asociación Latinoamericana de Ciencia Política (ALACIP).

Os papéis utilizados neste livro, certificados por instituições ambientais competentes, são recicláveis, provenientes de fontes renováveis e, portanto, um meio **respons**ável e natural de informação e conhecimento.

Impressão: Reproset
Fevereiro/2023